希望の名古屋圏は可能か

危機から出発した将来像

塩見治人　井上泰夫
向井清史　梅原浩次郎　編

中小企業や伝統産業でも生き残れる

鋳造用木型模型は出番が減少すれども衰退しない

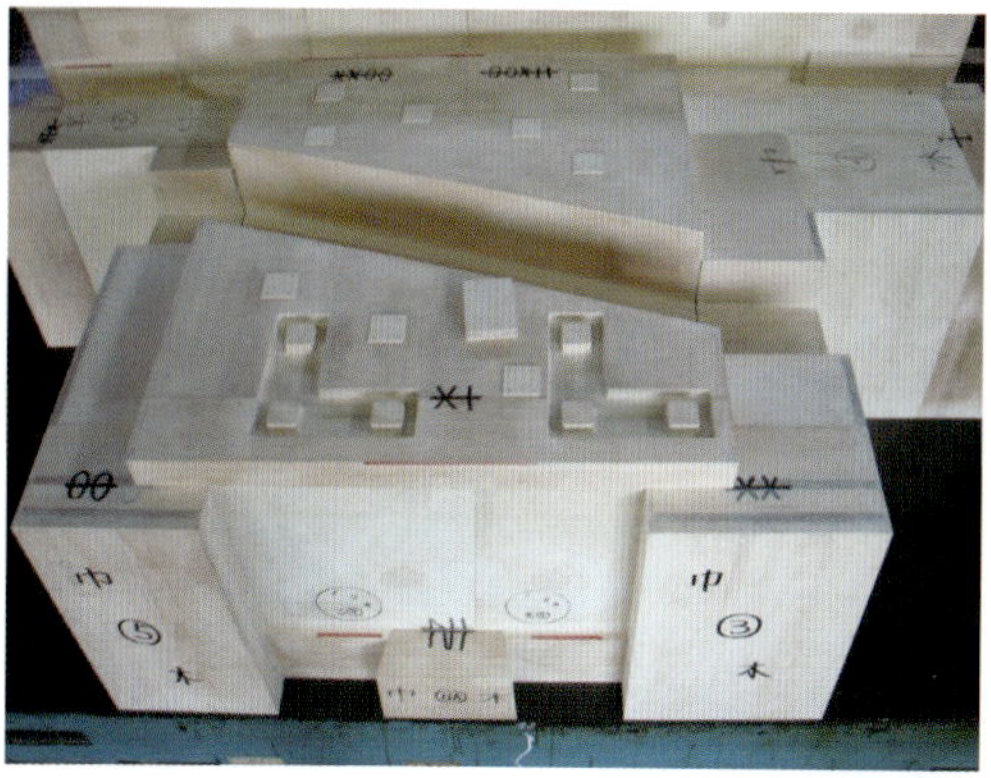

木型の危機は自動車などの生産量の増加に伴って発生。しかし、安価な費用、製作時間の短さ、少量生産に適しているなどの点から、立派に持続可能性を有しているというメッセージである。
第２編［1］

写真左は木型模型。
（写真提供：岡本木型製作所）

有松鳴海絞はシワの造形美を維持し、新ジャンルに進出。

形状記憶で凹凸を残したブラウスとストール。写真提供は竹田嘉兵衛商店（写真左）。若者のファッションやインテリア（ランプシェイド）にも進出（写真左下。提供：suzusan 村瀬弘行）。
同社の 2017 年 11 月松坂屋名古屋店ポップアップストア。（写真下：筆者撮影）
第２編［2］

一宮地域は幾多の危機を繊維の技術で乗り越える

一宮地域の毛織物産業が工業分野へシフトし、持続可能性を見出す。尾張繊維技術センターは、繊維技術を軸に、建築・自動車等産業資材・プラスチックなどの企業に対しても幅広く技術支援。先染めした複数の経糸を組み合わせて織る技術を応用し導電繊維などの新繊維を開発。

尾張繊維技術センター(写真下:筆者撮影)。

アメリカ・ミネアポリスでのＩＦＡＩ（国際工業繊維協会）展示会での会議風景写真（写真左下：提供はシバタテクノテキス(株))。
第２編［3］

車いす産業が創り出す希望

名古屋圏の車いす産業は、「より良い車いすを作ることで障害者の力になりたい、車いすをもっと普及させたい」という先覚者の思いから立ちあがる。現在も車いす利用者の社会参加を支える。

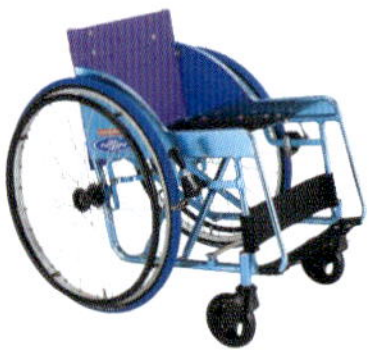

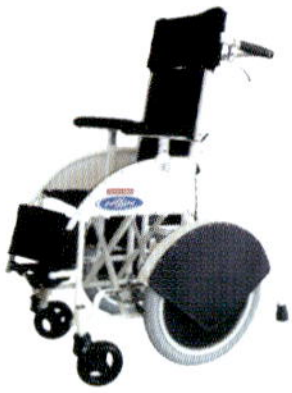

利用者に寄り添うオーダーメイド車いすの例。
自走用車いす（写真左上）と介助用車いす（写真右上)。

トップアスリートが信頼を寄せるスポーツ競技用車いす。アルペンスキー用チェアスキー
(写真提供：日進医療器)。
第２編［4］

技術革新の成果を活用して３Ｋ労働からの脱却を図り、農業の希望を見出す

植物工場とは「植物の生育環境を制御して栽培を行う園芸施設のうち、環境及び生育のモニタリングを基礎として…野菜などの植物を周年・計画生産が可能な栽培施設」（農商工連携研究会報告書）。
豊橋の太陽光利用型植物工場でのトマト栽培（写真左。筆者撮影）

ブルーベリーファームおかざき（2017年８月。写真右下）
営業日が年間60日で年収2000万円を実現している。筆者撮影。

東京ビッグドームでの施設園芸・植物工場展（写真下）。製造業や建設業、IT関連など従来はあまり農業に関連がなかった分野の企業が、単独あるいは農業関連の企業と連携して数多く出展（2017年７月）。筆者撮影。第２編［5］

NPO活動が地域社会を成熟させる

超高齢社会における団地再生まちづくりへの転換を発信。

今回で惜しまれつつファイナルに。新たなネクストステージへ挑戦開始！

第10回2017高蔵寺ミュージックジャンボリー風景（2017年10月、愛知県春日井市都市緑化植物園。写真下左。筆者撮影）。

第9回高蔵寺ニュータウン「きてみん祭」(2017年7月、アピタ館サンマルシェ広場。写真下右。筆者撮影)。　第４編［1］

一般社団法人元気づくり大学が元気づくりシステムを全国普及させ元気高齢者育成に取り組む。

三重県いなべ市をはじめ全国６市町の地域キャンパスにおいて、「高齢者が増加すればするほど、地域が、まちが活力をましていく」をスローガンに元気高齢者の育成に取り組む。(写真下右)
三重県いなべ市の元気づくり体験風景(写真下左。提供：いずれも「元気づくり大学」)。
第４編［2］

岐阜県の中山間地で、NPO法人が障がい者を含む雇用確保と地域向け事業に取り組む。

７町村が合併して出来た郡上市は、もともとは地理的に分断された地域の集合体。隣の地域に行くのに峠を越えなければ行けない。「NPO 法人りあらいず和」は、弁当の配食を行うことにより分断された地域をつなぐ。頼まれたら「断らない」という精神で、事業は伸びた。「行政も企業もできないことをやるのが NPO」の精神で取り組む。配食事業（写真下）やグループホーム（写真その下）を経営。筆者撮影。第４編［3］

「和太鼓集団志多ら」が愛知県奥三河の伝統芸能「花祭」を担い、地域再生に取り組む。

花祭は、ほかの重要無形民俗文化財と同じように、人口減少で担い手不足に苦しんでいる。この奥三河に、全員Ｉターンの「和太鼓集団志多ら」が、廃校となった小学校を拠点にして活動。ＮＰＯ法人を立ち上げ、花祭の継承と地域再生に取り組む。

「志多ら」が根拠地とする東栄町の花祭（写真上。筆者撮影）。

「志多ら」の演舞風景（写真下。提供「和太鼓集団志多ら」）。第４編［4］

はしがき

本書は、新しい学問「希望学」という立場からは名古屋圏がどのように見えるのか、この立場から名古屋圏の2030年への将来像とは何なのか、を伝えようとしている。

もちろん名古屋圏については、これまでに地域内の行政機関、業界団体、新聞・雑誌などのメディア、さらに大学、研究所やシンクタンクなどからの多くの問題提起やヴィジョンがある。しかしながら、これらの多くはわれわれのいう「発展学」というアプローチによってなされていると言えるのであり、われわれの名古屋圏への希望学の視座とは異なるのである。

それではわれわれの希望学は、名古屋圏の現在をどのように見て、名古屋圏にどのような可能性を見つけたのであろうか。それについては、序章と第1編の3つの章を踏まえて行われている本論の各章でのメッセージによって示されることになる。

われわれの地域研究会は、2008年のリーマンショックと2009年のトヨタショックによる名古屋圏の動揺・混乱をうけて2009年春に発足して、足かけ10年間続いている。この間、2011年にトヨタショックの名古屋圏への影響を立体的に捉えようとした第1作目『トヨタショックと愛知経済』（晃洋書房）、さらに2013年には名古屋圏にある大企業・中小企業・伝統産業の「外へのグローバル化」と名古屋圏そのものの「内なるグローバル化」の全体像を捉えようとした第2作目『名古屋経済圏のグローバル化対応』（同）を上梓してきている。本書はこれらを受けた第3作目である。先回の共同研究を終えた後の打上げ会の席で、自ずと、つぎには名古屋圏の将来像を考えたいという雰囲気が醸成されていった。ここからわれわれの共同研究会は、いつの間にか、希望学研究会へと進展して、その活動が本書に集成されることになった。

本書では、われわれ希望学研究会のメンバーのほかに広く名古屋圏の各部面の第一線でご活躍の文化人の方々にも参加いただいて、この地域の持つ可能性について自由に自説を展開いただいている。これらの方々との本書での出会いは、われわれの大きな喜びとするところである。

こうして本書は、全体として、発展学ではない別の名古屋圏の将来像を模索した成果といえるのである。その晩年、ベートーヴェンは大作《ミサ・ソレムニス》の手稿楽譜の冒頭に、「心よりいず、願わくば再び心に至らんことを」と、この作曲の指導的な理念を書き込んでいた（ベートーヴェン『音楽ノート』岩波文庫、93ページ）。われわれのこの共同研究も、そのように名古屋圏のそして全国の皆さんの手元へ届けられるように願っている。

2018年4月6日

本書の編著者を代表して

塩　見　治　人

希望の名古屋圏は可能か　◉　目次

2 対談・執筆者の思いを語る

序

希望の名古屋圏を考える

塩見治人

しおみ・はるひと　1943年生まれ。京都大学大学院経済学研究科博士課程、経済学博士。経済史・経営史専攻。名古屋市立大学名誉教授、名古屋外国語大学名誉教授。主な著書に、『現代大量生産体制論』（森山書店、1978年）、『アメリカ・ビッグビジネス成立史』（東洋経済新報社、1986年）、*Fordisum Trasformed*. Oxford University Press.1995. など。

何かの目的を心に抱き、はじめて希望が生じる。
やりたいことがない者には希望はない。
（日野原重明『生きていくあなたへ』幻冬舎、2017年、174ページ）

夢ではなく希望を語ることが本書の立場である。「希望学」からは名古屋圏がどのように見えるか、本書はその認識を伝えたいと思う。

どのような状況に置かれていても、もちろん厳しい立場に立たされていても、また例えいま恵まれた状況の中にいても、われわれはいつも希望を求めていることには変わりがないだろう。われわれの人生には未来に向かって誰にでも苦しい状況が普遍的にあり、そこから抜け出すための希望を必要としている。けれども、どうすれば希望がみつかるか、それがわからない。だから苦しい。しかし希望はつくれる。

■希望学とは何か

それでは、希望とは何なのか。われわれは希望学にその答えを見つけたい。

希望学は、東京大学の社会科学研究所を基盤にして2005年より始められた学際的な新しい学問だ。

この希望学では、希望（Hope）を英語で簡潔に規定している。

Hope is a wish for something to come true by action.

（希望とはある思いを行動によって実現すること）

この場合、希望とは自分のなかに4つの柱を打ち立てることであり、希望はつくるものだ、希望はつくれる、と希望学は主張する。

その4つの柱とは、

思い（wish）　希望の核心は思いである。閉塞感への思いである。
目的（something）　具体的な何かを求める願望を持つことが必要だ。
実現（come true）　何かを実現するには、社会の中で人々の相互交流が必要だ。
行動（action）　行動がなければ願望は希望にはならない。

のことで、この４つの柱を持てば、希望が実現するのだという（東大社研・玄田有史編『希望学　明日の向こうに』東京大学出版会、２０１３年、52ページおよび東大社研・玄田有史・宇野重規編『希望学１　希望を語る』東京大学出版会、２００９年、61-63ページを参照）。

まず希望学は、何かの渇望への思い、また、にっちもさっちも行かない状況への思いから出発するのだと言うことを念頭におく必要がある。われわれはそれを「危機」という言葉で捉えてきた。ある種の危機への思いなしには希望もないのではないだろうか。

また希望学は、目的を大切にする。２０１７年7月に１０５歳の生涯を走り抜いた医師の日野原重明さんは、命とは時間の中にあるといい、「その時間をどう使うか、使う目的がある以上、生きる価値がある」といい、時間を使うことを「使命」という言葉で理解していた。その時間を自分のためばかりでなく、ほかの人のために、社会のために使うことを繰り返し説いていた。日野原さんの場合、目的とは仕事だった。本書第３編の執筆者のひとりロシア文学者の亀山郁夫先生は、名古屋外国語大学の学長として、若い学生たちにフィールドを何かひとつ持って「世界教養」を学ぶ必要を説いてきている。自分のフィールドを持たずに学問の荒野を目指すのはリスクを伴うのだ。だが反面で、青春とは迷いと模索の時代かも知れない。そこで亀山先生は、ぜひ『カラマーゾフの兄弟』を読んで欲しいと答えてきている。また本書第3編でインタビューに応えたＣｏＣｏ壱番屋の創業者の宗次徳二さんの経営哲学は「夢を持つな！目標を持て！」であり、同じタイトルでの著書がある。カレーチェーン１３００店以上への展開は、10年後の夢などまったく考えず、１、２年必死で頑張れば手が届きそうな目標の積み重ねだったという。われわれは、人生においては小さくても何かのひとつだけでも目的を持たねばならない。この目的なしに「夢ではなく希望を語ること」はできない、というのが希望学の立場なのだ。

さらに重要なことが希望学にはある。希望学は行動する意思を強く要求する。希望学はいつでも自分ならどうするという当事者意識をもって、ものを見て、考え、さらにささやかであっても外に向かって働きかけることを必須のこととしている。希望学では、たとえ行動が失敗であっても、それはひとつの「実現」なのだ。また希望学では行動が人と人とのつながりをつくりだすのだ。

われわれは本書で、以上のような希望学の理解に立って名古屋圏を観察し、その視座からの認識を伝えることにする。

われわれの希望学の射程は、２０３０年を目途とした「雇用・仕事・文化のある名古屋圏」の創出までである。人間一人ひとりの人生や多様なこころの世界にはできるだけ踏み込まないことにする。人生の問題は、希望学の知見をベースにして、そのつぎに展開されるものと考えているからである。

■発展学と希望学の違い

希望学は発展学ではない。それはいままでの記述によってある程度想定できると思うのだが、それでは希望学によるメッセージとは何なのだろうか。

われわれが希望学の共同研究を始めた頃、名古屋圏にはさまざまな将来ヴィジョンが提唱されていた。2015年5月の『日本貿易会月報』は「中部・北陸」特集を組んでそれを伝えている。経済産業省中部経済産業局長の波多野淳彦氏は、政府の「日本再興戦略」（2013年）を受けた名古屋圏の「TOKAI VISION」を紹介し、自動車関連産業、航空機産業、ヘルスケア産業、環境産業を戦略4分野として掲げ、自動車産業を中心としたものづくり産業のものづくりマザー機能を生かし、名古屋圏のさらなる飛躍的発展につなげていきたい、と述べている。名古屋商工会議所会頭の岡谷篤一氏は、当会議所の「世界交流都市・名古屋」（2020年目途）の中期計画を紹介し、「モノづくり力」「都市力」「企業力」の3つの力を磨きあげるとし、次世代産業として国産ジェット旅客機MRJ、燃料電池自動車への期待、リニア新幹線に向けた都市開発を挙げ、リニア新時代へ飛躍するグローバル都市を展望していた。

それらは、この地域で今まさに高揚感をもって進行してきている。しかしながら希望学は、このような過去の「正」の遺産を受け継ぎ、さらにプラスアルファして飛躍的発展を展望することには、あまり関心がない。それが有効でないということではないが、われわれはそのようなアプローチを「発展学」とよんで、一応、希望学の領域外に置いてきている。それは、希望学が固有には危機からの脱出に向けた人々の営為に関心を抱く学問だと思うからである。

現時点、有効求人倍率が全国で最高レベルである名古屋圏に果たして希望学の領域はどこにあるのだろうか。いや、にっちもさっちも行かない危機の状況は名古屋圏にも潜んでいる。

■何が伝えたいのか

名古屋圏という言葉によって、われわれは名古屋圏に強い地域的な紐帯を持ち、名古屋圏で基本的にはその活動が一巡して完結するような相対的に自立的な経済・社会・文化活動を対象にする。

現代が如何にグローバル化社会にあっても、だからこそそれぞれ地域の生活環境はまだまだ大切であり、むしろますますその独自性が重要性を増しつつあるようにさえ見える。やはりレタスの産地があり、メロンの産地もある。

われわれはこの共同研究の中で何度か福井県を訪れ、鯖江市の眼鏡産業、小浜市の塗り箸産業などの地場産業、恐竜博物館による山間部での村おこし、若狭での民宿のユニークなビジネスモデル、などを現地調査してきた。また本書で検討している事例については研究会メンバーでも何度か追跡調査に訪れている。さらに私自身は、大阪府東大阪市の産業集積、東京都品川区の産業集積、広島県熊野町の和筆・化粧筆産業、岐阜県関市の刃物産業などの伝統的地場産業、愛知県日間賀島などの観光産業の地産地消、へも調査に訪れている。それぞれの地域で圧倒的な存在感のある産地、地場産業、産業集積は、総じて言えば盛時に比べ2分の1、3分の1ないしそれ以下に企業数・業者数を減らし、地域人口も激減させてきているにもかかわらず、私の強い印象として、その後退の中での生き残りを経て、いま何とか踏みとどまり、新しいスタンスでその持続可能性への展望を切り開いている事例をいくつも確認することができたように思う（拙稿「地域産業クラスターの起源・成長・変容」名古屋外国語大学現代国際学部『紀要』第13号、2017年）。

これらに比べれば、名古屋圏には先端的に発展するものづくり産業とわが国有数の農業がある。この名古屋圏でなお希望学によって伝えねばならないテーマはあるのだろうか。いや勿論ある。われわれは本書で2030年に向けた「雇用・仕事・文化のある名古屋圏」の創出について、3つのテーマについて3つのメッセージを送ろうとしている。順に述べてみたい。

■「中小企業や伝統産業でも生き残れる」（メッセージ その1）

本書の第2編の5つの章は、中小企業・伝統産業でも持続可能性を確保して、生き残れるというメッセージを発信しようとしている。ある場合には、何もしない戦略でも持続可能性を得られる。しかし多くの中小企業・伝統産業の現場は、身もだえしつつ、錯乱しつつ、なおも希望を失わずに未来への出口を求めている、と私には思える。その秘められたエネルギーは猛烈なものである。わが国の現場にはまだまだ突破力が滾《たぎ》っている。大企業の従業員や公務員にはそれが感じ取れるだろうか。

中小企業・伝統産業で自立していくには、その雇用者も従業員も自営職人も日々が厳粛なる綱渡りである。そのようにして仕事をし、人生を前に進んでいく。このことは大組織内部でのスキルを巡る切磋琢磨においても同じであるとはいえ、それはセイフティーネットの上で行なわれている。一方、中小企業・伝統産業の現場では文字どおりの命懸けのものが秘められている。けっして牧歌的なものが真実ではない。成功は確かに楽しいが、試行錯誤の方がほとんどを占める。このような世界がまだ名古屋圏にも劣化せずにあるのだ。

中小企業・伝統産業で雇用、仕事、生業(なりわい)が成り立つことは、希望学のもっともベーシックなテーマである。

■「NPO活動は地域社会の成熟にとって必須のテーマである」(メッセージ その2)

前述のとおり、希望学は思いとともに行動がキーワードである。行動によって初めて人と人との共感が生まれ、人と人とのつながりがつくられていく。希望学はつながりの学問でもある。

今日、われわれの生活に必要な「モノやサービス」を提供する社会の仕組みは、3つのセクターから成り立つことが明らかになってきている。

第1のセクターは、政府(中央政府や自治体)であり、税金の徴収とその再配分によってモノやサービスの提供を行う。ここには公的役割・行政的役割の原理が支配している。

第2のセクターは、企業によっておこなわれるモノやサービスの提供であり、それがギブ・アンド・テイクの市場原理で進行している。

ここでは5つのステークホルダーの社会集団関係が成立している。株主は企業に資金を提供して利子を得ている。従業員は企業に労働を提供して給料を得ている。取引先は企業に原材料や情報を提供して代金支払いを受ける。消費者は企業から商品を買って代金を支払う。企業は地域社会や自然環境に貢献して社会的認知を獲得する。市場原理はこのような「企業の社会的責任」と呼ばれる5つの複雑な相互調整を必要とするようになった。

以上2つの中間領域が第3のセクターであり、本書ではNPO活動として大括りにしているが、まさに多様な組織・団体を含んでいる。ここには非営利・公益目的の社会福祉法人、公益社団法人、財団法人、医療法人、NPO法人、さらに非営利・共益目的の一般社団法人、協同組合、生協などがあり、そのほかに無数にある任意団体にも注目したい。

今日、福祉介護、医療、育児教育、環境保全などの多くの領域で、それぞれの事業内容に沿って3つのセクターの間での組織形態の選択が行われてきている。同じ事業でも独立行政法人あり、株式会社あり、生協あり、NPOも、任意団体もある。介護保険制度のもとで、株式会社組織のグループホーム、サービス付き高齢者住宅が族生してきている。

われわれが希望学でもっとも関心があるのは、このうちNPOと任意団体である。

本書の第3編の執筆者のひとり78歳になる石井三枝子さんは、名古屋市高年大学卒の同窓生仲間とカラオケ同好会を楽しんでいるが、その同好会で毎月介護施設回りをしてカラオケ大会を開き、世代の同じ高齢者にとても喜ばれているという。この訪問の間、施設のスタッフにはパソコンで書類を作ったり、行事プログラムを考えたりする余裕も生まれる。石井さんは、両腕に翼をつけたコスチュームでジュディー・オングの《魅せられて》をわれわれの前で熱唱し、その模様を再現してくれた。確かに高揚する。趣味も役立つ。また石井さんの同窓生仲間で84歳の西村陽子さんは、過去に4年間もたった一人で一日も欠かさずに新瑞橋バスターミナルの掃除を行ってきたが、いま多くの仲間がそれを受け継いでいる。私の近所の散髪屋の金田克種さん70歳は理容師仲間と毎月施設を巡って理容サービスを続け、年に1回はその仲間と扇川の清掃活動を行ってきている。

名著『アメリカのデモクラシー』を書いたトクヴィルは、19世紀初頭のアメリカを紀行し、そこはワンテーマを持った小さな「協会」が無数にある「アソシエーション王国」だと報告している。当時のアメリカはまだ行政のインフラが未整備の状態だったからであろうが、この古典は21世紀の名古屋圏にはまったく無関係のものであろうか。これから高齢化と少子化がますます進展する名古屋圏で行政活動と企業活動にすべて委ねることは、果たしてできるのだろうか。

希望学の立場からは、小さなワンテーマをもった無数のＮＰＯ活動がつぎつぎと立ち上がることを期待したい。そのことが本書の目指す２０３０年に向けた市民社会の成熟というものではないだろうか。これまで市民社会には基本的人権を踏まえて諸要求の実現へ行動する市民像が求められてきた。その方向は市民社会で永遠のテーマとして休むことなく続けられていくべきである。しかしそれにプラスアルファとして、誰でもが小さなワンテーマもって小さな社会活動に参加する新しい市民像が誕生すると、そこに市民社会の新しい「再成熟」が実現するのではないだろうか。これは21世紀の人間類型に関わることである。これを第4編の課題としたい。

この新しい市民像のあり方は、現役世代の男女ばかりではない、学齢期の若い世代にも、退職したシニア世代にも求められている。私はとくにシニア世代に期待したい。退職後のシニアの8割はまだ介護を必要としないといわれている。さあこれからの老後は趣味に生きるぞ！スポーツに生きるぞ！しかしその趣味やスポーツの中にも、ちょうど石井さんのように、小さな社会貢献のテーマが内在しているはずだ。その小さな社会貢献のテーマを、ほんのたまに、しかし休まずに続けていきたいものだ。

BS-TV『1本の道』がスコットランドのスペイ河で出会った民宿を営む老人は、「年金で何とかやれる。国から給料を貰っているのだから、これからはコミュニティに尽す」と語りつつ、ひとりで遊歩道を整備していたのを思い出す。

■「文化は地域社会における基本的な生活環境である」（メッセージ その3）

先の日野原さんは「医学はサイエンス（科学）の上に成り立つアート（芸術）である」というウィリアム・

オスラーの言葉を信条にしていたという。現代医学に出る幕がなくなった後でさえ、医師の仕事はなおだある、ということだろう。日野原さんは、「人間は肉体と精神からできている。肉体に食べ物が必要なように、精神にも食べ物が必要だ」と言い、「精神の食べ物は文化だ」と言っていた。

この場合の文化とは、文学・音楽・絵画・彫刻など人間が最高のもの目指す芸術のことばかりではないだろう。中日ドラゴンズや名古屋グランパスの試合会場でのわれわれ観衆の一体感は何にも例えられないもので、この地域の一員であることを強く実感し、素晴らしいプレーに心底感動する。勝利した試合後の地下鉄にたまたま乗り合わせた時など、乗客の高揚感ですぐに当日の結果がわかる。居酒屋やカラオケルームのない人生などあるだろうか。これらの場裏での精神の食べ物もわれわれを元気にさせてくれる。感動のない人生なんて果たしてあるだろうか。希望学ではこのように文化を広く、大きく捉えたい。文化はそれぞれの人々の基本的は生活環境であるはずなのだ。

ハンドルには「遊び」が必要だ。ハンドルに遊びがなければ自動車をスムースに運転することは不可能だ。医学にアートが必要なように、われわれのすべての仕事の中にもアートがある。生計を維持する仕事だけが人生ではない。われわれは文化に深く共感し、感動して高揚し、元気を貰ってリフレッシュできることも確かにあるのだ。また文化を創作することは苦しいが、創作者はまた一段と大きな満足を得ることができるのだ。

第3編は、希望学での広義の文化について、名古屋圏の各部面においてそれぞれ第一線でご活躍の文化人に執筆者としてご参加を願い、名古屋圏の現状と将来の可能性を書いていただいた。

■事実の背後にある含意《インプリケーション》……真実

希望学で本書が名古屋圏を展望するのは、以上のような3つの趣旨を踏まえている。希望学で名古屋圏が違って見えることをわれわれは企図している。

最後に、希望学の希望について二つのエピソードを付与しておきたい。イエスの死を見とどけた人々はその直後に「本当に、この人は神の子だった」と言ったという。しかし確定した事実は誰にでも分かる。ものごとは進行中に認識すべきだ。イエスの死の3日後、弟子のひとりはイエスの復活が信じられなかった。「あの方の手に釘の跡を見、この指を釘跡に入れてみなければ、また、この手をそのわき腹に入れてみなければ、わたしは決して信じない」と言ったという。しかし事実を確定するには洞察力が必要だ。ビッグデータに何かの意味があるだろうか。外からのコンセプトがいる。

私たちは、果たして、本書において名古屋圏の希望となる「すでに起こった未来」を捉え切れているだろうか。

第1編

地域社会を見る目

第1編の３つの章では「希望学」を名古屋圏の考察にどのように適用するかについて３つの見方が示される。後の第2編、第４編はこれらの見方によっておこなわれている。

[1] はマクロ経済学（国をひとつの経済システムと見て国民経済全体の立場から経済活動を分析する経済学）の視座から名古屋圏の希望を考えること、を企図している。[2] はミクロ経済学（国の経済システムを構成する企業や家計など個別経済主体の活動を分析する経済学）の視座から名古屋圏の希望を考えること、を企図している。[3] は経済史学・経営史学の視座から名古屋圏の希望を考えること、を企図している。（塩見治人）

1

希望の経済学の可能性

井上泰夫

いのうえ・やすお　1951年生まれ。パリ第Ⅱ大学大学院経済学研究科修了、経済学博士。経済学史・経済理論専攻　名古屋市立大学名誉教授、名古屋外国語大学現代国際学部教授、主な著書・共訳書に、『世紀末大転換を読む―レギュラシオン理論の挑戦』有斐閣、1996年、『ケネー経済表』岩波文庫、2013年、『日本とアジアの経済成長』晃陽書房、2015年、など。

■時代の暗転

20世紀の資本主義が2度に及んだ世界大戦を経て、30年に及ぶ資本主義の黄金時代を実現させた―それは、OECD諸国に限定されていたにせよ―のにたいして、21世紀の資本主義は低成長への移行、そして格差社会の深まりに直面している。日本経済も例外ではなく、この世界的な大きなうねりのなかに置かれている。とりわけ日本にとり、１９８０年代における日本経済への国際的な関心の高まり―その背景にあった日本の輸出製造業の国際競争力の高い水準―ののちに、１９８９年、バブル崩壊とともに、「失われた十年」さらには「失われた二十年」がつい最近まで持続しただけに、その落差は大であった。このような状況の中で、希望の経済学の可能性を探ることは容易ではない。

まず、経済学のパラダイム自体が、時代の言説としての意義を喪失してしまって久しい[*1]。高度成長時代においてはケインズ経済学が経済学のチャンピオンとして君臨できたが、現在では、もはや経済学の王様は存在せず、ただ、ピースミール的な経済理論がつぎからつぎに知的ファッションとして登場している。２０１２年以来のアベノミクスは、たしかに国際的関心を高めたけれども、その中心は、きわめて伝統的な通貨安にともなう効果と一体になっている。金融的には、名目的には日本経済は長期の景気上昇局面を続けているが、政府・日銀が公約としていた賃金・物価の目標上昇率は6年経過した現在も未だ実現途上のままである。何よりも、国民の日常生活レベルで依然として安売り指向が支配していて、実質的な購買力の上昇は幅広く浸透していない。それゆえ、アベノミクスのなかに希望の経済学の可能性を探ることは困難である。

理論的な閉塞感と対になっているのは、現実経済の不安定性である。かつての、１９８０年代までの資本主義対社会主義という構図は妥当性を失っているにしても、資本主義対資本主義の構図は余りにも不安定になっている。１９７０年代以降の規制緩和の大合唱は、経済学者と政治的指導者、経営者によって主導されたが、その行き着いた先がアメリカのサブプライム危機であり、リーマンショックであった。さらに、日本では原発の絶対的安全神話が２０１１年３・11の東日本大地震によってもろくも崩壊した。それは、日本国内におけるローカルな出来事であったが、文字通り、グローバルな問題として受け止められた。発生から7年を経た現在でも、震災からの復興は未だ緒についたばかりであるにもかかわらず、震災と原発という日本が逃れられないリスクへの本格的な対応は不十分なままである。度重なる震災が起こりうる状況のなかで、そして、原発の安全神話が崩壊しているなかで、現実に求められているのは、従来のままのＧＤＰの増加率の上昇であるとすれば、それは単なる前方への逃避でしかない。前方への逃避にもとづく経済政策は、原発事故が地震という天災によるものだという認識にもとづいているが、東日本大地震が示しているように、それは人災そのものである。

２０１２年来のアベノミクスは、この「前方への逃避」を象徴する経済政策である。伝統的な通貨切下げを可能にした政府・日銀の共同演出による為替相場での口先介入は大々的に報道された。その効果は円安相場を誘導し、そして輸出大企業にとり有利な経営環境が出来上がった。だが、通貨政策は伝統的な政策手段であり、どの国もこの手段に訴えれば、相互に不利益を被るという、負のスパイラルが進行する。現在の世界経済の構図において、アメリカ合衆国、ＥＵ、中国、日本がタイムラグを伴ってこの伝家の宝刀をそれぞれ行使してきている。日本経済は輸出主導型の景気回復により名目的な成長を回復させているが、依然としてアベノミクスが掲げていた賃金、物価の数値目標は実現されていない。金融的な日本経済の回復の状況のなかで、アベノミクスは、さらなる政策展開として、地方創生を打ち出している。はたしてそれは、政治的スローガンだけにとどまることなく、現実に実効性をもつのであろうか。

以下では、地方創生にかかわって、希望の経済学の可能性を考えてみたい。新しい時代的・社会的文脈のなかで、経済学はかつてのように社会的有効性を取り戻すのであろうか。

■現代日本の地域の状況

現代の日本経済のなかで地域もまた、時代の転換期、分岐点に置かれている。時代の転換期とは、いわゆるフォード主義的な成長*[2]が持続した時代から金融主導型成長への移行を意味している。問題となっているのは、フォード主義的成長の時代のなかで、国内の産業部門別分業である「本社―中核管理部門―生産部門」の国内空間における展開において、地域は、原料資源の供給、あるいは人的資源の供給のために、現地に立脚したネットワークを形成することができた。いわゆるサプライチェーンの形成である。これらのネットワークは、しかし、度重なる円高によって、国外の生産地域との競争にさらされるようになる。その帰結は、国内における製造業生産基盤の海外移転であり、国内の製造業雇用の流出である。金融主導型成長はグローバルな金融収益を指標とするがゆえに、このような傾向を増幅させる。もはや、企業にとり、海外進出するしか生き残りの術がないかのような風潮が生まれる。

これは日本経済だけの状況ではない。先進諸国において共通に見られる現象である。いわゆる産業空洞化の問題に対してどう取り組むことができるのか。神野直彦『地域再生の経済学―豊かさを問い直す』（2002年）は、財政学の観点から地方再生のための二つのシナリオを提起している[*3]。第1に、市場主義、第2に反市場主義にもとづく戦略である。市場主義の戦略とは、言い換えれば、従来型の大企業の誘致のための戦略であり、そのために必要なインフラの社会的整備を念頭に置いている。これに対して、第2の反市場主義のシナリオは、中央政府ではなく地方政府主導型の戦略である。地方自治の観点に立って、著者はこれまでの中央集権型のガバナンスでは従来のような成長を実現することができなくなっていること、そうではなく、現代において、地域が中央から相対的に自立して改革を進めることが重要である、と述べる。中央政府依存型、中央政府主導型ではなく、地域が自立して決定できるための税制制度を改革する必要がある。従来のような中央政府主導型のガバナンスは、われわれの問題意識に即して言えば、フォード主義的な国内市場中心の成長に適応していた。全国的に消費社会実現のために必要な物質的、ハードなインフラの整備が公共事業の展開とともに進行した。だが、その結果ある程度実現した成長社会では、人びとの基本的ニーズがもはや物質的内容にとどまらず、より生活の質に直接関わるニーズに変化している。具体的には、安全、健康、幸福などである。社会全体の飢餓的水準は免れているなかで、しかし地域間の経済的格差の進行は深刻な社会的不安を引き起こしている。神野氏はつぎように述べる。「日本では明らかに、社会の共同事業として非市場経済が供給しなければならない財・サービスが不足している。それだからこそ、「ゆとりと豊かさ」も実感できないのである」[*4]。財政学の専門家である著者の理解は妥当であろうが、われわれとしては、中央政府対地方政府の二項対立ではなく、「中央・地方・サードセクター」という3層の戦略を積極的に提示したい。サードセクターとは公による支援、補助を拒否しないが、あくまで市民的なネットワークによる活動、展開をイメージしている。(くわしくは、アラン・リピエッツ著、井上泰夫訳『サードセクター』藤原書店、2011年を参照されたい。)神野氏の2項対立的シナリオによれば、非市場経済＝地方政府、のような誤解を生みかねない。地方の住民、市民による補助金依存型ではない戦略も立案可能ではないだろうか。

神野氏によれば、市場主義は日本、アメリカの戦略であるが、反市場主義はEUの政策として現実化している。EUの都市における地方財政改革が高く評価されている。個別的には革新的首長のイニシアチブにより例えば都市環境を重視した都市政策がいくつかの大都市において実現していることは事実である。だが、非市場経済＝地方政府ではないのであり、現実の地方政府は現代の金融主導型経済のなかにしっかり組み込まれている。フランスにおいても、地方財政改革により、たしかに中央から地方への財政主権の移転が実施された。それは同氏の述べるようなプラス効果を生み出すと同時に、反面ではバブル指向の金融機関の利害と絡み合って、リーマンショックのなかで、深刻な金融債務を抱える地方政府も表面化している。フランス国内だけでなく、より深刻であるのは、スペインの地方政府である。新設されたけれども開港されていない空港、地方に大量に新設されたけれども空家のままの高層マンションなど、いずれも地方政府もまた金融主導型経済のなかにどっぷり関与していた結果である。地方政府が反市場主義のモデルであるというのは、事実の半面ではあっても、全体ではない。

地方政府が反市場主義のベクトルとして強く機能しているとされるEUでは、たとえば、日本のようにコンビニではなく、カフェが都市における「生活細胞」として機能していると、神野氏は高く評価する。たしかにフランスにはコンビニのような流通システムは存在しないが、伝統的なカフェの数はファーストフードの世界的な拡大、進出に押されて大幅に減少している。伝統あるカルチェラタンのカフェがすでに1980年代以降、サンミシェル通りを中心にして消滅して、味気ない、画一的なファーストフード、あるいは国際的なアパレル・チェーン店が軒を並べている。

■食料自給率

産業空洞化による雇用の海外流出という問題に加えて、この50年間に日本の食糧自給率が低下し続けているという問題がある。日本経済が国債の大量発行によって延命していることと合わせて、三つの難問がある。すなわち、国債の大量発行、雇用の流出、そして食糧自給率の低下である。

50年前と比較すると、現在の状況は確実に悪化している。50年前、1965年頃には、日本の穀物全体（飼料用を含む）の自給率は62％であった。それ以降この穀物自給率は低下し続けて、2015年には29％まで低下している。農産物の品目別に自給率の推移を見てみよう。いずれも50年間（1965-2015）に、小麦は28％から15％に、大麦・はだか麦は73％から9％に、果実は90％から40％に、そして肉類は90％から54％に、さらに、魚介類は１００％から54％に、それぞれ低下している*5。これらの事実は、今後重点的に育成すべき農業分野を浮き彫りにしている。すなわち、かつて高い自給率を示していた果実、肉類、乳製品、大麦・はだか麦、そして漁業の回復である。野菜の自給率はかつて１００％であったのに対して、現在は80％に低下している。せめて、野菜、イモ類（現在76％）程度の自給率を他の品目について実現させたい。日本の50年前の水準に戻ることは困難であるにしても、10年前の日本農業の状態にまで回復させることはできないだろうか。

ドイツ、アメリカ、カナダ、フランスはいずれも穀物自給率が１００％を上回っている。これに対してイギリス、イタリアは１００％前後を推移している。日本だけは欧米諸国よりも異常に低い水準で穀物自給率を記録し続けている。農業大国であるアメリカやフランスは別にしても、イタリアやイギリスのレベルに追い付くことは難題であろうか*6。50年前の１９６０年代半ばには、日本の穀物自給率はこれらの国とほぼ同一レベルであった。この50年間にこれらの農業ビジネスがビジネスとしての魅力を喪失してしまったことの原因について検証すべきである。１９６０年代当時、イギリスやイタリアの穀物自給率は日本を大きく下回っていた。そのときから、これらの国は日本とは反対に自給率を上昇させて現在に至っている。フランスの穀物自給率は世界のトップレベルであるが、フランスで頻繁に酪農家がパリのエリゼ宮殿やシャンゼリゼ通りをトラクターでデモ行進して、低価格で取引される牛乳を道路にぶちまける光景が示すように、フランスの農業がすべてうまく行っているわけではない。ＥＵ内の他国との競争にさらされているると同時に、牛乳価格は大手の流通業者によって余りにも低く設定されている。農業をビジネスモデルとして確立することの難しさを示している。

都道府県別に食糧自給率を見てみると、生産額ベースで、２００％を上回っているのは、北海道、青森、宮崎、鹿児島の４つの道県で　ある。１００％から２００％の間には、秋田、山形、茨城、栃木、新潟、長野、鳥取、徳島、愛媛、高知、佐賀、長崎、熊本、大分の14県が登場する。言い換えれば、他の日本の都府県はこれらの地域に食糧生産を依存している。国内において都道府県の間で、食糧農産物の自給か、他道県からの輸入か、多様な状況になっている。食糧自給を基本にして財政上のインセンティブを考えることができないだろうか。自給率が数％にとどまる東京、神奈川、大阪は食糧農産物の大きな輸入赤字を記録しているのであり、食糧農産物を生産し、国内他都府県に「輸出」している自治体に対して食糧安保の観点から一定の財政的な資金の移動があってもいいのではないだろうか。

農業従事者の現状は厳しい。農業従事者の人口は２０００年に３８９万人であったのが、２０１１年には２６０万人に低下している。そのうち主な活動が農業である基幹的農業従事者は２４０万人（２０００年）から１８６万人に低下している。そして、農業従事者、基幹的農業従事者の平均年齢はともに現在、65・9歳である。新規自営農業就業者は２００６年には７２，３５０人であったが、２０１０には４４，８００人にとどまっている。４４，８００人のうち39歳以下は７，６６０人であった。

現在の日本の農業は、「所得が少ない」ことによってビジネスモデルとしての魅力を喪失している。数々の農業支援のための政策措置は中央、地方政府レベルであるいは農協レベルで実施されている。だが、それらは少子化、子育て支援対策と同様に、どこかバラバラの政策措置であり、社会的な実効性を発揮しているのであろうか。少子化への対策が声高に主張されているわりには、日本の企業、社会は子育てに有利な働き方を実現させていない。これと同様に、農業支援の政策措置は個別的には数々存在するが、結局は新規農業就業者を本格的に増やすに至っていない。どこかで、海外の安い農産物を輸入すれば事が足りるという発想にとどまっているのではないだろうか。輸出で稼いだ分、エネルギー・食糧農産物の輸入が増えるのであれば、海外との収支バランスはゼロである。しかも、食糧はエネルギーとともに一国の「安全保障」の問題に関わる。

要するに、日本の製造業から雇用が海外に流出したことと同様に、日本の第1次産業からも雇用が流出している。雇用の流出が労働生産性の上昇によってカバーできれば、マクロ的な問題は発生しない。ところが、残された農業経営ではますます高齢化が進行していて、機械化による生産性の改善は部分的にとどまっている。このような状況の中で、日本の農産物の高い品質を活用して、輸出攻勢をかけることも始まっている。そのためにも、新規農業従事者を増やす必要がある。最終的には、農業経営のニューリーダーの登場、彼らの活躍を保証する制度改革、これらが相互にかみ合うことで日本の農業は活性化していくのであろう。

■新しい知の地平において

従来のフォード主義的な地域活性化は、ハードインフラの整備のための大規模公共事業の獲得に大きく依存していた。現在の地域創生政策においても依然として鉄道、道路、港湾などの重点的な整備が赤字国債の発行あるいは、財政投融資による見かけの赤字国債の回避によって実現されようとしている。だが、多くの論者が指摘するように、フォード主義的な大量生産・大量消費のためのインフラ整備は公共事業としても乗数効果を発揮しなくなっている。それだけ経済の構造が進化しているからである。資金のばら撒きではなく、いかにして限られた予算を地域の活性化のために有効に活用できるのか。補助金への依存ではなく、自前の潜在的な資源をどう活用するのか。これらのテーマをめぐって、新しい知のパラダイムとして、「経済地理学」の最近の潮流が存在する。すでにかなり以前から学問的に確立されているが、「技術革新能力の地域格差がなぜ生じるのか、技術革新に影響を与える地理的・空間的要素とは何か」*7に理論的関心が絞られる。それは、「新しい経済地理学」と呼ばれる経済学の地平である。資金のばらまきではなく、地域の産業・競争政策との組み合わせが重要になっている。諸富氏が述べているように、かつてのように「成長による所得向上を自己目的化するのではなく、地域住民の福祉と生活の質をいかに向上させることができるか」*8が主要な関心事になる。これは、リピエッツの主張するサードセクターの重要性と共鳴している。すでに、日本の地域は神野氏が述べるようにすべて同様の中央依存的な特徴を有していて、その点で金太郎飴的であるが、その反面、ローカルなレベルでさまざまな実験、その地域に固有の経験が生かされている。その例はたくさん存在する。しかし、いわばコロンブスの卵であり、それらの成功例はいずれも、住民、市民の努力なしには潜在的な資源にとどまっていたはずである*9。要するに、単純なコストダウンに依存しているかぎり、フォード主義的な成長のレベルにとどまっている。国内の産業空洞化は先進工業国共通の現象であるが、そこからの進化の経路は国ごとに、地域ごとに異なる。いかにして価格競争力以外の相対的な比較優位を見出して、それを活用することができるのかに、長期的な成長の要因が存在している。

リピエッツの提唱するサードセクターとは、日本の社会的文脈で言えば、「第3セクター」とは全く異なる。第3セクターと言えば、日本では経営的に、会計的に立ちいかなくなった公共事業、社会的インフラ事業を民間資金によって事業を継続することを意味する。そのような公営事業の後始末という消極的な意味合いではない。サードセクターとは、ファーストセクターである公共部門でもなく、そしてセカンドセクターである民間部門でもない、公でも民でもない、第3の経済部門を意味する。学説的に述べれば、それは、ポランニーが述べている互酬性の現代における再生を含意している。互酬性とは、人類の歴史とともに旧くから存在して、人間社会の社会的絆を形成してきた。ただし、現代社会においては、公と民の2大セクターに場を奪われてしまっている。だが、フォード主義的高成長が続いたのち、一転して低成長そして格差が蔓延するに至っている現在、21世紀初めにおける社会的閉塞状況を打破するために必要な概念である[*10]。

本章冒頭において述べたように、資本主義の暗転とは、フォード主義的成長が生産性上昇の限界を迎えて金融主導型成長戦略に席を譲ることになった結果、雇用と賃金、そして国民全体の購買力はもはや第1次的な成長の基準であることが停止するにいたったことを意味する。言い換えれば、デフレの時代の持続である。このなかでフォード主義的成長とは逆に、経済的平等の衰退、経済格差の悪化が進行したのである。この時代的文脈のなかで、冒頭に提起した希望の経済学を改めて考えるとき、日本の第3セクターではない、サードセクターを構想せざるをえない。なぜなら、金融主導型成長が持続するかぎり、企業競争力維持あるいは引き上げのため、雇用と賃金は企業にとりあくまで生産コストにとどまる。したがって、非正規雇用をかつての高度成長時の水準にまで減少させることは困難である。市場でもなく政府でもない、新しい公共が生まれる素地が存在している。リピエッツの言うフランスだけでなく、日本にもこうしたサードセクターの歴史的水脈が存在する。多業種にわたっている協同組合、各種共済組合、さまざまな非営利組織である。これらの社会的組織は、健康、福祉、文化、教育、余暇などの分野においてすでに一定の雇用を生んでいる。この現実を出発点にして、さらなるサードセクターの発展を試みることは可能ではないだろうか。IT革命を経て現在AIの時代の到来が告知されている。ITとAIを活用することによって、ディープジャパンの片田舎─過疎地域であるがゆえに、オールドジャパンが残されている─をグローバルなツーリズムのなかに登場させることも可能である。国まかせ、企業まかせではなく、地域に根を下ろした人びとが自らの生活の再生産圏を充実させるべく、地域外とのネットワークを形成できるような時代を迎えている。本章の初めに述べたように、経済学はその端緒において国民全体の豊かさを追求するための学問であったはずである。経済格差の深まりは、この当初の目的に相反している。国民の一部ではなく、できるだけ多くの人たちの豊かさを追求するという、経済学の本来の目的がもう一度振り返られるべきである。

＊本論文は、井上泰夫「地域経済の活性化と経済学」『名古屋外国語大学現代国際学部紀要』第13号　２０１７年、に加筆したものである。

【注】

＊1　かつて経済理論の形成はその時代の経済社会的背景と密接に関連していた。１９３０年代アメリカにおけるニューディール、第2次世界大戦後の日本における傾斜生産方式、所得倍増政策、フランスにおける計画経済の政策的成功など、いずれも経済学が社会的な期待、希望と一体となっていた。豊かな消費生活を現出したアメリカ的生産・生活様式の確立、戦後復興から高度成長へ、すなわち、フォード主義的な成長の過程はまさしく経済学と社会の蜜月時代の産物であった。これに対して、今日の状況はその対極にある。フォード主義的な安定的成長から停滞、そして長期的な危機へという過程のなかで、フランスでは研究のレベルで「レギュラシオン理論」がこの過程に内在した当時の若手経済学者によって形成された。それから40年後、レギュラシオン理論と同様に、やはり長期的歴史を重視するフランス経済学のなかからトマ・ピケティの『21世紀の資本』（原著、２０１３年発行、日本語訳、２０１４年発行）が生まれた。現在の状況のなかでは、グローバルに展開しつつある経済的不平等、格差の過程のなかで、もはや経済的不平等が資本主義の普遍的な特徴であると、トマ・ピケティは結論づけている。レギュラシオン理論とピケティ理論はともに標準的な新古典派均衡パラダイムに対して批判的である。世界的に見れば、これらの理論は経済学の布置状況のなかで少数派を形成している。すなわち、知的レベルでは大

きなシンパシイを得ているが、同じ方向を共有する研究者の数という基準で見れば、明らかに少数派にとどまる。

支配的、標準的な経済学の理論的な分析手段や道具はますます高度化、ハイテク化している。にもかかわらず、それが時代の希望や期待を表現しているようには思われない。全体的に経済学の研究者の研究は個別の研究テーマに細分化している。そのことは経済学者の職業的、世代的再生産には有効であっても、はたして世の中にとりどれだけ社会的有効性を持ちうるのだろうか。基礎医学が直接的ではないにしても、現場の医療につながっているように、経済学の理論も政策、経済的現実との緊張関係をもつ必要があることは自明である。

＊2　ここにフォード主義とは、大量生産・大量消費にもとづく資本主義の革新をもたらした20世紀型の蓄積体制とその調整様式を意味している。従来の言葉で言えば、フォード主義的成長とは、20世紀の高度経済成長に他ならないが、資本主義の革新は、古典的な利潤主導型の成長ではなく、戦後の欧米諸国で強弱のちがいはあれ、共通に実現した賃金主導型の成長によってもたらされた、というフランス・レギュラシオン学派の創出時の共通認識が存在する。20世紀型の高成長は決して歴史のなかの偶然ではなく、労資妥協のなかで必然的に生み出された。労資妥協の当初においてこのような成長についての認識が確立していたわけではないにしても、妥協の過程の結果として成長という果実が生まれた。

＊3　神野直彦『地域再生の経済学―豊かさを問い直す』中公新書、２００２年

＊4　前掲、51頁

＊5　以上は、農水省発表の食糧自給率の推移による。

＊6　井上泰夫「これからの地域経済に向けて」塩見・梅原編著『名古屋経済圏のグローバル化対応』晃洋書房参照。

＊7　諸富徹『地域再生の新戦略』中公叢書、２０１０年、１１９頁

＊8　同、１３６頁

＊9　「住民がそれを「発見」し、活用し、磨き上げてきたからこそ「資源」になっている」のであって、そうでなければそれらは朽ち果てているか、あるいは無用の長物になっていただろう。独自の発展への途を探る挑戦をせずに、弁解から始めている時点でその地域の発展の可能性はゼロになる。しかし、地域固有資源は本当にないのか、それらを死蔵させてはいないか頭を働かせ、知恵を出すことを怠らないならば、可能性は無限である。ここには、何もないことを弱みではなく強みとして考えるという西田天香の「無一物　無所有　無尽蔵」の哲学が存在する。つまり、何もないからこそ必死で知恵を絞って途を切り開こうとする。諸富著前掲、１９６頁参照。

＊10　より詳しくは、前掲リピエッツ著、「訳者解説」を参照。

2

市民社会の再構築とＮＰＯの可能性

向井清史

むかい・きよし　１９４９年生まれ。名古屋大学大学院農学研究科修士課程修了、博士（農学）。名古屋市立大学名誉教授。専門は、非営利経済論、地域政策論。主な著書に、『沖縄近代経済史』（日本経済評論社：日本農業経済学会賞）、『ポスト福祉国家のサードセクター論』（ミネルヴァ書房）、『未来を拓く協同の社会システム』（共編著、日本経済評論社：日本協同組合学会学術賞）など。

■はじめに

希望学とはどのように論じられるべきなのだろうか。私は、地域経済学の提唱者であった玉野井芳郎がすでにそれを正確に言い当てていたように思う。彼によれば、「戦争、人間疎外、汚染というふうに、現代の危機を次々と告発していくのは比較的易しいことである。問題はむしろ、そうした危機をいかに解決してゆくのかの理論的指針が伴わなければ、責任ある社会的発言とはいえなく……、解決といっても、それはたんなる政策上の提言を意味するのではない……危機と混迷が象徴する異常な状況がいかに、またどれだけ対象化されうるか。対象化に伴う接近法がどのように構築されうるか。これこそ、学者や研究者が何よりもまず取り組むべき課題である」（玉野井芳郎『転換する経済学』東大出版会、1975、3頁）。

この玉野井の示唆を導きの糸として、本稿では以下の順序で、現在社会の閉塞状況を突破する起爆剤として、なぜNPOなど市民による非営利事業体が決定的な役割を果たし得るのかについて明らかにしていきたい。まず次節で、前提的作業として今我々が直面している危機の実相を確認する。確実に来ることが予想される未来的危機とはどのようなものかを正確に認識することは、未来を論じる前提として不可欠だからである。ただし金融危機から地政学的危機まで、予想される現代社会の危機はひとつではなく、そのすべてを論じることは不可能なので、本書では少子高齢化、社会保障問題に限定して危機の実相を確認する。従って、以下の議論は介護、福祉問題の解決を想定して論じられていると理解してほしい。介護・福祉問題こそ国民にとって最も身近であり、かつ人口動態からみてもその破たんが高い確実性を持って予想される点からいっても、それは真っ先に取り上げられるべき危機的課題である。実際、内閣府が近年実施している「国民生活に関する世論調査」では、政府に対する要望として「医療・年金等社会保障の整備」が首位を占め続けている。

そして第Ⅲ節で、ある自治体で確認されている注目すべき事実を紹介し、それを踏まえて、第Ⅳ節でN

ＰＯをはじめとしたサードセクター事業体による活動が社会的・地域的問題を解決するための有効なアプローチとなり得る可能性を論じる。サードセクター事業体とは何なのかについて詳しくは向井清史（向井清史『ポスト福祉国家のサードセクター論』ミネルヴァ書房、２０１５）を参照されたいが、ここでは、「営利を目的とせずに社会問題の解決を目的として活動（事業）を行っている市民の団体」を指すと理解して論を進める。いわば、市民の、市民による、市民のための事業体である。

人々が集まって作った団体は法的に社団として取り扱われるが、法人格を取得している場合もあれば、任意団体にとどまっているものもある。表題にＮＰＯという言葉を使ったのは、それはその方が読者がイメージしやすいであろう考えたからで、一般社団法人などＮＰＯ以外の法人格で非営利の市民事業活動をしている団体も少なくない。人間の集団である団体にも自然人と同じように権利と義務を認める法人という取り扱いは、事業を円滑に進めるために考え出された人間の英知である。近代という時代の発展が株式会社という法人形式に負っていることは、現在、事業体（会社）の多くが株式会社という法人形式を選択していることからもわかろう。我が国でも、営利を目的としない事業を促進するため、いくつかの法人形式が法的に認められている。ＮＰＯ法人や一般社団法人、社会福祉法人などがそれに該当するが、ＮＰＯ法人がその最もポピュラーな形式になっていると言ってよいだろう。いずれにせよ、ここでサードセクター事業体という場合、以上のような非営利目的事業を想定している法人形式を全て包含していると理解されたい。ただし法人格を取得するに至っていない任意組合のようなインフォーマルな団体を排除しているというわけではない。重要なことは、市民による営利を目的としない事業を円滑に進めるために法人格の取得を予定した法律が準備されていること自体が、既に社会的にその存在の有意義性が認められていることを意味しているという関係性である。無意味なもののために法律を作ろうとする立法府などいかなる国にも存在しない。法の制定には、その意義と必要性が広く社会的に承認されていることが前提となるという関係は、専門用語では立法事実と呼ばれる。

ここでは細かな法律的取扱いの違いは無視して、営利を目的としない市民事業体一般をさすものとして、以下ではサードセクター事業体という言葉を使うことを了解されたい。ただし、サードセクター事業体という概念はわが国でよく使われている「三セク」とは全く異なる概念であることだけは、明確に認識しておいてほしい。「三セク」は民間と行政が共同出資した事業体という意味を持ち、日本でしか通用しない言葉である。しかし、サードセクター事業体は世界的に確立している言葉である。

そして最後の第V節で、サードセクター事業体と、いまひとつの市民の自律的地縁集団であるコミュニティの関係について整理し、活力ある市民社会の再構築への途を展望したい。

なお、本論に入る前に、危機と希望への途の関係について確認しておこう。危機とは戦争や金融システムの崩壊など大きな具体的、社会的混乱を伴う現象をいうが、今日の世界は、こうした危機への潜在的可能性を孕みつつも現在のところ危機の発現が回避されている状態にあり、今後ともうまく回避し続けられるかもしれない。しかし、かろうじて回避されていても、その背後で人々の間に着実に閉塞感がマグマのように蓄積され続けていることを放置することはできない。閉塞感とまで言わなくても、社会が陰湿で人々にとって生きづらいものになりつつあると感じている人は少なからず存在するだろう。希望とは、このような状況を何とか打破しようと考え、行動する人々の中から生まれてくるものであり、その活動の中にのみ宿りえるものである。第4編に収録されている論文は、今はまだ主流になり得ていなくても、そのような方向に向かって確かな歩みを始めている人々が既に表れていることを生き生きと描いている。

しかし、閉塞感に突き動かされた行動に落とし穴がないわけではない。2016年11月のアメリカ大統領選挙に勝利したトランプ氏は、勝利宣言の中で「この国の忘れられた男たち女たちが最早忘れられることはない」と述べたことは記憶に新しい。彼は、社会の生きづらさを俺が掬い取ってやると言いたかったのだろう。社会からの疎外感を抱いている（底辺に追いやられたと感じている）人々が、不動産王と呼ばれる富豪に熱狂する姿に大衆迎合主義（ポピュリズム）の危険性を感じるのは私だけではあるまい。アメリカ大統領選挙は、鬱屈した不満が一つのきっかけさえ与えられればSNS等によって一気に社会を転換しかねない可能性をまざまざと見せつけたといえよう。つまり、希望は幻想へとつながっている場合もあるのである。まさに、危機への接近法が厳しく吟味されなければならない理由がここにある。

アメリカで生じたことは、移民とグローバル化の関連を契機とするものであり、少なくとも移民を厳しく制限している我が国では、移民問題をきっかけに大衆迎合主義の危機が顕在化することはあり得ないであろう。しかし、執拗になくならないいじめや幼児や高齢者にたいする虐待は、閉塞感に発するマグマがわが国でも確実に蓄積されていることの一端を示すものと理解すべきである。サードセクター事業体による社会的課題解決可能性は現段階において主要な社会的認識となっているとはまだ言えないが、介護、社会福祉問題を事例として、サードセクター事業体の中で大切にされる理念を温め、その活動領域を広げていくことが、希望への接近法の一つとして大きな可能性を有していることを明らかにしていきたい。

■現代的危機としての介護・福祉問題

少子高齢化に伴う介護・福祉問題が深刻な社会的問題となっている国は少なくない。しかしわが国について言えば、それが日本型福祉国家構想の破綻の延長線上に浮かび上がったものであるだけに、より根が深いと言える。周知のように、福祉国家とは何であり、今日それが解体しているとみるべきなのか単なる危機的局面にあると解すべきなのかについての通説はない。国家論や財政学の専門ではない私にはそれに答える能力もないし、それは本書で期待されている私の役割でもない。しかし、我が国政府が描いてきた福祉構想が、今や完全な危機的状態にあることは大方の認めるところであろう。いわゆる日本型福祉社会構想なるものの破たんである。

日本型福祉社会構想とは大平内閣下の1979年の「新経済社会7か年計画」において明確に描かれるようになった日本型福祉国家システムについてのデザインを指す。そこでは、既に欧米にキャッチアップした日本としては、範を欧米に追い求めるべきではなく、自助、家庭や近隣・地域社会の連帯の基礎の上に、効率の良い政府による公的福祉を組み合わせる日本型ともいうべき新しい福祉社会を目指すべきとされていた。日本に独自の福祉国家システム構想こそがふさわしく、欧米に追従すべきではないという考え方の背景には、2つの前提的認識があった。ひとつは、終身雇用と年功序列型賃金および退職金、企業年金というかたちの手厚い企業福祉という、欧米にはない我が国固有の雇用慣行への信頼であり、いまひとつは我が国の家族のきずなに対する信頼であった。1978年厚生白書は、老親と子供の同居は日本の「福祉における含み資産」とすら評価していた（堀勝洋「日本型福祉社会論」国立社会保障・人口問題研究所『季刊 社会保障研究』Vol.17. No.1）。しかし、このような前提はもはや根底から崩れている。

まず、自助の前提とされた日本型雇用慣行については、1985年の労働者派遣法の制定を嚆矢として、何回かの改正を経て、今日ほぼすべての業種で派遣労働が可能となり、派遣期間についても、その制限が大幅に緩和されていることからみても、空文化していることは明らかである。バブル崩壊期以降非正規雇用が増加し、世帯所得が低下していることについては改めて統計を引くまでもないであろうが簡単に確認しておけば、次のような実態が浮かんでくる。2015年総務省「市町村税課税状況等の調」によれば、年収が課税最低限（自治体によって差はあるがおおよそ100万円）以下で、納税義務を負っていない人が4535万人存在する。この中から、主婦など扶養控除対象者を除くと2908万人となり、この数は成人人口の約3割に該当する。生活保護世帯は217万人でしかないから、公的扶助外で100万円以下の年収で暮らしている人が今日の日本では少なからぬ数に上ることがわかる（日本経済新聞2016年12月5

日付）。もちろん、この中には先祖伝来農山村に居住し、宅地周りの田畑を利用して現金支出をあまり必要としない半自給的生活を送っている高齢者等も含まれている。しかし、都会の片隅で食うや食わずの生活を送っている人の数は無視しえないボリュームであることは否定できないだろう。子供は子供で、6人に1人が相対的貧困水準にあることはマスコミでもしばしば取り上げられているとおりである。

それでは、家族の現状はどうであろうか。2015年国勢調査によれば、50歳時点の生涯未婚率は男性23・4％、女性14・1％であり、この割合はつとに増加傾向にある。また、統計上は非単身世帯に分類されるが、いわゆるパラサイト・シングルと呼ばれる独居高齢者予備軍の割合も増加している。非婚化や晩婚化といわれる現象が着実に進行しており、「家族という含み資産」は急速に劣化しつつあるのである（山田昌弘『迷走する家族』有斐閣、2005）。

もちろん、日本型福祉国家構想の2つの前提の崩壊は表裏一体の関係にある。家族の崩壊は日本型雇用慣行崩壊の裏面に過ぎない。所得が不安定であるがゆえに、結婚したくてもできない若者が増加しているのである（筒井淳也『仕事と家族』中公新書、2015）。市場経済によるコミュニティ解体作用が、コミュニティを突き抜け、その原基形態である家族にまで及んできているという解釈も可能だろう（伊藤誠『資本主義の限界とオルタナティブ』岩波書店、2017）。

出生率の低下が全体としての市場の縮小だけでなく、人口構成の歪みによる社会保障制度の不安定化に帰着していることについては政府も認識していないわけではない。後述するような、社会保障における互助の協調はこのことを示している。しかし、日本社会における人間関係が希薄化する一方であること（NHK放送文化研究所編『現代日本人の意識構造（第八版）』NHK出版、2015）を無視したかかる「政策提示」は、むしろ責任の放棄と受け取られてもしかたないと言わざるを得ない。日本経済が、人口減少による消費市場の停滞からひいては国内投資需要が冷やされていくという、負のスパイラルに入っていくのではないかという不安感が社会を覆っているといっても過言ではないであろう。

しかも、問題は人口論的危機にとどまらない。閉塞感をより一層強めている要因として社会的流動性の固定化問題がある。多くの生活困窮者が滞留したままになっているばかりか、滞留者が浮揚し得るチャンスに恵まれることがほとんど期待できない状態に置かれている（三浦展示『格差固定』光文社、2015）。生活困窮状態は様々な複合的要因に根差している。生育期における家庭環境はその後の子供の学歴を規定するだけでなく、発達障害や虐待の連鎖、自己肯定観の希薄化などにも大きく関連しているといわれる。このような現実は、一言で「社会的排除」と表現されることが多いが、これこそが危機のもう一つの実相に他ならない（『助けてと言えない』NHK取材班、文春文庫、2013）。これは、明日のわが身を展望し得ない個人の特別な問題にとどまるものではない。そこに費やされざるを得ないであろう公的扶助による財政の圧迫や、人的資本形成（能力開発）の失敗によって見えないかたちで社会に賦課される、本来であれば社会に貢献し得たはずの可能性が無駄にされることで失われる潜在的ロスを考慮するならば、それはまさに社会的危機と呼ぶにふさわしい問題と言わざるを得ない。

さらに、社会保障問題に関しては、雇用不安や社会的流動性にとどまらない問題があることを忘れてはいけない。例えば国立社会保障・人口問題研究所調査結果（２００７）によれば、公的年金、医療保険のいずれかまたは両方に加入していない現役世代（25-59歳）の割合はほぼ1割という。つまり、わが国が世界に誇るといわれている国民皆保険制度はすでに大きく綻びを見せているのである。正規雇用者であれば被用者保険が適用され、保険料は給料から天引きされるので、このようなことは起こりえない。これらの人の平均年収は全体の平均収入に対して、男性で51％、女性で43％でしかなく、数値は省略するが貯蓄実績においても彼らは平均より大きく劣っている。そして、これらの非加入率は就業形態（正規雇用か非正規雇用か）、学歴と明確な相関を持っている。しかし真に驚くべきは、彼、彼女らの70％近くが加入していないにもかかわらず、65歳以降の生活収入として公的年金を想定しているという事実である（小塩隆士「セーフティ・ネットと私たちの幸せ」『生活協同組合研究』２０１６・11）。大規模な社会意識調査によれば、年収や学歴など社会経済的地位について恵まれない人ほど、「高負担高福祉」より「低負担低福祉」を選好する割合が高いという（武川正吾『政策志向の社会学』有斐閣、２０１２）。一見矛盾するこの傾向は、現代日本における社会保険方式による社会保障の限界を露呈していると解することができる。つまり、生活問題を正しく認識できていない、あるいは厳しい現実が予見できるにもかかわらず、知ってか知らずか公的扶助に最後のよりどころを求めている「無邪気」な国民が多々存在するという事実である。平成25年度『障害者白書』によれば、身体、知的、精神、発達など何らかの意味での障害を抱えている人は人口の６・７％

に達する。加えて、高齢による認知症患者は約500万人と推計されている。オレオレ詐欺被害のニュースがなかなかなくならないことに示されているように、このような人々に対して、社会的支援は決して十分であるとは言えない。福祉においては、制度を作ることで問題が終わるわけではない。制度から零れ落ちる人を出さないように引き続きケアしていくことがそれと同じ、あるいはそれ以上に求められるのである。

今日、福祉サービスの準市場化が進んでいることは周知のとおりである。準市場化とは、社会サービスの利用に際して費用負担は政府が関与して行うが、サービスをどこから購入するのかの選択がすべて個人に委ねられている仕組みを言う。例えば、医療保険に加入している限り、どこで治療を受けても費用の7割は公的医療保険から支払われる。しかし、どの病院で治療を受けるかは国民の選択に任されている。この制度は社会福祉の効率化をもたらすためのものとみなされている。言い換えると、今や社会保障サービスを享受するために、個人が自ら決定しなければならない場面が増えているのである。国民は自ら情報を収集し、判断することを求められているわけであるが、先に見たように自立を前提とした制度設計に適応できない人が多く存在することを忘れてはならない。さらに言うならば、我が国の社会保険はすべて申請主義で運営されている。社会保険を利用するには、まず自ら申請しなければならない。認知能力の低下など何らかの理由で社会保険制度そのものへの理解が薄いために、あるいは申請方法がわからないために少なからぬ人がその利用から疎外されている可能性が非常に高い。2016年に総合法律支援法が改正され、認知機能が十分ではない人に対する援助が拡充されることになったが、制度は現実のはるか後塵を追いかけているに過ぎない（広瀬清吾ほか編『日本社会と市民法学』日本評論社、２０１３）。

社会的なセーフティ・ネットが綻びを大きくしつつあるにもかかわらず、なお、経済成長によって解決されるかの幻想がふりまかれていることにも問題がある。人口減少社会に完全に入ってしまった今日、経済の潜在成長率が低くなるのは自然である。もちろん、人口が減少しても生産性の上昇があれば潜在成長率は高くなり得る。しかし、今後の技術革新がＩＴの活用に偏っていることを誰もが感じ取っており、革新の効果に預かれる人間とそうでない人間に分断されるであろうと思っている人が多いのではないか。実際、ＡＩが雇用を奪う可能性を指摘する研究も少なくない。また、地球温暖化など経済成長に対する自然的制約がかなり顕在化してきていることも事実である。もはや、経済成長の成果を再分配させることで社会保障が賄い得るというトリクルダウン論に安心して希望を託している人は少数派であろうし、それはあまりにも楽観的であると私は考える。

■サードセクター事業体は希望への途に通じているか

我が国の福祉社会構想が構造的矛盾に逢着していること、そしてその代替策としてのトリクルダウン論も説得力を持ちえなくなっていることを前節で見てきた。説得力がないという以前に既に我が国財政が破綻状況にあり、むしろ将来の大きなリスク要因にすらなっていることはほとんど毎日のようにマスコミで報じられている。長きにわたって我が国財政は歳入だけで義務的歳出を賄えない状態が続いており、その結果、今や累積した財政赤字が1000兆円を超えているにもかかわらず、赤字解消への途筋が描かれないまま先送りされ続けている。まさに閉塞の極みという以外にない。

しかし、現状の中に希望に通じる途を見出すことが全くできないかと言えば、そうではないと私は考る。たとえば、日本経済新聞の報道(2017年2月12日付)によれば、2014年度の市区町村別1人当たり後期高齢者医療費に約2・6倍の格差が存在するという。もちろん、これら格差の多くが自治体による政策の差や医療資源そのものの地域的偏在によって生じている可能性は否定できない。しかし、コミュニティをはじめとした地域社会の在り方も有力な影響因子になっていると考えるべき蓋然性は十分あるし、逆にそれらの因子が自治体政策や資源配分(予算配分や人員配置)のありように影響を与えている可能性も否定することはできない。つまり、生活圏レベルでの人と人の関係性、地域社会の在り方を作り変えることができれば、福祉にかかわる社会的問題解決の希望への途となり得るのではないかということである。ロバート、パットナムという人の研究(パットナム『哲学する民主主義』河田訳、NTT出版、2001)以来、経済社会の安定や発展に信頼感などの人々の間の緩やかな社会的紐帯(これを社会関係資本と呼ぶが、これについては最後に詳述する)の存在が深く関係していることは多くの実証的研究で明らかにされている。そして、社会関係資本が社会科学における有効な分析概念として認知されるに至っている。

我々が、緩やかな社会的紐帯が社会問題解決の有力な手段となり得ると考える根拠として、徳島県旧海部町を格好の事例として挙げることができる。周知のように日本は有数の自殺大国であるが、人口当たりの自殺者数が特異的に少ないことで有名なのが徳島県旧海部町なのである。自殺は希望の反対としての絶望や閉塞感を背景にした行為と考えてよいが、これを防ぐうえで、旧海部町のコミュニティの特性が大きな機能を果たしていることは多くの実証的研究を通して明らかにされてきている。たとえば岡（岡檀「自殺希少地域のコミュニティ特性に見出した、オープンダイアローグとの共通点」野村、斎藤編『オープンダイアローグの実践』遠見書房、2017）の研究によって、自殺防止要因として旧海部町のコミュニティ特性から抽出されたもののうち、本論との関係で特に重視すべきものを要約的に取り上げれば、以下の3つがあげられる。第1は、人間の関係に上下関係を作らないこと。第2は、構成員の多様性保持へのこだわり（どんな意見に対してもまずは聞いてみる姿勢を持つ）、第3はつながりが緩やかであることである。緩やかなつながりをもう少し補足すれば、互いに関心を持ち合うが、それが決して相互監視にならない関係である。これは第2の特性と表裏一体の関係にあり、多様性を認めているので、統制を乱す異端分子を早期発見しなければならないという発想がそもそも生まれようがないのである。これが、伝統的コミュニティにありがちな息苦しさが浸潤してくる防波堤となっていると考えられる。旧海部町にこのようなコミュニティがなぜ特異的に生まれたのかという問題は興味深いが、岡は、この町が江戸時代末期に木材の集積地として飛躍的に発展し、多くの移住者を受け入れてきた歴史に言及している。

旧海部町の現実は、社会問題の解決に対して地域社会が持っている潜在力をエンパワーメント（有効化・

顕現化）することが、今日の閉塞的状況を打破する有力な解決策の一つとなり得ることを示していると我々は考える。ただし、旧海部町のコミュニティは我々の知っている現実の日本のコミュニティといささかかけ離れていることに留意しておかねばならない。ここにおける人と人の相互作用は、関心を持ち合いつつも、相手の境遇の結果にまでコミットするほど濃密にはならない、緩やかな関係である。つまり、コミュニティのあり方を旧海部町のそれのように作り替えていくことが必要であり、我々は、サードセクター事業体がその触媒として機能し得ると同時に、今日的に求められている新しい人と人の関係性を構築していく仕組みを本質的に備えている存在と考える。換言すれば、サードセクター事業体の広範な普及・活躍こそが希望への途につながっていると考える。

我々は、日常生活に必要な財やサービスを基本的に売買を通して市場から購入する、市場経済システムと呼ばれる経済的仕組みの中で生活している。しかし、この仕組みでは十分に解決できない問題が噴出しているのが今日の世界である。何故そうなっているのかを根本から論じる余裕はないが、ここでは介護や福祉問題との関係で2つの事だけ確認しておきたい。ひとつは、売買を通した交換システムでは受益者負担ということが大前提となるので、この仕組みは基本的に社会福祉のような問題の解決に適していないことである。この仕組みでは対価という支払い能力がなければ財やサービスを購入できないのがルールである。それに対して、社会福祉問題とは、基本的に高齢、病気、失業など何らかの理由によって十分な支払い能力を喪失した人々の社会権（社会から存在を認められ、尊厳をもって生活を享受する権利）を、どうすれば保障することができるかという性質の問題だからである。

いまひとつは、専門的問題に深入りすることになるが、養育や介護、医療などのサービスは本質的に市場売買に適さない性質を持っているいう問題がある。市場における売買システムが効率的な資源の社会的配分をもたらすためには、人はあらゆる購買によって得られる満足（効用）に対して序列づけができるという仮定が必要である。資源の社会的配分とは、社会的に有限な資源の総体を、最も必要とされているところにより効率的に振り分けていくにはどうすればよいかという問題の事である。しかし、介護や医療サービスに対する需要は欲求に根差したものではないので、何かと比較して序列をつけることなどできない。苦痛から逃れたいという意味では欲求と言えないこともないが、介護や医療が必要な状態になることを希望する人は素より存在しないからである。これらの需要は基本的に選択ではなく、必要性（どんな心身状態になったか、あるいは何の病気になったのか）に応じて決定されるものであり、他の効用と比較して購入の是非が決められるような性質のものではない。換言すれば、値段を考慮して他の選択肢と比較しながら自由に購入量を決定できるという仮定が成り立たない（飯尾要『成熟社会のニードロジー』日本評論社、1997）。病気は予期せず襲ってくるし、治療に必要な医療サービス量は病気の内容によって決まってくる。風邪には風邪の、癌には癌に必要な治療法は標準的に確立しており、患者が選べるものではない。

加えて、日常的生活に随伴するサービス需要では、供給者間の自由な競争が阻害される可能性が大きい。例えばデイサービスを考えれば理解しやすいと思われるが、どんなに費用効率的に運営できる事業者であっても、利用者が分散しているためにその送迎に費用と時間を余分にかけなければならないハンディを負えば、効率よく利用者を集めている事業所に勝ることはできない。事業者間の競争という問題から考えても、対人社会サービスについては、市場での交換によって需要と供給を調整させることが効率性を保証するとは言えないのである。一定の空間的範囲内で供給される対人社会サービスを地域公共財と呼ぶことがあるが、それは、通院や通園時間を考えた場合、需要者側の選択余地に物理的制約があるのでこう呼ばれる。このことは供給面で地域独占事業体を生む土壌があることを意味し、営利企業に委ねた場合にこの弊害が生じる可能性がより高い。

このように、市場での売買行為を通して資源の最適な社会的配分を図ろうとしても、うまくいかない場合があり得ることはよく知られており、これを経済学では「市場の失敗」と呼んでいる。市場における売買を中心とした経済システムの有効性に理論的基礎を与えたとされるアダム・スミスも、その意味で決して市場売買メカニズム至上主義者ではなかった。彼は、市場経済システムにはできることとできないことがあり、また市場がもたらす経済の安定的状態が必ずしも社会的善もたらすとは限らないことも自覚していた（堂目卓生『アダム・スミス』中公新書、２００８）。

この「市場の失敗」を補正的に解決するために存在するのが、政府の介入による税金の徴収に基づく公的サービス提供と福祉的給付という社会的配分方法と位置付けられている。社会保障が基本的に政府によって運営されているのはこのためである。しかし、残念ながら政府とは全面的に信頼し得る存在ではない。まず、政府機能は官僚の権力欲や形式民主主義が陥りやすい政治家の大衆への迎合という二つのバリアーによって歪められることが多いという問題がある。最近、大衆迎合主義という言葉は移民排斥などナショナリズムと関連づけて語られることが多いが、大衆迎合主義はナショナリズムというかたちをとって現れるだけではない。世俗的権力やマスメディア等を利用した大衆動員によって、政治的意思決定において重要な社会問題の解決が先送りされたり、歪められたりするケースが多々ある。神のごとく完璧な政府など存在し得ない。

それだけではなく、政府を供給主体と位置付けた場合に、その執行レベルに関しても様々な問題がある。社会的需要（ニーズ）の把握主体として考えた場合、頻繁な人事異動が常態となっている政府という行政組織が最も効率的とは言えない可能性が大きい。社会には、支払い能力の欠如、あるいはどこに相談すればよいのかがわからない(知識の欠如)ために潜在化している需要が多々ある可能性についてはすでに見た。さらに特殊なケースとしては、ＤＶのように表沙汰にすることが身の危険と隣り合っているような場合すらある。社会的需要がすべて社会化、顕在化される保証はないのである。潜在化せざるを得ない社会保障的需要に対しては、民生委員のような行政補助システムによって捕捉することが建前となっているが、民生委員は数的に十分配置されているとは言えないばかりか、近年では、報酬に比してあまりの激務のため、なり手がなく欠員補充すらままならないという話もよく聞かれる。

また、社会サービスの供給主体としても、行政組織は縦割りによっているので供給のワンストップ化ができず、著しく利便性に欠けることが多いことは我々が日常的に経験していることである。行政とかかわって、よく「たらい回し」ということが問題視されていることがそれを物語っている。

市場での売買システムや政府を媒介とした社会的資源配分に構造的弱点があるとすれば、それを補正する第三の仕組み（これをサードセクターと呼ぶ）が必要になるのは当然である。ここに市場でも政府でもない地域社会や市民組織の役割という重要な領域が浮上する。ちなみに、セクターという概念は、社会を維持していくための必要な仕組みを区別して認識するためのもので、政府をファーストセクターと呼び、売買が行われる市場をセカンドセクターと呼んでいる。しかし、地域社会や市民社会は本来的にお金や人材など社会的資源の効率的配分を行うことを目的に組織されているものではない。従って、政府でも市場でもない社会領域が持つ潜在力を今日の社会的問題の解決力として顕在化させるには、何らかの働きかけが必要である。営利を目的としない市民（シチズン）による社会問題解決を目的とした事業、すなわちサードセクター事業体こそが、このような役割を果たし得るものであると私は考える。実際、市民の手で社会問題を解決していこうという理念は、今や世界的に広がっている。我が国でも、このような認識は「新しい公共」（社会的問題解決への市民の関与）と呼ばれる文脈の中で拡がってきた。とりわけ、阪神大震災を契機としてボランティア活動が広く知られるようになり、サードセクター事業体の象徴のようになっているＮＰＯ法人も族生するに至っている。

我が国における政治への住民参加は、１９６０年代後半から７０年代にかけて各地で住民運動と呼ばれるかたちで盛り上がりを見せた。いわゆる「革新自治体」と呼ばれた自治体の登場がそれを象徴していた。それは、社会運動を通して既成の権力構造に対抗しようとするものであったといってよい。しかし、第2世代の参加論と呼ばれる今日の「新しい公共」は、参加を政策形成プロセスと考える点で新しい段階を示すものといってよい。それは市民を、政策形成、実施、評価という政策実施過程全般にかかわる対等の関係者として認め、政府と市民の協働的関係を構築しようとするものである（田中重好『地域から生まれる公共性』ミネルヴァ書房、2010）。田中によれば、public という言葉の語源はラテン語の populus〈人民〉の形容詞 publicus にあり、「人民全体の」という含意を持っていた。しかし、日本においては公の観念が官（中央政府）の観念の中に溶解したかたちで受容されたため、公私という関係は垂直的な構造（お上意識）から容易に抜け出せなかったという。

しかし、ここで議論しようとしている「新しい公共」に基づくサードセクター事業体論は、政府の提唱する地域包括ケアシステムのように、公助（社会扶助）、共助（社会保険）の補完物としてコミュニティ機能（互助）の強化を位置付けようとしているわけではないことを強調しておきたい。2014年介護保険法改正は「地域包括ケアシステム」という理念を強調し、介護保険給付事業の外延に「介護予防・日常生活支援総合事業」と銘打って住民参加の生活支援事業を制度内に組み入れ、地方自治体と住民との協働に介護保険制度の一環としての位置づけを与えた。「地域包括ケアシステム」の理念とは、財政と人材確保の両面から、施設中心の福祉サービス提供が将来困難になる（とりわけ団塊の世代が後期高齢者となる2025年以降）という予測に基づき、病気になっても、介護が必要になっても、住み慣れた地域で暮らし続けられるよう医療、介護、予防、生活支援、住宅などあらゆる福祉（生活）サービスを一体的に提供すること（縦割り行政の排除）、しかもそれらを日常生活圏域内（おおむね中学校区）で提供できるようにする、という2つの構想から組みたてられている。これを表現するスローガンとして、2017年から政府は「我がごと、丸ごと」を提唱している。この構想に反対する理由はない。問題は、様々な地域の実情を汲み上げる仕組み（情報収集問題）が明確に語られていないばかりか、地域の活動主体にパートナーとしての実質的権限を移譲せず、政府主導で進められようとしているところにある。ただし政府の行っていることは、いまのところせいぜい全国の優良と思われる事例を紹介しているのみであり、実際の事業は地方自治体に丸投げされていると言っても過言ではない。

しかも政府は、他方で労働政策として「働き方改革」の名のもとに多様な働き方を推進しようとしている。緩やかな社会的紐帯とは、よくも悪しくも人々の間で共有された一体感を前提にしている。もちろん、多様な働き方を強調したからと言って、一体感が必然的に破壊されるとは言えない。しかし、多様な働き方が分断社会につながらないためのきめ細かな政策と一体的に進められなければ、そうなってしまう可能性が高い。縦割り行政が依然として改善されていない現状を考慮すれば、私はこの点に大きな危惧を抱かざるをえない。別言すれば、コミュニティ政策にもっと正当な地位が与えられるべきである。

核心的な問題は、地域における互助を制度福祉の単なる補助システムとしてしか位置づけず、課題解決のための公助と並ぶ不可欠な対等的仕組みとして位置付けていないことにある。例えば資格要件を緩和して、単なる「お助け活動」に過ぎないような有償ボランティア的活動の奨励、動員を図ろうとする政策は、むしろ専門的技能としての介護職の確立を妨げかねず、安易な安上がり介護を助長し、介護分野における人手不足を一層助長させる恐れすらある。我々は、いずれかというとエキスパートとしての役割を果たすべきサードセクター事業体とそれらの活動を下から支えるコミュニティとの連携を通して、人々の間に如何に地域的課題解決力が構築されていくべきかの道筋についての制度設計が明確に含まれていなければならないと考える。個人の自立とは、協働の意味を理解した個人の紐帯としてのネットワークの存在を前提として始めて可能になるものだからである。

なお、誤解を避けるために確認しておかなければならないのは、サードセクター事業体の役割を重視することは、政府など他の異なったセクターとの連携を否定するものでは決してないことである。実際、わが国の現状でいえば、まだまだサードセクター事業体の多くが行政によって整えられたフレームの中で成立できているレベルにあると言ってよいものが多い。介護保険事業や行政施設の指定管理者として活動しているＮＰＯはその代表例であろう。介護保険事業のように行政の運営責任によって実施されている事業では、売掛金回収リスクがないので事業的ノウハウに乏しい起業段階のＮＰＯにとっての格好の事業領域となっている。

同じことが、民間営利企業との連携についてもいえる。例としては、スーパーなどの食品小売業と連携して、賞味期限切れが近づき棚から撤去された食品を食費に困っている家庭に届けるフードバンク事業や、親の事情で暖かい夕食が食べられない子供に無料で夕食や居場所を提供している子供食堂事業などを運営しているＮＰＯの活動が直ちに思い浮かぶ。

問題は、こうした連携が対等のパートナー関係になっていなければならないことである。まだ揺籃期を脱していないわが国では、非営利の市民事業が十分自立しているいるとは言い難い場合も多いが、究極的にはパートナー関係を樹立していくという視点を見失ってはならないということである。スェーデンの著名な政治学者であるペストフは、サードセクターを、政府と市民の社会サービスの共同生産方式を保障する事業形式（政府による財政補助と市民による運営）として、代議制民主主義の民主的補完物であると位置づけている。彼の理論の特徴は、民主主義は入力と出力の両面から論じられるべきとしている点である。入力とは、選挙運動やロビー活動など意思決定における民意の反映手段にかかわる問題であり、出力とは、公的サービスの供給局面での民意の反映＝運営参加の問題である。スェーデンの福祉国家は出力面での配慮が不十分であったために「市民の顧客化」（顧客化という意味については次節で再論）を生んでしまったと総括している（ヴクトル・ペストフ、ヨハン・ヴァムスタド「社会サービスの共同生産者としての第三セクターと市民」生活クラブ事業連合生活協同組合連合会『進化する協同組合が未来をひらく』、２００７）。

■何故サードセクター事業体は希望の担い手たりえるのか

前節では、NPOなど、市民による営利を目的としない事業活動が社会的問題解決の希望となりえる可能性を、事実を手掛かりに論じた。本節では、どういう理由でサードセクター事業体が有効な仕組みとなり得るのかということに踏み込んで説明する。

現代の中心的資源配分様式である市場での売買システムは、人と人の相互依存関係を市場での物と物の交換関係に置き換えることで成立しているので、常に人と人の紐帯を弱体化（覆い隠す）させる方向に作用している。言い換えると、直接的な人と人の依存関係や互恵関係が表面に現れてくることはないので、社会としての統合性が絶えず希薄化されていくことになる。多くの人が、年々人間関係が薄情になっていくという実感を持つのはこのようなメカニズムが働いているからである。例えば、食料を入手できるのはそれを栽培している農業者がいるからであるが、店頭ではお金さえ支払えば購入できるので農業者の存在は意識されることはなく、お金こそが絶対的存在と思い込むようになる。換言すると、十分お金さえあれば日常生活が個人で完結し得るかの如くに思い込んでしまうので、地域社会的人間関係など不必要なものとみなされるようになっていく。また、市場売買システムでは、生産の集積効果による東京一極集中に見られるように特定地域への人口の移動・集中が進み、一方における過疎と、他方におけるベッドタウン（生理的再生産だけの場）という無機的住空間が生まれ、いずれにせよコミュニティの崩壊は進む。

かくて、社会としての統合性はもっぱら代議制民主主義における投票行為を通してのみ保持されることになる。しかし、選挙は頻繁に行われるものではなく、争点も限られたものとならざるをえず、特定の一個人の社会的取り扱いの正当性といった個別具体的問題など争点とはなり得ないにもかかわらず、人間は日常生活圏で発生する社会問題のあらゆる解決を政府に委ねるのを当然視するようになる。市民が社会的課題解決に対する当事者意識を喪失し、その解決をもっぱら政府に委ねることに疑問を感じない存在になることを「市民の顧客化」現象という。福祉国家の発展が社会保障を政府の義務として拡張してきたことが、逆に市民社会の衰退につながっていったのが現代である。しかし、財政破綻や貧困問題など福祉国家の限界が次第に明らかになってきた今日、政府の万能性は幻想でしかないことが、ようやく人々に認識され始めるようになってきている。生身の人間の幸福は、当人が住む日常的生活圏の在り方と無縁ではありえず、格差や貧困といった問題が無視できなくなってきている今日、社会的課題解決能力を有した健全な市民社会の再構築は今我々に求められている最大の課題と言ってよいのである。

かつては、こうした地域的な問題解決は慈善的行為に期待されていたと言ってよい。しかし、慈善的行為は市場での売買システムに外から一定の影響を与えることはできても、中からそのメカニズムを修正していくことはできない。市場を競技フィールドに例えれば、いうなれば慈善は観客に比肩される。観客はヤジや拍手によってフィールドプレーヤーの動機づけに影響を与え得るが、プレーヤーと競い合うことはできない。もちろん、このような影響力を無意味と主張しているわけではない。それはそれ自身として貴重なものであり、それが社会を動かす力の一つであることを認めることもやぶさかではない。ただ、愛や慈善といった規範は、社会的に限られた資源を序列づけて社会的課題解決のために割り振っていくことを考える枠組みに適していない。何故なら、愛や慈善といった規範は絶対的なものだから、物事に優先序列をつけざるをえない手続きになじまないのである。絶対的な規範に支配されていると言いう点では企業も同じである。所有権という絶対的、排他的権利を有し、利益最大化を求める株主の意向に背くことはできない。

それに対して、サードセクター事業体は事業体である限り、市場におけるプレーヤーとしての役割を果たし得る。しかも、絶対的規範とはことなる規範に従っている。事業を営む上では権利と義務の関係から無縁でいられないが、事業資金を寄付で集めているので、事業利益の分配を受ける権利の排他的、絶対的主張者が存在せず、所有権的規範に拘束されることもない。排他性・絶対性といった規範から自由であるということは、会員の合議に基づき他者の利益のために事業が展開できる可能性を拓く。絶対的規範に縛られていないという特性が、サードセクター事業体の目的の多様性、柔軟性、そしてまた具体的問題の解決主体としての可能性を生み出すのである。

ただし市場におけるプレーヤーであるために、社会的資源配分にかかわることになる以上、寄付に依存する事業とは言え、他の配分方法に対抗し得るだけの合理的存在根拠がなくてはならない。少なくとも資源利用において他の配分方式に比べて社会的な機会損失を生んではならないという制約から自由であるわけではない。換言すると、効率性という面で劣っていても善意に基づく事業だからという理由で許されるわけではない。放漫な経営、どんぶり勘定の経営は、サードセクター事業体といえども市場からの淘汰圧の中で生き残ることはできない。なお、ここで機会損失という言葉を小売流通理論で使われるチャンス・ロス（在庫がないために販売機会を逃してしまうことでうまれる損失）という意味で用いているわけではない。本来は経済学でいう機会費用概念（選択された方法が他の代替的方法に比べても最も費用効率的になっていなければならないという意味）と同様のことを言いたいのであるが、サードセクター事業体ではボランティア労働力をはじめ市場での売買を経由しない資源が利用されることも決して少なくないので、「費用」という用語がふさわしくないのでこのような表現にしている。

それでは、サードセクター事業体が社会的問題に対する解決手段として有している相対的優位性基盤はどこにあるのだろうか。それは究極的には前述した組織所有構造の差異に収斂するのであるが、それを3つの次元に分解して論じることが可能である。まず第1は、事業体の所有形態の差異が生む、外部経済性の内部化に関する許容性という論点である。外部経済性とは、経済的交換による便益が交換当事者間にとどまらず、無関係な第三者にまで及ぶ場合があるという意味で使われる概念である。例えば自動車を購入した場合、その影響は利便性という便益を享受する購入者にとどまらない。自動車の普及は交通渋滞や事故を生み出すばかりでなく、地球温暖化効果など、その影響は第三者にも及ぶ。もちろん第三者に与えるプラスの影響もある。人々の移動能力の高まりによって観光地がにぎわったりするといった効果である。

近代的所有という意味で組織に対する所有者が存在しないということは、事業成果に対する残余（販売額から費用を引いた後に残る利益）請求権を持つ人がいないことを意味する。つまり、出資を得て事業しているわけではないサードセクター事業体には、営利企業のように利益配当請求権を持つ人が存在しない。要するにサードセクター事業体には、最初から自益と他益の区別、すなわち外部経済と内部経済の境界を画するべき理由が存在しないのである。だから、第三者の利益を考慮して事業展開し得るのであり、ここにこそ社会的問題の解決者としてサードセクター事業体に希望を託し得る基本的根拠がある。

社会には需要（必要性）の存在は認識し得ても、対価を払わない利用者を排除する手段がなく収益を独占できないという理由で、私的企業では事業化できないものがあり、これらを公共財と呼んでいる。灯台は海上航行の安全上絶対に必要であるが、広い海洋上で灯台の利用者を全て探し出し利用料を賦課することは不可能である。だから、営利企業で営まれている灯台は存在しない。他方、衣服や食料のように購入=受益者が特定できるものは私的財と呼ばれており、これらは営利事業者によって供給されている。公共財のように政府以外の供給者が期待しえない財・サービスについては政府が供給すればよいのであるが、問題は、全ての財・サービスが私的財と公共財とにきれいに分離できず、いずれにも分類することが困難な中間的な財・サービスが存在することである。典型的な例として、教育を挙げることができよう。教育の成果は生徒にだけ帰属するものではない。教育効果としての科学の発展や治安の安定、公徳心の向上などの便益は、社会全体で裨益することができる。しかし、こうした社会的効果が生む利益を個別具体的な教育機関にすべて帰属させることは不可能だから、全ての成果を対価として収益化することを求める営利企業に教育を全て委ねることに無理がある。私立学校は存在するが、そこには公的補助がなされているのが普通である。利益配分を求める絶対的組織所有者が存在しないサードセクター事業体は、営利企業に比べてそれだけ展開し得る事業領域が広く、その分、社会的問題に対処し得る余地も大きいのである。

また、サードセクター事業体が公益を事業目的として掲げている以上、事業が生み出すマイナスの外部性を見過ごすことができないことは論を待たない。つまり、サードセクター事業体の方が、正負両面の外部経済性に十分配慮した事業展開が期待できるのである。この点は、もちろん政府も同様であるが、政府には予算の単年度主義や人事の硬直性などの理由による非効率性がある。

専門的になるが、市場売買メカニズムの中でマイナスの外部経済性問題が解決される条件としては、誰が受益者であるべきかの権利の帰属先の確定さえできれば十分であることがドナルド・コースという人によって証明されている。それは、所有権の絶対性を前提とした解決策であるが、社会的公正性を考慮したとき、権利の帰属先を決定することは実際には容易ではない。例えば、昔からの畜産地帯に地価が安いという理由で後から住宅を建てた住民に悪臭被害の賠償を主張する権利があるか否かを判断することは難しい。また、よしんば判断できたとしても、コース自身が認めているように利害関係者全てが合意するまでに多大の時間と費用がかかり、実際の解決策となりえない場合が多い。

もちろん、事業には資金が必要となるので、サードセクター事業体は何でも解決してくれるドラエモンのポケットにはなれない。だが、プラスの外部性を独占することは潜在的寄付者基盤を狭ばめる（サポーターが広がらない）ことにつながり、サードセクター事業体の事業可能性をむしろ毀損しかねないというメカニズムが存在するので、利益独占動機が存在しないことが重要なのである。むしろ、プラスの外部経済性受益者を積極的に拡大し、潜在的寄付基盤を強化しようとする逆の動機が内在している。換言すると、この動機に基づいてサポーターをいかに広げていくかは、サードセクター事業体の力量が真に問われるところであると言える。事業が持つ正の外部性（社会全体への貢献）を中心に寄付基盤が同心円的に拡大していける事業アイデアの提案力こそが、サードセクター事業体の課題解決力の死命を制すると言ってよい。この点は、過疎地域振興策で考えれば理解しやすい。ひとつの事業開発は、雇用や地域内からの資材調達など、地域内の収益機会を増やす。これらを独占せずに、地域住民に広く開放していけば、地域活性化に向けた大きな影響力に発展していく可能性がある。言い換えると、営利企業に比べて、サードセクター事業体は、多くの人に活躍の場を与える多様な事業展開のプラットフォーマーになり得る可能性を持っているということである。

第2は、サードセクター事業体には事業を外延的に拡張するより、内包的に深化させていく作用力が働きやすいメカニズムが組み込まれていることである。営利企業が遠心力の働きやすい事業体であるのに対して、サードセクターは求心力が働きやすい事業体であることとの対比性と言い変えてもよい。サードセクター事業体には、より資源を内部から調達しようとする作用力がより強く働くと考えられので、サードセクター事業体には社会的課題の解決に向けて市民をよりエンパワーできる力がある。

ややや視角は異なるが、郊外型開発が非効率性を生みだしたという認識に基づき行われた、２００６年のいわゆる「まちづくり三法」（大店立地法、中心市街地活性化法、改正都市計画法）改正は、営利企業に委ねた開発では遠心力が作用しすぎ市街地を空洞化させる弊害があることを認めた例と言うことができる。

作用力の差異の議論は、専門的に言うと人的社団と物的社団の差異にかかわる論点であるが、平易に言えば何を目的に人は団体を結成しているのかにかかわる問題である。人が集まって組織している団体を社団というが、法律上、社団は物的社団と人的社団に大きく分類される。両者を分ける基準は、何を紐帯として集団が形成されているかという点である。利益最大化のような非人格的目的（お金に人格は備わっていない）が紐帯となってできている物的社団の代表である営利企業では、ヒト、モノ、カネを外部市場から調達して金銭的利益を最大化させることに目標を置いた事業が展開されるのが普通である。だから周知のように、グローバル化の中で事業が国際化している多国籍企業では、あらゆる経営資源がますますグローバルに調達されるようになってきている。

他方人的社団では、団体の紐帯として、構成員間に課題意識の共有など人格的結合関係の存在が想定されている。思想や信条、嗜好など人格にかかわる要素の共有が基盤となって結成されているサードセクター事業体は人的社団の代表格である。言い換えると、事業を目的として組織された人的社団にあっては、何を事業目的とするのかについての構成員間の合意＝問題意識の共有が前提として存在しなければならない。つまり、組織の紐帯としての目的意思が、本質的に所有権のような非人格的要素から切り離されていなければならない。だから、事業資金の調達も出資によるということにならず、寄付に頼る以外にないことになる（ただし、法人格が認められているのなら、資金を借りることは可能である）。構成員の結合原理が異なっているからこそ、人的社団には非課税措置など税法上その他の優遇措置が付与されているのである。だから、法的に業務上の意思決定も会員総会における1人1票制の議決によって行われなければならないこととされている。なお、組織の会員と寄付者を混同してはいけない。会員とは、サードセクター事業体へ会員登録をし、会員としての義務（運営への参加）を果たし、権利を行使することが認められた人である。寄付者は会員になることもできるが、事業趣旨に賛同して寄付をすることにとどめ、会員にならないことも可能である。サードセクター事業体への議決権は金銭的貢献とは全く分離されており、1株1票制で議決される営利企業の株主総会における議決のように、大株主（金銭的貢献の大きな人）の意見ほど議決に反映されやすい仕組みにすることは、法律によって禁じられている。したがってそこには、組織の意思決定が単なる個別的意思決定の計数的総和（多数決）としてではなく、熟議に基づく一つの社会的合意として到達、成立する手続き性に本来的基盤を置くべきであるということが含意されている。換言すると、最終的議決が多数決によって決せられるとしても、その前提として行われる、権利としての自由な意見表明に基づく熟議こそが尊重されなければならないという論理が存在する。ギリシャ以来、自由が不可侵の価値とみなされてきたのは、自由な議論こそが新しい知恵と知識(進歩)を生み「善き社会」の形成をもたらすという、自由が単なる個人の問題にとどまらない社会進歩の源泉であるという「社会的効果」が認識されてきたからに他ならない（猪木武則『自由の思想史』新潮社2016）。

このような合意に至るプロセスの中にこそ、市民社会の原基的姿があるというべきである。市民が社会的課題に向き合い、当事者意識を持ちつつ、真摯に議論を重ね解決策を見出していくという経験の積み重ねだけが、形式民主主義に流されない真の市民社会を担保できる。さればこそ、サードセクター事業体を市民社会再建の担い手として期待することができるのである。

サードセクター事業体において、内包的に深化していく作用力が働きやすいのはこの点とかかわっている。事業の遂行に当たって様々な合意が必要になるが、1人1票の制約を守りながらこれをスムーズに実現してくためには、組織構成員間の人間関係が濃密で、しかもそれが水平的であることが望ましい。また、会員が集まるには空間的に散在しすぎていては意思決定が著しく困難になるという物理的制約が存在するので、事業展開の空間的範囲を広げすぎると合意のためのコスト負担が重くなるという問題が生まれる。加えて、すべての会員にとって事業が可視的であることも重要な条件となる。なぜなら、合意のためには、会員が正確に事業の目的達成度やガバナンスに関する評価が可能でなければならない。株式会社には、株式市場のような第三者の目による事業成果の社会的評価制度がある。しかし、サードセクター事業体にはこのような代替的制度は存在しないので、事業体の意思決定が歪まないためには、会員が事業活動の成果を自らの目で判断できる関係が求められるのである。要するに法で求められた組織のガバナンスに忠実であろうとすれば、事業がヒューマンスケールでかつ一定の空間的範囲内で展開されることことが望ましいので、営利の最大化に向けて邁進する営利企業に見られるような外延的拡張力が働きにくいのである。サードセクター事業体が本質的に有する以上のような点は、通園などの物理的制約を受けやすい対人社会サービス、すなわち社会保障的需要の供給者として、営利企業より適合性を持っていることを意味している。

この論点は、サードセクター事業体の資源調達とも関連している。経営に必要なヒト、モノ、カネといった資源は市場からの購入を通して外部から調達する営利企業では、市場売買の対象とならないような、あるいは市場での売買に適合しにくいような生産資源は最初から視野の外に置かれていることになる。我が国の定年後労働力はその典型である。市場における売買システムでは定時、定質、定量、言い換えればその供給にかく乱要因が小さいことが最も重視される。このような特性は、生産規模が大規模になるほど強く要求されるようになる。これは、自然災害などによって生産・販売工程のある段階の一部でも不具合が生じると、システム全体が動かなくなってしまうことを見ても容易にわかる。だから、体力的に定時就労、緊張感の持続性などに問題を抱える障碍者や高齢者は作業工程のかく乱要因になりやすいという理由で、労働市場では特殊な存在としてまともに扱われなくなる。市場売買で構成される経済システムでは、あらゆるものの価値は金額で表され、一物一価の原則と呼ばれるように原則的に同じものはどこで購入しても同じ価格にならなければならない。そうでなければ、需要者はより安い供給者を探すことに膨大なエネルギーを割かなければならなくなる。つまり、あらゆるものが価格として通約可能（特異性を持たない）であることが前提となるのである。あらゆるものが、一つの物差しで評価することが可能なことを前提に成立しているシステムなのである。

逆に考えるなら、市場売買システムには不向きという理由で、活用対象となっていない潜在的資源が社会にはかなり存在している可能性があるということである。例えば、身体機能が衰えた高齢者の電球取り換え問題を考えてみればよい。電気屋に頼んで市場売買的（費用支払いを伴う専門家による分業を前提とした解決方法）に処理することもできるが、さして高度な技量を要する作業でなければ、費用を払うことなく、隣近所からボランタリーに調達される資源でこれを代替することもできる。つまり、埋もれている潜在的資源の社会的動員に成功するならば、社会問題解決の可能性の余地はまだまだ大きく残されていると考えられる。

ここでボランティア労働を市場的労働資源を無償で代替している行為としてのみ見なすことは適切ではない。何よりも、社会全体の利用可能な資源量を増加＝回復させているという意味を持つ点にこそ注目しなければならない。社会にとっての資源賦存量は固定的ではなく、市場売買の縁辺部においては変動的である。その供給量は価格だけでなく、どのような社会関係の下におかれるかによっても変わり得る状況依存的なものなのである。もちろん市場経済システムでは資源化される労働量が固定化しているという意味ではない。市場経済システムでも、賃金が高くなれば働きたいと思う人が増えるので労働の供給量は賃金水準によって可変的と考えるべきである。しかし、その増減の幅が相対的に小さい上に、労働力は能力や適性といった形で分類されセグメント化されがちになる。とりわけ今日では、レスター・サロー（サロー、L.『不平等を生み出すもの』小池他訳、同文館出版、1984）が言うように、労働市場は賃金を基準として需給調整を行う場から、与えられた雇用量に見合う労働力の割り当てを行う場に変質してしまっていると考えてもあながち間違いではない。この点は、正規雇用者と非正規雇用者に対する有効求人倍率が異なることからも感覚的に納得できよう。

第2に、エネルギーのロスを回避している点も重要な意味を持っている。電球の取り換え需要はめったに起こらないし、起こる場所も分散的である。専門家によって解決しようとすれば、広い領域をカバーする専門的労働力が、毎日、出張労働による対応を余儀なくされることになる。その移動のために浪費される資源ロスは大きい。近所の人で解決できるなら、このような無駄は生まれない。状況依存的に供給される可能性のある資源を最大限活用できる可能性がある点に、サードセクター事業体活動の社会的意味があり、その競争力基盤もあると考えられる。

ただし、ニーズの発生とその解決のための資源動員における社会的効率性が一定の空間的範囲で完結していることに依存しているということは、ここでもサードセクター事業に適正な空間的範囲が存在することを意味している。サードセクターとネットワーク（人間関係の広がり）の関係については後述するが、ここではサードセクター事業の前提となるネットワークの最適な空間的大きさは、解決しようとしている社会的問題の性質に依存して可変的であることを確認しておかなければならない。

元来、市場経済システムには、新たな資源を取り込んで規模を拡大していく作用力と、市場的売買に不適合という理由で市場からある種の資源を排除していく両方の作用力が内在している。技術革新による生産力の増大とはそういうプロセスである。循環的景気変動による失業の存在が社会的に大きなロスであることはだれの目にも明らかであるが、構造的に、技術革新が人的資本（労働者が身に着けている技能）を絶えず陳腐化させていくことに根差す問題がある。陳腐化された人的資本は、企業によるＯＪＴも含めた再教育等の政策的手段を通して鋳直され、絶えず再戦力化されるはずであり、実際、市場経済システムにはそのような力が内在していると考えてよい。しかし、生産過程が大規模化し、より高度化・複雑化するにつれて、このようなシステムが十全に機能しなくなる。一般的に言えば、高齢化は生理的に技術進歩への適応能力を弱くしていくであろうし、企業間競争が激化すれば、それが企業から労働力を陶冶する余裕を奪い去っていくであろう。実際、厚労省の調査によれば、この10年で企業の１人当たり教育訓練費は３割減少しており、経済産業省はその理由は非正規労働力の増加にあると指摘している（日本経済新聞、２０１７年12月17日付）。また、産業構造の変化は非連続的な人的資本形成を余儀なくさせ、そのことがいっそうそれを困難するであろう。溶接工から組立工への転換は容易であるかもしれないが、営業職やサービス従事者への転身はそれほど簡単なことではないであろう。実際、これらは20世紀末からのグローバリゼーションに伴う格差拡大現象の背後で生じたことである。「忘れられた人々」のためにトランプ大統領が声高に叫ぶアメリカ製造業の自国優先主義による復権構想は、ドンキホーテ的企てとなる以外にない。それは、移民を排除すれば済むような問題ではない。

分業化と専門家による社会的問題解決方法は、社会の豊かさを大いにもたらしたことは否定できないが、以上のような矛盾と背中合わせの関係になっていることは忘れられるべきではない。換言すると、市場経済システムと形式的民主主義の外縁に、この2つのシステムだけでは包摂しえない社会的矛盾、すなわち使われないまま放置されている資源と顕在化させる力に欠けた社会権的需要の併存が存在し、それらは再生産され続けているのである。このような矛盾は市場生産力の発展によってある程度までは解決でき、福祉国家システムはそれを実現し得るかに見えたのであるが、それは戦後三〇年ほどの間に起った人類史上例外的な高度経済成長によって可能になっていたことを十分認識しておかなければならない。

加えて、生産に必要な資源調達を市場からの購入に依存する生産方法には、潜在的資源の社会的動員という作用力を利用する余地は限られている。市場に十分表れてこないような財やサービスを利用することは、市場の外側にある個別情報にアクセスする手段を持っていない場合には情報収集等に多大の費用を要することになってしまうからである。遠心力が働くのは、そのためである。

遠心力の淵源が明らかになれば、その対極としての求心力の淵源も明確になる。それは、さしあたり市場から非適合的であるという理由で排除された資源は、生身の個人に内在して存在しているという事実から出発しなければならないということである。こうした資源を効率よく動員するには、これら個人と直接つながっている以外に方法がない。「公式または非公式に個人と諸資源がつながっているとき、企業は無機的な物的（または資金的）諸資源の集積ではなく、生身の人間の集まりでなくてはならない」（ストリーヤン「社会的企業経営の実践」生活クラブ事業連合生活協同組合連合会編『前掲書』２００７、１３３頁）。ここで企業と訳されている意味は営利企業という意味ではなく、事業体という意味であることは言うまでもない。潜在化している資源の社会的動員は、市場のようにとらえどころのない空間ではない、具体的で地域的な情報ネットワークにつながっているときにはじめて可能になる。逆言すれば、潜在的資源はあるネットワークに帰属することなしに資源化される機会を持ち得ない。それは、その資源が、一定の生産要素の物理的投入の技術的結果として産出されるという本来的意味における生産物ではないからである。あるいは、最初から誰かに販売する目的で生み出されたものではないからである。ある他者からの発信（ニーズ）を感知し、それを意識化することで、始めて顕在化する可能性を持つものに他ならない。そして、このようにして結び付けられ資源化されたものの集積体がサードセクター事業体である。

潜在的資源が社会的課題の解決のために動員（社会的資本化）される機会は、企業のような垂直的組織構造を持つ組織ではなく、地域に生活圏を有する構成員が水平的で平等な紐帯でつながっている組織での方がより多くなるのは当然である。資源化がある個人の発信を起点としているならば、受信しやすい位置にいる方がその可能性が高くなる。また水平的組織に対しての方が発信しやすいし、組織内でも、構成員にとって、人的資源も含めて組織内にいかなる経営資源が存在しているかを知り得る機会がより豊富に存在し、自ら貢献し得ることを表明できる機会も多く存在する。発信と受信、そして事業化というループが回りやすいのである。もちろん、サードセクター事業体であっても、たとえば優れたデザイナーのようなどうしても内部から調達しえない資源が必要になることも起こり得る。しかしこのような場合でも、資源調達と事業展開がある一定の空間的範囲内で行われることが前提となると考えてよい。サードセクター事業体の主たる事業分野が、介護事業や居場所づくりのような一定の空間的範囲を前提としたものになっていることが多いのは以上のような論理による。

このことは、サードセクター事業体による社会問題の解決が地域的な関係の中でこそより有効になりやすいことを意味している。保育・介護サービスや地域活性化問題との関連で、サードセクター事業体に期待が寄せられることが多いのは、こうした関係性があるからである。換言すれば、サードセクター事業体は活力ある地域社会と補完的な関係にあるとき、より一層輝きを増すということである。

さらに地域社会とつながっていることは、資源交換上の優位性を高める可能性がある。それは、このような交換は部分的に互恵的意味を帯びやすくなるので、厳密な等価関係の確定が不要になるという利点から生まれる。厳密なコスト計算などが不必要で、この面からも取引費用が節減される利点があり、資源配分様式としての優位性があると考えられる。これについては、面白い話がある。愛知県では地域包括支援システムの優れた実践例として、全国的にも有名な南生協病院による「おたがいさまシート」（紙媒体）による地域づくり活動がある。これは、困りごとを抱えた住民がこのシートにその内容を記入して病院に提出すれば、生協病院の職員や組合員が一体となってでき得る限りその人を支えていくという活動である

（活動について詳しくは、http://www.minami.or.jp/activities/otagai/index/html（2017/10/3アクセス）を参照されたい。）。この活動のキーとなっているシートは従来「支えあいシート」と呼ばれていた。しかし、名前を変えたことによって活動がより活性化したという。筆者が聞き取ったその理由は、「支えあい」という言葉には義務的ニュアンスがあり、堅苦しくなるということであった。これを、「おたがいさま」という言葉に変えることで、利用には反対給付が伴うという響きが弱められたというのである。つまり、潜在的資源利用に対する需要者側の心理的バリアーが低められたということである。心理学では、人には借りを返そうとする性向があることが知られており、これを返報性と呼んでいる。返報性の呪縛から開放されるためには、緩やかな関係性の存在が大きく影響すると考えられる。その意味で、人間の相互作用が自然に生まれやすい地縁的組織としてのコミュニティとの連携は、サードセクター事業体の成功を左右する大きな要因と考えなければならない。

第3は、実際的問題として、介護や養育という対人社会サービス需要とサードセクター事業体の適合性という問題がある。これまでは、作用力や物理的空間性という面から考察してきたが、需要の特質という点からも対人社会サービス供給ではサードセクター事業体に優位性がある。一般にサービスには生産が行われる場所と消費の場所が一致していることや、保存できないという特性があり、自動車や電機製品など物的財とは異なる。またそのこととかかわって、購入する前にそこから得られるサービスを事前にチェックすることができないという特徴も持つ。もちろん、介護施設などでお試し期間を提供している場合もまったくないわけではないが、短期間でサービス内容を十分チェックすることはかなり難しい。リゾートサービスなどの場合、このことによる弊害はそれほど大きくない。一時の不満は我慢して、二度と行かなければ済むだけのことだからである。

しかし同じサービスでも、対人社会サービスにはリゾートなどのサービスとの明確な違いがある。それは、リゾートなどが非日常的消費需要であるのに対して、保育や介護サービスなどは日常的消費需要そのものであるという差異である。観光やリゾート需要では、そこにワクワク感や充足感の源があるので初めての体験であることが重視される。しかし、保育や介護サービスでは日常性こそが重視される。知らない保母さんに預けられた子供はたいてい恐怖感から泣き叫ぶ。また、住み慣れた環境から切り離された高齢者はとまどい、過去の記憶との連続性を切断され生活能力を急速に喪失しがちになることはよく知られている。つまり、対人社会サービスの価値評価は、それがどのような環境、関係性の下で、誰によって提供されたかによって異なってくるという特異性を持っている。だから、保育園や介護施設などの場合、一度入所すると変わることへの心理的負担が非常に大きくなる。

しかし、もっとも考慮されなければならない需要の特徴は、望んでいる内容が一人一人で大いに異なるという点である。人には、精神あるいは感情という面でそれぞれに個性があり、援助を必要とする内容についても千差万別である。それぞれの被援助者の実態に即したサービスを提供することをケースワークと呼んでいるが、対人社会サービスではそれが求められる程度が非常に大きい。

こうした需要の個別的偏倚により配慮できるという点で、サードセクター事業体に1日の長がある。事業がヒューマンスケールであること、そして潜在的資源動員力に優位性を持つこと、また、身近な人間関係の相互作用を背景にした労働参加を基盤にした場合にはモラール（志気）がより高くなると期待できること、こういった要素が、対人社会サービス提供者としてのより高い適合性をもたらすと考えてよい。例えば、介護する相手が子供のころ交差点に立って登下校を見守ってくれていた交通安全員であったことを知れば、よりよい介護を提供しようという想いはより強くなるであろう。

以上、サードセクター事業体の優位性について見てきたが、最後に包括的に整理しておこう。資源の社会的配分システムという問題として考えれば、市場における売買や政府を通した徴税と政策的給付というシステムでは、いずれも、なんらかのかたちで平準化という仕組みが不可欠の役割を果たしている。市場での売買では、前述のようにすべての交換物が価格という共通尺度に通約化されることが前提となっている。また、政府による政策的給付では公平性が最重要基準となるので、政策は例えば標準世帯というように、平準=平均化された政策対象を前提に制度設計される。このように対象を同質的なものとみなす一種の擬制化を通した配分は、社会という巨大システムを前提としたときに不可避となる。しかし、現実に存在する人間はそれぞれに固有性を持ち二人として同一人はいない。それぞれに固有の身体性と生活空間、生活史を有する。平準=平均化メカニズムを前提に機能するシステムは効率的であり、平等という重要な規範を広げていくという利点も有するが、当然のことながら、裏面として平準化システムに包摂しきれない固有性の領域を無視せざるを得ないという欠点を持つ。人間は、抱えている身体状況や生活上の悩み、またそこに至る誕生以来の生活史も全く異なる存在である。したがって、個々の具体的個人の問題解決を平準化に基づくシステムに全て委ねることは、逆に社会的圧迫感＝「生きづらい社会」を生みだしかねない危うさを持っている。サードセクター事業体とは、まさにこのような社会の画一化性向を緩め、固有性にも対応し得る資源動員様式として機能すべく、社会の安定のためのシステムとして不可欠の役割を果たすべき価値を有するものとして存在すると言える。ハーバーマスという政治社会学者は、市場経済システムや政府の活動領域をシステム世界、他方でコミュニケーション（対話と合意）を媒介として成立している生活空間を非システム世界と呼び、この２つの異質な世界のバランスの重要性を説いている（ハーバーマス『コミュニケーション的行為の理論　上』未来社、河上訳、１９８５）。私なりに表現すれば、幸福や社会的善の追求において平準化＝普遍化というベクトルに全面的に依拠し得ると考えてきたのが20世紀システムであった。演繹的合理主義（普遍性）に立脚する近代科学への全面的信頼が何よりもそれを物語っている。規模を拡大することによって生産費用を低減させることをひたすら目指してきた。その限界を認め、個別的配慮＝個別特殊性という実存的側面に再度光を当て、両者のバランスを回復させ、公正性にも配慮した、より人間らしい暮らしを追求しようとするのが21世紀システムでなければならない。そうした転換を実現するには、サードセクター事業体領域の拡張が不可欠である。ただし、以上述べてきた利点は、あくまでサードセクター事業体が無駄なく運営されていることを前提に活かされるものである。サードセクター事業体であっても、マネジメント能力が重要である点では、他の経営形態と変わらない。

社会的資源の配分方式として考えるなら、サードセクター事業体による方法は、上述したように潜在的に埋もれている資源を動員する可能性を大きく開き得ると理解したとき始めて見えてくる第3の独立した社会的資源配分様式であると理解することもできる。それは、価格でもなく、権力でもない、コミュニケーションと合意に基盤を置く資源配分様式と言い換えることができる。そしてそれは、金銭的動機付け以外の、生き甲斐や社会への貢献といった動機付けによる資源の動員を可能にする世界である。市場での売買による配分は、より高い価格を払ってもよい（それだけ購入したいという気持ちが強い）と考えている人に資源を優先的に振り分けていくという点で合理性を持っている。しかし、全員の支払い能力が同じであるという前提が満たされなければ、需要の強さを支払い意欲として十分に表現できない人を生んでしまうという欠点を持つ。他方、権力に基盤を置く税の徴収とそれを財源とした社会的給付という方法による配分は、課税における適正な累進度とはどのような率か、また、真に救済に値する人の基準をどこに置けばよいのか、といった点に関する社会的公正性についての自明の基準が存在しているわけではないという欠点を持つ。これらの欠点を、サードセクター事業体を通した配分はある程度まで是正する力を持っている。ただし、サードセクター事業体による配分は、社会的配分に多大な影響力を行使できるほどの力を備えていない。資金問題や、事業の空間的制約などの課題があるからである。だからこそ、活動を通して真の活力ある市民社会の再生という梃子を動かす必要があるのである。

ただし、互いに独立したセクターであるということは、相互に関係がないという意味ではない。繰り返すが、3つの資源配分様式はその作動メカニズムを異にするという理由で分類されるだけで、お互いに部分的には代替的であると同時に補完的でもある。実際、介護事業では、営利企業もサードセクター事業体もともに市場におけるプレーヤーとして競争関係にある。また、政府の政策や法制度抜きにサードセクターの発展と存在形式を論じることはできない。そして、市民事業の発展は、逆に、市民の投票行動を変えることを媒介にして政府による資源配分に影響を与える（財政民主主義）可能性がある。要するに、3つの異なった資源配分形式はそれぞれ近代以前から存在するが、今日的な関係のあり方が望ましいと考えられるようになったのは、私的所有権の絶対性を基盤として、分業化と専門化を通して経済成長を図るという、すぐれて近代的市場経済売買システムの爛熟の結果であることを理解しなければならない。

■サードセクター事業体とコミュニティの相乗性

サードセクターを構成する事業体は英語ではアソシエーションと呼ばれる。アソシエーションに正確に対応する日本語訳はないが、本来は、何らかの目的を持って集まった人の集団をさし、趣味の集まりや同窓会なども含む概念である。サードセクター事業体とは、アソシエーションの中でも、特に社会生活上の課題を解決するという目的のために人が集まってできた集団をさす。しかし、生活に伴う諸問題の解決の場として重要な役割を果たしてきた人の集まりとしての根元的形態は、歴史的にはコミュニティであることは言を俟たない。コミュニティとはラテン語のcommunitasを語源とし、これは贈与を意味するmunusに共に（cum）という接頭辞がついたものである。まさに互酬的関係を表している。そこで、最後にサードセクター事業体とコミュニティの関係ついてどう考えるべきかについて整理しておこう。

経済領域と政治領域をシステム世界と理解すれば、非システム世界は社会領域と呼ぶべきものであり、社会領域が果たすべき役割は、歴史的にはコミュニティによって果たされてきたと理解できる。社会領域の本質的特徴は、冷徹な計算的合理性（損得勘定）が入り込む隙間がない価値体系を基盤にして人々が関係しあっているところにある。言い換えると、全ての構成員にはそれなりの居場所が与えられ、また困難に陥った場合には他の成員からの援助が期待できる人間関係が成立している。コミュニティはかつて共同体と呼ばれた時代もあったが、今日では地域社会と呼ばれることが多くなった。社会学者のバウマンは、コミュニティと呼ぶにふさわしい人間集団の特徴を3つの要素にまとめている（ジグムント・バウマン『コミュニティ』奥井智之訳、筑摩書房、2008）。ひとつは居住の近接性を基盤として、構成員の間に長く続いた相互作用（人と人との接触と助け合い）の歴史があり、かつその記憶がコミュニティ構成員に共有されていることである。このような関係は、社会的流動（移動）性が乏しく人々の近接性が固定化されていたことによって可能になったことは言うまでもない。いまひとつは、相互作用の蓄積によって培われた内面化された通念＝常識（事物に対する共有化された暗黙の理解パターン）が存在し、それが人々の集団への帰属意識（絆）として機能していることである。内面化とは難しい言葉だが、心の中で特に意識されなくても予定調和的、かつ条件反射的にそのように理解してしまうように習慣化されてしまうという意味である。そうであるがゆえに、通念に従って（暗黙の了解に背かない）生活している限り、共感と助力が期待できる関係性が保たれる。第3に、コミュニティの成員たる資格はそこに生まれた事実性に基づくので生得的（生まれつきのもの）であり、そこに集団帰属に関する選択余地はない。言い換えると、成員とそうでない人との間に明確な区別性が存在する。

他方、アソシエーションは近接性ではなく、ある意思に基づいて形成された目的集団である。つまり、成員資格が生得的ではなく意志的・選択的（参加手続きが前提となる）であり、当然、集団としての境界は固定的ではなく流動的である。紐帯が、隣近所という空間的近さではなく、共有された課題意識にあるから、集団の範囲は空間的に決まるのではなく、課題解決への適合性に規定されている。集団への帰属が選択的であるということは、前提として集団の紐帯となるべき目的が必要であり、それに対する共感が成員間になければならないことを意味し、成員間の相互作用は事業の継続性を通して働くので、事業の継続が集団の継続を保証する。また、組織構成原理の差によって生まれる、コミュニティで展開される人々の相互作用とアソシエーションでのそれの根本的差異は、コミュニティの場合は包括的・総合的であるのに対してアソシエーションのそれは専門的、個別的である点である。

人間集団としてみた場合のコミュニティとアソシエーションの差異は以上のように要約されるが、賢明な読者はすでに気づかれているであろうが、今日、先に述べたような3つの条件を完璧に満たす典型的コミュニティは、少なくとも先進国と言われている国ではもはや存在しない。社会的流動性の高まりが、居住の近接性と住民の相互作用が蓄積されていく機会を奪い、共通の記憶を生み出すことも少なくなった。また、コミュニティでは共有された通念への同調（反対しないこと）が暗黙裡に求められるので、情報化の進展によって異質な価値観と触れる機会が増えるにしたがって、人々にとって同調圧力が次第に息苦しいものと感じられるようになる。このようにして、コミュニティの紐帯は次第に薄れてゆき、それに伴って地域的課題解決主体としての役割も能力も次第に失われていく。

だからこそ、従来コミュニティが社会的領域で果たしてきた役割を代替的に担うものとして、サードセクター事業体の評価が高まり、期待されるようになってきたのである。しかし、コミュニティは完全になくなったというわけではなく、町内会や老人会のような行政の末端に連なる集団単位として一定の意味を現在でも保持し続けているし、ＰＴＡの役員となった縁で子供の成長後もつながっているような人間関係も地域内に少なからず見られる。つまり、個人の生活圏としてとらえるならば、緩やかな人間の相互作用は完全になくなったわけではないのである。

また、サードセクター事業体がコミュニティの役割を全て代替できるわけではない。先に述べたように、サードセクター事業体は目的集団であるため、特定の問題に対応できても地域で起こるあらゆる問題への総体的対応力を備えているものではないからである。しかし、現代社会において希望なき絶望的立場に置かれている人（社会的に排除されている人）の問題は複合的性質を持つ場合が多いと言われている。たとえば、貧困な人は経済的理由（経済的問題）から社会から孤立（社会的問題）しがちになる。社会的に参加するには交通費やそれなりの身支度ができるだけの経済力がどうしても必要になるからである。そして社会的に孤立すると、病気になりやすくなる（身体的、精神的問題）。何日間も他人と言葉を交わすことのない境遇に置かれた高齢者は、認知症やロコモティブシンドローム（運動器障害に起因する様々な症状）になりやすいことはよく知られている。つまり地域で発生する問題に対して、特定問題に関する専門家集団であるサードセクター事業体単体では、課題を解決することが困難な場合が少なくないのである。

介護や福祉の問題は本質的に地域性を帯びた問題である。どんなにすばらしい介護施設があっても、通うのに時間や交通費がかかるのでは利用できる人は限られる。また、就業機会が見つかっても、就業に転居が必要となれば引っ越し費用やゼロから人間関係を築き上げなければならない心理的負担などがかかる。社会的に排除されている人々は、こうした点で問題を抱えているから現状を変えられないでいるのである。しかも、前述したようにこうした人々の多くは顕在化することなく社会の中に沈潜しており、日常的に生活圏を共にしている人でなければその所在を見出すことは難しい。

これらを考慮すれば、社会問題の解決にはコミュニティとサードセクター事業体が補完しあう関係になることが最も適していることになる。コミュニティにとってのサードセクター事業体との連携によるメリットは、専門的知識や技能の獲得にあることは言うまでもない。コミュニティには、課題解決に必要な能力を備えた人材が常に存在するとは限らない。また、行政が有する専門職員の数は、その必要性に対して圧倒的に不足している。特定の目的集団であるサードセクター事業体と連携できれば、地域的課題の解決能力は格段と向上する。

加えて、サードセクター事業体が加入と脱退が自由な意志的組織であることが、コミュニティが持つ生得的な関係の硬直性を緩和する役割を果たす。つまり、緩やかな相互作用がコミュニティ内に浸潤していくことを助長すると考えてよい。

他方、サードセクター事業体の展開にとって、コミュニティとの連携が持つメリットとは何か。それは2つに集約される。ひとつは、コミュニティが介在することによって援助者と被援助者の関係が柔軟になることである。専門家に任せると、この関係が往々にして垂直的になってしまいがちである。そのために被援助者側に遠慮が生じたり、一方的依存関係が生まれたりする。このような関係は課題解決をより難しくする。近年、精神医療の世界から発展してきた当事者性という視角からの問題アプローチの重要性が生活支援領域においても重要視されるようになってきている。支援活動における当事者性とは、問題性（原因）＝課題を専門家の目から診断、同定するのではなく、本人の自己認識に沿って原因を特定し、そうすることで支援の現場に垂直的関係を持ちこむこともなく、本人の納得づくの自助（生活）努力に寄り沿った相乗的な支援が可能となり、より支援効果が高まることを目指す方法論をさす。つまり、被援助者の日常生活のフレームワーク（思考様式、生活様式）を認めたうえで、問題解決を図った方がより効果が上がるという考え方である。人間の尊厳が日常生活圏の場でこそ確立されなければならないとするなら、被援助者の生活感覚を考慮しない支援はあり得ない。コミュニティが両者の間に緩衝装置として介在することで、こうした方法の展開余地が広がることが期待できる。

また、コミュニティが課題解決の当事者の一端を担うことは、潜在的資源動員力を大きくするうえでも有効である。コミュニティとは、希薄になったとはいえ人間の相互作用の閉じたネットワークであることに変わりない。その関係性の存在がそこに貢献する仕事に明確な意味（誰かのために役立てていることの実感）を与え、単なる作業を意味のある仕事（社会的有用性の視認性）にまで高める契機となり得る。つまり、自己活動とその効果が直結しているとき人々のモラールは高まり、それが人々を、他人からの指図によるものでもなく、金銭的報酬だけが動機でもないボランタリーな行動へ誘うのである。先述した、交通指導員のケースを思い出してほしい。バウマン『前掲書』によれば、このような関係こそが、威厳、価値、名誉の概念と結びつく労働と、それらと結びつかず、それ故に無益と感じられる労苦とを分ける分岐点である。彼は、近代社会は労働を人間関係のネットワークから切り離し、管理された作業に置き換えたという。

いま一つのメリットは、上の点と関係しているが援助必要者に対する情報収集が飛躍的に容易化することである。人間関係が包括的であるコミュニティの方が、援助が必要な人を見出したり、当該者が抱える問題の複合性を見出すのにはるかに適している。最近では、福祉におけるアウトリーチという言葉も多く使われるようになった。この考え方は、支援者は被援助者が相談に来るのを待っていただけでは十分その機能を果たせず、自らが相談者のもとに足を運ぶことが問題解決に重要であるという考え方である。判断能力が低下した人を支援するにはまずその人の発見から始めなければならないし、実効的な支援プランを構築するにはまずその人の日常生活を知る必要があるからである。判断能力の低下した人が、自ら解決手段を求めて積極的な行動に出ることはあり得ない。とりわけ詐欺被害のような法的救済が必要な場合には、裁判上正確な事実認定が必要になるが、そのためには、被援助者の日常生活をはじめ交友関係など、当該者とコミュニティで共に生活している人に頼った方が収集しやすい情報が多くあるのである。もちろん今日にあっては、だれからも接触を断ち、社会の片隅に沈潜している人がいないわけではない。しかし、コミュニティ以上にこうした情報をとらえる機能を期待し得る仕組みは存在しない。このように、コミュニティとアソシエーションの関係は相互補完的であるべきであり、サードセクター事業体の発展が日常生活圏としてのコミュニティを不要にしていくわけではない。

コミュニティとサードセクター事業体の連携による、換言すると市民の市民による市民のための課題解決システムこそが新しい未来を切り開くであろう。先に、相互信頼のような緩やかな人間関係が社会的問題の解決に重要であることを示唆した。最後に、これを何故社会関係資本と呼ぶかの理由を明らかにして、希望への途筋を確認しておきたい。人と人の相互関係の表現に、大きくなっていく志向を本来的に持っている自己増殖的経済価値（資本）という概念が擬制的に適用されている理由は、人と人の協働関係がそれと似ているという理解にある。人が協力することで得られる成果は、回数を重ねるほど容易で大きくなっていく。何故なら、実績の積み重ねが裏切られることに対する不確実性を低下させるので、協働関係を信頼して参加しようとする人が増え、そのことによって効果がより高まり、さらに実績が大きくなっていくという関係があるからである。つまり、成功が成功を生むという循環が期待される。そこに、過去の記憶ではなく意志に基づく人間の相互作用が自己増殖的に拡大されていく可能性を見ているのである。ここで関係の緩やかさが重要であるのは、協働の結果に責任を負わなければならないという強固な関係に対しては、それに参加しようと考える人は少なくなるからである。これは、責任を放棄しているという考え方とは異なる。個々の人間への責任追及がないことが協働効果を高め、それが結果的により大きな成果を生む（責任に応える）という人々の相互作用の本質的構造により大きな信頼と可能性を見ているということである。絆は求められるものであって、縛るものであってはならない（バウマン『前掲書』）。

3

第3章　経路依存性と名古屋圏

塩見治人
（プロフィールは前掲参照）

「私は、しばしば未来学者と呼ばれる。しかし私が絶対そうでないもの、そうであってはならないものを一つあげるならば、それは未来学者と呼ばれることである。」
（P・F・ドラッカー『すでに起こった未来』上田等訳、ダイヤモンド社、１９９３年、３１３ページ）

■生物学的アプローチで希望学を考える

未来学者は未来を予測し、その的中率を測る。しかしわれわれの経験からすれば、実際には、予測されなかったことのほうがはるかに多く、より重要であるようにも思える。予測は夢と同じように自由に「想像の翼」を羽ばたかせてしまうからだ。

経営学者・社会学者ドラッカーは、自らを「社会生態学者」と呼ぶことを好んだ。

「生態学」（エコロジー）という学問領域は、生物と環境の相互関係を研究する分野である。生物と無機的自然との関係、生物と他の生物との関係によっておこなわれる生物の生命維持活動の総体は生態系（エコシステム）を形成している。このような生命維持活動は、環境からモノを取り込み、必要なモノを体内へ摂取し、不必要なモノを環境へ排泄する不断の物質交代のプロセスのことであり、これは生物の環境適応ともよばれる。生きるということは環境適応と同じことである。このような観点を生物でない社会現象にも援用し、いろいろな社会システムを生き物のようにみて、生き物とのアナロジーで説明する学問が社会生態学である。私はそのような社会の見方を生物学的アプローチと呼んでいる。

例えば、企業は４つの経営資源（ヒト・モノ・カネ・情報）からなるシステムであるが、企業が維持・成長（生命維持）するには、生物と同じで、変化する環境（経営環境つまり市場）との環境適応を実現するためにトップマネジメントが経営戦略を変え、ビジネスモデルを変えて絶えず最適の内部資源配分をおこなう必要がある、といった企業観がある。また生物間の共生と同じで、組織と組織、制度と制度の間には相互に補完関係がある。道路網が整備されて、宅配便が立ち上がり、産地直送・直販農業が登場する。ゆとり教育時代となって各種の塾が族生する。このような見方は、それぞれ生物学的アプローチである。

さらに個々の生物は、世代交代を繰り返し、遺伝情報によってつながりが作られていく。同じように、社会にも系譜的な展開がみられる。

確かに、このような生物学的アプローチによる環境適応、制度的補完性と世代交代の世界には、断絶や飛躍がほとんど介在しないだろう。この観点からは、漸進的な変化と小さな改良が主な潮流となるだろう。歴史的な発展は、いつでも、例えば明治維新や戦後改革でも、そのよう連続性の一側面をもっているのではないだろうか。

以上のような生物学的アプローチによって、名古屋圏の維持と成長が行われてきたこと、名古屋圏のこれからの将来がつくられることを認識することは、希望学に固有の立場でもある。

■「経路依存性」による展開力

われわれの研究対象は名古屋圏である。「序」で述べたとおり、名古屋圏に強い地域的な紐帯を持ち、名古屋圏で基本的にはその活動が一巡して完結するような相対的に自立的な経済・社会・文化活動の領域の存在があることを、この研究は想定している。希望学ではこの領域にはたらく「経路依存性」の影響力に注目せざるを得ない。

経路依存性は、生物における遺伝情報のつながりのように、歴史の連続性を極めて重視する生物学的アプローチである。

今から三十年ほど前、ロンドンのコヴェントガーデンの展示場でロンドン市交通局の名物2階建てバスが登場までをモデル展示したイベントを見たことがある。15世紀の中世ヨーロッパで一般庶民の乗り物としての馬車が登場し、16世紀には大型馬車ステーションワゴンまで誕生した。18世紀末にはヨーロッパの主要都市を郵便馬車が巡るようになり、これに乗客を乗せるようになると、客の荷物は屋根に載せたが、やがて荷物は車体後部に移して2階座席も備えるようになった。この2階建て馬車がロンドンで実用化されたのは1850年であり、ダブルデッカーとよばれた。このダブルデッカーにエンジンを装備したのが戦後の2階建てバス・ルートマスターである、というものであった。現在も新型が走っている。1908年にデビューした最初の革命的な大衆車フォード・モデルTの基本タイプは、オープン型の馬なし馬車（ホースレスキャリッジ）だった。今日のパソコンのキーボードの不思議な文字配列は、1860年代にアメリカでタイプライターが発明された時、当時の機械的メカニズムでは近くにあるキーを短い時間間隔で叩くことができなかったために生まれた配置が、そのまま受け継がれてきたものだという。パソコンのメーカーが専門タイピスト層の身につけていたスキルをそのまま継承しようとしたためだ。

歴史にはこのような慣性が働くことがある。こうしてわれわれはステップ・バイ・ステップでしか前進できないことが多いのだ。戦後改革が成功したのは、財閥解体には戦前の財閥民主化運動、農地改革には戦前の自作農創設運動がそれぞれ先行したからだ、という連続説の見方もあるくらいなのだ。このような歴史における漸進性を希望学の見方は重視している。それは「足元から泉湧く」というゲーテの言葉にどこかで通底するだろう。

■「すでに起こった未来」

1968年にドラッカーが画期的な『断絶の時代』を出版した時、彼は、21世紀のグローバル化の時代、多元化の時代、知識の時代をその時点でほぼ正確に記述することができた。それはドラッカーが、1960年代の現実のなかに彼自身がいう「すでに起こった未来」を洞察し、確認できたからである。ドラッカーは、1964年発売の第3世代汎用コンピュータIBM360の革新的意味を深く読み取り、その中に現に在る確かな可能性を『断絶の時代』のなかに記述したに過ぎないのだという。彼は決して未来の夢を描いたわけではなかった。

現在の中にすでに未来が存在しているのだ。現在とは何か。私は、現在とはつぎの4つの要素の統合体ではないかと思う。

①将来に消えていく過去
②将来にわたり持続する過去
③今は小さいが将来は成長する現在
④今は小さく将来は消えていく現在

つまり、現在とは2つの過去と2つの未来の統合体ともいえる。詩人タゴールが言った「歴史のない現在はなく、現在のない未来もない」とはこのことではないだろうか。さらに未来とは、②将来にわたり持続する過去と③今は小さいが将来は成長する現在という2つの要素の統合体のことでないだろうか。このうち、③今は小さいが将来は成長する現在という要素は、ドラッカーが「すでに起こった未来」と呼んだものであり、本書の名古屋圏の希望学ではとくに注目したい。

この「すでに起こった未来」は、名古屋圏の産業では系譜的にいうと2つの起点がある。

ひとつ目は、名古屋圏に基盤がなく、外部からもたらされたブレークスルー型イノベーション（まったく新しい技術革新）や政府の新産業都市政策のもとに立ち上がった新産業が含まれる。1958年の中部財界挙げての東海製鉄の銑鋼一貫製鉄所（現新日鉄住金・名古屋製鉄所）の創立、1959年に始まる四日市の石油化学コンビナート、また1970年代からのソニーによるテレビの一宮・稲沢組立工場、デジカメの幸田組立工場、2004年のシャープによる亀山液晶パネル工場などの名古屋圏以外にあるマザー工場や研究開発センターからの分岐工場が含まれる。これらは、埋立地や僻地への銑鋼一貫製鉄所、石油化学コンビナートや原子力発電所などいくつかの地方でもあった産業誘致に相当するだろう。しかし、これらの天下り的な産業発展は名古屋圏では例外的であまり多くはない。

ふたつ目は、ものづくり愛知といわれる名古屋圏の産業には、明治時代以前の伝統産業に起源を持ち、インクレメンタル型イノベーション（改良の積み重ねで生まれる技術革新）によって枝分かれを繰り返すという経路依存性の効果による成長・発展によって形成されてきたものがあり、むしろこれが支配的である。

これが名古屋圏の地域特性といえるだろう。先のゲーテの言葉はむしろこのことと通底しているのかもしれない。

われわれの名古屋圏には平安時代いやそれ以前に起源をもつ長い伝統産業の歴史がある。突然、国や自治体の産業政策で出現したものではない。今日の自動車産業、航空宇宙産業に至るまでの多くの産業群は、経路依存性によってはるかな過去の起源にまで遡ることが出来る。

われわれの希望学からいえば、将来のものづくり愛知もこの地域特性の延長上で展望されるべきである、ということになろう。

■名古屋圏の産業の系譜的発展と経路依存性

ここで名古屋圏の産業の地域特性を経路依存性によって説明するが、それは陰伏的には、名古屋圏がどこに仕事を求め、どこで働き、どう生きてきたかの軌跡でもある。その系譜的展開の中にひとびとが仕事を半歩でも改善し、顧客の認知をいくらかでも向上させ、自分の生計を少しでも安定させたいとの切なる思いを読み取っていかなければ、希望学的認識とはいえないだろう。またこのような思いは、すべて原初は、誰かひとりの頭脳から立ち上がったのだということを知ることも大切だ。

名古屋圏の産業は明治時代以前の３つの伝統的産業技術すなわち「土」の産業技術、「木」の産業技術、「綿」の産業技術の源流から３つの系譜的発展をしてきたといえるのではないだろうか。図１によって３つそれ

「綿」の産業技術の系譜	産業技術の集積効果
•「三河木綿」「知多木綿」「岡木綿」など綿織物の一大産地（江戸時代） •愛知は綿・毛・合織すべてそろった「繊維王国」（明治時代より）	•「土」「木」「綿」の系譜的展開による集積を背景とした新産業の登場

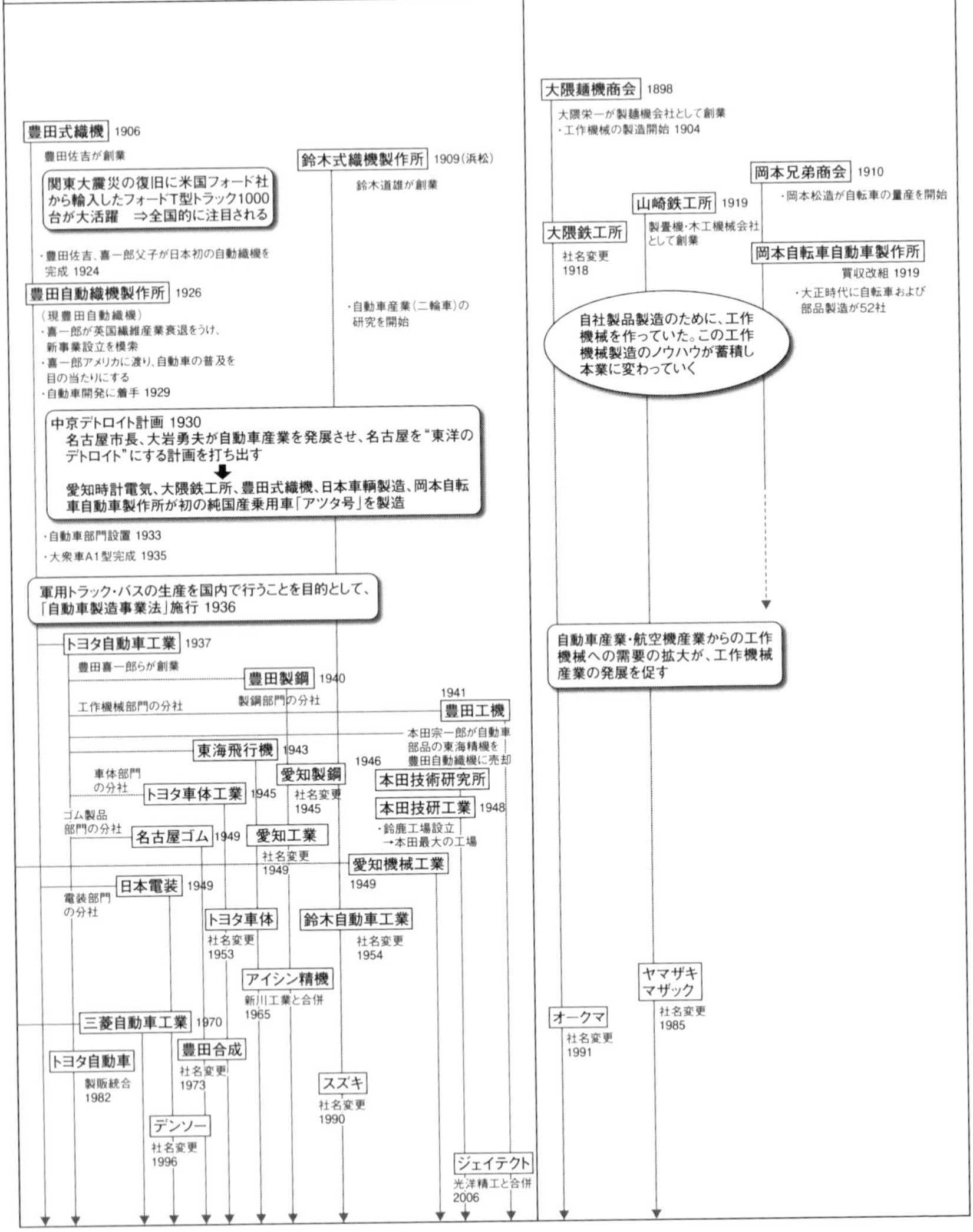

名古屋市『産業の名古屋』（2004年）、野村證券㈱『東海ビッグバン』（中日新聞社、2004年）より作成。

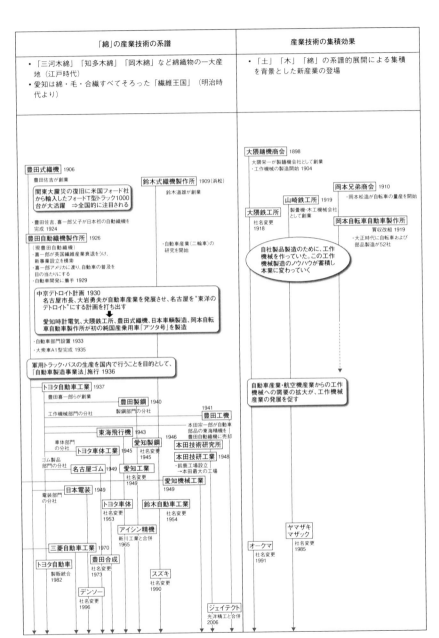

図１．「ものづくり愛知」の「経路依存性」

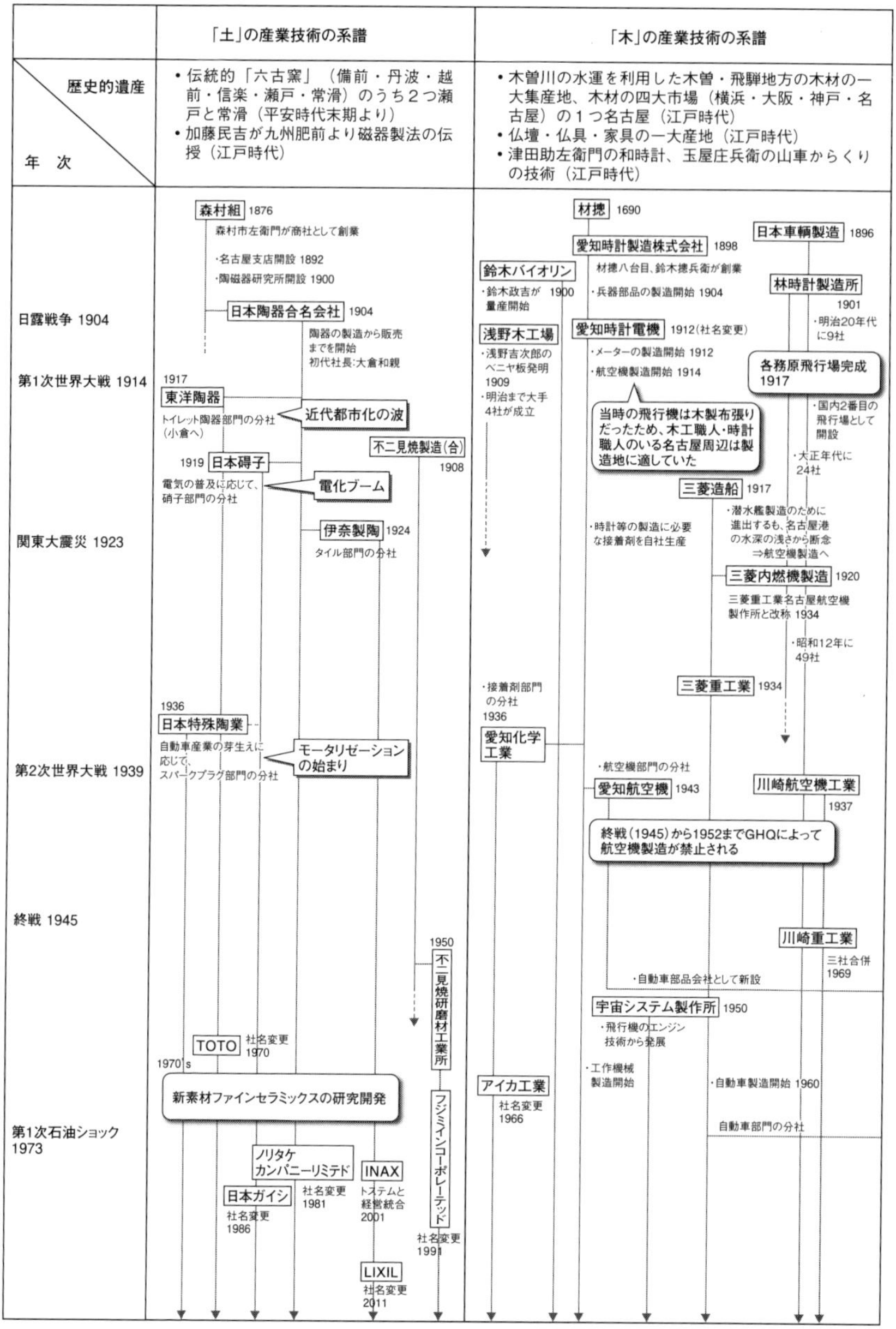

（資料）名古屋市『大正昭和名古屋史』第二巻（1954年)、愛知県『愛知縣史』第三、四巻（1939、1940年)、

ぞれの経路依存性を見てみよう。

（名古屋圏の産業発展については、名古屋市『大正昭和名古屋史』第2巻第2編第3章第2節、1954年、愛知県『愛知県史』第3巻第4章第3節、1939年、第4巻第3章第7節、1940年、名古屋市『産業の名古屋』第1部第3章、2004年、を参照。また人脈については、城山三郎『創意に生きる』文春文庫、1994年（原著『中京財界史』は1955年）、日本経済新聞社『中部経済人国記』同新聞社、1982年、を参照）

「土」の産業技術の系譜

名古屋圏には良質の陶土が産出し、平城京や平安京の建設時に名古屋圏の瓦が使われたことが分かっている。平安時代後期からの六古窯（備前・丹波・越前・信楽・瀬戸・常滑）の中には尾張の瀬戸と常滑のふたつが入っている。江戸時代後期にはこの地域にも加藤民吉（1772〜1824）によって九州肥前藩より磁器技術が加わった。彼は瀬戸で「磁祖」と呼ばれている。全国の多くの産地のなかで名古屋圏の窯業で特筆すべきは、ここで伝統的な窯業が近代的な窯業に飛躍したことだ。

慶応義塾で学んだ森村市左衛門（1839〜1919）は、1876年にニューヨークで日本から輸出される和風陶磁器の販売をはじめ、つぎに森村組名古屋店を開設（1892年）して名古屋圏の伝統的陶磁技術で伝統的製品を製造・輸出するようになり、やがてドイツに技術者を派遣して白色硬質磁器技術を取り入れると、1904年に日本陶器（合）を設立し、近代設備を備えた量産工場で輸出用洋食器に転換して今日のノリタケカンパニーリミテドに至っている。この過程で日本陶器からは一業一社という「森村精神」によって多くの分社があり、「森村グループ」が形成されていった。1917年には近代都市化に対応してトイレット機器部門が分社しTOTO（九州小倉に拠点を移す。なお現会社名、以下も同じ）、1919年には当時の電化ブームに対応して碍子部門が分社し日本ガイシ、1924年にはタイル部門が分社しINAX、1936年にはいち早くモータリゼーションに対応してスパークプラグ部門が分社し日本特殊陶業など新会社が続々と誕生し、これらの独立会社群はそれぞれの部門で今日では世界企業に成長している。さらにノリタケ、日本ガイシを中心に展開するファインセラミクスの研究開発では名古屋圏が日本最大の拠点になっている。

また茶陶製作の村瀬亮吉が開発した不二見焼をベースに1908年には不二見焼製造（合）が設立され、日本を代表するタイルメーカーになった。そのタイル塗料部門から1950年に独立した越山照次（1910〜1981）はフジミインコーポレーテッドを設立し、タイルの粉末技術を掘り下げてタバコの煙大百万分の1ミリ単位の超微粉研磨剤に展開し、今日世界のIT産業をささえる半導体基盤シリコンウェハーの鏡面仕上げ剤の生産でグローバルな独占的地位を占めるようになった。このサブミクロン技術の支えがなければ全世界の情報産業全体が成り立たないのだ。

名古屋圏の窯業は、伝統を保持しつつも日本の近代化と密接して進み、多様な新ニーズに対応する窯業へ変身して「セラミック王国」を誇っている。

「木」の産業技術の系譜

木曾三川の河口に位置する名古屋圏は木曾・飛騨地方の木材の一大集散地であり、ここに江戸時代より仏壇・仏具、・家具の一大木工産業が誕生し、また津田助左衛門は木材キャビネットの和時計、玉屋庄兵衛は山車からくりを作った。1690年に初代鈴木惣兵衛が立ち上げた材木商・材惣木材は今もまだ健在である。

その材惣八代目鈴木惣兵衛（1856〜1925）が加わって愛知時計製造が1898年に誕生し、はじめ掛け時計、置時計を製造したが、1904年からは兵器部品、1912年からは各種計器・メーターを製造するようになり、1914年には航空機製造を始めた。当時の飛行機は木製・布張りだったため木工職人、時計職人の技術が転用できたためである。この航空機部門は1943年に分社して愛知航空機となり、戦後は自動車部品の愛知機械工業になって今日に至っている。またこの会社の木材接着剤部門は1936年に分社し、接着剤・合板の大手アイカ工業となった。

1917年に出発した名古屋港の三菱造船は、直後の1920年に三菱燃機製造となって機体および航空機用エンジンの製造を開始し、1934年には三菱重工業航空機製造と改称している。1917年には岐阜県に国内2番目の各務原飛行場が完成し、1937年にはここに川崎航空機工業が工場を置いた。こうして戦前、名古屋圏は「日本の兵器廠」「航空都市名古屋」と呼ばれるまでになったが、その源流には豊富な木曾川の電力とともに「木」の伝統技術があったと指摘されている。その系譜の延長上に今日の航空宇宙産業があるのだ。

「木」の伝統技術を起点にした掛け時計、置き時計産業は、アメリカ製掛け時計の輸入商・林市兵衛の時盛社がその国産化をはじめ、1891年が林時計製造に改称して量産を開始し、時計産業は名古屋圏で明治20年代には9社、大正時代には24社、昭和10年代には49社を数え、名古屋は東京とともに時計の二大生産地となり、東アジア向け輸出産業に成長していった。

さらに「木」の伝統技術を基盤に4代目瀧兵右衛門などを発起人にして1896年に日本車輛製造が発足し、鉄道用貨車・客車の製造が始まった。この会社は大阪の汽車製造、神戸の川崎車輛とともに戦前にわが国の三大車輛会社と呼ばれ、今日の新幹線車輛の製造に至っている。また1900年には鈴木政吉（1859～1944）がバイオリンの量産を開始し、世界最大の量産工場となり、今日に至っている。1907年には浅野吉次郎がわが国初の合板・ベニヤ板を発明し、アサノ板と呼ばれ広く販路を開拓していった。

名古屋圏の「木」の伝統技術は、意外に大きな展開力があったとみるべきである。

「綿」の産業技術の系譜

江戸時代の鎖国政策によって、18世紀初頭から名古屋圏の三河地方がわが国綿作の一大産地になった。

この綿作地帯の地場産業として「三河木綿」「知多木綿」「岡木綿」が全国的に有名になった。名古屋圏では明治時代末までには綿織物、毛織物、メリヤスが出揃っていたのであり、大正時代には輸出産業に成長し、この地域は綿・毛・合繊（人絹）の3拍子が揃った「繊維王国」と呼ばれるまでになっていた。名古屋圏の最大の特色は、木綿産業から自動車産業が誕生したことである。

地場産業である木綿工業では、洋式設備の導入以前に、伝統的な地域固有の「綿」の産業技術が成熟していたことに注目したい。紡糸では、信州人の臥雲辰致（１８４２～１９００）が１８７３年に発明したユニークな和式紡績機は俗称ガラ紡と呼ばれていたが、水力で運転するもので、１８９０年頃まで矢作川には盛時１００艘ものガラ紡船が操業していた。織布では、明治20年前後より和式高機へ明治初年に西洋から持ち込まれたよこ糸を通す飛杼を取り付けたバッタンが普及しており、１９０９年には奥田久吉が足踏み式に改良している。

しかしなんと言っても豊田佐吉（１８６７～１９３０）の名古屋圏への貢献が大きい。佐吉は、１８９１年の人力式木製織機の改良につづき、１８９５年には苦心の末に豊田式動力織機を発明し、つぎに１９０１年にたて糸の送り出し装置、１９０３年にたて糸切断自動停止装置を工夫し、さらに１９０６年には5種の特許装置を装備した38年式を販売、翌年には初の全鉄製織機とした。佐吉はその後も改良を加え、１９１４年のN式、１９１５年のL式を経て、１９２４年に運転中よこ糸を通す杼の糸がなくなると次の杼へ入れ替える自動杼替え装置を世界で初めて装備した無停止杼替え式豊田自動織機（G型自動織機）

を完成することになった。１９１８年には織機のデモンストレーションのために名古屋市に豊田紡織、１９２６年には刈谷市に自動織機製造のために豊田自動織機製作所を設立して今日に至っている。

ところで、名古屋圏で最初に生産された自動車は、昭和初期に名古屋市長になった大岩勇夫の提唱した「名古屋(中京)デトロイト構想」の提唱をうけ、この構想に沿った日本車輌製造・大隈鉄工所・愛知時計電機・岡本自転車・豊田式織機（豊和工業）グループによる国内初１９３２年の「アツタ号」だった。この自動車は陣営内で見通しの違いが生まれ、30台の製作で終わっている。

１９３０年イギリス綿業使節団が訪日し、これを機に同年、佐吉の発明した自動織機の特許実施権を、当時、世界の代表的繊維機械メーカーだったイギリスのプラット社へ譲渡することになる。その高額の譲渡金を元手に息子の豊田喜一郎（１８９４〜１９５２）が豊田自動織機の中で自動車の研究を開始し、１９３３年にトヨタA型車が開発されると、１９３７年にトヨタ自動車（現会社名、以下も同じ）が分社され、豊田市の挙母工場で自動車の量産が始まった。喜一郎は豊田自動織機へ１９２１年に入社、同時に欧米を視察し、プラット社でも2週間ほど研修していた。その体験が新工場にも生かされている。喜一郎は、この研修時にジャスト・イン・タイム概念に気づいたのかもしれないのだ。

トヨタ自動車の戦時中・終戦後はトラックが事業が中心だったが、１９５９年にわが国初の乗用車専用工場である元町工場が稼動をはじめ、専用コンベア・ラインでアメリカの水準と同じ1分に1台の乗用車がラインオフした。これが今日のマイカー時代への歴史的画期である。この工場には、１９５０年に訪米しフォード社最大のリバー・ルージュ工場に長期にわたって滞在した豊田英二の研修成果が生かされたはずだ（トヨタ自動車の工場については、和田一夫『ものづくりの寓話』名古屋大学出版会、２００９年を参照）。

トヨタ自動車は分社化の歴史でもあった。１９４０年にはその製鋼部門が分社し愛知製鋼、１９４１年にその工作機械部門が分社しジェイテクト（豊田工機）、１９４３年に分社した東海飛行機は１９４９年に愛知工業そして合併後１９６５年にアイシン精機、１９４５年にその車体部門が分社しトヨタ車体、１９４９年にそのゴム部門が分社して豊田合成、また同年にその電装部門が分社してデンソー、とそれぞれが独立し「トヨタ・グループ」を形成することになった。

これらのトヨタ自動車の分社群は今日のそれぞれの部門でわが国のトップ企業である。名古屋圏での存在感はきわめて大きい。

■３つの系譜的発展の集積効果

以上に述べた「土」「木」「綿」の産業技術の名古屋圏という場裏での集中的な系譜的発展の集積は、相互の相乗効果を生み出し、その波及がまたこの地域の多くの企業活動を立ち上げてきている。佐賀県出身の大隈栄一（１８７０〜１９５０）が当地ではじめた製麺機会社は、１９１８年大隈鉄鋼所に社名変更して工作機械メーカーとなり、戦前、池貝鉄工所、唐津鉄工所とともにわが国の三大機械製作所になった。１９１９年に製畳機・木工機械で創業した山崎鉄工所は旋盤の製造へ進み、１９８５年にヤマザキマザックに社名変更して今日マシニングセンタで世界のトップメーカーに成長している。名古屋圏での自転車の先駆者岡本松造（1886～1942）は、1909年に欧米を視察後、1910年岡本兄弟商会で量産を始め、1919年には岡本自転車自動車製作所に発展させた。名古屋圏では大正時代の自転車産業に52社が登場し、東アジア、中南米、ヨーロッパ向け輸出産業に成長して自転車の一大産地となった。

■希望学から見た名古屋圏の経路依存性の可能性とは何か。

名古屋圏は、以上のとおり、首都圏や関西圏に比べてものづくりの経路依存性が強く働いてきている。そこから、希望学の立場ではどのようなメッセージを受け止めるべきであろうか。

まず、名古屋圏はわが国有数の農業を持ちながら、明治以降の近代化過程で極めて旺盛な製造業の企業活動が見られることである。近代以前の伝統産業からの系譜的展開が3つ明瞭に確認でき、それら3つの経路依存性は名古屋圏で分厚い集積効果を生んで、波及的な相乗効果による派生的な製造業を誕生させてきた。このような名古屋圏のものづくり現場にあるエネルギーは猛烈なものといえるのではないだろうか。その内包する突破力は、2030年の将来像に繋げていかなければならない。

つぎに、名古屋圏の系譜的発展は、明治時代以来いつも全国的な視野さらにグローバルな視野を同時に持って進んできた。繊維産業、陶磁器産業、自転車産業、時計産業はその成長の初期から海外進出を行ってきている。その海外市場も東アジアだけでなくアメリカやヨーロッパが含まれる。トヨタ自動車は戦後の急成長により、２００８年にアメリカのビッグスリーを超えて世界のナンバーワンになった。その生産台数の６割は海外の工場で製造されている。

また、名古屋圏の産業は、その初期から繊維産業、陶磁器産業、自転車産業、自動車産業で見られたように、アメリカやヨーロッパを視察し、研究し、それを名古屋圏に導入してきている。名古屋圏の海外に目を向けた進取の気質は、これまで素晴らしい成果をあげてきている。

希望学から見た名古屋圏の将来像は、単なる発展学の中にはない。それは、以上に述べた名古屋圏の３つの歴史的遺産を今ここで自信を持って再確認しつつ、その土台の上に構築されるべきである。ものづくりの産業技術にとって、その進化の先はまだまだ見えてはいない。要は、３つの系譜的発展で見たように、経路依存性からどれだけのイマジネーション力を展開できるかに懸かっていると思う。

第2編

中小企業や伝統産業でも生き残れる

第2編の５つの章では名古屋圏の中小企業、伝統産業の希望について、それぞれの代表的な事例の実態調査によって明らかにし、またそれぞれの事例の含意をより一般化して説明している。

名古屋圏の中小企業、伝統産業の持続可能性への希望は、まだまだ深く掘り下げることができるとのメッセージを受け取ることができる。今、21世紀に対応できる新しい中小企業、新しい伝統産業が続々と登場してきているのだ。（塩見治人）

1

伝統的木型工業のままで生き残る

―何もしない強み―

濱島　肇

はましま・はじめ　1945年生。名古屋市立大学院を経て、中京大学大学院経営学研究科博士後期課程修了、博士（経営学）。専門は中小企業論。名古屋市立高等学校勤務を経て現在、自動車リサイクル経営研究所代表、名古屋市立大学大学院研究員。主な著書に『名古屋経済圏のグローバル化対応』、『トヨタショックと愛知経済』（いずれも共著、晃洋書房）など。

■木型部門は工場の片隅にあった

私の教員生活は、名古屋市立工業高校定時制機械科からスタートした。1972年秋、ここで担任をしたクラスが4年生の時文化祭で演劇をした。愛知県立起工業高校定時制の女生徒数人に共演してもらったこともあり、練習にも大道具・小道具づくりにも力が入った。

特に大道具の出来映えは素晴らしかった。その製作担当が昼間名古屋市中川区の木型製作所で働いていた一生徒である。彼は卒業後間もなく木型製作所を辞め家業の水道工事業を継いだが、彼が木型修業をしたところがどうなったかがずっと気に掛かっていた。木型とは、砂の中に鋳型（鋳物の空間）をつくる木製模型をいう。

人伝てに所在を尋ねると中川区からみよし市に移転している。早速みよし市の工場を訪問すると、当時の経営者は会長に、子息が社長になり事業承継が滞りなく進行している。現況を会長に尋ねると、「10年前に移転した。トヨタのお膝元であり三好インターチェンジにも近く、夜間でも近隣に迷惑をかけず機械を動かせる」と移転の経緯を話してくれた。工場を案内してもらうと、高さ４ｍほどの東芝機械製大型門型マシニングセンターと中型門型マシニングセンターが鎮座している。加工を終え仕上げに掛かる金型が機械の脇に置かれ、ＣＡＤ室でプログラミングした三次元データを送り金型加工をしていることが理解できる。木型はどうなったのか?質問の時期を探っている間もなく、奥まった部屋に案内してくれた。60代の熟練従業員が一人ラジオを聴きながら手工具で木型をつくっている。その部屋には、ボール盤や糸鋸盤、壁面全面には各種手工具が掛かり、会長の中川区時代を彷彿とさせるものであった。私はこれが現在のものづくりにおける木型の役割を語る象徴的場面と思った。

■木型の危機は大量生産から

１９６０年に76万台であったわが国の自動車生産台数は、１９７３年には７０８万台と急拡大し、わが国のモータリゼーションは始まることになる。自動車のシリンダブロックや、カムシャフトなどは、木型模型を用いた砂型鋳造により製造されていた。しかし、生産量の増加に伴い、木型模型は耐久性や水分吸収による寸法変化で劣るため、金型模型が多用されるようになった。さらに生産の効率化に加えてエンジン軽量化・寸法精度の向上という要請により、シリンダブロックの製造にアルミダイカスト法が導入された。金型に溶融アルミを圧入することで所定の形状の製品を造ろうとするものである。この自動車の大量生産に対応する鋳造技術の進歩の中で、木型模型の出番は減少していった。その減少傾向をデータで確認したのが図１である。木型模型は統計上発泡スチロール型などとともに工業用模型に分類されている。

わが国の工業用模型製造業事業所数は、１９８５年の１，２１９

図１．工業用模型製造業の推移

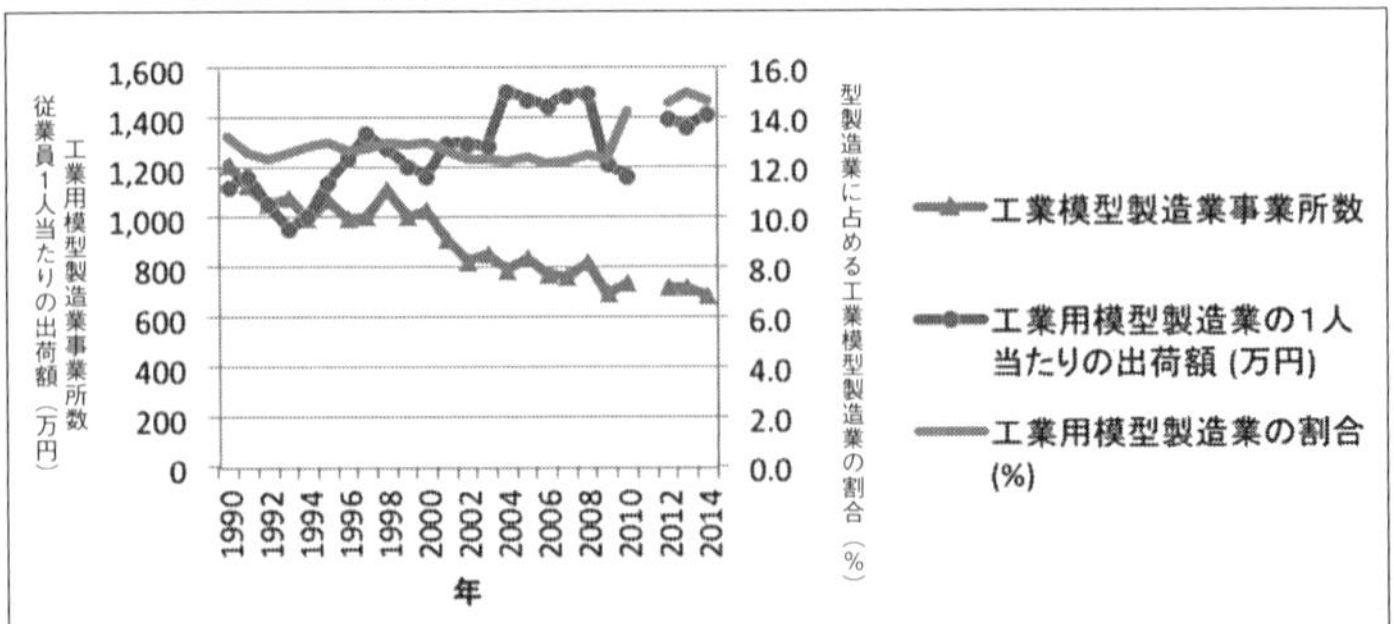

出所）経産省工業統計調査より筆者作成（2011年は調査データ無し）

か所から２０１４年の６８８か所へと、29年間で５３１箇所（40％）の減少をしている。しかし、金型製造業、鋳型製造業などの型製造業事業所数に占める工業用模型製造業事業所数の割合は、漸増している。また、工業用模型製造業従業員一人当たりの製品出荷額も２００９年以降１，２００万円台から１，４００万円台に増加している。表１は金型、鋳型、模型（木型、発泡スチロール型など）の型製造業の経営実態を示すデータである。各種型製造業の事業所数の変化を２０１４年／２００８年比として求めると鋳型製造業は82・６％、金属用金型製造業は67・６％、非金属用金型製造業は75・６％、そして工業用模型製造業が83・９％であり、工業用模型製造業事業所の減少程度が最も少ないことが分かる。金型製造業はマシニングセンターや放電加工機など高額の設備投資が事業継続の要件であり、規模拡大していく流れの中で追随できない零細事業所は必然的に淘汰されていったのがその背景である。名古屋木型工業協同組合に見る組合員数の推移は、１９６１年の設立時には

表1. 各種型製造業の従業員1人当たりの出荷額、1事業所当たりの従業員数の推移

年	鋳型製造業（中子を含む）					金属用金型・同部分品・付属品製造業				
	事業所数	従業員数	製品出荷額（百万円）	出荷額（万円/人）	従業員数/事業所	事業所数	従業員数	製品出荷額（百万円）	出荷額（万円/人）	従業員数/事業所
2008	276	4,005	4,232,504	1,057	14.5	3,344	57,671	102,214,430	1,772	17.2
2009	245	3,272	2,855,320	873	13.4	2,763	50,102	66,313,785	1,324	18.1
2010	237	3,453	3,198,453	926	14.6	2533	47769	64025777	1,340	18.9
2011	工業統計調査実施されず					工業統計調査実施されず				
2012	237	3,739	4,180,625	1,118	15.8	2,366	46,120	77,690,640	1,685	19.5
2013	228	3,640	3,732,729	1,025	16.0	2,317	47,183	79,044,503	1,675	20.4
2014	228	3,774	4,299,062	1,139	16.6	2,261	47,218	83,199,363	1,762	20.9
年	非金属用金型・同部分品・付属品製造業					工業用模型製造業				
	事業所数	従業員数	製品出荷額（百万円）	出荷額（万円/人）	従業員数/事業所	事業所数	従業員数	製品出荷額（百万円）	出荷額（万円/人）	従業員数/事業所
2008	2113	35,318	60,646,874	1,717	16.7	820	9,096	136,658	1,502	11.1
2009	1932	31,867	44,875,611	1,408	16.5	697	8,558	103,977	1,215	12.3
2010	1768	29,486	40,366,378	1,369	16.7	741	7,982	93,020	1,165	10.8
2011	工業統計調査実施されず					工業統計調査実施されず				
2012	1,693	29,219	42,798,077	1,465	17.3	720	8,162	114,289	1,400	11.3
2013	1,643	29,190	42,324,837	1,450	17.8	722	8,161	111,316	1,364	11.3
2014	1,598	28,320	46,543,986	1,644	17.7	688	8,098	114,914	1,419	11.8

出所）経済産業省工業統計産業分類より筆者作成

170社あったものが、1982年に63社、2016年現在29社であり、1982年比で考えれば34年間で34社（54％）減少している。特に1961年の170社から1982年の63社への急減は、自動車の大量生産に対応する鋳造技術の変化に付合している。

■中小零細企業に見向きもしない工業高校生

団塊の世代が大量に現役から退出して10年を迎えようとしている。現場のものづくりの技を継承させるため、工業高校新卒に対する求人倍率は5～10倍で推移している。彼らの企業選択の優先は、名の知れている企業、即ち大企業であり、トヨタ自動車、中部電力、デンソー、三菱重工、新日鐵住金……ｅｔｃ．であり、無名の中小零細企業には見向きもしない。何度も求人票を送り求人活動しても一向に反応が無く、最後は根負けして求人を諦めてしまうというのが現状である。私は本文執筆のために名古屋市内及び周辺地域の木型製作所十数社を調査したが、工業高校新卒を採用できているところは地元工業高校と連携して「インターンシップを毎年受け入れているお陰で（株）玉津浦木型製作所 杉浦正直代表取締役社長）」という木型製作所の中でも規模の大きい1社だけであった。

木型製造業の事業所は従業員4人以下の零細事業所が多い。木型技術の継承は親子間のケースに頼ることとなり、後継者がいなければ即廃業というのが実態である。そのような木型製造業に持続可能性はあるのだろうか。

■若き木型工業経営者の関心事は

愛知県内の木型工業協同組合の勉強会で講師をする機会があった。出席者16名の全てが木型工業の経営者で二代目が多く、30代、40代が多かった。勉強会を終え懇親会会場へ向かう輪の後ろから着いていくと、その輪の中から「やっぱりこれからは３Ｄプリンタ（三次元のデジタルデータにより、立体物を作る装置）の時代だ」とか「5，６年先には３Ｄプリンタを入れなければならない」という声が聞こえてくる。目を凝らしてみると話しているのは30代の若い経営者同志だ。彼らは現場実務の経験を背景に木型工場の経営戦略を練ろうとする鋭い嗅覚で、他社の３Ｄプリンタ導入戦略を嗅ぎ取ろうとしているのだと直感した。若い人は新しい技術に強い関心を持ち、その技術を獲得できる対応力と応用力がある。ＣＡＤ／ＣＡＭ（Computer Aided Design/Computer Aided Manufacturing：コンピュータソフトを利用し、設計図面のデジタルデータを作成しその信号により工作機械を動かし製品を製作すること）を導入して効果を実感している若き経営者が、３Ｄプリンタに強い関心を抱くのは当然である。

しかし、３Ｄプリンタは発展途上の技術である。製作時間がかかり、耐熱性素材も限定的であり、さらに製作物の大きさに制約があるなど、導入には躊躇する問題が存在する。事実３Ｄプリンタを導入している木型製作所は、私が見学した木型製作所の中では1社のみで、しかもその目的は当該機器の販社を目指した技術習得とデモ製作とお見受けした。

懇親会の席で6，7人の経営者と名刺交換しながら、木型の存続に自信を持つかどうか質問すると数人が自信を持っていると答えてくれた。いずれも中年と覚しき経営者で、若い経営者と一線を画す脂の乗りきった中年経営者である。彼らがどのような経営手法を採用しているのかと惹きつけられた。彼らは自信を持って伝統的木型工業を継続させようとしている。木型工業の事業所は減っていても中核的（コア）技術は存続している。

名古屋木型工業協同組合で次のような話を聞いた。「トヨタでは社内に木型トレーニング道場を持ち技術の継承をしている。木型の経験がＣＡＤによる鋳物の製品設計に生かされ、高品質の鋳物製品が効率的に生産できているのです（名古屋木型工業協同組合　多和田貞彦前理事長）」。私は伝統的な木型技術の価値まで失われた訳では無いことを確信する。ここに一筋の光明、言い換えれば希望が見える。その希望を発掘しようとするのが本章の目的である。

■「残業が無いのが当社の強み」～若者定着～　名古屋市中川区　門脇木型

いまどき残業が無い会社などあるのだろうか。残業代が入らなくては生活できないと不満がでるのではないかと、私は話を半信半疑で聞いていた。ところが経営者の門脇泰憲は自信を持って「残業は無い。それだけ集中して神経を使う仕事である」と語る。木型の製品品質を維持するには細部にまで神経を行き渡らせる必要があり、それが会社の存在価値そのものであるという自負である。従業員は「残業無し」と自身の生活観とを照らし合わせる中から、その意義と価値を見出して再就職していると考えられる。工場見学をすると作業現場にはゆったり感が漂い経営者の自信が納得できる。私はこんな職場があったのかと感慨を深くする。残業の連続で従業員を過労死に追い込んでいる大企業とは対極的な労働環境である。大企業ほど恵まれた給与体系はない。しかし、ここは従業員の生活を尊重し、長い目で技術の熟達を待とうとする経営者像が見えてくる。

この会社の従業員の年令構成は、20代1人、30代1人、40代1人、50代1人の4人で全員中途採用であるが偏りがなくバランスが取れている。経営者は40代である。経営者の主たる職務は対外交渉と木型方案（模型方案とも云う）の案出である。この会社の顧客と木型製作物は、工作機械メーカーのサドル、エレベータメーカーのワイヤ巻き上げドラム、ポンプメーカーのケーシングなど小物が主体である。愛知県という自動車メーカーのお膝元にありながら、「自動車関連は納期が厳しいので皆無です」という。なるほど、残業無しのゆったり感はここにあるのかと得心する。しかし、多様なメーカーとの間で継続的取引を維持するにはそれなりの企業理念を持たなければならない。大手メーカーでは生産の自動化、デジタル化により、木型部門の技術の継承する余力が無くなり、縮小・廃止を余儀なくされている。その技術を持っている門脇は、「良い木型とは、使いやすく壊れにくいことであり、そこに安心感を持ってもらえている。その良い木型から良い鋳物が作られるので、鋳物屋から信頼が得られ継続的取引ができている」と継続的取引の秘訣を語る。

木型方案とは、鋳物製品を製作する場合、鋳物砂の中に原型となる木型を埋め込んだ後引き上げ、原型の空洞を形成する木型の設計案のことである。空洞が型崩れしないように木型に予めつけておく「抜きこう配」や鋳物材料の「収縮率」、上型、下型の「見切り面」など、特有の経験・知識が必要で、良い鋳物製品を作る中核的技術である。この木型方案について門脇は、「木型方案を描ける人が一人いればやっていける。紙図面に木型加工条件を落とし込むことができることが大切だ。そのためには、発注側との場数をこなし、提案・交渉できる経験が必要である」と語る。若い従業員に対する技術指導については、「CADを導入して10年になる。門脇が立ち上げ30代が継いでいる。CADメーカーの講習会に参加させると一気に力がつく。しかし、若い子に木型の細部を教え込むことは難しい。センスが必要で、無い子はすぐ投げ出してしまう」という。メーカーから提示された貸与図面に良い木型をつくるためのノウハウを落とし込むことの難しさを語りながら、若い従業員の育成に努力していることが分かる。門脇の語る「センス」に私たちはどれだけ理解を及ぼすことができるだろうか。私は定時制機械科教員ののち全日制自動車科教員を20年間ほどしていた。確かに15歳のセンス(感性)を持つ生徒がいる。そのセンスとはエンジンの分解・組立や故障探求などで発揮される。机上の学習を越えた判断を、音、振動、手の感触などで行うのである。私の独断的解釈と思って、同僚さらに建築科の教員に尋ねるとやはり同様のセンスを捉えていた。

「できる30代には500万円まではいかないが、その近くまで支払っている」と、残業なしでこの待遇を実行している経営手腕を讃えたい気持ちになった。

さて、次に木型製作現場に足を踏み入れる。工房のような部屋に20代が一人いて、600×800×250（㎜）程度の発泡型の上型、下型セットの補修作業をしている。ラジオを聴きながらマイペースで作業をしている。隣の作業場では30代と40代がエレベータドラムに付随する直径1000㎜程度の上型、下型の接着作業をしている。ここでもラジオを聴きながらゆったり時間は流れている。自動車製造ラインの労働現場とは、対極的な職場、働き方だ。一般的に若者の就職選択条件として、企業の知名度、給与、安定性を重要視して大企業になびく。しかし、そこで待ちかまえているのはタクトタイムである。例えば自動車生産ラインで1台生産するのに要する時間、多くは60秒前後で規制される過密労働やノルマ達成を求められる過重労働である。こんな働き方ができる中小企業が街の一角にあることを知ってもらいたい。

（株）門脇木型　若手従業員作業風景

このような木型工業に持続可能性はあるのだろうか。経営努力により多様なメーカーと継続的取引ができていることは前述した。木型の将来性について門脇は、「3Dプリンタはいずれ進出してくる。そして、その影響はある。しかし、量産的には木型が優位であるので木型は残る。昔から木型は家内工業的であるので背伸びしなければ永く続けられるし一生食える。遅れている職場づくりのために就業規則をつくり経営の近代化を図った。NC機(数値制御の工作機)の導入も早く、20年前の従業員7～8人体制の時より売上高は増えている。その理由は夜間無人運転が可能になったことである」、さらに「トヨタは木型に注力している数少ないメーカーであり、その関係者が当社に見学に来て自分たちにも無い木型技術がある」と、背伸びしない設備投資と木型技術の継承という強みが存続可能性の存在を示唆している。

「木型を製作するには型材に適した木材が必要であるが、20～30年前より国産姫子松が入手できなくなった。代替品として集成材やケミカルウッドが使われるようになったが、耐久性や寸法安定性で姫子松に勝るものはない。その性質を持つロシア産べニ松を購入し、港区の木材センターにストックしている」と門脇は語る。これも顧客の期待する良質の木型を提供しようとする経営努力である。

■「木型図面は頭の中」～熟練職人CADに頼らず～　愛知県碧南市　岡本木型製作所

岡本木型製作所(以下、岡本木型)は従業員数6人で年令構成は、20代2人(高校普通科新卒入社)、40代1人、60代2人、70代1人(60年勤続)であり、主要取引先はトヨタの一次サプライヤーのジェイテクトである。自動車用の工作機械を製造するジェイテクトとのつながりを持ったのは、経営者の岡本正弘の父親がジェイテクトの前身の豊田工機に養成工として入社し、昭和30年に独立したことによる。現在のジェイテクトには木型部門は無く、かつて社内に蓄積された木型に関するノウハウや標準を継承できておらず、岡本木型がそれを継承していると岡本は自負している。「手でやるものを機械でやるには時間が掛かるんです。木型の分割は、つくりながらそのプロセスで考える。分割をコンピュータに落し込み切れない」と岡本は話す。私の理解を述べれば、ジェイテクトで製造する工作機械のベッド向けの鋳造木型は、砂からうまく抜けるようにするためにいくつかに分割して作る必要がある。どこで分割するかは図面（貸与図面）をみて頭の中で考え直接木型加工に落とし込んでいく。頭の中で考えたことをコンピュータに打ち込んで3D図面化するには時間が掛かりすぎる、ということである。

ここに木型技術の核心が存在する。木に触れないで貸与図面だけを見て機械的に分割位置や抜きこう配をコンピュータに落とし込み、自動機で加工しても顧客の望む木型は出来ない、なによりもコンピュータ入力の手間暇が途方もなくかかってしまうということである。

岡本の後に続き工場のドアを入る。大きな鋳物定盤を前に前屈みになって木型と対峙している作業帽・作業服の二人が眼に飛び込んできた。われわれに気づき顔を上げるのを見て会釈すると、静かに会釈で応えてくれる。熟練職人とお見受けする。600～700㎜四方の木型の製作中で、木工用ボンドを塗布し小片を貼り付けている。作業台脇の木製掲示板にはA0版（縦841×横1189㎜）程度の仕掛かり中のCAD図面が掲示されている。注目すべきはこの図面が木型方案ではないことだ。鋳物として完成すべき貸与図面を見て、湯の収縮代、分割位置、抜きこう配などを形状に折り込みながら木型を製作している。ここで働く人の頭の中で木型は製作されているのだ。工場を見渡してみても、ジクソー、自動カンナ盤、定盤、ハイトゲージなどの機械、測定具類はまさに木工場の風景でNC機などはどこを見回しても存在しない。

金型製造業などでは事業継続のため無理をしても高額な自動機を導入する傾向が強いが、この工場は生産性向上を設備投資に頼らなくても実現可能であることを示している。当然のように工場を見渡しても、コンピュータが1台も見当たらない。

岡本木型　経営者と修理中の工作機械フレーム

実は事務所にはコンピュータと大判プリンタがあった。のコンピュータとプリンタの役割は、「取引先からの貸与図面の受信・印刷と若い人の形状理解に使っている。年配の作業帽・作業服氏は二次元図面の三面図を見て、容易に三次元の物体形状を把握できる（図2参照）が、若い人は三面図を読めない。また、3D図面には寸法が入っていないので、必要部分を取り込み三面図に落とし込むことを行っている」と岡本は語る。20代の若者は高校普通科新卒入社であるので、機械製図や機械工作などの専門教育を受けていない。彼らを早く戦力にするために、加工物体の形状を3D画面で見せることで理解させることは有効である。若い人も熟練職人のようにCADに頼らずに三面図を読

図2．参考資料　三面図と3D図面

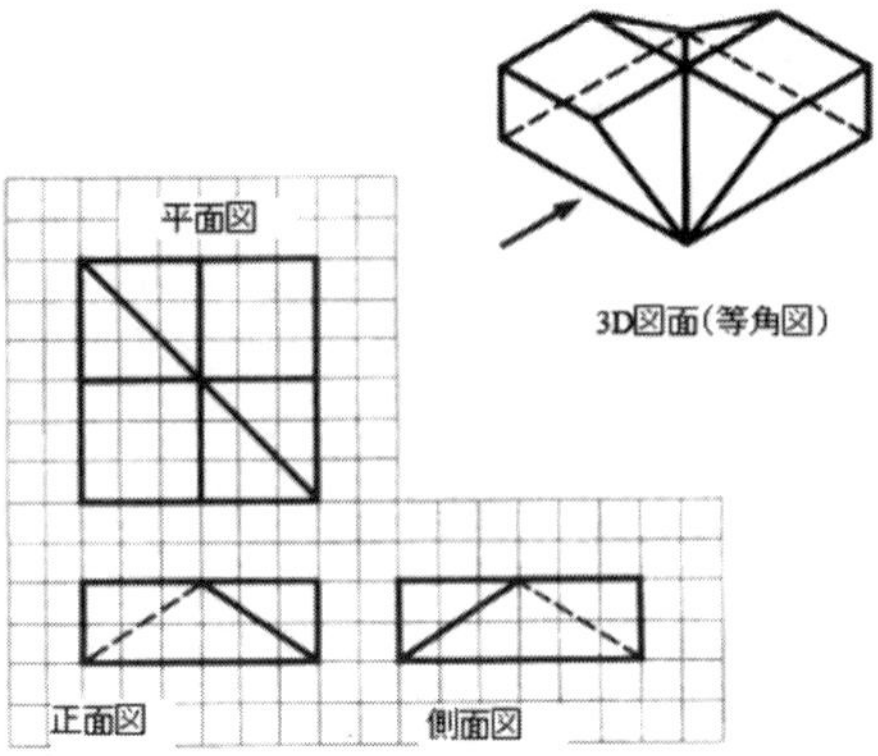

出所）『図面の読み方』1983年 松下電器株式会社発行　74頁

め、頭の中で木型を削り出す力をつけて欲しい。それには指導と経験が必要で、デジタル技術がそれを補う側面があることは理解できる。

「精度の高い木型を作るためには良質の型材が必要であり、型材には耐久性のあるロシア産ベニ松を商社経由で買い付け使用している。製作された木型が乾燥などで寸法が変化しては所定の鋳物を製作できない。その問題を解決するには、型材を1年半ほど「枯らす」必要があり、型材をストックする場所を確保しなければならない」と語り工場社屋前の木材ストック場を案内してくれた。ストック場は私の目測で、約1200㎡（400坪）程あり2m程の高さに積み上げられ寝かされている。これだけ広い木型用型材をストックしている木型工場は珍しいのではないか。大方の木型製作所は型材にケミカルウッドを使っている。広いストック場は、大量買い付け可能であり経営戦略として有利に作用する。国内からは姿を消した松材をロシアから輸入して大量にストックして使用しようとする戦略は、耐久性と変わらぬ精度という特性を持つ型材を常に確保できている強みとなり口伝《くちづ》てに広まり、「木型の良さを聞きつけた顧客が増えている」と岡本は語る。

木型工業協同組合の勉強会後の懇親会で、「木型の将来に自信をもっている」と岡本に聞いた。今回の工場見学とヒアリングに臨む前は、その言に多少懐疑的であったが杞憂に過ぎなかった。「コンピュータ恐れるに足らず」「3Dプリンタ恐れるに足らず」であった。

最大の収穫は、「製品図面を見て頭の中で木型加工をしてしまう」ことである。もし木型をNC機などの自動機で行おうとすると、CADデータから木型図面を作成しなければならない。ここに時間が掛かる。そのCADに木型特有の情報を盛り込むとなると、木型製作の経験が必要だが、それでもどこで分割するか、見切り面をどこにするかの決定は難しい。型材に直接触れ木目も確認しながら、面取り、R（丸み）付け、表面粗さなど手の感触で削り込んでいくことで、良い鋳物製品ができる木型とすることができる。それが顧客の信頼につながることを実証している。

（有）岡本木型型材ストック場

数字上の経営目標を尋ねると、「売上げ1億円、従業員給与年収500万円を目指している」と岡本は話してくれた。従業員1人当たりの売上げに直せば1，670万円であり、目標とはいえ表1の工業用模型製造業の2014年の1，419万円を上回るものである。

■灯台元暗し　～ゆったり働き、ゆったり生活できる仕事が街にある～

「3Dプリンタ恐れるに足らず」、「木型は生き残る」と自信を持って木型製作所を経営している門脇木型と岡本木型に共通することは何であるのだろうか。従業員は4人及び6人の小規模企業・零細企業であり、工業高校新卒の採用はできていない。数年来愛知県内の工業高校における求人倍率は6～10倍であり、知名度、安定性を求めて大企業に就職する。大企業の過密労働、対人関係などに悩み退職し、小規模企業・零細企業に再就職するケースが多い。筆者が工場見学した他の型製造業でも、大企業に就職しそこでCAD技術を習得した若い人を即戦力として中途採用しているケースが普通になっている。小学校区単位の職場見学などにより、街の中にゆったり働く仕事場あることを積極的に発信していく必要がある。玄田有史（東大社研教授）は「失業者には、失業者の仕事に対する「希望」という名の期待が、本人の真の適性ならびに仕事の分布とその将来状況に対する情報を、どの程度前提として客観的に形成されているかの理解が必要になる」と述べてい

図3．仕事を探す人の適性
～木型づくりを広く知らせる努力を～

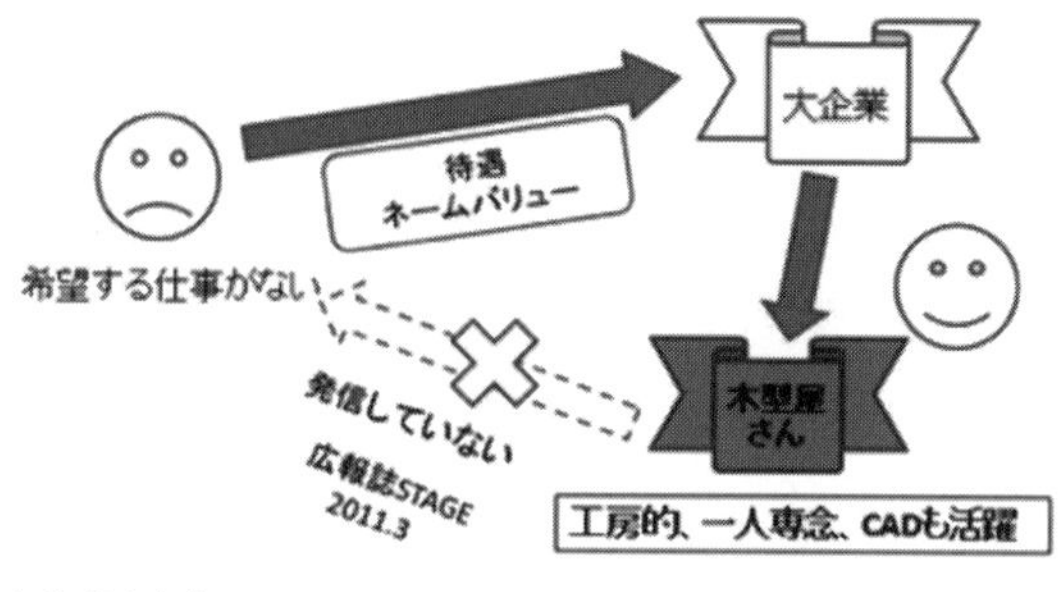

出所）筆者作成

る。失業者でなくても仕事に対する「希望」と言う名の期待が、本人の適性と偏りのない多様な情報提供のやりとりの中で収斂して、初めて希望は仕事とつながると私は理解する。

次なる共通点は、木型技術の継承を企業存続の中核に据え、加えて木型技術を具現化する型材たるロシア産ベニ松のストックに注力していることである。技術と材料の両方の継続性こそ顧客の信頼を得て継続的取引を可能にする。木型技術の継承はＣＡＤの利点は認めつつ、ＣＡＤとは距離感を置くことでかえって現場での「頭の中と手」の接続を強くしている。工房のような職場で「頭の中と手」で木材と対峙している姿は、仕事とは何かを語っているようにさえ見える。

■何もしない強み　～伝統型木型工業はニッチ（すき間）産業～

今や木型部門を社内に持っている自動車メーカーは、トヨタとホンダのみといわれる。中でもトヨタは木型道場を設け木型技術の継承に取り組んでいる。他社との製品品質の峻別は細部に宿っているとの自覚であろう。しかし、そのようなメーカーは例外的で、とうの昔に木型部門を廃止・放出してきたことは前出した岡本木型の経路依存性で説明した。それ以外でも私がヒアリングした木型工業の中に、「豊和工業がミシン部門から撤退し木型部門が不要になり、当時木型部門に勤めていて定年になった父親が、独立して代替的役割ができるようになった」と語ってくれた木型工業経営者もいた。さらに、同業者としては早い時期（１９９６年）に三次元ＣＡＤ／ＣＡＭ装置を導入した製作所は、導入したとき「木型は早晩無くなる」

と判断したが、20年を経た現在も「安い、短納期の木型を残している」と興味深い話を聞いた。表2に示すように、木型は生産個数100個以下の少量生産に対して費用対効果に優れた型であり、棲み分けられた需要が存在するのである。

表2．鋳造に使用する型と特徴

	木型	樹脂型	金型
費　用	非常に安価	金型に比べ1/5から1/10の価格で製作可能	圧倒的に高い
製作時間	非常に早い	非常に早い（1週間程度）	非常に長い
耐久性	100ショット以下	15,000〜20,000ショット	100,000ショット以上

出所）鋳造用金型.jp.net（ショット：生産個数）

木型工業を取り巻く状況から木型工業の特性をまとめると、新たに新規参入を招くような需要は無いし、参入しようとしても伝統的スキルの獲得は簡単ではない、となる。事業所数は減少しても、中核的技術は親子間で継承されその技術レベルは維持されているということである。減少しても衰退しない現在が最適規模であり、ここに「競争の不完全性」が存在している。このような産業をニッチ産業という。大企業が関心をもっていない、あるいは対応できない領域において、独自の高度な技術・知識、そして常識にとらわれない柔軟さをもち、小口の需要にも迅速に対応するといったビジネスモデルをいう。

極論すれば、「待っておれば仕事が来る」、これを「何もしない強み」という。本当は「何もしない」で済むハズがない。私は強く思う、門脇木型も岡本木型も顧客である鋳造メーカーの鋳造方案に提案力を持ち、高品質の鋳物を製造できる木型を納め、信頼を勝ち得ているのだと。

この属人的な木型の中核的技術を熟知しなければ、3次元CADを活用し鋳物図面を作成しても良い鋳物製品はできないことは述べきたが、私の見解に留まらないことを示す。中澤孝夫（福山大学経済学部教授）は『中小企業の経営革新とグローバル化』（２０１５年）において、「発注側と受注側により、「ものをつくり込んでいく」プロセスの近年の変化と齟齬である。かつては発注側も受注側も、自動車のボディなど「大物鋳物」の場合は莫大な大きさの図面を前に、手作りで模型をつくり、木型を作ってきた経験から、「図面をみれば完成品の立体」を構想できた。しかし、近年は最初から３次元のＣＡＤによる設計のため、それぞれの部品の特質や不具合が読めなくなっている。ＩＴ化は生産のスピードを急速に向上させたが、画面上と実物大とのズレを生じさせている」。

このような木型の中核的技術は、シューマッハー（E. F. Schumacher）が提唱した中間技術（Intermediate Technology）の思想に合致する。木型の持続可能性を後押しする思想と私は考えるので、以下に紹介する。

「ガンジーが語ったように、世界中の貧しい人を救うのは、大量生産ではなく、大衆による生産である。大量生産の体制によって立つ技術は、非常に資本集約的であり、大量のエネルギーを食い、しかも労働節約的である。現に社会が豊かであることがその前提になっている。なぜならば、仕事場一つ作るにも、多額の投資を要するからである。大衆による生産においては、だれもがもっている尊い資源、すなわちよく働く頭と器用な手が活用され、これが第一級の道具が助ける。大量生産の技術は、本質的に暴力的で、生態系を破壊し、再生不能資源を浪費し、人間性を蝕む。大衆による生産の技術は、現代の知識、経験の最良のものを活用し、分散化を促進し、エコロジーの法則にそむかず、稀少な資源を乱費せず、人間を機械に奉仕させるのではなく、人間に役立つように作られている。私はこれに中間技術と名前をつけたが、それはこの技術が、過去の幼稚な技術よりずっと優れたものであるが、豊かな国の巨大技術と比べると、はるかに素朴で安く、しかも制約が少ない性格を言い表している。自立の技術、民主的技術ないし民衆の技術と呼んでよい。要するに、だれもが使え、金持ちや権力者のためだけの技術ではないのである」。

どうだろうか。門脇木型や岡本木型の風景と見事に一致するではないか。

この風景は大企業における大量生産システムと対立するものではないし、大量生産システムに駆逐されてしまうものでもない。大量生産を支える機械部品は少量であるが高い精度と耐久性が求められる。このような領域は、大企業で内製するにせよ、中小企業に外注するにせよ、決して無くならないで継続していくものである。

2

伝統産業がビジネスモデル・チェンジで新生する

―有松・鳴海絞産業の希望―

梅原浩次郎

うめはら・こうじろう　1943年生。名古屋市立大学大学院を経て、愛知大学大学院経済学研究科博士後期課程単位取得退学、博士（経済学、愛知大学）。専門は地域経済学、地方財政論。名古屋市立高等学校勤務を経て、愛知県立大学非常勤講師、愛知県史編さん委員会特別調査委員。主な著書に『ものづくり産業集積の研究』（晃洋書房）、『イタリア社会と自治体の挑戦』（かもがわ出版）、『愛知県史資料編36 現代』（愛知県）など。

■伝統産業の存続可能性を問う

わが家のクローゼットやタンスにも、有松・鳴海絞の衣服が何点かある。この愛知で居を構えて以来、折々に入手したものである。「涼しくて汗を吸い取るからいい」「丁寧に干せば、アイロンをかけなくても良い」と、その使い勝手の良さを褒める言葉が返ってくる。ともに外出する際には、「いい生地ですねえ、絞りですか」と着物談議に接することも度々である。良いものは長持ちする。ところがその絞りの産地について、次のようなことを聞いたことがある。何年か前に行政がとったアンケートでは、職人の回答は将来に対し否定的なものが多かったという。どこの家庭でも、家業を継がそうと考えてはいなかった。そこに育つ子ども達もそうした様子を察して、興味を向けることもなかったという。まさに衰退の道を想起させるには十分すぎる内容だった。そうであるならば、有松・鳴海絞は衰退の道から反転する可能性はあるのかと懸念する。

有松・鳴海絞のような「あいちの伝統的工芸品及び郷土工芸品」は、愛知県の広報にも紹介されている。産品の指定条件として、主要な製造工程が手工業的であり、製造技術・技法が100年以上の歴史を有し、主たる原料も100年以上継続して使用されていること、などが記される。そのうち有松・鳴海絞などの13品目は経済産業大臣指定の伝統的工芸品にもなっている。

この地域の多くの伝統産業は、製品の国内市場の縮小・消滅、働き手の流出・喪失によっていま存立の危機にさらされている。この伝統的な地場のローテク技術(Low-Technology)は、新生によって将来に向かって生存可能性の希望を見出すことができるのであろうか。研究対象である有松・鳴海絞と絞産業は、社会の変動期に絞文化と生業が消滅する危機に幾度も直面してきた。地域ぐるみの町並み保存、絞りの方向性を見出す国際絞り会議、形状記憶商品などの技術開発、卸商から総合製造小売業(SPA)への脱皮等によって、絞りと絞産業の可能性を切り開いてきた。

ここで戦後の絶頂期からバブル期に至る産地の縮小過程と存立の危機を紹介した丸山恵也の著作（『有松・鳴海絞りと有松のまちづくり』所収論文、2005年）をみてみよう。①産地規模の縮小、②事業者の半減・加工請負は3分の1に、③産地分業の崩壊、再編成、④海外委託加工は韓国から中国へ移転、国内生産回帰、⑤和装品販売額の減少、浴衣の需要減少と2～3社への生産・販売の集中、⑥小売業や消費者との直接取引が伸びて卸売業者離れの進行、をあげる。しかしこれでは事実の一面を見るだけであり、有松・鳴海絞産業の希望は決して見えてこない。筆者は、産地が必死にもがき続けてきた姿を希望学の視点から見るとむしろ希望はあるとみたい。

本稿は、伝統産業の存続可能性を問題とし、有松・鳴海絞産業を研究対象として産業の危機と新生への挑戦を課題とする。仮説は、伝統産業でも収益をあげる仕組み、すなわちビジネスモデル・チェンジを行うことで存続は可能であり、生き残ることができる、ということである。なお有松・鳴海絞と称するが、伝統的産業集積地の意味合いがより強い有松における事例を中心に取り上げる。また、固有名詞として有松・鳴海絞のように使う以外は、送り仮名をつけて「絞り」を用いることにする。

■有松・鳴海絞産業が直面した消滅の危機

海外委託生産とライバル外国製品との競争

絞文化と生業が直面した消滅の危機についてあらためてみておこう。明治維新期には尾張藩の保護による有松絞の特権の消失があった。太平洋戦争下には戦時体制が強化され、有松絞の維持は不可能となった。そして戦後の復興も容易な途ではなかった。絞業者の組織、愛知県絞染工業協同組合の１９４９年段階の会員数は、総計２２２名である（『有松町史』１９５６年）。やがて高度成長期が到来する。「高度成長期の後半に産地は『絞りブーム』に恵まれて活況を呈したが、ブームをもたらした高度成長経済が他面では産地がよって立つ生産基盤を崩壊に導いた」（愛知県絞工業組合『伝統産業 有松・鳴海絞り産地の実態と将来像―活路開拓調査報告書―』１９７９年）。すなわち括り工程は農漁村の主婦の副業的家内労働に依存してきた。しかし有利な副収入の機会を工場パート労働に代替されるようになり、括り労働力は急速に喪失していった。

その結果、括り工程は韓国の委託生産に求めることになり、生産基盤の国外依存を強めた。１９７９年当時の報告書は、韓国依存の限界をすでに指摘していた。例えば、１９６９年から１９７７年までの８年間に、韓国委託加工の割合はアメリカドル比較で括り高全体の70～80％にまで達していた。委託先の加工賃上昇、括り労働力の減少、複雑な柄を嫌う傾向、韓国が委託加工から自国製品の生産へ移行することが指摘される。石油危機後の不況過程に入り、絞りブームは去り、発展の停滞傾向が現れてくる（前掲書『伝統産業 有松・鳴海絞り産地の実態と将来像』）。

ここで外国製品との競争についてふれておこう。有松・鳴海において絞業を営む企業は限られており、産地は運命共同体として利害は基本的にひとつの認識が行き渡っている（有松絞商工協同組合 成田基雄理事長）。同時に、既に述べた経緯から、海外で生産される製品がライバルとなる。㈱近喜 近藤久人社長によると、日本では1反（幅40㎝、長さ13ｍ20～30㎝）もので2月かかる。生産者の卸価格は4万円前後で、問屋・小売屋のマージンが入って小売価格は15万円前後となる。絞職人が内職という形で、非常に廉い賃金で絞っていてこの価格である。これに対し中国・カンボジアなどで括りのみを委託し、有松で図案・型紙彫・染色・糸抜き・検品整理を行うと生産者の卸価格は1・3～1・8万円前後となり、小売価格は4～8万円で、1／3～1／2程度となる。しかしこの場合もいつまで持続できるか不明である。このほか委託量以外を中国で自主生産して日本で売りさばく例や、絞りを写真で写しプリントして販売する業者もいる。不法にプリントしたものを帯、下駄、浴衣などのセットにして4千円程度の価格で販売する事例もある。

このためプリントなどと競合しないために、浴衣のデザインは毎年新しいものにして打開している。㈱近喜はゆかたのブランド SHIBORI-GARELLEY a-ko を立ち上げ 多くのファッション雑誌に掲載するなどの努力を行っている。産地では、１９６７年、韓国に移管した工程を再び地元に戻すことで有松・鳴海絞を守ろうと愛知県絞工業組合を設立した。単なる括り工程の韓国、中国などへの海外委託生産は足元を掘り崩すことになるとの認識からである（機関誌中経連「中部ものづくり探訪 有松鳴海絞り」２０１６年６月号）。

こうして、産地の括り労働力喪失と海外委託生産への転換が逆に生産基盤を崩壊させ、経済不況による消費需要の低迷が有松絞りを危機に陥れる。愛知県絞工業組合によれば、２０１７年現在の会員29名は、

1967年の設立時会員129名と比較すると4分の1以下である。第二次大戦後の統制下の絞業者は前述のように222名で、これと比較すれば7分の1以下という状況になっている。

地域文化や地域歴史、及び行政との対応

有松絞の産地である有松地区と絞産業は、盛衰をともにしてきた。そのため絞産業の繁栄を取り戻し賑わいを取り戻すため、「まちづくりで復興」の思いは住民に共通している。1973年「有松まちづくりの会」が誕生する。住民主導の町づくり運動がすすみ、有松で街並み保存について行政が動きだすのはその数年後、1980年になってからである。括り労働者不足と高齢化の進行は、産地の消滅に結びつきかねない危険性をはらんでいた。この危機を乗り越えるために、絞と絞産地を象徴する有松・鳴海絞会館を地元の方々の援助により1984年に開館させている（有松絞商工協同組合『創立50周年記念誌』2002年）。

有松絞りに携わる人々と地元の方々とのふれあいを深めるために1985年に第1回有松絞りまつりを開催する。2017年の第33回には10万人程の訪問者があり、伝統工芸有松絞りの魅力を十分に堪能できる。絞りの実演・体験・展示・パレード、町並みツアー、山車飾りなどがある。和装離れが進む中で、まつりを通して絞りが身近な存在になることを願っている。また、若い力と感性によって推し進められ、地球規模での絞り文化を再認識した「第1回国際絞り会議」（1992年。2017年現在第10回）は、愛知県や名古屋市の協力、地元企業からの多額の寄付により、開催された（前掲誌「中部ものづくり探訪」）。

伝統的な有松街並みの保存運動、国際絞り会議に見られるように、有松・鳴海絞の産業・文化に関わる人々が取り組みの必要性を自覚し、その運動に取り組んできた。そうした実績の上に、やがて行政が賛同する。地方行政の援助を待つことなくリードして取り組み、結果として行政を巻き込むかたちとなっている。こうした姿勢は一貫している。

■有松・鳴海絞の危機を、誰が、どう認識したのか

高度経済成長が続く１９５０年代から70年代初めに絞りの需要が急増するのに伴い、韓国に絞りの括り工程を移管する。しかし１９７０年代中頃には、洋装の普及と和装離れ、絞りの海外製品低価格化が進む。

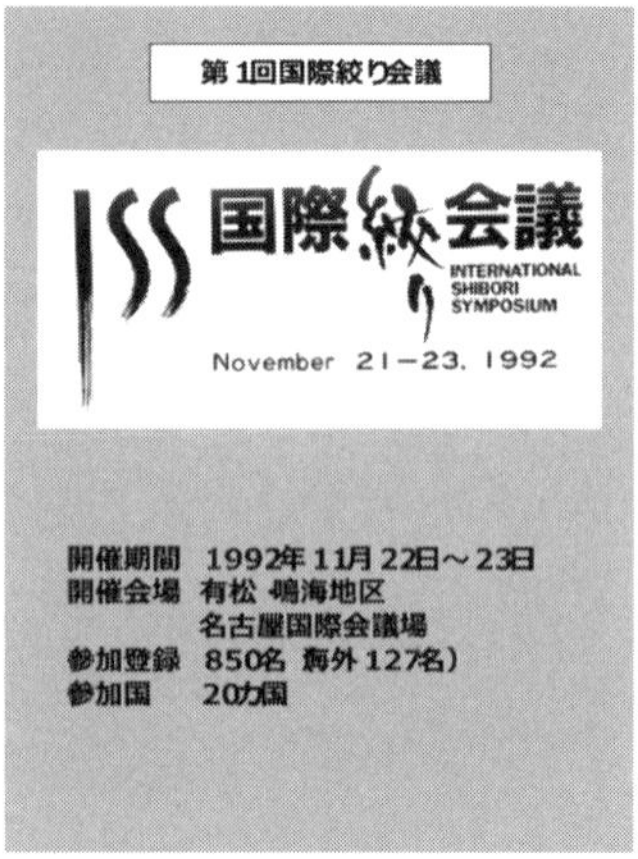

転機となる第1回国際絞り会議のポスター

こうしたなかで有松・鳴海の産地での職人仕事は減少し、職人が育つ環境も喪失していった。１９８０年代後半になっても、状況は一向に好転しない中で、愛知県絞工業組合の50歳以下の若手組合員の会合で声があがった。「この現状を打開するためには、世界中の絞に携わる人たちと、絞りの未来について話し合う会議がしたい」（前掲誌機関誌中経連、坂口香代子『機関誌 Crec 中部開発センター』No.１６４、２００８・９号所収論文）。有松絞の危機認識を共

有する人々は、幾つかの行動に打って出る。第1回国際絞り会議は、1992年11月に名古屋市有松・鳴海地区と名古屋国際会議場で開催される。その参加人数は、実に20カ国、参加登録850名である。振り返ってみれば、この時期が有松・鳴海絞の危機打開への大きな転換点であったといえる。

以下、そのなかでキーマンとなる人物の認識や思いを紹介しよう。紙面の都合で人数は限られるが、お許しいただきたい。個性を持ち、力を合わせてことにあたる人材がいたからこそ、産地は危機を乗りこえることができているのではないか。

産地有松のリーダー、竹田嘉兵衛　―何もうまくいかない、ゼロに戻る取り組みを―

まず、産地有松のリーダーとしての竹田嘉兵衛商店社長の8代目竹田嘉兵衛（竹田浩己）である。有松絞初代竹田庄九郎の分家を祖とし、有松絞の着物製造及び卸業務を行ってきた。竹田は常に有松絞を代表する立場から、発言し行動してきたのではないか。1970年代に有松の町並みが市街地開発によって保存が困難になった時、先代7代目嘉兵衛（1995年死去）が率先して保存運動に取り組み、いまでは重要伝統的建造物群保存地区として選定（2016年）されている。1992年の第1回国際絞り会議についても、8代目嘉兵衛は次のように述べている。「場当たり的な対応策は本当にいろいろやりました。（略）しかしやってもやっても なかなかうまくいかない」「そんな中、組合の若手（50歳以下）が集まった席で、一度ゼロに戻る取り組みをやろうという話が出る。対処法を求め、結論を出そうというものではなく、これからどうすればいいかを一から考え直せるものを。そうして取り組んだのが、名古屋市での第1回国際絞り会議の開催である。」なぜ50歳以下なのか。愛知県絞工業組合理事長であった8代目が当時を振り返り「これからまだ20年ぐらいは、この仕事で食べていかないといけない面々ということです」と語っている。その後実行委員会が組織され、一番年長ということもあり8代目が実行委員長を務めている（前掲誌『機関誌 Crec 中部開発センター』№１６４）。若手組合員らの思いが結実し、第1回国際絞り会議が開催される。世界から絞り文化を学び取ることは大きな転機となった。何を学んだかは、「有松・鳴海絞の新生への挑戦」の項で述べることにする。

図案・型紙の職人からの脱皮を模索する村瀬 裕 ―職人が食べていくことが難しい―

１９９２年の第1回国際絞り会議の準備に実働部隊としての役割を果たした人物に㈱スズサン社長の村瀬裕がいる。「自分は絞り問屋のもとに加工業を営む職人4代目でした。図案を作る、型紙を作るという仕事です。」、「絞りの模様は布を糸で『括る・縫う・巻く』という3つの基本的な動作によりつくりあげられます。布を寄せながら糸を括るので、凹凸感（シワ）のある布に仕上がります。糸で括った部分は染液が浸透せず白く残り、それが糸を抜いた時、美しい模様となって表れるのです。（略）伝統は保守的になりがち。外からの情報も入りにくかったが国際絞り会議を開催し、次の可能性を探ることができた」と語る（村瀬裕談。「日経ビジネス」２００９年7月9日）。

村瀬は国際絞り会議を契機にして、飛躍する取り組みに挑戦する。国際会議の開催主体となるワールド絞りネットワークJapan（World Shibori Network-Japan、WSN）を名古屋市に設立、事務局長を務める。彼をこうした取り組みに誘ったのは伊藤晴彦（工業デザイナー）との出会いがある。名古屋市制１００周年記念の世界デザイン博覧会（１９８９年）である。１９９２年の国際絞会議の相談を持ち掛けたことに始まる。彼が出した条件は、広告代理店を使わないで「自分たちの手で会議を行おう」としたことである。そして村瀬たちの「職人が食べていくことがむずかしい」の言葉に、「製造卸問屋などの名は表に出ても下絵刷り職、括り職、染色業といった下請業者（略）の名が出てくることはない。個人の名前が出ないのなら、表に出してみようと。そうすれば、職人が食えるだろう」と述べている。この縁から、１９９４年２月には村瀬と染色家・久野剛資らはイタリア・コモ市ギャラリー、ミラノ市ドムス・アカデミーで展示会を行う。「展示内容は、単純に〝日本の伝統素材〟として有松絞を紹介するのではない。絞りを加工し、色の変化をつけ（略）職人自らがデザインした有松絞りは今までと違った新鮮なものとなった」（NewsAMAZELAND No.1, 1996.4.15, 凸版印刷株式会社 デジタルセンター内 エレクトリック アメイズランド）。

村瀬には、シンポジュウムやワークショップを通して多くの人との出会いがあり、絞りの世界の広さを実感する。紛れもなく、新しい絞へのターニングポイントなった。１９９２年の第１回国際絞り会議の際、村瀬はいまだ40歳であった。

技術革新で危機打開に挑戦する染色家・久野剛資 ―伝統にこだわり過ぎると衰退する―

村瀬とともに型と染めのコラボレーションを行いながら伝統ある絞り染めの魅力を発信してきた人物に㈲絞染色久野染工場の染色家・久野剛資がいる。村瀬とほぼ同世代である。染色を中心にした加工メーカー4代目で、ファッション、インテリア、アートなど絞りの新分野を開拓してきた。伝統の技法と新素材を駆使して、絞りの可能性を追求してきた久野が語る危機意識である。

まず伝統の本質を継承した技術革新についてである。染めへのこだわりは、括り工程は韓国や中国へ生産委託をしたが、染は出て行くことはしなかった。有松絞りの命といえる色の決定権は久野染が持ち続けたという思いである。括り工程の海外委託生産が、有松・鳴海の産地の生産基盤を崩壊させたことは先に述べたとおりである。これとの対比で染は海外への生産移転は頑なに拒んだのである。染料そのものは昭和40年、50年、フランスやドイツからも入ってきたし、三井や住友も化学染料を販売し、それを受け入れてきた。時代ごとに、手染めから、機械染めができ

現代歌舞伎衣装への挑戦（提供：久野剛資）

るようになり、新しい絞りが生まれてきた。工芸品から産業化へ進み、品質も向上してきた。以前は浴衣が中心であった。「でも僕が目指しているのは、絞りをテキスタイル（素材としての布や織物）加工の一つとして定着させること。和服用の布地というイメージから脱却して、有松絞りの素晴らしい技をファッションやインテリア、ファブリック（布製品）の素材として活用させたい」と語るのである（上記（）内は筆者。国際デザインセンタークリエイティブ産業活性化プロジェクト「LINKS HUB」2011年）。久野のオリジナルブランド〝atsumari〟（あつまり）のブランドコンセプトは、トラディッショナル&ナチュラルであり、天然素材、色、パターンなどにこだわり、量産ではなく作り手の温もりを感じ取れる展開を試みている。

伝統についても述べている。「ポリエステルなどの化学繊維が絞に使われなかったのは技術的な問題もありましたが、伝統的工芸品産業の枠では素材がシルクと木綿に限られていた事もあります。伝統にこだわりすぎることで時代のニーズに対応できず、産業としての絞りが衰退していくことを危惧しました。有松絞りの伝統工芸品としての価値はどこにあるかを考えた時〝手で絞っている〟というところに本質があり、布を限定することではないと考え、染料の調合と時間、圧力を徹底したデータ管理の元で行う〝工業染色〟という道を選択しました」。つまり伝統工芸の本質をどう継承するのか、絞りの存続の危機に賭けた久野の思いである（愛知県福祉事業団団体情報誌『Hananoki ハナノキ』2006夏号№145）。

もう一つは若手の人材育成についてである。久野は1982年に、当時27歳で工場内に「有松絞教室」を立ち上げている。「絞り技法と染色工程を楽しく学ぼうと始まった」。10年程の後に「500人以上の卒業生が巣立ち、実力をつけて公募展に挑戦する人も多い」と紹介される（日本経済新聞1993年7月5日）。その教室もすでに30年以上続いている。「人材育成にこだわるのは、現場を開放すべきという考えが強いためだ。現在では工房を開放するところが少ない。かつて（略）鍛えられたような、クリエイターが育つ環境を目指している。名古屋芸術大学との産学連携プロジェクトも受け入れた」という。「『工房と工場のあいだ』。この2つが二極化することは、若いクリエイターの育成を阻害します。若いクリエイターが職人の世界に定着し、思う存分働ける環境を整えたい」㈱中広『地域みっちゃく生活情報誌 緑区フリモ2017年6月号』）。若いクリエイターが育つことがなければ、有松・鳴海絞の明日はない、との思いからである。前記大学卒業生2人が、久野の後押しで自分たちのブランド〝まり木綿〟というショップを持ち、技を教わり作品づくりと販売を行っている。絞りのすそ野を広げ、理解者を増やし、絞り産地の活性化につながるようにしなければという危機意識からである。

■有松・鳴海絞の新生への挑戦

先覚者の希望の発見が、どのようにしてひとびとの共感を獲得し、地域を変える可能性をもつようになったのかを、述べてゆきたい。世界的に著名なデザイナーとのコラボレーションを通して、世界のファッション市場に進出し、自らもそのセンスを磨いてきた業者が少なくない。ここでは、竹田嘉兵衛商店の8代目嘉兵衛（竹田浩己）、㈱スズサンの4代目の村瀬裕と5代目弘行を取り上げてみよう。

絞りのシワの造形美を維持させる形状記憶加工への挑戦

1992年「第1回国際絞り会議」は有松鳴海絞の新生への転機となった。その後、世界から絞り文化を学びとり、日本から新たな発信を始めることになる。世界の絞り文化から学んだことは何だったのか。「今までは、絞りは模様をつくるための防染加工と捉え、染色後にシワを伸ばして製品化していた。それを、あえてシワを残し立体的な造形に仕上げる」ものであった。防染加工とは染料が浸み込まないようにするために括るのであり、シワは湯通しして伸ばされていた。外国の関係者は手作業から生まれる「シワの造形」「布のゆらぎ」に注目し、それを有松・鳴海絞の魅力と考えたのである。「シェイプド・レジスト・ダイング（Shaped resist dyeing）」（立体的に防染された染め物）という概念であり、絞りによってできるシワの造形の美しさにスポットが当てられた（前掲誌 機関誌中経連「特集 中部ものづくり探訪 特色ある地域産業、有松鳴海絞り」。前掲『機関誌 Crec 中部開発センター』№．164）。絞りの凹凸を維持させるために、「竹田嘉兵衛商店とその仲間たちは、研究を重ね、形状記憶加工というハイテク技術を使ってシワを固定化することに成功」した。絞りの概念を覆し、絞りの新たな可能性を見出す。「イッセイ・ミヤケやコシノ・ヒロコら日本を代表するデザイナーが続々とこの布を使った服を発表」し、有松・鳴海絞の名が世界に知れ渡る。「有松絞り独特の布の造形をそのまま活かした洋服は、〝POCKETEE〟というブランドで海外でも販売されている。絞りの「ゆらぎ」を表現したガラスや金属の製作も」始まっている（名古屋商工会議所「モノづくりブランドNAGOYA、2002年度受賞企業、㈱竹田嘉兵衛商店」）。ここには伝統を固定的に捉えるのではなく、守るべき伝統と伝統を打ち破るべき創造力に柔軟に対処し、進化を続ける姿としてみることができる。

同時にこれらは、製造から販売に至る業態にも影響を与えることになる。総合製造小売業（SPA、製造から販売まで単一の業者が行う）やOEM生産（発注先のブランドで製造）である。明治維新期に東海道の往来が廃れるのに伴い、絞りの商人は店頭販売を廃して、販路を開拓し、卸問屋に変貌していった。時代が下って商品は、百貨店などに卸して委託販売されるのが主流となった。しかし多めに仕入れて売れ残りは返品するという商習慣は、製造元にとっては不利を背負わなければならなかった。これに対する業態として生産者と消費者が直接結びつく総合製造小売業が生まれ、直売に重点を移すようになる。また相互信頼が深まる中で、イッセイ・ミヤケとのOEM生産への挑戦が始まるのである。

世界市場でデザインし、有松に発注・製造する新たなスタイル

「第1回国際絞り会議」を契機に世界に活躍の場を広げたのが㈱スズサンの村瀬裕である。長男 村瀬弘行は、2008年にドイツ法人 suzusan e.K（現在は、suzusan GmbH & Co.KG）を設立し、オリジナルブランド〝suzusan〟の企画・海外流通を始める。製品のデザインは弘行がドイツで行い、日本のスズサンに発注をかけて国内で製造し、ドイツ法人が買い取り、海外に発信する方式を取っている。ここでは主に

弘行の挑戦への思いを記してみよう（村瀬弘行談。経産省ＨＰ「ものづくり/情報/流通・サービス」Suzusan e.K）。

実家は、浴衣や絞りのテキスタイル（織物、布地）をメインに細々と続けていた。家業を継ぐ意思は全くなく、デュッセルドルフの美術大学で学んでいた。その地でビジネスを専攻し、起業を考えていた現在のドイツ人のビジネスパートナー、クリスチャン・ディーチェ（Christian Dietsch）と出会う。父から預かり自分の部屋に置いてあった生地を偶然に見た彼がおもしろい、それで事業をやりたいと言い始めたのが一つのきっかけと話す。

弘行は２００３年に渡欧しているので、父が２００２年11月に「第1回国際絞り会議」の成功のために尽力していたことはある程度理解していたかも知れない。それでも衰退の道を歩む絞産業に希望を見ることはなかった。しかし彼は２００７年頃ヴェネチア・ビエンナーレにおける「Axel Vervoordt（アクセル・フェルフォーツ、ベルギーのキュレーター）」の展覧会を見ている。古いものや新しいもの、洋の東西のもの、伝統も現代のものも、同等に展示されている。アーティストのみならずインテリア・デザイナーなども出品していて、伝統が現代に生きていることにすごいと感激する。実家の有松絞りを見直すきっかけになった。この時期が弘行の気持ちのうえでの転換点である。ドイツ法人における役割分担は、弘行が Creative Director であり、クリスチャンが Managing Director である。日本的にいえば、クリスチャンが社長であり、弘行はデザイナーである。フランスのファッション界で活躍してきた齋藤 統の教訓「現地社会でスムースに信頼を勝ち取るためには、パートナーとして現地の人をいかに立てるかにかかっている」とい

デザイナーの村瀬弘行（撮影 梅原麻紀）

うことが活かされているようであった（ＮＰＯ法人コンソーシアム有松鳴海絞（ＣＡＮ）主催「齋藤 統氏による特別講演会」２０１６年）。以下、弘行が強調した重要なことを3点あげておきたい。

日本企業はややもすれば、日本で成功し、その日本技術の自信作を海外に持っていくが失敗する。それは何故か。ヨーロッパであれば、ヨーロッパの人々のニーズに合わせたデザインなり、商品づくりをしているかどうかである。市場のニーズに合っていなければ必ず失敗する。ヨーロッパの人たちの立場に立って、柔軟に対応するという姿勢こそ不可欠だという。こうして村瀬ファミリーは、日独ともに10人以下という小事業家であるが、製品のデザインは海外で、製造は有松で行い、海外に納品するという方式を生み出してきた。「ファッションやインテリアでは、このやり方は自分たちしかやっていない。すごくメリットがある」という。この方式の導入は不可能ではないが、容易でもない。世界市場にマッチさせ、産地有松を守る、そしてこれを若さでやりきるというところに、村瀬ファミリーの強みがある。

「あなたは、何故世界的にも著名なファッションデザイナーの知遇を得て、コラボレーションを実現してきたのか。世代もキャリアも全く違うと思われる方とのコラボレーションはすごいと思うが……。」、と投げかけた。ロンドンに行った時にある大学教授の紹介で、凄いアーティストと思っていたヴィクトリア・ミロ（Victoria Miro、ロンドンでギャラリーを持ち、現代美術を中心に一流のアーティストを扱う世界屈指のギャラリスト）から、有松・鳴海絞のテキスタイルを素晴らしいと言われたことがある。そのことは、自分の自信になったことは確かです。その後、テキスタイルを持ってずいぶん営業であちこちを回ったものです。ミラノでは、ディオール、シャネル、グッチ、アルマーニとか、ジルサンダーなどが有名です。ジルサンダーに持っていった時には、「絞りは癖があり、価格が高い」ということでダメだったことがある。しかし、ジルサンダーのラフ・シモンズが、デザイン部門を引き連れて2012年ディオールに移った。その後、チームのテキスタイルデザイナーから誘いがあり、仕事を受けることができた。パリのオートクチュール（高級仕立服）のファッション見本市ともつながりができるようになった。海外でブランドが確立された後に、日本での展開を考えていたと話す。しかし2017年秋、日本国内でもすでに、東京、京都、愛知、岐阜でポップアップ（店舗で短期的なイベント）を開催するに至っている。まだ、B to C（個人向け取引）で、B to B（会社向け取引）としてはスタートラインにたっているとは思わないと語る。

ファッションとインテリアの分野をどう考えているのか、と質問してみた。以前は、ファッションは細かい芸が要求され、回転の速さについていくのはなかなかハードルが高い。トレンドを追うファッションよりも、インテリアは買い付けのシーズンがないので、地に足を付けたリサーチができ、どういうマーケットがあり、どういう人が使い、何を作るのか、という考え方ができると述べていた。今では会社全体でいえば、ファッション8割、インテリア2割ほど、その他に照明、クッション、ブランケット（薄手の毛布）などである。ファッションは年2回新しいものを作り続けていく必要がある。サイクルが短い分、お金の動きも早い。これらの話から、すでに新しい段階に達しているとみた。

以上のように、商品の海外受注と日本国内で製造するという両者の事業をリンクさせて進めるスタイルは、ファッションやインテリアでは、自分たちしかやっていない。すごくメリットを感じていると述べる。村瀬弘行は、自分はようやくスタート地点に立った感じであり、他の人と競争できる地点に立ったと思えると述べる。冷静で、自信にみちた表情で締めくくったのが印象的である。

■ビジネスモデル・チェンジによる新生

四半世紀の実績が将来のメジャーを確信させる

このように有松・鳴海絞とその産地には、単なる統計では見ることのできない、煮えたぎるような熱いエネルギー、新しい息吹を感じることができた。伝統の延長線上で希望を見出すもの凄いエネルギーが未だ残っていると感じたのである。

1992年「第1回国際絞り会議」は、バブル経済崩壊後であり、有松・鳴海絞と絞産業もどん底の中にいた。以来4半世紀、格闘の末にたどり着いた絞りの新技術と新商品分野、海外事業展開のあり方、さらには生産者と消費者が直接結びつく総合製造小売業には、2030年のメジャーを確信させる未来が広がっている。国際絞り会議を担った世代は未だ現役ではあるが、それでも後継者を前面にたてて新たな挑戦を行っている。私はこれらの意味することを次のように考える。

第1には、ビジネスモデル・チェンジによる新生は、対象商品の持つ根本的な概念への問いかけとその転換からスタートした。概念の転換は、新ジャンルへの進出を可能にする。すなわち絞りの過程で生まれるシワを無くすのではなく、活かすという180度の発想の転換である。素材についてもシルクや木綿だけという固定的に捉えるのではなく、ネパールのカシミヤ、ペルーのアルパカ、さらにはガラスや金属、プラスチックなどの多様なものにも広げていくことの必然性である。これは伝統工芸の本質を継承した技術革新により成し遂げられる。こうして、着物、浴衣の範疇から、ファッション、インテリア、アートなどの新ジャンルへの進出が可能となる。ファッションでは、マフラー、ストール（女性用肩掛け）などの洋装分野への進出、インテリアではランプシェイド、カーテン、テキスタイル、タペストリーなどの多様な分野である。アート分野では立体感のある美しさが作品のなかに活かされる。

第2に、何よりも商品の海外受注と国内生産によりビジネスの優位さが実現できる。海外市場でのニーズに応えること、伝統産業の雇用を拡大させ、地域に根づかせることを可能にさせる。他社製品とは区別可能な独自ブランドを確立し、下請け業者としての黒子ではなく、主役の座を自ら引き寄せる。そのうえに、生産者が消費者と直接結びつく総合製造小売業の道である。中間流通業者をなくし、安定して営業を成り立たせていく条件を生み出すのである。

第3に、伝統文化と伝統産業を支え、将来のメジャーを実現する人材育成である。必要性を自覚した先覚者が独自の絞り教室を長期・継続的に開催してきた貢献は大きい。いまでは関係する業者組合でも絞り教室を開催し、芸術大学のテキスタイルデザインコースなどとの連携も進んでいる。これまでにない新しい段階に達していると確信できる。

ここに記した挑戦の意味することは、研究対象として取り上げた有松・鳴海絞産業についてだけのことであろうか。決してそうではない。商品の持つ概念の転換、海外受注と国内生産、産業を支える人材育成などの問い直しを続けていくことは、どの産業にとっても共通するものである。前掲「伝統的木型工業のままで生き残る」（濱島肇）のように、そのままで生き残っていけるケースを見ることができる。しかし多くの中小企業や伝統産業の現場は、模索の努力を続けながら力強く新境地を切り開きつつある。

筆者一同は東大社研版『希望学 あしたの向こうに』（2013年）で紹介される福井県鯖江市の眼鏡産地を見学したことがある。「眼鏡のかけやすさへのこだわり」、「日本人の顔形や高温多湿の気象条件が類似する東南アジア市場への進出を可能にさせる」、「精密加工技術を生かした医療部品などの異業種参入」、「小売店との直接取引を行いブランド・イメージの固定化と利益率の向上を図る」などのビジネスモデル・チェンジへの努力は、共通するところが多い。また岐阜県関市の刃物産業である。有松・鳴海絞をはるかに遡る歴史を有し、明治の廃刀令や戦時中には軍刀生産一色に包まれるが、戦後は伝統技術を生かして、新分野を開拓し、世界各国に輸出するまでになっている。ドイツのゾーリンゲン、イギリスのシェフィールドと並ぶ世界有数の刃物産地に成長している。伝統を受け継ぎつつ、ブランド力を高めて、海外でもビジネスを拡大している事例である。（「岐阜県関刃物産業連合会」、「事業構想大学院大学」ＨＰ参照）。

以上から、本稿の希望学の立場からのメッセージは、伝統産業でも挑戦によって未来を手元に引き寄せることが可能であることを示している。収益をあげる仕組み、すなわちビジネスモデル・チェンジを行うことで存続は可能であり生き残ることができる、ということである。

3

伝統技術の高度化による多市場への進出

―一宮地域は幾多の危機を繊維の技術で乗り越える―

松本正義

まつもと・まさよし　1974年生。名古屋市立大学大学院経済学研究科博士前期課程修了。専門は組織戦略論。（株）三菱東京UFJ銀行勤務を経て、学校法人日本教育財団講師、名古屋市立大学大学院研究員、愛知県商工会連合会外部専門家として多数の産学官連携プロジェクトに従事。主な著書に『名古屋経済圏のグローバル化対応（2013）』（共著、晃洋書房）など。

■危機を受け入れることから始まる新しい希望～毛織物から工業繊維へ

「ガチャっと一織すれば万と儲かり、コラッと（統制に触れて）叱られても千円出せば許してもらえ…」これはかつて愛知県一宮市（旧一宮市、旧尾西市、旧木曽川町）を中心とする織物産業集積地の活況ぶりを表現した「ガチャ万、コラ千」の一節だ。その象徴であるノコギリ屋根の繊維工場は一宮市内一円に点在し「一宮に行けば何か儲かる織物が手に入る」と日本中から満員列車に乗って人々が訪れた。

昭和10年には出荷額が1億円を超えた。当時の国家予算は22億円、現在の国家予算96兆円と比較すると5兆円となる。さらに第二次世界大戦では生産拠点の約70％を喪失する危機もあったが、戦後の物資不足や朝鮮動乱時の救援用毛布の受注による特需を追い風に「ガチャ万」と呼ばれ、愛知県内はもとより日本を代表する産業集積地となっていった。なお、一宮地域を中心とする尾張西部エリアを指して業界では「尾州」の表現が使われており、本文中ではこの用語を使用することもある。

その後、東アジア諸国をはじめとする海外の生産拠点の発展の影響や、産業集積地としての競争力を温存するために織機や撚糸機の買い取りによる転業促進政策により活況の面影は潜め、愛知県の主産業は三河地域の自動車産業にとって代わられてしまった。尾州地域における繊維産業に関する先行的な研究である山下裕子（「産業集積崩壊の論理」伊丹敬之ほか編『産業集積の本質』所収、有斐閣、1998）においても産業集積地としての独創性が失われ尾州の繊維産業は崩壊したといった報告がされている。実際に尾州の中心地である一宮市駅周辺へ足を運ぶとかつての繊維工場だった場所はマンションや大規模なショッピングセンターに変わり、近接する名古屋へ通勤する人々のベットタウンになっている。

「ノコギリ屋根のコドウ」というテーマで繊維工場の象徴であるノコギリ屋根の建物の姿を写真に納めている人物に一宮市在住の写真家・林秀樹がいる。その彼の話である。「尾州は終わったと言われることがある。厳しい変化の中にあっても尾州織物地域では現在でも2700か所のノコギリ屋根の繊維工場跡

いまも残るノコギリ屋根の繊維工場（提供：写真家・林秀樹）

が残っており、そのうち３００か所近くがまだ稼働していると聞いている。ガチャ万最盛期にはほど遠いが３００という数はまだ産業として崩壊したわけではない。今もまさにもがきながら生産を続けようとしている人たちがいる」と語る（２０１６年9月18日）。写真を撮り始めた頃はノコギリ屋根を風景の一部として産業遺産的に記録として残していければと考えていたが、「カメラのファインダーを通してまだ輝こうとする微かな光のようなものが伝わってくる、一宮のノコギリ屋根はただの建物ではなくまだ鼓動のようなものがある。このように写真を発表し続けることにより、まだ生きていることを知ってもらい衰退しつつある環境に変化を与えることができられればと撮影している。写真展には昔を懐かしむ年配の方だけではなく老若男女問わず足を運んでくれている。」最後に「70代80代の機屋さんに交じって織物を勉強しようとする20代の若者グループと出逢うなど、途絶えてしまいそうな中にも光を感じる出来事がある」という言葉が印象的であった。

調査していくとノコギリ屋根で毛織物を中心とした繊維業を営みつづけている企業だけではなく、これまでの繊維の技術を活かして新たなる市場に活路を見出そうとしている企業が存在していることもわかってきた。

塩見治人（「地域産業クラスターの起源・成長・変容」、２０１７）によると地域産業クラスターの定義として、産業の危機を感じたことを起源として、マーケットを絞り込み、そのマーケットに向けて品質をより高める、または商品のラインナップ多様化するために現状の技術を掘り下げることにより成長し、グローバル展開により変容をなしとげ産業クラスターとなっていくと述べられている。そしてここ「尾州」にも毛織物産業の衰退を危機として受け入れ、更なる「高品質化」や商品のバリエーションの「多様化」に対応するために、これまでの繊維の技術を一心に掘り下げ成長しようとする企業が実在している。

そこで本稿では毛織物産業衰退の危機という起源から出発し、成長の過程を辿っていく企業の取り組みのなかに「すでに起こった未来」があり、２０３０年には再び産業クラスターとして変容を成し遂げることを伝えたい。

■一宮地域は何度も危機を迎え、繊維の技術で乗り越えてきた

ここでは毛織物による活況後の衰退の危機を起源として新たなる取り組みを紹介しようと思うが、まず「ガチャ万」と呼ばれ毛織物の産地として隆盛を極める以前の尾州はどのような状況であったのか見ていくこととする。

表1.一宮地域の繊維産業が直面した危機と克服のプロセス

危機	産業動向	織物種別	年	事　　項	内　　容
第1の危機	【危機】	絹織物	1200	衰退（公家→武家）	生活様式の変化
	【成長】	麻織物	1200	麻栽培	単一技術の掘り下げ（栽培）
	【変容】	麻織物	1500	尾張細美流行	全国へ流通
第2の危機	【危機】	麻織物	1600	洪水・戦国時代	麻栽培が困難
	【危機】	麻織物	1639	鎖国	糸輸入禁止
	【成長】	綿織物	1700	綿栽培本格化	単一技術の掘り下げ（栽培）
	【成長】	綿織物	1765	桟留縞創始	単一技術の掘り下げ（織）
	【成長】	綿織物	1818	藍種移入	単一技術の掘り下げ（栽培）
	【成長】	綿織物	1825	藍栽培流行	単一技術の掘り下げ（染）
	【変容】	綿織物	1841	桟留縞流行	三八市を通じて全国へ
	【成長】	綿織物	1854	整理専門　艶屋	単一技術の掘り下げ（染）
第3の危機	【危機】	綿織物	1868	明治政府	鎖国政策終焉・開国へ
	【変容】	綿織物	1885	中島郡織物組合発足	組織化・流通整備
	【危機】	綿織物	1892	濃尾大震災	綿栽培に甚大な被害
	【成長】	綿織物	1893	バッタン機導入	単一技術の掘り下げ（機械）
第4の危機	【成長】	毛織物		筧直八毛織物試織	シカゴ博覧会出展
	【成長】	毛織物		酒井理一郎・加藤平四郎セルジス試織	単一技術の掘り下げ（織）
	【危機】	毛織物	1894	日清戦争	毛織の軍服採用
	【危機】	毛織物	1897	輸入再開	海外より安価な綿糸の輸入
	【成長】	毛織物	1898	片岡春吉モスリン試織	単一技術の掘り下げ（織）
	【成長】	毛織物	1903	片岡春吉勧業博覧会受賞	単一技術の掘り下げ（織）
	【成長】	毛織物	1908	墨清太郎　整理染色	単一技術の掘り下げ（染）
	【成長】	毛織物	1915	起町立染色学校開設	単一技術の掘り下げ（染）
	【成長】	毛織物	1916	平岩鉄工所国産織機	単一技術の掘り下げ（機械）
	【変容】	毛織物	1926	洋服用サージ生産盛	流行
	【変容】	毛織物	1932	尾州毛織工業組合　設立	組織化
第5の危機	【危機】	毛織物	1945	第2次世界大戦終結	生産設備70%消失
	【変容】	毛織物	1947	物資不足から需要増	ガチャ万時代到来
	【変容】	毛織物	1950	朝鮮戦争	米軍より毛布の特需
第6の危機	【危機】	毛織物	1951	フラノ旋風	毛布需要急減による過剰生産
	【危機】	毛織物	1965	東アジアで生産開始	
	【危機】	毛織物	1970	日米繊維協定	
	【危機】	毛織物	1988	ユニクロ開業	グローバル企業登場
	【危機】	毛織物	1989	冷戦終結	円高
	【成長】	工業繊維	2000	一陽染工再生炭素繊維	単一技術の掘り下げ（染）
	【危機】	毛織物	2004	キリオ木曽川開業	旧倉敷紡績閉鎖
	【成長】	工業繊維	2011	シバタテクノ　導電繊維	単一技術の掘り下げ（織）
	【成長】	工業繊維	2015	一陽染工　汚水フィルタ	単一技術の掘り下げ（染）

出所）『一宮繊維卸センター発達史』（協）一宮繊維卸センター、1976より筆者作成

一宮地域の歴史（一宮市『新編一宮市史上・下』（1976）、㈿一宮繊維卸センター『一宮繊維卸センター発達史』（1976））を紐解くと尾州には奈良朝以来の織物産業を生業としてきた歴史がある。そしてこれまで少なくとも五度の危機に直面しながら、その都度一貫して繊維産業の技術を進化させて乗り越えてきた歴史をもっている。ここではこの織物産業の五度の危機とそれを乗り越えてきた歴史を振り返ってみたい。

危機はこうやって乗り越えてきた〜奈良朝「八丈絹」から戦後「ガチャ万時代」へ

奈良・平安期には木曽川の恵みがもたらす肥沃な土壌を活かし桑の栽培がおこなわれた。正倉院に現存する尾張国正税帳（734年）によれば、対岸の羽島市から尾西市起町・木曽川町付近一帯に桑が栽培され、起絹（旧尾西市）、割田絹（旧木曽川町）などが盛んに織られていたことが記されている。かつてこの地では桑の栽培から絹糸の精製、織物の生産まで絹織物を一貫して産業として行っていたことがうかがえる。さらに真清田神社の古文書には六條天皇即位の際に八丈絹貢進の記述があり、この地域にて使われる織物を作っていたのではなく公家中心とした貴族社会にマーケットを絞り、都である京都へ絹織物を流通させることにより繁栄していたといえる。

そんななか、源頼朝が鎌倉に幕府を開き公家中心の社会から武家中心社会へと変化していった。武家社会では絹に変わり丈夫な麻布が求められ、これまでの高価な絹織物の需要は急速に減少していった。これに伴い桑の生産、養蚕、絹織物といった絹織物産業に携わる者が減っていった。この変化が「第1の危機」といえる。この危機に対し桑から麻の栽培に変え、さらにこの麻を絹織物にて培った技術から細く紡いで織った「尾張細美《さいみ》」と呼ばれる麻布を流通させた。つまり武家社会到来による生活様式の急速なマーケットの変化という危機に、従来の麻布よりも薄く丈夫に織るという技術を高度化させることによって乗り越えたといえる。

さらに室町後期に入ると麻布以外にも綿織物も実用的な百姓衣類として重宝されるようになり地木綿が生産されるようになる。しかし江戸期に入るとこれまでの武士は麻（上級武士は絹）、町民・農民は綿という生活様式から性別、階層を問わず綿織物が好まれるようになっていった。それに伴いこの地域でも本格的に綿花が栽培されるようになった。さらに幕府の質素倹約政策により尾張藩が綿花栽培を奨励したことも影響し、綿花栽培に作替えする者が増加していった。江戸中期の1727年には三八市と呼ばれる市場が開設され周辺の農民は綿花や綿糸を持ち込み、油や味噌といった日常必需品との物資交換が行われていたことからもこの時期には麻に代わり綿花栽培が盛んであった様子が伺える。この綿の需要の高まりによって麻栽培、麻布生産の衰退してきたことが「第2の危機」といえる。この危機を乗り越えるためこの地でも本格的な綿織物の生産を開始する。当時の綿織物は国内で生産される地木綿（実用的な綿衣類）とインドや朝鮮から輸入される桟留縞《さんとめじま》（インドのサントメ地方で織られた緻密で光沢のある高品質な綿織物）に代表される高級綿の二種類が流通していた。しかし江戸期に入り幕府の鎖国政策により輸入ができなくなった桟留縞の需要が高まっていた。よってこの地域ではこれまでの絹、麻の織りの技術を高度化させ桟留縞を模した織り方を試みた。さらに綿糸を染めるための藍の栽培など染色技術を向上させることにより尾州としての独自の桟留縞を完成させた。江戸後期にはこの尾州産の桟留縞が関東、関西にて大流行していった。綿織物が麻布に代わりこの地域の主要な産業となっていった。つまりこの麻の衰退という危機に桟留縞という高級綿織物にマーケットを絞り込み、このマーケットに対応するために技術を高度化して乗り越えたといえる。

綿織物の活況は明治に入っても続いたが1891年濃尾大震災が起きた。これにより家屋だけでなく機《はた》具《ぐ》も損傷し綿織物の生産体制継続も困難となっていった。「第3の危機」はこれまでの生活様式やマーケットの変化による危機ではなく突如訪れた生産体制の崩壊という危機といえる。この災害の復旧工事のために三河の大工や職人がこの地域に入り込んできた、その際持ち込まれたのがイギリスで開発されたバッタン機（1733年にイギリスのジョン・ケイが発明したもので、手織り機ながら織る速度が速い織機）とよばれるこれまでの織機よりも生産性が高い機織り機であった。この生産性の高さに目を付け、機具の復旧に際して積極的にこのバッタン機を導入する者が現れた、さらに導入するだけにとどまらず吉田和三郎・浅野隈三郎らにより改良が加えられ生産体制を回復していった。これが後の豊田佐吉の自動織機に繋がっていく。つまり第3の危機に対しては生産物の綿を変えずに生産性の向上による大衆向け織物市場に絞り込み、機具の改良による生産技術の高度化によって乗り越えたといえる。

「第4の危機」もこの濃尾大震災により肥沃な土壌が新しい土壌に変わってしまったことにより、綿花栽培が急激に不作になった。さらに1896年に安価な綿糸の輸入が始まり尾州の綿花栽培は全廃したとされている。これまで繁栄していた綿織物の継続に危機が訪れる。この危機に対し日清戦争時の軍服をモデルに毛織物によって乗り越えようと挑戦したのが片岡春吉（「尾州WOOLの歴史」尾西毛織工業協同組合資料所収、『片岡毛織創業九十年史』片岡毛織（株）、1988年）であった。春吉は年に岐阜県養老郡で鍛冶屋を営む三輪家の二男として生まれた。1892年に「筬孫《おさまご》」の屋号で筬屋を営む片岡孫三郎の娘の婿養子として迎え入れられた。「筬《おさ》」とは竹でできた織機の部品であり、春吉はその筬の製造販売を商いとしていた。1894年の日清戦争出兵の際、支給された毛織物でできた軍服に新たな織物の時代の到来を見出した。これまでの綿織物にかわり「これからは毛織物の時代が来る。毛織物を作ろう。」と決心した。そのため東京モスリン（大東紡績（株）の前身）に入社し当時の最先端の毛織技術を学んだ。その織機を持ち帰って、1898年片岡毛織工場を設立し毛織物の生産を始めた。最初は「モスリン」（薄地の毛織物）に着手したが、羊毛を織る事はできても整理加工（織った布を綺麗に外観を整え仕上げる技術）が伴わなかった。従来の筬の取引先は減少し事業継続も困難な状態になっていった。そんな中でも毛織物の時代が来ると信じ私財を投げ打って織機を改造、新しい部品の開発や整理加工の技術や糸の染色技術の習得など、納得がいく商品ができるまで努力を続けた。1902年頃から春吉の作った「毛織のセル地」（着物の生地）が品評会や博覧会において数々の賞を受賞するようになった。大手の問屋との商いが始まり、片岡毛織の国産純毛セル地が世に認められることとなった。

さらに1908年墨清太郎（前掲「尾州WOOLの歴史」）は、整理染色技術をもとにしたコート生地生産を開始する。清太郎は元々綿織物の整理業者であったが綿作が衰退していくなかで毛織物整理の必要性を感じ、愛知工業学校や京都の会社などを見学しながら研究を重ねた。当時毛織物への進出を始めていた機業家たちは毛織物専業の整理業者の出現を望んでいた背景もあり、清太郎を中心に銀行から融資を受けて整理工場建設に着手し、ドイツ製の整理機を据え付けて開業した。これがのちに毛織物整理業界の一大勢力となった艶金興業（株）始まりである。「仕上げの尾州」の礎石となり、往時は同じ生地でも「艶金」印があるだけで1メートルあたり2百円高く取引されたとされその技術力は世界的に知れ渡っていた。1905年には6万円にすぎなかった毛織物の売上金額が大正期には他の国内製品と比べものにならないほど高品質でこの地域が独占するまで至り、1935年には1億円（現在の価値で5兆円）を超えた。よって昭和初期には綿織物に代わり毛織物の集積地となっていった。つまり海外からの安価な綿花の輸入という綿織物衰退という第4の危機に対して、海外からの輸入に頼っていた軍服、コートといった高級毛織物にマーケットを絞り、整理加工技術の高度化という綿の染色技術の高度化よって乗り切ったといえる。

その毛織物活況の中で日本は太平洋戦争に突入、その後敗戦と苦難の時代に入っていく。この地でも織機の供出（一部は軍事用織物として稼働しており供出を免れた）や本土空襲により織機の70％を失った。この毛織生産体制の継続が困難になった危機が「第5の危機」といえる。しかし戦後の物不足のなか原糸さえ確保すれば織ることによる利益は大きく生産を再開する者も現れた。さらに1950年に朝鮮戦争が始まるとアメリカ軍の救護用毛布の特需も追い風となり、冒頭に述べた「ガチャ万」時代を迎える。ここでは戦争という危機に対しこれまで高品質、高級品というマーケットに絞って発展してきたこの地域が、あえて物資不足への対応、救護用毛布などの日用品をマーケットとして捉え、それに合わせた生産体制を整えることにより、他の地域より早く戦後復興を成し遂げることができ再び日本を代表する繊維工業集積地「尾州」として名が知られるようになる。

つまりこの地域は幾多の生産体制継続の危機に見舞われ、その都度需要のあるマーケットを絞り込み、そのマーケットに対応するために技術を整えてきた。原料も絹から麻、麻から綿、綿から毛織物と転換させ、新たなる市場に進出することを可能とし、乗り越えてきた歴史を見ることができる。

新たに見舞われた危機〜第6の危機構造の背景

歴史を振り返ると、この地域ではずっと毛織物を生業としてきたのでもなく、急に毛織物が起きてきたのでもない。様々な原因による生産体制継続の困難という危機に見舞われながらも、その都度織物の技術で乗り越えきたことがわかる。それではガチャ万時代が終焉を迎えた「現在の危機」はどのような背景があるのか、一宮地域の危機構造の本質を探っていく。

最初に一宮地域の毛織物の生産工程に触れておきたい。工程は、羊毛から糸を作る「紡績」、糸を染める「染色」、糸を撚って必要な太さにする「撚糸」、生地を織る「製織」、織った生地を加工して風合いなど出す「整理加工」によって構成される。この工程において織る前に糸を染める先染めと、その染めた複数の糸を並べることで生地にデザイン性をもたせることができる。さらにふんわりした風合いを施す整理加工の発達により厚手のものを軽く作ることができるため、スーツやコートといった高級服地を得意とする。

海外では香港からはじまり台湾、韓国、中国、そして現在はベトナムといったような廉い人件費を背景に東アジア諸国の国々で繊維産業が台頭してきた。これに対し福井、大阪といった国内の他の産地は工場の自動化による省人化の導入、さらに大ロットの受注によって低価格路線を推進することで対応した。しかし一宮地域の独自製法は先染（染めた糸を織る）であったため後染（大量に白地布を織って後で染める）製法の他の地域とは異なり織機の準備に人手がかかることから低価格路線という危機への対応が困難であった。これまでの危機のように技術を高めるのではなく「技術があっても仕事欲しさで安く引き受けることが産地の常識となって仕事と加工賃が見合わず、事業の継続を困難にした」のである（一陽染工（株）代表取締役新木一一ヒアリング、2017年10月16日）。

さらに日米繊維交渉（安価な日本製品のアメリカ流入による貿易摩擦に対する自主規制）以降行われた織機、撚糸機の買い取りによる転業推進や単年度の価格競争補助など行政による支援方法が、これまで危機を乗り越えてきたような複数年度をかけた高付加価値マーケット創造や繊維産業技術を活かした産業育成といった産地を育てることにはならなかった。その結果、産地機能を奪い衰退に歯止めがかからなくなっていった。

「手間がかかるが収益に繋がらない仕事が中心となり廃業する機屋が増えて行く中で、仕事が無くても織機など機材を維持する政策が取られず継続か廃業かは個人に委ねられ、産地全体を守る機能、手法が講じられなかった」（前出新木一一）。そうしたなかで、かつて田畑一反の価格と自動織機一台の価格が同じとされ、こぞって田畑を売却し自動織機を購入して繊維産業に参入したように、今度は繊維へのこだわりを捨て織機を処分し工場をたたみマンションやショッピングセンターにすることで安定した家賃収益を求める事業者が増えて行った。

また「パリ・ニューヨークにおいてデザイン・企画したものを東アジアで生産し、先進国で販売するといったグローバルな流通・情報革命による生産体制の変化と為替相場は1ドル360円から80円への円高になった変化がある。このことによりガチャ万時代から30年間で、同じモノを作っても10分の1の価格になってしまった」のである（木曽川商工会事務局長堀田隆司、2017年12月4日ヒアリング）。

これらの背景により現在の一宮地域で起きていることは、他の地域のライバルとの関係性、行政による助成、地域文化や地域歴史、グローバリズムといった重層的な危機構造を視野に入れなければならず、毛織物産業を継続は容易ではないといえる。つまりこれまでの第1から第5の危機と同様に生産体制継続の危機が起きているととらえることができる。これが「第6の危機」といえる。

■危機認識から出発し、工業繊維への進出に新しい可能性を見出した

これまで述べてきたように毛織物産業の継続困難という第6の危機に見舞われているなか、この危機を出発点ととらえこれまで得意とした服飾製品以外の分野への進出に取り組む企業が登場している。筆者は、この分野を工業繊維と総称している。この工業繊維おいての取り組みはこの地域において新しい可能性を生み出した。ここでは二つの企業の事例により、どのような可能性を発見し、どのよう他市場へ進出していったのか、新商品開発のプロセスを紹介したい。新木一一（2017年10月16日ヒアリング）と柴田和明（2017年10月14日ヒアリング）からのヒアリングをもとにした事例紹介である。

一陽染工株式会社の多市場に向けた商品開発事例の紹介

表2は一陽染工（株）が直面した危機とその克服の経緯を示している。同社は、1965年頃創業、1983年に法人化（資本金1000万円）し、従業員は12名の先染めを得意とする一宮地域で染色加工業を営む企業である。

「うちは尾州の仕事はしない」という新木と初めて会った第一声は今でも私の耳と心に深く刻み込まれている。

創業者で現在も代表取締役を務める新木は、岐阜に生まれ、一宮がまだ活況であった頃に背広生地の筋

表２．一陽染工(株)が直面した危機と克服のプロセス

危機	産業動向	年	事　　項
第1の危機	【危機】	1965	一一氏　兄とともに染色加工業を創業
	【成長】	1969	尾州初の反応染成功
第2の危機	【危機】		尾州初の綿のシルケット加工成功
	【成長】	1982	尾州初の一本サイジング加工成功
	【成長】		法人化
	【変容】	1984	イトマン倒産　小ロット短納期の対応を意識する
第3の危機	【危機】	1993	単価の是正へアパレルから工業繊維へのシフトを検討
	【危機】		再生炭素繊維開発成功（日本工業規格A種合格）
	【成長】	2012	汚水フィルター開発成功
	【成長】	2015	整理専門　艶屋

出所）新木一一・一陽染工(株)代表取締役、2017年10月16日ヒアリングより筆者作成。

糸（背広の縦柄のライン糸、背広生地は羊毛であるがライン用糸は綿糸）の染色加工に携わったことが繊維業に従事するきっかけであった。その後尾州では行われていなかった反応染め（繊維と染料の化学結合を利用）を取り入れるなど加工技術に特徴を持つことにより他の染色業者と差別化をはかっていった。冬物である毛織の加工時期は市場に出回る半年前の3月～10月であり、この時期以外は閑散期であった。毛織物が活況な時代は半年間働いて一年暮らせたが、車社会の広まりや暖房機器の発達により冬物の需要が減っていった。この結果、閑散期の時期が伸びてきた。この危機に対し新木は滋賀県周辺で行われていた麻の一本サイジング（糸を均一な強度にするため糊付けて表面を保護する）や綿のシルケット加工（綿を光沢のある状態にする加工おもに婦人服で使用される）など他地域の染色加工技術を尾州に持ち込むことで乗り越えた。

麻や綿の加工を尾州に持ち込んだのは「麻や綿は夏物に使用されるためこれまでの閑散期に仕事ができるメリットがあった」。その狙いは見事に当たった。その結果他の染色加工業者も参入し尾州で麻加工のブームが起きたが、当時の尾州では仕事欲しさに技術に見合わない加工賃でも他社よりも廉い加工賃で仕事を得る風習や加工賃の手形による決済（支払が数か月後になるため実際は手形金額から割り引いて決済してもらう）商習慣があり、正当な対価が得られずこのブームは長くつづかなかった。

さらにイトマン（繊維の大手商社）倒産と繊維業界の斜陽化のなかで、これからは少量の仕事が増えて行くことを耳にする。しかし当時は「極端な話1メートルでも1000メートルでも加工賃単価同一」という少量受注も大量受注も同じ加工賃という商習慣も定着していたため、このままでは事業継続が困難と危機を持つようになった。この危機から脱却するため「一陽染工にしかできない仕事を明確にする」ことで小さな発注単位の場合は高単価に設定し、発注単位が増える場合は単価を下げるといった仕事内容に見合った加工賃体制を導入し、小さな仕事でも成り立つ仕組みを取り入れた。

また仕事に見合った加工賃が得られる分野であれば服飾にこだわらず進出した。例えばこれまで得た麻綿加工でのノウハウを活用し溶剤を吸着させる染色加工技術を活かし、下水管や農業用水管といった水管の補修に利用できる「再生炭素繊維」やプラントの排水処理に使用する「汚水フィルター」などの研究開発にとりかかり、商品化に成功している。

つまり服飾に対するこだわりではなく、同社の持っている技術と対価にこだわることで、農業、建築、医療の分野の仕事も積極的に引き受ける柔軟性を持って成長している。すなわちこれまでの伝統的な商社を経由せずに新しい顧客に接近していったといえる。

冒頭の「尾州の仕事はしない」は、毛織物の仕事を引き受けないという意味ではなく、対価に見合わない仕事をしない新木の意志の表れであり「顧客のニーズに合ったものを作り出せば単価の是正を図ることができることの発見である。「より良いものをつくる、それには手間がかかる、その手間に対する報酬が高いのは当然だ」とした仕事のサイクルを実践することで、自分達にしかできないことができるようになる。そして対価へのこだわりは、車など個人の欲求を満たすものを買うのではなく、5年先の技術のため機材、設備に投資することを続けることである。そのことがいずれ自分たちを守ってくれることだと理解できた時に、多市場への進出によって持続可能であると確信をもつことができた」と語っている。

シバタテクノテキス株式会社の高品質化による商品開発事例の紹介

表3はシバタテクノテキス（株）が直面した危機とその克服の経緯を示している。同社は1947年に創業、2001年に法人化（資本金1000万円）従業員数17名の製織業を営む企業である。

三代目柴田和明は、1977年生まれで、40代と70代が中心と高齢化が進む尾州ではとても若い機屋さんである。戦後初代の柴田稔が生地の販売を始めたことから出発し、他の機屋で織られたものを仕入れて販売を手掛けた。当時は衣料品が不足していたために飛ぶように売れた。その後、仕入れて売るより効率が良いと、自ら織機を購入し「柴田毛織」として製織業に参入した。その後二代目の柴田昇が1967年に家業を継ぐ。昇は機械工学に興味を持っていたため、織機を自ら手入れをするようになる。当時は鍛冶

表3．シバタテクノテキス（株）が直面した危機と克服のプロセス

危機	産業動向	年	事項
第1の危機	【危機】	1947	稔氏　創業（復員後の闇市にて布の販売）
	【成長】	1958	織機増設（販売から製織業へ）
第2の危機	【危機】	1967	昇氏　入社
	【成長】	1974	織機増設（織機を自社でメンテナンス）
	【変容】	1990	新工場開設
		2001	法人化
第3の危機			和明氏　イギリス留学
	【危機】	2002	和明氏　入社
	【成長】		襟などに利用する金属入りの糸を織る（アパレル）
	【成長】		電磁波シールド用繊維の依頼を受ける（工業繊維）
	【危機】	2009	新事業構想開始（賃加工以外への進出）
	【成長】	2010	昇氏　オリジナルデニム生産開始
	【成長】	2011	デニムブランド「RANHERRI」設立
	【成長】		和明氏　導電性繊維研究・生産開始
	【成長】		導電繊維：国際ロボット展（東京ビックサイト）出展
	【変容】	2012	和明氏フランスローヌアルプ州主催日本ミッション団メンバーとして渡仏
	【変容】		導電繊維：情報処理学会　インタラクション2012（京都）出展
	【変容】	2013	Japanブランド認定
	【変容】		和明氏IFAIEXPO（国際工業繊維協会世界大会　アメリカ・ミネアポリス）にて講演
	【変容】	2014	導電繊維：IFAI　EXPO（国際工業繊維協会世界大会　アメリカ・アナハイム）出展
		2015	和明氏社長就任

出所）柴田和明シバタテクノテキス(株)代表取締役、2017年10月14日ヒアリングより筆者作成。

屋や織機加工を生業にする企業も多く、多くの機屋は織機の手入れや修理を委託していたが、同社は手入れ、修理は自社で行っていた。自ら織機を手入れできることから様々な素材に合わせて調整して織る事でき、他の機屋との差別化をはかることができた。柴田毛織からシバタテクノテキスという社名にしたのも、昇の織機に対する思い入れである。現在は三代目の和明が事業を引き継ぎ、昇はその織機手入れ技術を活かし尾州の主要な製品である毛織ではなく、綿を毛織の技術で織る高級デニムの開発に挑戦している。

　和明が入社を考える頃にはすでに尾州の繊維産業が苦境に立たされてい

た。父親である昇が夜ごと織機の手入れをする姿を見ながら育ち、その姿に魅力を感じ、あえて家業を継ぐ決意をした。家業を継ぐにあたり父の機械工学を補うため独学で電気工学を学び、現在も織機の手入れは和明自らが行っている。しかも、和明は、「他社よりも廉い加工賃で請け負う仕組みに今後工賃収入のみで維持することの限界を感じていた。家の周りには機屋ばかりだったのに、廃業し減って行く様子に家業の危機感を強く持った」ことを父から聞いている。柴田毛織時代から主要な業務である高級毛織を委託製織するだけでは継続していくことが難しいと考えた。

そしてこの地域の商習慣を打破しようと和明は高校卒業後繊維工学を学ぶため大学・大学院へ進学した。また各地で開催される展示会や学会などを積極的に見学した。同社は織機を自ら手入れ、修理を行っていたことから織機が壊れても直せるせる技術を習得していたことが強みであることに気付いた。これまでやっていない素材に対しても依頼があれば挑戦していった。実例としては従来の織物の風合いを持ったまま電気や信号が通電できる繊維を手掛ける。この繊維は国際ロボット展（2011年東京ビックサイトで開催）に出展され、大手音響メーカーの目に留まり布型スピーカーの開発を行った。さらにこれまで研究されてきた工業素材と異なる織物の風合いを持つ導電繊維の特徴とこれを安定的に量産化できる技術としてフランスに紹介されるなど海外の航空機産業、スポーツ用具、医療機器分野の企業からの問い合わせが増え、多市場への進出の可能性を発見した。そこでイギリスへの留学経験も活かし「英語が話せる機屋さん」として2013年にJapanブランドに認定されたことから自ら国際工業繊維協会世界大会である

IFAIEXPOへ出展するなど同社の技術が評価されるマーケットを海外に求めて取り組んでいる。

このような取り組みのなかでこれまで織機は布を織る道具であると認識していたが、布だけではなく世の中に必要なものを織機が創り出せる道具であるという可能性を発見した。その時、世間で解決できない問題の先に新しいマーケットがあり、織る技術を高めたどり着くことに気づき、持続可能性があると確信を持つことができた。」と語っている。

この二社の取り組みを見ていくと尾州を取り巻く「第6の危機」の影響を受けながらその危機を克服することを出発としていること、そして自社が取り組むことができるマーケットを絞り込むことにより、技術の高度化、製品の多様化といった技術の掘り下げが行われていることがわかる。

■工業繊維への進出は希望となるか

これまでの歴史から見ると桑、麻、綿などの素材栽培を行い絹、麻、綿、羊毛といったその時代に求められる織物を生産してきた。さらにそれぞれの生産の起源は貴族から武家、戦争などの社会の大きな変化、または災害など要因は様々であるが共通するのは生産を続けることが困難になったことが出発点となっている。その危機を乗り越えるためにできる事は何か。それは需要を絞り込み、これまで得た技術の高度化に取り組むことで新しい素材を織り、新しいマーケットを見つけることであった。そしてその先駆者が認知を得る事により流通業者や組合が組成されることによりネットワークが形成され産業集積地として変容を成し遂げる。このような繰り返しが行われていることがわかった。

さらに今回紹介した毛織物から工業繊維への変化においても、第一に仕事の正当な価値を下回っても仕事を得ようとする商習慣から事業継続が困難となっていくという危機から始まり、両社とも自分たちにできることは何かとマーケットを絞り込んだ結果たどりついたのは、またしても「織物」の分野であった。しかしこれまでの織物の技術を高度化させ進出した多市場、つまり新しいマーケットがこれまで得意としていた服飾分野ではなく工業用素材の分野であったといえる。これまでの繊維産業では各工程に分断され加工賃を得る賃加工という仕組みであった。このことが正当な仕事の価値を歪めていた背景もあった。今回の両社の取り組みは工程内の賃加工という形ではなく直接顧客と結びついている。これらの要素から今回の危機も織物の技術の循環にて乗り越えようとする「すでに起こった未来」がここにある。そしてそれによって得られた新しいマーケットが工業繊維であり、伝統的技術の高度化により工業繊維というマーケットに進出する一連の経過はまさに「一宮地域の希望」といえる。

4

成熟社会における新製品開発

―車いす産業が創り出す希望―

宇佐見信一

うさみ・しんいち　1953年生。名古屋市立大学大学院経済学研究科修士課程修了。専門は中小企業経営論、経営戦略論。東海銀行（現 三菱UFJ銀行）勤務を経て、現在、名古屋市立大学大学院研究員、中小企業診断士、日本産業経済学会理事。東洋経済新報社 高橋亀吉記念賞、中小企業診断協会会長賞を受賞。主な著書に『名古屋経済圏のグローバル化対応』（共著）など。

■成熟社会で有効な新製品開発とは

成熟社会では買い替え需要が支配的

成熟社会といわれるなか、消費者はほとんどのモノは持っている、欲しいモノがない、新製品開発はやりつくした、といわれる。はたして、そうだろうか。そのような環境においても、新製品開発はできるはずである。市場に出回る製品には、人間の一生と同じようにライフサイクルがある。これは製品ライフサイクル（Product Lifecycle）と呼ばれるもので、生成期、成長期、成熟期、衰退期の4つに分類される（図1に典型的な製品ライフサイクルを示す）。これら4つを需要の変化に着目して特徴づけてみよう。

生成期とは市場に導入された新製品がまだ小さな需要しか獲得できない時期である。この段階では、マニアックな革新的採用者が、まだ誰も購入したことのない製品を購入するマニア需要が主体となる。成長期とは革命的な標準モデルが登場して需要と売上高が急速に伸びる段階であり、初めて購入する人の新規需要が中心となる。成熟期になると製品は市場に行き渡り売上高の伸びが鈍化する。図2が示すように、多くの消費財の普及率は頭打ちとなってくる。この段階ではすでに持っている人が購入する買い替え需要が主流となる。自動車、家電、衣料品など多くの製品はすでに飽和状態にあり、メーカーや販売店は買い替え需要の喚起に躍起になっている。衰退期ではレコード盤がCDに取って変わられたように、より消費者ニーズに合致した代替製品が登場し、代替需要が中心となる（石井淳蔵ほか『ゼミナール　マーケティング入門』２０１３年、和田充夫ほか『マーケティング戦略　第5版』２０１６年）。このように製品ライフサイクルから考えると、買い替え需要が支配的な社会とは我々の立場からは成熟社会と呼べるのではないだろうか。

買い替え需要に対応する戦略とは

それでは、買い替え需要に対応するためにはどのような戦略が求められるのだろうか。

もはや、かつて「三種の神器（白黒テレビ、洗濯機、冷蔵庫）」、「3C（カー、カラーテレビ、クーラー）」といわれたようにほとんどの消費者が欲しがる大型製品を開発することは難しいかもしれない。しかしながら、買い替え需要が支配的な社会では、ニッチ（niche：隙間）市場が続々と生まれており、ここに新たなビジネスチャンスを発見することができる。すなわち、社会が成熟化するなかで、未だ解決されない社会的課題やニーズは様々な分野で生まれている。ニッチ市場とは、社会的ニーズがあるにもかかわらず市場規模が小さい、多品種少量、労働集約的などの理由から大手企業が参入しにくい市場のことである。例えば、家電業界においてもニッチを探し潜在ニーズに応えることで新たな需要を創り出すことはできる。生活支援型のロボット掃除機（アイロボット社のルンバなど）や体組成計（タニタなど）は高齢化社会、単身世帯の増加、健康志向に訴求し需要を伸ばしている。中小企業の事例では、成熟市場といわれる靴業界にあって徳武産業（香川県さぬき市、資本金10百万円、従業員数62名）は、足や歩行に悩みのある利用者のための靴「あゆみシューズ」や「片方のみの販売」、「左右サイズ違いでの販売」などで存在感を発揮している（同社Ｗｅｂサイト、日本経済新聞2017年8月12日）。

本章でとりあげる車いすの開発もニッチ市場から生まれたものである。事例企業の日進医療器が創業した1960年代は高度成長期の只中にあり自動車業界ではモータリゼーションが進展し、家電業界でも大

図1．製品ライフサイクルと需要の変化

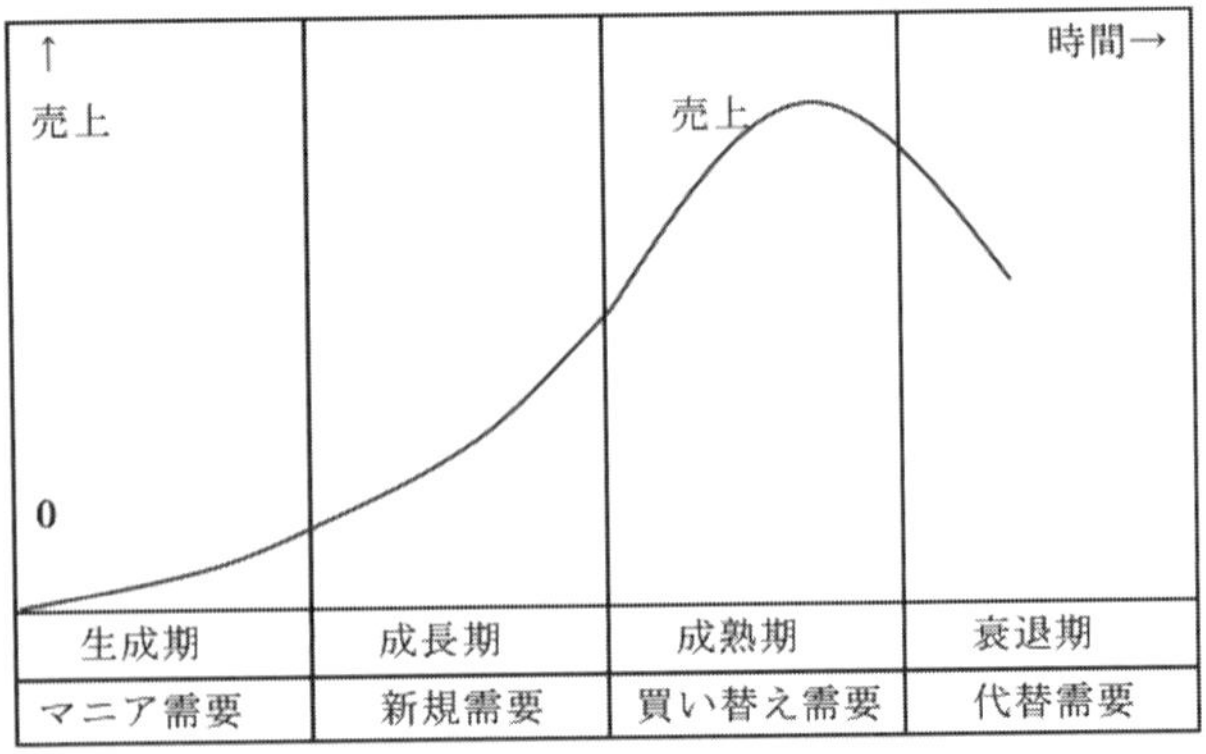

出所）石井淳蔵ほか『ゼミナール　マーケティング入門』、和田充夫ほか
『マーケティング戦略　第５版』をもとに筆者作成

図2．主要耐久消費財の世帯普及率の推移

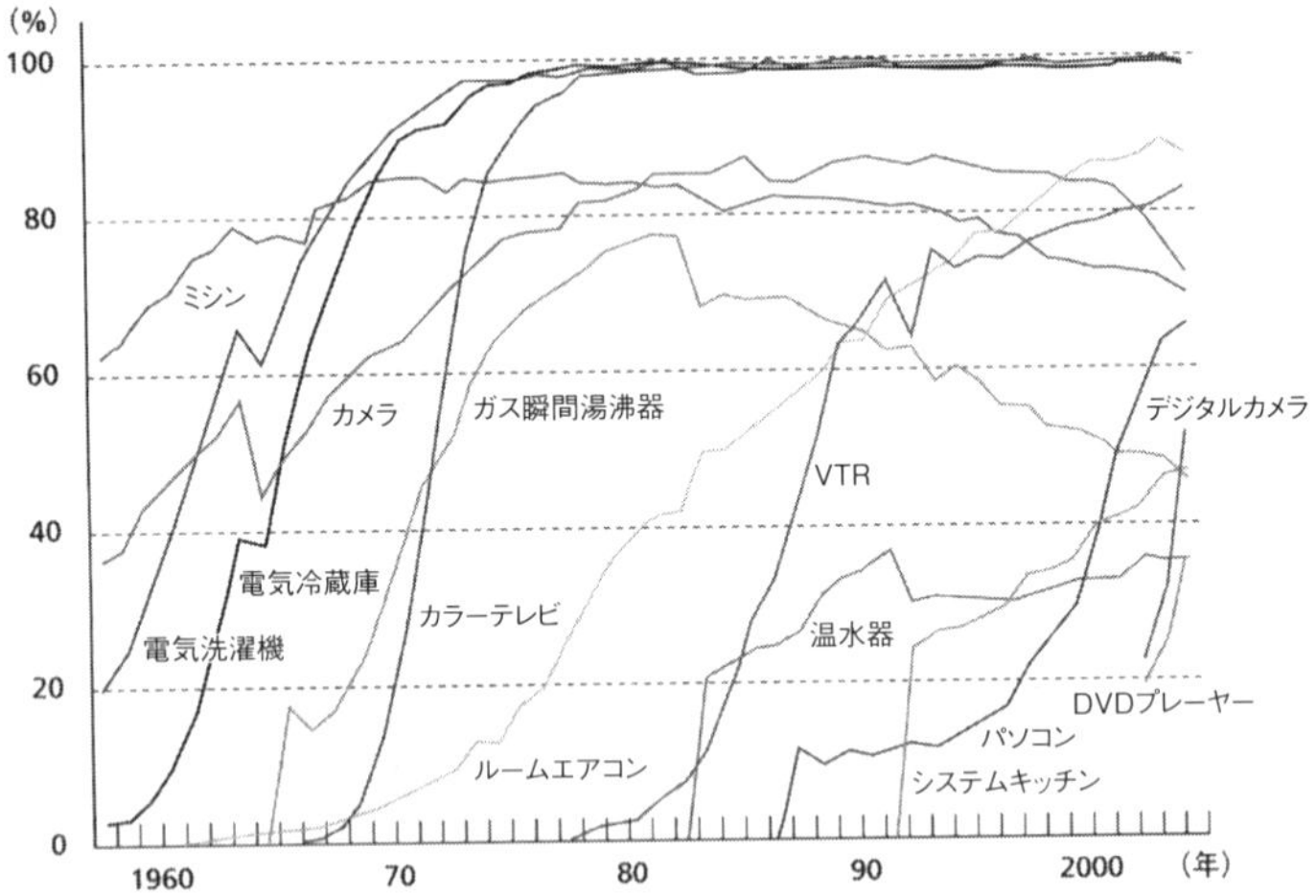

出所）石井淳蔵ほか『ゼミナール　マーケティング入門』p.349

型製品が相次いでヒットしていた。そのような経済社会において車いすづくりは、身体障害者の方々を取り巻く厳しい環境を改善し社会参加を支援するという社会的ニーズはあるものの市場規模は極めて小さくニッチ市場に位置づけられるものであった。

単一製品に絞り込んだ掘り下げ戦略が有効

買い替え需要に対応するには、一つの製品に絞り込んだ掘り下げ戦略が新たな有効性をもって登場する。これには〝絞り込み〟により専門性を高めること、絞り込んだ分野を〝掘り下げ〟ることで競合他社にない機能を付加することや製品バリエーションを充実させることが重要になる。成熟社会においては、大型製品で大きな市場を獲得することは経営資源にまさる大手企業であっても容易ではない。しかし、ニッチ市場に活路を見出し〝絞り込み〟、〝掘り下げ〟戦略を実行することができれば、たった一つの製品でも中小企業は生き残ることができるのだ。

本章で紹介する事例は、日本に車いすがほとんど普及していなかった1960年代、「よりよい車いすをつくり障害者の方々の力になりたい」という強い思いから車いす市場を育て上げた創業者の物語である。この事例を取り上げるのは、日々、新製品開発に苦悩する中小企業にとって大きなメッセージを持っているからだ。

■「車いす」でも全国一の名古屋圏

「いらっしゃいませ」、すれ違う従業員が元気よく迎えてくれる。ここは、愛知県北名古屋市にある日進医療器の本社工場だ。日進医療器の創業は、東京パラリンピック（国際身体障害者スポーツ大会）が開催された１９６４年にさかのぼる。１９６０年代、車いすを目にすることは病院以外ではほとんどなく、身体に障害のある人が普通に外出する機会は限られていた。パラリンピックでさえ、病院で使うような車いすで競技が行われていた。そのころ、日本で生産される車いすは年間5千台程度、車いすはほとんど普及していなかったのだ。現在では、年間50万台の車いすが出荷され、車いすは普段の生活の中に溶け込んでいる。また、パラリンピックなどの国際大会や各地のスポーツ大会では、アスリートが競技用の車いすで活躍する姿を見ることができる。

名古屋圏はトヨタ自動車が本社を構える全国一の自動車王国であることは誰でも知っている。しかし、自動車と同じように〝ヒトの移動〟に関わる「車いす」でも全国一であることを知る人は地元でも少ないだろう。身体障害者や高齢者にとっては、文字通り身体の一部となっている車いす、パラリンピックでアスリートがたくみに操る車いす、これら車いす生産の7割は名古屋圏の３社が担っている（名古屋圏３社の合計売上高１６０億円÷車いす市場規模２２４億円＝71％、売上高は「２０１７　帝国データバンク会社年鑑」を参照）。名古屋圏のシェアが高いのは、もともと当地域には自動車や機械産業などの厚い集積があったため、これら産業の技術をもとに車いす製造も経路依存的に生まれ発展してきたからだ。

これは名古屋圏を代表する車いすメーカー3社の生い立ちからも見て取れる。事例企業の日進医療器（資本金：50百万円、従業員150名）はバネやプレス部品を製造する自動車部品の下請けメーカーとして起業されものである。松永製作所（本社：岐阜県養老町、同50百万円、同165名）は日進医療器の創業者の従兄弟が同社から独立し創業したものである。ミキ（本社：名古屋市、同50百万円、同110名）は板金工場から出発している（岩田龍子「福祉社会の構造変化と福祉機器産業の発展」2001年）。このように名古屋圏の車いす産業は地域に根差した産業といえる。

車いすの歴史と市場規模

車いすについて、日本における歴史、種類、用途などを見ておこう。表1に示すように初めて国産の車いす（廻輪自在車）が製作されたのは1921年とされる。また、厚生省軍事保護院ご用達商として全国軍人療養所等に車いすを納入した北島商会（現在のケイアイ、東京都）が、1936年に箱根療養所（現在の国立病院機構箱根病院）に納めた車いすが後に「箱根式車いす」と呼ばれ、製作者が分かる日本で最初の車いすといわれる。この車いすは、大きな鉄製フレームに木製座席を装備しており、折りたたみはできず重量は30kg以上もあったようだ（朝倉健太郎『福祉用具で介護が変わる』2014年）。その後、1964年11月に行われた東京パラリンピックを契機にわが国でも車いすの本格的な研究が行われ始めた。

表１．車いすの歴史と日進医療器の歩み

日本における車いすの歴史		日進医療器の歩み（同社『会社案内』より）	
1921年	初めて国産の車いす（廻輪自在車）が製作された		
1936年5月	北島商会（東京都）が軍人療養所に納入した車いすが、のちに「箱根式車いす」と呼ばれる日本で最初の車いすと言われている		
		1964年2月	日進発條㈱を設立 スプリングおよびプレス製品の製造を開始
1964年	東京オリンピックの後、1964年11月に行われたパラリンピック（国際身体障害者スポーツ大会）を契機にわが国でも車いすの本格的な研究が行われ始めた		
		1965年3月	国立障害者リハビリテーションセンターの指導により、車いすの研究開始
		1965年10月	車いすの試作品を発表、発売開始
1971年	車椅子JIS制定	1970年10月	日進医療器㈱に社名変更
		1979年3月	本社組立工場を新設（現　徳重工場）
1977年	電動車椅子JIS制定	1981年3月	本社溶接工場を新設（現　徳重工場）
		1984年12月	名古屋市西区に名古屋工場を新設
		1985年9月	合弁契約に基づき台湾工場で車いすの製造を開始
		1986年8月	東京都文京区に東京営業所を新設
		1987年8月	世界一軽い（5.7kg/台）チタン製車いすを開発
		1988年4月	ソウルパラリンピック用としての車いすを世界各国の団体に計200余台輸出
		9月	カーボンファイバー製の車いすを完成
		1989年2月	アルミ製車いすシリーズ化着手
		1992年5月	モジュラー式車いすNEW　MOS発表
1992年	駆動軸位置などが固定されているレディーメイド製品に対して、ユーザーの身体にあわせて、軸位置や各パーツが選択できる国産モジュール車いすの製造		
		1994年11月	本社移転（現社屋）
		1995年9月	木製車いすが通商産業省「グッド・デザイン福祉賞」受賞
		1998年10月	松下電器産業㈱と共同開発により電動車いすでは世界初となるニッケル水素バッテリー使用のNEO-P1発売
1997年	パワーアシストを行う電動アシスト車いすの製造		
		1999年7月	国際品質規格「ISO9001」審査登録 （国内車いすメーカーで初登録）
		10月	製品安全協会「SGマーク」工場登録
		2004年10月	世界初の4輪駆動電動車いすPatra four発売
		2005年1月	「愛知ブランド企業」に認定
		3月	愛・地球博にてポルテiR（自走用車いす）500台採用
		2006年1月	中国工場（常州中進医療器材有限公司）での車いす生産を開始
		2009年6月	手動標準形車いす（自走用・介助用）24機種の「JIS認証（JIS　T9201-2006）」を取得（世界初取得）
		2011年11月	ヴォルテックスが公益財団法人日本デザイン振興会より「グッド・デザイン賞特別賞（中小企業庁長官賞）」受賞

出所）宇土博　編著『福祉工学入門―人と福祉・介護機器の調和を科学する』2005年、労働調査会
朝倉健太郎『福祉用具で介護が変わる』2014年、アグネ承風社

図3．車いすの種類

手動車いす（自走用）
乗車者が自ら操作する車いす

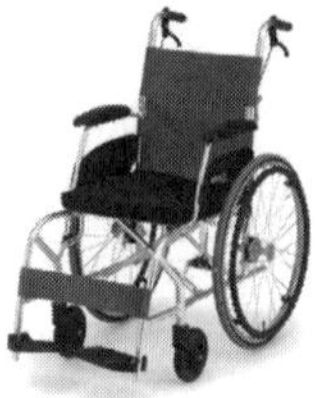

手動車いす（介助用）
介助者が操作する車いす

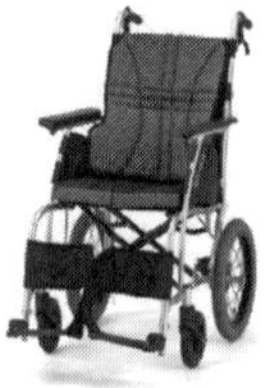

電動車いす

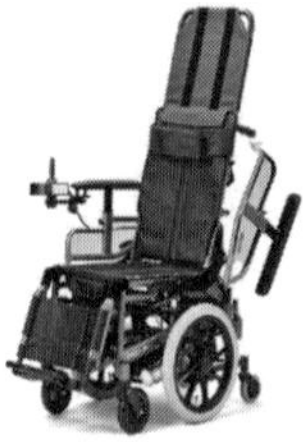

スポーツ競技用車いす
（写真はレース用車いす）

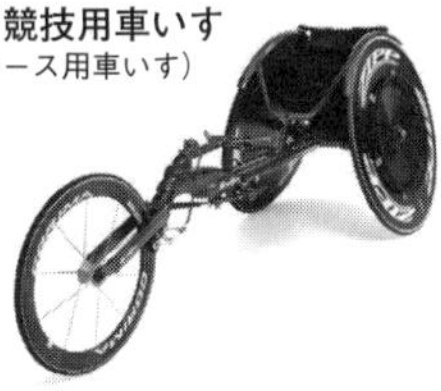

（写真提供：日進医療器）

図4．手動車いす市場の推移（単位　出荷額：億円、出荷数量：千台）

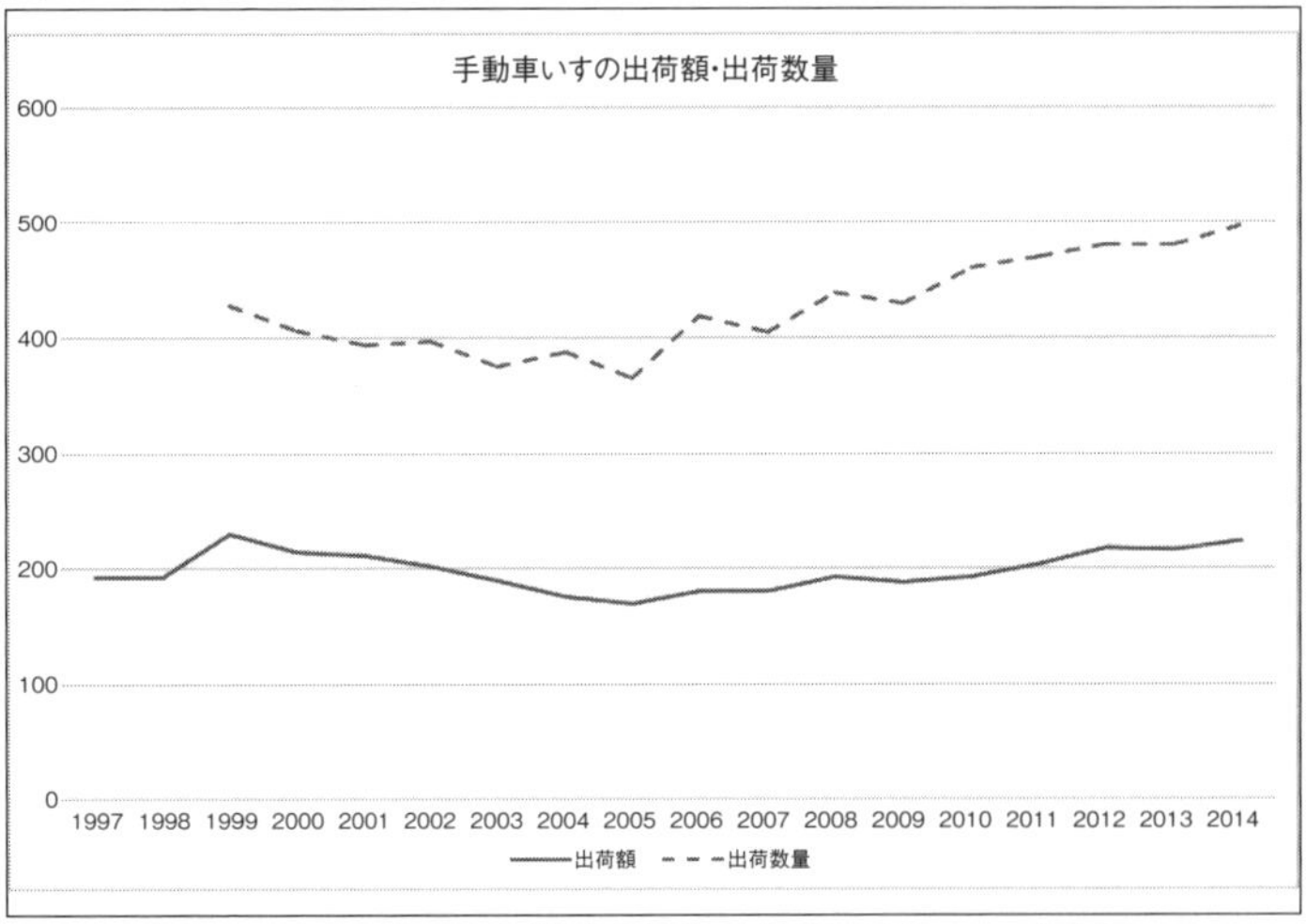

出所）日本福祉用具・生活支援用具協会「福祉用具産業市場動向調査報告　2014年度版」（2016年7月）をもとに筆者作成（なお、数量は参考値として1999年から推計されている）

すでに1964年2月には日進医療器の前身である日進発條が設立され、翌年には車いすの試作品を発表し発売を開始している。表1からは、同社が車いす産業のなかで先駆的役割を果たしてきたことが分かる。車いすと一口にいわれるが、現在では種類も多く、機能、形、用途などバラエティに富んでいる（図3）。大きくは、手動車いすと電動車いすに分類でき、出荷額でみればその大部分を手動車いすが占める。また、手動車いすの中にはスポーツ競技用車いすも含まれるが、これらの市場規模は極めて小さい。本章では、特に断りのない限り車いすとは手動車いすを指すものとする。車いす生産の国内市場規模は2014年度で224億円であり、実績をさかのぼれる1997年度から31億円増加しているものの、業界全体が大きく成長しているわけではない（図4）。最近では、中国製品などの廉価商品も流通しており業界内の競合状況は厳しい。

種類別の市場規模（出所）図4に同じ

車いすなど福祉用具産業の公的統計はなく、1993年度から日本福祉用具・生活支援用具協会が調査し統計をまとめている。ただし、調査方法は福祉用具を製造していると思われる事業者に対する個別のアンケートの積み上げや関係機関の調査による推計であることには注意が必要である。以下は、同協会による統計である。

手動車いす……市場規模　224億円　内訳は自走用 154億円、介助用 70億円

電動車いす……市場規模　43億円　内訳はジョイスティック形17億円、電動三・四輪車　26億円

（出所）図4に同じ　（注）２０１４年度、工場出荷額

■危機から立ち上がった車いすの開発事例

創業当時の身体障害者を取り巻く環境

現在、われわれは身体障害者の方々が車いすに乗って外出したり、スポーツを行う姿を普通に見ることができる。福祉制度の充実、福祉・介護機器の普及、建物・乗り物など設備の改善などにより、東京パラリンピック（１９６４年）の頃と比べれば身体障害者の移動に関する自由度は高まり行動範囲が拡がってきたからだ。ところが、同社が創業した１９６０年代を振り返れば、身体障害者の方々が厳しい状況におかれていたことがわかる。

東京パラリンピック（１９６４年）の報告書からは当時の状況をうかがい知ることができる。国立箱根療養所から参加したある選手は、「この大会によってマスコミが身障者の空前のＰＲを為し、その結果一般国民の身障者に対する認識は大会以前とは比較にならぬ程高まった事であろう」と同大会の意義を評価する中で、身体障害者を「他人の目に触れさせなかった従来の考え方がパラリンピックを契機として打破」されたと振り返っている。さらに、当時の新聞論説（朝日１９６４年11月４日、毎日11月９日）として、先進国との比較では「わが国の身障者対策は約10年立ち遅れている」、「日本選手はおおむね全国の療養者か

ら選ばれているのに反し、外国選手はすべてすでに社会復帰を果した人たちだ……イギリスの社会復帰率95％に対し、わが国が50％に足らぬ現状が端的に貧困と不備をものがたっている」、「しかも雇用の門はきわめて狭く、雇われている身障者は28％にすぎない。月収も大半は2万円以下」であるなどと報告され、身体障害者が厳しい環境に置かれていたことが分かる（国際身体障害者スポーツ大会運営委員会「国際身体障害者スポーツ競技会　東京パラリンピック大会　報告書」1965年）。

当時の日本においては、車いすを必要とする身体障害者の方々に比べ生産台数は極めて少なく、誰もが利用できる状況とは程遠かった。

このような時代背景のなかで日進医療器はその産声を上げた。

■先覚者が認識した「危機」とは

日進医療器の創業者、松永和男（1937年～2002年）は大学を卒業後の1960年から勤めた名古屋市内の自動車部品メーカーを26歳で辞め、会社の同僚5人と1964年2月に日進発條を設立した。

なぜ、大きなリスクを伴う脱サラ、起業ができたのか。松永和男が日進発條を設立したのは1964年（昭和39年）であった。後継者で現社長の松永圭司（昭和43年生）が生まれる以前のことであるが折に触れ創業前後の話を聞かされたという。すなわち、「父（松永和男）が大学卒業後に勤めた会社は、バネやプレス部品などを製造する自動車部品メーカーであり、そこでは営業を担当していた。仕事をする中で同社の事業については、やりかた次第でもっと成長できると考え、幾度も経営者に意見具申したが、聞き入れてはもらえなかった。それならば会社を起こして自分でやってみようと思い立ち日進発條を設立した。当時は26歳と若かったこともあり、失敗してもいいからやってみようと考えた」という。

同社は、バネやプレス部品を製造する下請け部品メーカーであった。自動車用バネ、プレス部品、織機向けバネなどを製造していた。しかし、下請け部品メーカーとしての日進発條は厳しい状況に置かれていた。親企業からの受注は不安定であり、要求される品質、価格のものを、いつまでにつくれ、という仕事では採算確保も難しかった。そんな中で「下請けではなく、自分たちのものを作りあげていこう」という思いが日増しに強くなっていった。

「障害者の方々の力になりたい」「車いすをもっと普及させたい」という強い思い

日進発條が設立された1964年は10月に東京オリンピックが開催され、続く11月には東京パラリンピックが開催された。日本ではこの大会で車いすが一般に知られるようになった。創業者の松永和男も、パラリンピックを見て、身体に障害のある選手が車いすを使って活躍する姿に感激した一人であった。「よりよい車いすを作ることで、障害者の方々の力になることができれば」「これからは車いすがもっと普及していかなくてはならない」と強く感じたのが、車いすを本格的にやろうとしたきっかけとなった。そこには、「仕事柄、パイプ類を扱うことには慣れている」という自信と「福祉分野はこれから伸びる」という判断もあった。

ただし、いきなりすべての経営資源を車いすづくりに集中させることはリスクが大きいと考え、しばらくは自動車部品と車いす製造の両方をやっていた。しかし、両方を続けるのは難しいということが分かってきた。車いすづくりは、自動車部品メーカーとしてのパイプ溶接、プレスなどが活かせると考え見よう見まねで始めたが、やってみると奥が深いことが分かってきたのだ。また、車いす利用者の意見を聞く中で、人はそれぞれ体格や障害の部位が異なり、利用者に喜ばれる車いすを作るためには本格的に取り組むことが必要だと考えるようになった。車いすづくりをとことん突き詰めていこうと1966年から本格的に車いすの製造、販売を開始した。

■危機を克服して立ち上がる

「これでやっていけるのか」「でも後戻りはできない」

同社の車いすづくりがようやく軌道に乗り始めたのは、現社長の松永圭司が生まれた昭和43年ころからだったという。それまでは「これでやっていけるのか、支払いができるのか、という状況だった。注文を取り車いすを作っては、集金するという大変な状況が続いた」という。当時は、車いすが普及していないうえ無名のメーカーということで、100台を売るのに丸2年かかった。「もともと、土地や工場の建物から機械まで、知人から借りて会社をスタートした。経営は文字通りの自転車操業の状態」であった。「でも後戻りはできないと、根性でしがみついた」。車いすの普及にかける熱い思いが創業者を突き動かしたのだ。かばん1つで全国の医療機器や義肢販売店などをセールスに回った。1日に数軒で3台から5台の契約を取り、そのままとんぼ返りして工場で製造にあたる日々が続いたという。

恩師の教え「世の中のためになる良いモノを作れ」

このような行動の背景には、学生時代に出会った3人の恩師の教えがあった。中学時代の先生に「将来はモノを作る仕事をしなさい」と言われ、高校時代は「世の中のためになる良いモノを作れ」と諭された。大学の卒業式では「大企業ではなく中小企業で頑張りなさい」と励まされたという。創業者松永の脳裏にはこの言葉が焼き付き、自動車部品メーカーに就職したが、起業を決意、日進医療器を設立し車いすのトップメーカーに育て上げたのだ。

利用者に寄り添うオーダーメイド車いすは中小企業の得意分野

創業後、苦境にあった同社を支えたのが早くから取り組んだ「オーダーメイド」方式だった。「その人向けに調整したものが一番」という考え方に基づく手づくりシステムで、こうした車いすづくりが販売先やユーザーの間で評判を呼び、売上も急カーブを描いた。量産が不可能なオーダーメイドは、中小企業の得意分野であり、「町工場といわれる中小メーカーが大手に対抗できる」事業といえる。現在も利用者や販売店、リハビリセンターからの要望を聞くための定例会議や車いすバスケット大会での修理班としての協力などを通じてニーズや改善点をつかみ、より良い製品づくりに活かしている。

技術力に磨きをかけ国内最高水準へ

同社の強みは国内最高水準といわれる技術力だ。こうした高い技術力は古川久四技術顧問（元常務開発部長）の持つ設計の技術に負うところが大きい。古川顧問は、自動車の整備工をしていた16歳の時、仕事中にけがをして両足が不自由になった。その後、リハビリで始めたスポーツがやみつきになり、１９６８年にイスラエルで開かれたパラリンピックでは、車いすの障害物競争スラロームに出場して金メダルを獲得した経験がある。75年に入社して営業に出たが、15kg以上が普通だった当時の車いすは重すぎた。「もっと軽くならないか」と自動車整備士の資格も持っていたので開発を志願した。87年にチタン合金で作った製品が重さ5・7kgの世界最軽量記録を樹立、車いす軽量化の流れを生んだ。古川顧問は67歳となった現在も技術者教育などを通じて同社の高い技術力を支えている。

同社の技術力はスポーツ競技用車いすでもいかんなく発揮されている。２０１４年のソチパラリンピックでは、日進医療器のチェアスキーを使用したアスリートが男子アルペン5種目の金銀銅総メダル15個のうち11個を獲得している。スポーツ用具には、安全性のほか強度、耐久性など様々な技術的要件が求められる。スポーツ競技用車いすは、生産台数こそ少ないが、ここで培った技術は一般向け製品にも反映され、スポーツを行わない車いす利用者のＱＯＬ（Quality of Life：生活の質）向上にも貢献している。

これからは電動車いすにも注力

現在、同社の売上高に占める電動車いすの割合は１割にも満たないが、日本は欧米に比べて電動車いすの普及率が低いので今後はもっと普及するとみている。電動車いすが普及すれば、利用者の生活範囲が大きく広がるし社会復帰ができる可能性も高まるからだ。ただし、手動車いすに比べて価格が高いのが普及のネックになっている。低コストで生産し、多くの利用者のニーズに応えようと研究開発を続けている姿は創業者が見た「すでに起こった未来」のさらに先を見据えて取り組んでいるようにも見える。

■「すでに起こった未来」を見つけることが大切

ドラッカーは「すでに起こった未来」を確認することが大切だという。それは「すでに起こってしまい、もはやもとに戻ることのない変化、しかも重要な影響力をもつことになる変化でありながら、まだ一般には認識されていない変化」のことを指す（Ｐ・Ｆ・ドラッカー『すでに起こった未来』１９９４年）。これは成熟社会における新製品開発において極めて重要なポイントである。このことを企業経営の視点で考えればビジネス・インサイトと捉えなおすことができる。ビジネス・インサイトとは、経営者が将来の事業についてもつインサイト（未来の「成功のカギとなる構図」を見通す力）である。このビジネス・インサイトを得るためには、「対象に棲み込むこと」が必要になる。すなわち、眼前にある手がかり（対象）から、その背後にある「意味ある全体」への回路を開くには、その対象に棲み込むことが肝要だというのだ。それは、「その人の視線で周囲を見たらどうなるか」、「その人の気持ちになったら今この現実はどう見えるか」というように考えることである（石井淳蔵『ビジネス・インサイト』2009年、同『寄り添う力』2014年）。

日進医療器の創業者は1964年のパラリンピックを見て、「車いすがもっと普及する社会がくる」という「すでに起こった未来」を発見した。これはビジネス・インサイトを得た瞬間といってもよいだろう。「障害者の方々の力になりたい」、「車いすがもっと普及していかなくてはならない」という強い思い、下請けメーカーとして培った技術力、「福祉分野はこれから伸びる」という判断などが、車いすを使って活躍するパラリンピック選手の姿を見たときに結びつきビジネス・インサイトになったと考えられるのだ。その後も「対象に棲み込むこと」ことで、このインサイトはさらに確かなものになっていった。創業間もないころ、全国の義肢や義足をつくる業界をまわって売り込んだほか、障害者のいる家庭に直接訪問した。筋ジストロフィーにかかって歩けない女子高生の家を訪問したときには、高額商品の車いすは買うことができないと断られたが、車いすに乗って大喜びの彼女を見て、どうぞお使いくださいと提供したこともあるという。また、試作した車いすを箱根の国立療養所に持ち込み多くの利用者から率直な感想を聞いた際には、体力や腕の力、障害の箇所によって、座面がもっと低い方がよい、逆に高い方がよい、など利用者の要求はバラバラだったという。障害の部位、程度は人それぞれ違うのに同じ形の車いすに乗せられていたのだ。このことから、「今までの車いすは乳母車と同じだった」との気づきを得た。そして「車いすを使う人すべてに喜んでもらうには、これまでのような規格品では不可能だ。一人ひとりにあった車いすをつくる必要がある」と考えた。これがその後、日本初のオーダーメイド車いすを開発することにつながったのだ。

■中小企業が地域に希望を創る

成熟社会においては、一つの製品に絞り込んだ掘り下げ戦略により、品質を高め、製品バリエーションを充実させることが重要である。日進医療器は、事業領域を車いすに〝絞り込み〟、日常生活用からスポーツ競技用まで、既製品からオーダーメイドまで、手動車いすから電動車いすまで、用途、使用環境、体格、障害の程度、価格帯などあらゆるニーズに応える製品群を開発して、この分野を〝掘り下げ〟新たな市場を創り出してきた。

少子高齢化、人口減少の進行、グローバル化による競争激化など、中小企業を取り巻く経営環境が厳しさを増すなかで、このような戦略は車いす以外の製品開発あるいはサービス開発においても有効であると考える。一つひとつの事業は規模が小さくニッチと呼ばれるものであっても、むしろ、であるからこそ中小企業はその機動性、小回り性を活かすことにより新たな需要を創造することが可能になる。ただし、その事業が将来、主流になるという確信がもてることが必要だ。市場は小さくても、それは社会の未だ満たされないニーズに応えるものであり、やがて社会の主流になっていくものであることが重要なポイントになる。すなわち、「すでに起こった未来」を発見する努力を続け、対象に棲み込み、利用者に寄り添う課題解決を指向することにより、成熟社会においても新製品開発は可能であり、中小企業であっても地域に雇用を創出することができる。私は、そこに名古屋圏の中小企業が生きる道があり、それこそが地域の希望につながると信じる。

※本章の事例は、日進医療器㈱代表取締役松永圭司へのヒアリング（2016年8月23日、2017年2月2日、同年6月15日）を基に記述したものである。次の新聞記事も参照。中日新聞　1988年12月9日、日経産業新聞　1995年2月21日、中日新聞　1996年2月15日、日本経済新聞　1997年7月1日、中日新聞　2000年8月22日、朝日新聞2013年1月13日

5

技術革新による3K職場の改革

―農業における希望―

岡田英幸

おかだ・ひでゆき　1961年生。名古屋市立大学大学院を経て中京大学大学院経済学研究科博士後期課程単位取得満期退学。専門は公共経済、地域経済。現在、名古屋市立大学大学院研究員、自治体職員。主な著書『東海地域の産業クラスターと金融構造』（共著、中央経済社、日本地域学会著作賞受賞）、『トヨタショックと愛知の経済社会』、『名古屋経済圏のグローバル化対応』（共著、以上晃洋書房）他。

農業が直面する危機 ―すでに起こった未来

日本の農業は危機を迎えている。従来から農業が抱える問題として、後継者不足、農地の集約化が進まないことをはじめとして生産性の向上が進まないこと、そしてグローバル化への対応などがある。これらの問題は、長年農業政策が取り組んできた課題ではあるが、とりわけ後継者不足の問題については、少子高齢化が進む中で後継者が増えず、今後10年以内に団塊の世代が大量に農業からリタイアすることを考えると、農業の危機の中に「すでに起こった未来」（アメリカの経営学者P・F・ドラッカーの著書のタイトルで「すでに起こったこと」を観察すればそのもたらす未来が見えてくるということ）を見つけ出したい。これが本章における希望学のテーマである。

■少子高齢化に伴う後継者不足という危機

少子高齢化が進む中、農業の就業人口は表1のとおり2010年の260・6万人から2016年には192・2万人まで減少している。減少率にすると実に約26％にもなる。この192・2万人のうち65歳以上は125・4万人で65・3％を占めている。農業には定年はないものの体力的な限界を迎える75歳前後にはリタイアする方が多いことから、団塊の世代も含めた現在65歳以上の方々は、今後の10年間でほとんどリタイアするものと考えられる。

一方で新規就農者は、表2に示すとおり2010年の66・8千人から2015年には57・7千人となっており、漸減傾向にある。議論を簡単化すると、今後10年間を展望すると約130万人の就業人口が減り、一方で毎年新規就農者が5万人いたとしても、10年では50万人しか増えないので、差し引きで約80万人減る計算である。さらに農業経営体も、2010年の1，679千経営体から2015年の1，377千経営体へと約18％減少している。今後一人当たりの労働生産性が相当上昇しない限り、早晩農業生産が減少

表１．農業就業人口及び基幹的農業従事者数　（単位：万人、歳）

	2010年	2011年	2012年	2013年	2014年	2015年	2016年（概数値）
農業就業人口	260.6	260.1	251.4	239.0	226.6	209.7	192.2
うち女性	130.0	134.5	128.4	121.1	114.1	100.9	90.0
うち65歳以上	160.5	157.7	151.6	147.8	144.3	133.1	125.4
平均年齢	65.8	65.9	65.8	66.2	66.7	66.4	66.8
基幹的農業従事者	205.1	186.2	177.8	174.2	167.9	175.4	158.6
うち女性	90.3	79.8	74.7	72.9	70.1	74.9	65.6
うち65歳以上	125.3	110.1	106.0	106.7	105.6	113.2	103.1
平均年齢	66.1	65.9	66.2	66.5	66.8	67.0	66.8

（資料：農林水産省統計部「農林業センサス」、「農業構造動態調査」）

し日本の農業自体が成り立たなくなることが予想される。

■生産性向上が進まないという危機

農地面積は２００９年の４６１万ha（耕作率92・１％）から２０１４年には４５２万ha（耕作率91・８％）へと微減となっているが、農地面積が最大であった１９６１年の６０６・８万haから２０１５年までに１５９万ha減少している（速報値）。一方、耕作放棄地も過疎化の進んだ中山間地域をはじめとして２０１０年の39・６万haから２０１５年の42・３万haへと上昇している。耕作放棄地となった理由としては、高齢化・労働力不足がもっとも多く、次いで農産物価格の低迷があげられている（２０１６年４月農林水産省「荒廃農地の現状と対策について」）。少し古いデータであるが、農家一戸当たりの農地面積で見ると、日本が１・８ha（２００６年）に対し、アメリカ１８２・８ha（２００５年）、EU16・９ha（２００５年）、オーストラリア３４２３・８ha（２００４年）となっており、日本の農家一戸当たりの耕地面積は、極端に低いことがわかる。

もちろん日本でも農林水産省等の主導により、生産性の向上を目指して、

表２．新規就農者数

（単位：千人）

	2010年	2011年	2012年	2013年	2014年	2015年
新規就農者	66.8	54.6	58.1	56.5	50.8	57.7
うち49歳以下	20.0	18.0	18.6	19.3	17.9	21.9
新規自営農業就農者	57.4	44.8	47.1	45.0	40.4	46.3
うち49歳以下	13.2	10.9	10.5	10.5	10.1	13.2
新規雇用就農者	7.6	8.0	8.9	8.5	7.5	7.7
うち49歳以下	5.9	6.1	7.0	6.6	5.8	6.0
新規参入者	1.9	1.7	2.1	3.0	2.9	3.7
うち49歳以下	0.9	0.9	1.2	2.2	2.1	2.7

（資料：農林水産省統計部「新規就農者調査」）

１９８０年農用地増進法の制定以降、所有権移転に加えて利用権の設定等による農地の集約・集積化は図られてきたものの、実際には貸し手の農地が分散化していたりして思うようには面的な集積が図られていないことから、効率的な利用が進んでいないのが現状である。

■グローバル化に伴う危機（食糧不足問題）

日本の食糧自給率は先進国の中でも低いといわれているが（２０１６年度の生産額ベースで68％）、貿易全体としては製造業を中心とする輸出超過もあり、今のところは足りない食糧を輸入することで食糧供給が滞る恐れはないが、世界的には人口が拡大する中、飢餓人口も増えており、将来的に海外からの食糧輸入が厳しくなることも視野に入れ、国内での自給率をさらに高めていく必要がある。世界人口は２０１４年の72億人から２０５０年には90億人となることが予想される一方で、農村人口は２０１５年の32億人から２０５０年には27億人になるという予想もあり、農村が生産し都市が消費するという図式は成り立たなくなる可能性もある。このため、今後は都市内においても食糧生産をしなければ人口を養っていけないということも考

表3．農産物輸入額上位10ヵ国の輸入額と輸出額　（2013年、億ドル）

	中国	アメリカ	ドイツ	オランダ	イギリス	日本	フランス	イタリア	ベルギー	ロシア
輸入	1,156	1,105	929	636	630	578	550	459	416	384
輸出	461	1,490	822	966	212	33	716	427	472	195

（農林水産省調べ）※レート計算の相違等により、資料によって若干金額が異なる。

えられる。また、農村から都市への輸送についても、環境制約の面からも抑えていくことが求められている。

国土の広いアメリカでは、従来から大規模かつ機械化された農業で生産性を高め、強い輸出競争力を誇ってきた。一方、ヨーロッパでもオランダやフランスなどでは早くから農業にも力を入れており、農産物の輸入額も多いものの、結果として輸出超過となっている。特に施設園芸・植物工場の先進地であるオランダは、狭い国土を有効に活用し、施設園芸による花き・野菜等の生産や畜産（酪農含む）を中心に、小さな経営面積でも高い収益をあげることのできる農業を振興し、ＥＵ市場を中心に輸出している。農産物の輸出額は９６６億ドルで、米国に次ぐ世界第2位であり、その約4分の３は、関税が無く、検疫上の制約も小さい隣接したＥＵ加盟国への輸出となっており（２０１３年）、農産物の輸入も輸出額の約３分の２に相当する額に上っている。一経営体当たりの平均経営面積は27・４ha（２０１３年）で、主要農畜産物は、花き類（チューリップ等）、ばれいしょ（輸出額世界第1位（２０１３年））、玉ねぎ、トマト（同2位）、キュウリ、パプリカ、生乳（チーズの輸出額世界第2位）、豚肉等といった状況である。

ＴＰＰ（環太平洋パートナーシップ協定）については、トランプ大統領の就任後日本の主導によりアメリカ抜きで交渉が進められているが、中長期的には経済のグローバル化に伴い、農産物の自由化が一層進展するものと考えられる。現在でも農林水産省、自治体を中心に、一部の高付加価値の農産物の輸出を進める取り組みも見られるが、まだ始まったばかりであり全体の金額・数量から見ればごくわずかである。農産物の国際競争力を高めていかなければ、日本の農業・食糧は危機的な状況となることが考えられる。

■農業大県・愛知県が直面する危機

愛知県は「モノづくり王国」といわれ、輸送機械をはじめとする製造業大県ではあるが、それと同時に農業大県でもある。農業粗生産額でみると、全国で6～8位（平成21～27年）、品目別でみても全国的に大きなシェアを持つものが多くなっており、「農業の動き（２０１７）」（愛知県農林水産部）を見ると、都道府県別の個別生産品目では産出額が全国第1位や2位のものも多い。花きでは、きく、洋ラン類（鉢）、観葉植物（鉢）、ばらが、野菜ではキャベツ、しそ、ふきが、他にうずら（畜産）やいちじく（果実）も第一位である。こうした生産額等の数字を見ている限りでは、危機的な状況ではないように見えるが、その愛知県でも後継者の問題は深刻となっている。

表4で示すとおり愛知県の基幹的農業従事者数は、この10年で約１８，０００人減少（24・４％減少）しており、65歳以上の比率も約８％上昇している。一方で新規就農者は、表5で示すとおり、毎年１００～２００人前後である。簡単化した議論ではあるが、今後の10年を展望すれば、65歳以上の約３万５千人が

表4．愛知県の基幹的農業従事者数（販売農家）

	2005年	2010年	2015年
総従事者数　(A)	73,209人	66,861人	55,332人
うち65歳以上（B)	41,041人	40,628人	35,132人
65歳以上比率（B/A）％	56.0%	60.8%	63.5%

(資料：農林業センサス)

表5．愛知県における新規就農者の推移（44歳以下）

	2008年	2009年	2010年	2011年	2012年	2013年	2014年
新規学卒者	46	48	40	48	43	29	36
Uターン青年	55	75	78	103	98	75	86
新規参入者	19	38	36	57	89	76	91
合　計	120	161	154	208	230	180	213

(資料：愛知県農業経営課)

減少する一方で、年間200人×10年＝2，000人が増加したとしても3万人以上の従事者が減少し、農業従事者は現在の約半分になることが予想される。このように少子高齢化に伴う担い手不足の問題は愛知県でも深刻であり、このままでは全国でも屈指の集積を誇る農業であっても、10年後には危機的な状況になる可能性が大きいものと考えられる。

■なぜ後継者が少ないのか

実態がそうかどうかは別としても、農業には3K（きつい、きたない、危険）のイメージがついて回ることが後継者、担い手が少ない理由であろう。「きつい」というのは、作業のそのものが重労働である点に加え、労働生産性が低いために長時間労働を余儀なくされるということであり、農業での「危険」は天候等に左右されるという「リスク（＝危機）」に置き換えた方がいいかもしれない。また、農家以外の家庭の出身者が新たに農業に従事したいと思っても、自分の家が農家でなければ、一般に土地の確保や農機具等の調達などにコストがかかる上に農家資格の取得といった問題があり、参入障壁が非常に高いものとなっている。しかも今後少子高齢化が進展していくと、日本のあらゆる分野で人手不足が見込まれることから、よほど農業を魅力的なものにしなければ、担い手不足という危機は避けられない。

■植物工場という未来

そうした中で現在広がりつつある植物工場は、２０３０年に向けて十分にひとつの希望となり得る。植物工場の定義についてはいろいろあるが、ここでは、「植物の生育環境を制御して栽培を行う園芸施設のうち、環境及び生育のモニタリングを基礎として高度な環境制御と生育予測を行うことにより、野菜などの植物を周年・計画生産が可能な栽培施設」（農商工連携研究会報告書２００９年）を採用する。植物工場には、大きく分けて太陽光利用型と完全人工光型があり、この両者を併用する場合もある。太陽光利用型については、外界の気象に少なからず影響される半閉鎖施設であるが、露地物に比べて品質と収穫量を大幅に向上できる植物に適しており、トマトやパプリカなどの果菜類、葉物野菜やハーブ類、ベリー類、コチョウランなどの高級花き、小型に仕上げたビワ、マンゴーなどの果樹が栽培される。愛知県では豊橋・渥美地区を中心に早くから温室栽培が盛んであり、太陽光利用型の普及に当たっては、潜在的なポテンシャルがあるものと考えられる。一方、人口光型植物工場は、閉鎖空間で工業的な側面が強く、品質・収量は環境

図１．全国実態調査による植物工場の収支状況（2017年２月時点）

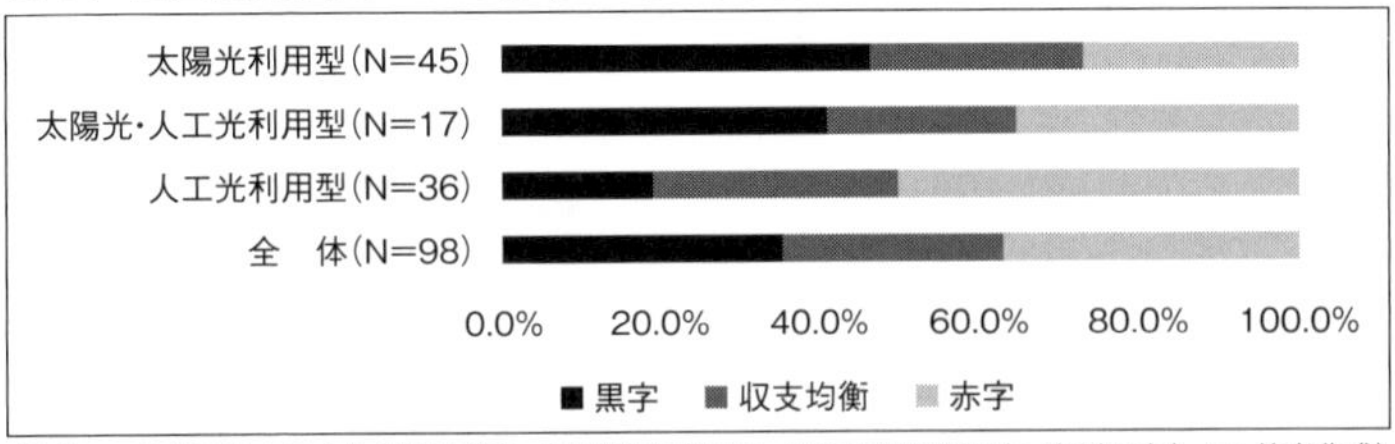

（資料：一般社団法人日本施設園芸協会「大規模施設園芸・植物工場実態調査・事例調査」から筆者作成）

管理技術に依存する側面がある。閉鎖型での生産に適する植物としては、①弱い光、②15～30日程度の短い栽培期間、③高栽植密度で生産が可能重量当たりの価値が高いものが適しており、葉物野菜やハーブ、香草類、小型根菜類（二十日ダイコンなど）が栽培される。

もちろん、植物工場にもメリットとデメリットがある。一番のメリットは農地でなくとも都市内の工場用地でも可能なことである。都市で食糧を生産するメリットとしては、①輸送や貯蔵に必要なコストが削減できる、②輸送に伴うCO$_2$排出量やゴミを削減することができる、③輸送に伴う鮮度や品質の低下、損傷品率の軽減が図られる、といった直接的な効果の他、④波及的に都市住民が食糧生産の現場を観察体験することで農業への理解が深まる、⑤生産食糧関係の就業者が増加する、等の効果も考えられる。さらに、植物工場の場合、ある程度「規模の経済」（生産規模を大きくすることで得られる利益）が働くように大規模化するならば、個人経営等よりは法人経営にならざるを得ない。このため、従事者側からみても、①都市内あるいは都市近郊の比較的便利なところに通勤できる、②法人組織に雇用されることで、雇用条件・所得が安定する、③作業についてもＩＴ化・機械化が図られ、きつい労働ではなくなる、などのメリットがあり、農業に関わりたい人の参入障壁が低くなり、担い手の確保が容易になるなどのメリットがある。ただ、現在ではデメリットとして、図1で示すとおり、人工光利用型の場合まだ技術的にも発展途上で採算が取りにくいということがある。このため、農業以外の企業が植物工場に参入したものの、採算が取れずに早期に退出する例も見られるが、収支状況は技術進歩とともに徐々に改善されてきている。

2017年2月現在における全国の植物工場の普及状況は、一般社団法人日本施設園芸協会の調べによると、太陽光型126箇所、太陽光・人工光併用型は31箇所、人工光利用型は197箇所、合計354箇所であった(「太陽光利用型」は、施設面積が概ね1ha以上で養液栽培装置を有する施設(大規模施設園芸)に限る)。

■IGH(Innovative Green House)プロジェクト(豊橋市内)

愛知県では、渥美半島における電照菊や東海市における洋ラン栽培など、早い時期から施設園芸が盛んであり、近年では豊橋地区を中心にトマト等の太陽光利用型植物工場の立地が見られる。2016年12月、筆者をはじめとする希望学研究グループは、豊橋市内においてサイエンスクリエイトと豊橋技術科学大学及び関連企業が参加して実施しているIGH(Innovative Green House)プロジェクトの植物工場を見学した。まず㈱サイエンス・クリエイト第一事業部の青山和雄さん及び食農領域コーディネーターの山村友宏さんから説明を受けたのち実際に工場を見学した。もともと愛知県は、鉄骨温室、施設営農戸数、植物工場に関連する個々の要素技術の普及率は日本一であり、東三河は県内でも有数の温室集積を誇るとのことであった。この施設は、「自然エネルギー活用型次世代高収量生産植物工場の為の新技術の実証施設整備」をテーマとした太陽光活用型の植物工場であり、経済産業省や豊橋市の補助を受けて実証施設の整備を行っている。施設の竣工は２０１２年で、その年の７月から実証事業を開始している。このプロジェクトでは、週単位でＰＤＣＡサイクルをまわし、生育・環境・収量の計測を環境管理に反映することで、１年を通じて植物の生育を良好に

植物工場＝太陽光利用型　IGHプロジェクト
（2016年12月６日筆者撮影）

保つことを目標として実証実験を行っていた。栽培棟の面積は１，２６０㎡、管理棟が45㎡で、２０１２年９月から13年７月までのトマトの収量は41・５ｔ、次の２０１４年２月から12月までの収量は50・６ｔ、２０１５年２月12月までの収量が50・９ｔで、ほぼ収量50ｔという目標を達成していた。

この施設ではこれだけの面積を５人で管理・収穫しており、３Ｋ職場というイメージは全くなく、クリーンな食品工場のようであった。今後はこの実証実験の成果をもとに、高品質で多く採取する方法をマニュアル化するとのことであり、さらなる技術革新でより省力化、省エネルギー化、多収量化が図られることが期待される。また、もともと愛知県では温室栽培が盛んという下地があることから、今後、太陽光型あるいは太陽光・人工光併用型の植物工場などが普及することは、他地域に比べてハードルが低いものと考えられる。このような植物工場が普及すれば、働き方としても製造業の工場等で働く環境とはあまり変わらず、農業で働くことを希望する若者も増えるものと考えられる。現在、愛知県では製造業が主であるため、若い女性が魅力的なサービス業等の職を求めて首都圏等への流出超過になっているという現状があるが、このような植物工場であれば働きたいという女性が増えることも期待できる。

■ＩＴ化による働き方改革（ＡＩとドローン）

植物工場を見ても従来の農業のイメージとはかなり変わってきているが、今後はＡＩやドローンをはじめＩＴ化の進展が大きく農業のあり方を変えていく可能性がある。センサーを活用して農業に関わる関連情報を収集・蓄積し、その結果をAIで分析して温度や施肥、病害虫対策などを効果的な行う、しかも実際にその対策を行うのは無人のロボットトラクターやドローンを遠隔操作で行うような世界がそこまで来ている（窪田新之助「日本発『ロボットAI農業』の凄い未来」講談社、2017年他を参照）。ここでは少人数で広い面積を管理することができ、なおかつ機械化が進むことで生産性が飛躍的に高まることから、いわゆる3Kとは無縁の職場になることが期待できる。

こうした植物工場やIT農業の最先端の動きを見るため、筆者は「GPEC施設園芸・植物工場展2016」に参加した。このイベントは、2016年7月27〜29日の3日間、東京ビッグサイトで開催されたが、この展示会は隔年開催であり次回の開催は2018年の予定である。見学して意外だったのは、農業関係の企業だけではなく、IT技術関連や建設技術関連、さらにはまったく分野の異なる自動車部品製造業など一見農業とはあまり関係のなさそうな分野の企業が、単独あるいは農業関係の企業と連携して出展している事例が多くみられたことである。実際に各ブースの出展者とも話をしてきたが、製造業、IT産業などはセンサーやAI（人工知能）技術、製造工程管理などのスキルは、農業分野では未開拓の分野であり、市場としての可能性を感じているとのことであった。ここでは予想に反して農業とは関係ない分野のベンチャー企業等が出展していたのが印象的であり、植物工場は、ある意味ではセンサーやAIを中心とするIT産業や自動化を促進するロボットなどの機械工業、工場等の施設をつくる建設業などすそ野の広い総合産業になる可能性があると確信した。写真は愛知県豊橋市市内に本社のあるトヨタネ（種苗

2016年7月、東京ビッグドームで開催された施設園芸・植物工場展（筆者撮影）

メーカー）と自動車部品メーカーであるデンソーが共同で植物工場を進めており、その成果を出展していたものである。部品メーカーであるデンソーにとって、植物の生産は未知の世界かもしれないが、種苗メーカーとタイアップして、トマトの栽培に関するノウハウ等をデータ化できれば、生産管理自体は得意分野であり、将来的には自動車部品を製造するようにトマトの栽培ができるようになることが期待される。

　愛知県の場合、自動車を中心とする製造業が盛んであるが、トヨタ自動車やデンソーをはじめとしてすでに植物工場をはじめ農業分野に取り組み始めているところもある。製造するモノは異なるものの、これまでの製造業で培った製品の品質管理や工程管理などの世界最高水準のノウハウを活用し、農作物に関して生育条件などのデータを蓄積・分析した対策を立てることで、農業分門においても高い生産性を上げることができるようになるだろう。現在の農業者や行政の農業部門が考えるこれまでの農業政策、農業対策からすれば、企業による植物工場はある意味では本来分野としては考えてこられなかったといえるだろう。農産物は安全・安心であることが必要であるため、消費者からは必要以上に有機・無農薬が求められる中で、人為的に栽培されるという先入観もあり、未だに一般の消費者にとって植物工場のイメージはよくない。しかし、工場の方が実際には安心・安全面の管理がしやすい等のメリットがあり、既にオランダなどでは、植物工場で栽培された作物が大量に流通していることから、日本においてもいずれ現在のネガティブなイメージは払しょくされるものと考えられる。もちろん15年後に農業のすべてが植物工場に置き換わるとは考えていないが、かなりの作物においては、植物工場が主流になっているものと考えられる。

■農業に対する新規参入　ブルーベリーファームおかざきの事例から

農業には3Kというイメージがついて回ることは先に述べた。そうした中、書店で「営業日が年間60日で年収2000万円」というキャッチコピーが目に入った。畔柳茂樹さんの著書「最強の農起業！ブルーベリー観光農園で失敗しない農業経営」である。これまで言われている農業における働き方とは正反対のことを主張している。本を読むのはもちろんのこと、2017年8月9日にウィンクあいちで開催された出版記念講演会に参加して話を聞き、さらに8月16日には実際に岡崎市にあるブルーベリー農園を訪ね、体験してきた。

畔柳さんはデンソーの管理職であったが、45歳の時に退職して農起業し、今年で10年目である。デンソーを辞める時、次にやりたいことは農業だったということであるが、その時点で実際にどのような農業をやるのか決まっていなかったそうである。しかしながら、デンソーで培ったノウハウを生かして、現在の一般的な農業の弱点を分析したところ、①極めて低い生産性、②マーケティングの視点がない、③お客様の顔が見えない、ということであり、そうした弱点を踏まえた上で、自身の経営する観光農園は、「無人栽培」、「観光農園システム」、「ＩＴ集客」を3本柱にしている。観光農園のメリットとは、①園内に入った観光客が自分で収穫するため農業なのに収穫作業がない、②収穫しないのに出荷価格の3〜4倍の価格で売れる、③作物自体ではなく自ら収穫するという農業体験を売る、ということである。農業もいろいろな分野がある中で戦略的に生産性が高められる分野を模索した結果がブルーベリー農園ということであった。もともと実家が農家であり、農地があったという条件に

ブルーベリーファームおかざき　入口と農園内部
（2017年8月、筆者撮影）

は恵まれていたかもしれないが、今までの農業が軽視してきた生産性を重視する視点は重要である。他の農業分野にも同じやり方が直接適用できるわけではないが、生産性・効率性を考えることで、農業＝３Kというイメージを払拭できれば、担い手不足の問題も解決できるであろう。本の帯にあったように、「ラク、儲かる、華やか、モテる」農業も十分に可能であろう。

■希望の農業

冒頭でこのままの農業のあり方を続ければ、10年先には高齢農業者のリタイアと後継者不足が相まって、日本の農業は危機を迎える可能性があることを指摘した。このことは、現在、比較的優位な地位にあるこの地域の農業においても例外ではない。農業を持続可能な産業とするためには、第１に今まで以上に生産性を高め国際的な競争力を持たせること、第２に３Kというイメージを払拭して魅力的な産業とするとともに、参入障壁を低くして農業をやりたい人が容易に農業に参入できるようにすることで十分な担い手を確保することである。これらはある意味で両輪であり同時に進める必要がある。植物工場の普及拡大やAI農業の普及等によって生産性を高めること（単なる数字だけではなく作業の効率化や軽労働化で誰でも作業ができるようにする）や戦略的なマーケティング等によって安定的な収益確保を図るようにすることは、すでに今静かに進行していることである。これが希望学からみたこの地域の農業であり、一刻も早くそうした状況をメインストリームにする必要があると考えている。実際にAＩロボットによる農業はここ10年内に実現できるものと予想されており、そのような農業が実現できれば、そもそも製造業の工場のように一層の省力化が図れることになり、担い手が減っても十分にやっていけるであろう。担い手もただ単に従事する人が増えればというわけではなく経営感覚をもった人材が必要である。この地域には、製造業で培った経営や生産管理のノウハウがあることから、私は、この地域におけるアドバンテージである製造業と農業における連携、そしてその連携により相乗効果を生むことこそがこの地域における希望となるものと考える。

第3編

地域文化の創生

本書の序章で述べたとおり文化を広い意味で捉えれば、文化はわれわれの基本的な生活基盤ではないだろうか。文化への参加、共感、感動なしにわれわれは元気に生きていくことはできないのではないだろうか。

第3編では名古屋圏での地域文化の創生について、［文学］、［音楽］、［美術］、［生活］の分野の第1線でご活躍の文化人の方々に自由に自説を述べていただいた。

私も名古屋圏の文化へ参加し、共感し、感動してきているが、その体験からいって名古屋圏での地域文化の創生は素晴らしいと思うことが多い。首都圏や関西圏に決して負けてはいない。その一環を担っている方々の思いをここに示したい。（塩見治人）

1　文学

進化と成熟を追求する

亀山郁夫

かめやま・いくお　1949年、栃木県生まれ。名古屋外国語大学学長。東京大学大学院博士課程単位取得退学。前東京外国語大学学長。ロシア文学者。2002年に「磔のロシア」で大佛次郎賞、2007年に翻訳「カラマーゾフの兄弟」で毎日出版文化賞特別賞、2012年には「謎解き『悪霊』」で読売文学賞受賞。ドストエフスキーの新訳では他に「罪と罰」「悪霊」がある。2015年、自身初となる小説「新カラマーゾフの兄弟」を刊行。

ＡＩの革命的進化によって、私たちの生活様式が根本から変化しようとしている。途轍もない時代の訪れである。いわゆるシンギュラリティが現出した段階で、私たちは日々、どのような暮らしを生き、どのような人間に変化しているのだろうか。いわゆる、ポストヒューマン、トランスヒューマンの略号＞ＨやＨ＋に似た、科学万能の存在、一切の不合理を受け入れない人間と化しているのだろうか。数年前、アメリカのある科学評論家が、「iPhoneは私の心の一部になった」と書いて見せたが、何よりも恐れるべき点は、ＡＩが私たちの心どころか、私たちの仕事をも乗っ取らんばかりの勢いであることだ。ここにさまざまな予測がある。「今後20年のうちに、現在の職業の47％がロボットやＡＩ（人工知能）によって代用される」「２０３０年までに人間は、週15時間程度労働で済むようになる」。かりにそのような事態になった場合、私たちに求められる能力は、日々の時間管理ということになるだろう。むろん、ワークシェアリングの思想もさらに発達するだろうが、他方、現段階では想像だに困難な恐るべき二極化の社会を招来する可能性もある。

私がいま、最大の関心を覚えているのは、人生百年と呼ばれる高齢化時代における時間の使用法である。かりに、週15時間の労働で済むようになった場合、私たちには、一週間のトータル１４６時間から労働のための30時間を差っ引いた１１６時間が「自由時間」として残されるが、これをどう「やり」過ごすのか。内、睡眠時間を除く60時間が実質の「自由時間」となるわけだが、思うに、水曜日の午後から日曜日の深夜までの完全な空白をコンピュータゲームで費やすようなことにはならない。そのような悲観的事態は、近未来小説的な発想である。人間は、どこまでもクリエイティブに生きようとし、その「自由時間」から生まれる何かを、しぶとく新たな経済活動へと結びつけていくことだろう。

さて、ＡＩによって多くの仕事が代替された場合、人間に固有の能力は何になるのだろうか？　ひと言で言うなら、想像力である。もちろん、人間の想像力とＡＩの想像力との間の差もいずれはなくなる。その代わり、ＡＩに対抗できる知力を、各自の人間が、誕生の瞬間に持てているという事実に、驚きの目を瞠る時代が訪れてくるはずである。労働の実質において、ＡＩが主役に、人間が脇役となるわけだが、むろん、それでもよい。脇役は、脇役なりに、自らの幸せを追求すればよいことなのだから……。

私は前向きに想像する。一週60時間を、思い切り、遊ぶのである。ただしクリエイティブに。

前置きが長くなった。未来社会における人間のイメージに重ねて、ＡＩ時代における名古屋をイメージしようとしていたのだ。周知のように、名古屋はいま、猛烈な勢いで進化している。ＪＲゲートタワーの威容は、リニア時代の名駅が、ＡＩ時代の最新モデル地区となる未来さえ予感させる。すでにだれもが経験していることだと思うが、超人工的な空間の中に身を置くのは、えもいわれぬ快感を伴う。なぜなら、そこにおいて人間は、生物としての自らの存在を生々しく知覚できるからだ。海外から名古屋にやって来た観光客がいずれ名駅周辺の将来図が約束する威容に圧倒される姿は、きっと、モノ作り名古屋人の自尊心を十分にくすぐるものとなるだろう。だがそれは、果たして名古屋人にとって価値ある自尊心といえるのだろうか。その点、私はさほど楽観的ではない。多くのテクノロジーは追い越される宿命にあり、名駅周辺のドラマティックな進化もまた、結局のところは一時的な現象に終わるにちがいないからである。

むしろ問われるべきは、名古屋の都市としての成熟のあり方である。最近、私にとっては、名古屋をどう誇らしい思いで説明できるかが個人的課題となっている。セントレア空港から世界に飛び立つ学生たちにとっても同じことだろう。名古屋に具体的なイメージを持たない外国人に対し、説明に迷った私は、時に、名古屋はトヨタの町、と安易な説明に陥りがちである。むろん、内心でその説明に忸怩たるものを感じている。トヨタの本社は、豊田市にあるわけだし、おまけに豊田市の市域は、愛知県第一位を誇っているではないか。そこで次の説明に入る。名古屋港は、日本最大の水揚げ量を誇ります、と。だが、はたしてそのような説明で、多くの若者を説得できるのだろうか。そこで最後の切り札、歴史の故郷としての名古屋の説明にはいる。だが、残念ながら、切り札の魅力を視覚的に裏付ける史跡が極端に少ない。戦国時代がある意味で文化破壊の時代であったことを思えば、史跡がないのはむしろ必然なのだが、名古屋に暮らす私はつねにないものねだりの願望につきまとわれている自分に気づく。要するに、名古屋は、そのもてる実力に反し、対外的な説明がきわめて困難な都市ということができるのである。この悩みは、結構、深刻である。

どうやって、名古屋を世界に説明するのか、いや、世界に売り出すのか？　手立ては限られている。むろん、今後、名駅を中心とした新しい都市空間を、新名古屋のイメージとして売り出すことも可能だろう。しかし、駅は本来的に駅であり、文化の中心は、一定程度、移動ポイントから離れて存在すべき性質のものだ。当該の都市の魅力が駅であるといった事態は、普通、考えにくい。その意味で、将来の名古屋の文化的魅力を、もう一つ別の空間に求めなくてはならない。いうまでもなく、私が今イメージしているのは、栄を中心とする一帯の再活性化である。

栄は、進化しつつある名駅に比較し、いかにも人間臭い区域に変容しつつある。しかしそこには、芸術文化にとってかけがえのない膨大なアートスペースが存在している。いうまでもなく、設立25周年を迎えたばかりの、そして、三年に一度の「あいちトリエンナーレ」のメーン会場となる愛知芸術文化センターである。この文化的拠点をどう活用し、世界に売り出すかを考えるべきなのだ。むろん、一定程度の改修費用は、不可欠だろう。

話は反れるが、世界中の都市を旅してきて今、思うのは、都市の魅力とは、なによりも芸術文化の魅力だということだ。国別観光ランキングで、人口九百万人弱のオーストリアが、日本の二千四百万人を四百万人上回る二千百万人を獲得しているのは、パリを中心とする芸術文化都市に近いからという理由だけではない。AI時代の名古屋をイメージしながらも、私の心には、つねに名古屋における芸術文化の運命はどうなるのか、という思いが頭から離れない。私の場合、芸術文化という言葉のイメージの中心にあるのは、ルネッサンス期から現代にいたる音楽である。たとえば、昨年末、私は、NYへの公務出張のついでにフィラデルフィアまで足を延ばした。日帰りの短い旅だったが、私は長年の夢を果たすことができて幸いだった。では、なぜ、フィラデルフィアだったのか？　フィラデルフィアの人口は百五十万人強で札幌市よりも40万人少なく、福岡市とほぼ同規模である。ロシア文学者である私にとって、独立戦争時のさまざまな歴史逸話で知られる町としてのフィラデルフィアはどうでもよかった。何よりも音楽好きの私にとって、フィラデルフィアはフィラデルフィアサウンドを奏でるオーケストラの町である。フィラデルフィア管弦楽団は、アメリカのビッグファイブの一角を担う、華麗な音で知られ、私が脳裏に半世紀近く描いてきた町のイメージもまさにそれに近いイメージだった。ところが現実のフィラデルフィアは、名門ペンシルヴァニア大学のイメージに重ね、絢爛豪華というよりもむしろ質朴剛健といった趣の漂う街だった……。

フィラデルフィアの町を歩きながら、ふと疑問が脳裏をかすめた。名古屋とフィラデルフィアでは、知名度はどちらが高いだろうか、と。そしてその疑問は、勢い、名古屋フィルハーモニー交響楽団へと向かい、名古屋が、世界有数とはいわぬまでも、日本でも有数の芸術文化都市に成長してくれることを願っている自分に気づいたのだった。名古屋はそもそもモノづくりの町であり、その意味で、テクノロジーに最大の価値を置いている町と定義してまちがいはない。このテクノロジー志向に見合うだけの芸術文化をかりにこの町に育て上げることができたらどんなに魅力的だろうか。単純にそう思ったのだ。尾張三河の歴史文化を今に伝える史跡が少なくても、高い芸術文化を日々楽しむことのできる市民たちの愛する町であれば、それだけ名古屋の存在感は増すにちがいない。人間の脳にたとえていえば、左脳と右脳の絶妙のコンビネーションから生まれる名古屋。少し口幅ったい説明になるが、日本のテクノロジーがガラパゴス化し、世界をリードできなくなった理由は、そもそも夢見る力が脆弱だったからである。戦後の貧しい社会に育ったエンジニアの夢にはやはり限界があり、もう一歩、ラジカルな側面が不足していた。テクノロジーの発展が、あくまで夢の獲得のための闘いである以上、夢見る力を持たない脳に、新しいテクノロジーの発見と創造を求めることは無理がある。日本がテクノロジーの領域で再出発するためにも、何よりも夢見る脳を育てなくてはならないのである。では、どうやって？

私は、単純に考えている。夢見る力は、芸術文化に不断に接するところから生まれるというのが私の持論である。名古屋が、今後、モノづくりの町として世界に君臨するためにも、あるいは、クルマというミクロコスモスを最大限進化させるためにも、名古屋を芸術文化に秀でた都市にすることが不可欠である。東京からも、大阪からも好奇心あふれる音楽ファンがリニアで駆けつけてくるような芸術の香りを発する都市、名古屋。もっとも問題は名古屋だけにとどまらない。何よりも日本全体の芸術文化にとって憂うべき事態がすでに生まれつつあるのだ。

コンサート会場をのぞいてほしい。私の知る限り、オーケストラの演奏会は、どこもほぼ満員の入りである。それも当然である。とりわけ私たち団塊の世代は、高度成長時代を支えた旧グローバル人材として激しい戦いを生きぬき、いまは、それなりに豊かな老後を送っている。コンサートがそうした彼らの日常生活の一部と化しつつある。私自身、そうした状況を好ましく思う一方で、何とも居心地の悪さを覚えている。その理由は、ほかでもない。若い世代の聴衆が圧倒的に少ないことである。いずれ、団塊の世代が老いて、家に閉じこもるようになったとき、コンサート会場はどうなるのだろうか？　むろん、西洋の古典音楽がすべてというわけではないし、コンサート会場の演奏を自宅の大型モニター画面で楽しむ時代もすぐそこに来ている。最近ベルリン・フィルが開始したデジタル配信を模倣する動きが活発化している。むろん私はそれでもいいと思っている。なぜなら、問題は、コンサート会場にあるのではなく、西洋の音楽を楽しむことのできる若者たちが減少していく点にあるからである。だが、コンサート会場には、デジタル配信では決して得ることのできない生命の息づきがあり、共生の歓びがある。思うに、息づきや歓びの回復こそは、ＡＩの革命的な進化の後に私たち人間が突きつけられる最大の課題ではなかろうか。

現実に戻ろう。私たちは、断固、西洋音楽の魅力を若い世代に伝えるための努力を怠ってはならない。それには、かなりの経費が必要となる。なぜなら、芸術文化の継続は、独立採算でこれを実現するなど、夢のまた夢だからである。芸術文化は、つねに、メセナの力を得て生きのびてきた。その意味で日本一富裕な都市、名古屋であれば、芸術文化都市としての成熟をほかのどの都市にもまして期待できる。愛知に点在するグローバル企業は、目をつぶってでも、メセナの事業に励んでほしい。団塊の老いたる世代のためではなく、ＡＩ時代に生きる若い世代の感性と生命力を育てるために。そして行政は、芸術文化を育てるため、市民の理解を得るべく地道に説得に努めてほしい。しかし、そのためには、行政にたずさわる人たちが、まずは謙虚に音楽に親しみ、音楽の歓び、音楽の価値にめざめる必要がある。人生百年の時代の政治の責任の持ち方とは、むしろ文化行政にこそあると私は信じている。

2

和歌の伝統が息づく名古屋文化

―『万葉集』サロンでの35年間のレクチャーをとおして―

竹尾利夫

たけお・としお 1948年生。愛知県生まれ。中央大学大学院 文学研究科博士課程修了。名古屋女子大学文学部教授、大学院人文科学研究科教授を経て、現在、特任教授。主な著書に『万葉集要講』『東海の万葉歌』『奥三河の昔話伝承』など。これまで生涯学習とかかわり、松坂屋カトレヤ文化教室、朝日カルチャーセンター、NHK文化センターなどの講師をつとめる。

はじめに

古代和歌を集大成した『万葉集』は、わが国最古の歌集である。その『万葉集』に詠まれた地名を県名にした所がある。思いつくままに掲げるならば、古代国家の発祥の地である「奈良県」や、山部赤人の歌に「若《わか》の浦に潮満《しほみ》ち来れば潟《かた》を無《な》み葦辺《あしべ》をさして鶴《たづ》鳴き渡る」と詠まれた「和歌山県」がそれだ。関東に目を向けると、「埼玉県」の県名も東歌に詠まれた「埼玉《さきたま》」に由来する。「名は体を表わす」というが、生まれたわが子にどう名前をつけようかと親が心を砕くように、県名には他と区別して言い表わす、単なる呼び名を超えた地域の思い入れがあると言わねばなるまい。では、県名「愛知」の由来は、となると『万葉集』の歌にちなむことを知る人は存外と少ない。

県名「愛知」の由来

桜田《さくらだ》へ鶴《たづ》鳴き渡る年魚市潟《あゆちがた》　潮干《しほひ》にけらし鶴《たづ》鳴き渡る（巻3・271）
年魚市潟　潮干《しほひ》にけらし知多の浦に朝漕《あさこ》ぐ舟も沖に寄る見ゆ（巻7・1163）

先に掲出した歌は、大宝2年（702）持統太上天皇が三河行幸の際、従駕した高市黒人の詠んだもの。後の歌は作者未詳だが、ともに歌中に「年魚市潟《あゆちがた》」の地名を詠み込んでいる。この年魚市潟こそが「愛知」の由来である。黒人歌は桜田（現在の名古屋市南区元桜田町周辺）へ鳴き渡る鶴の飛翔を詠んでいる。地名「年魚市潟」は、桜田の先にあった海浜部と思われる。名古屋市熱田区から南区に至る古代の海岸線の一部は、現在よりもずっと奥の東側へ湾入していたようだ。熱田台地から笠寺（桜）台地を経て鳴海へと続く一帯が、アユチと呼ばれた所で、そこから台地の西側に広がっていた海の干潟が「年魚市潟」になろう。

遠浅の海であったようで、干潟は埋め立てられて南区・港区一帯の陸地となった。

　いずれにしても、古代律令制下の尾張国には「年魚市《あゆち》」の用字で名前が残る。また平安時代の古辞書である『倭名類聚抄』には尾張国の郡名が列挙され、アユチを「愛智　阿伊知」と記している。この表記は、万葉のアユチが平安時代にはアイチへと音韻変化した、それを示すものとして興味深い。ここに初めて県名の由来である「愛知」という言葉が始まるのである。

懐疑的に思われている名古屋文化

　日本列島のほぼ中央部に位置する愛知県。その県名が古代の『万葉集』に由来するとしても、「愛知」の文字面が表わす、知を愛する県とは、言い得て妙である。愛知県の中核をなす名古屋は中京とも呼称される。西の京都と東の東京との中間に位置するからで、関西文化圏と東京文化圏との合流地になっている。例えば、言語学でいう東西方言の対立は、愛知・三重・岐阜の東海三県で境界を接しており、文化的にも名古屋を中心とする地域が、東西文化の影響を大きく受けて来たことを示している。また、経済面でも産業都市として名古屋及びその周辺都市部の繁栄は、人口流入の増加と相俟って、わが国第三の都市圏を形成するに至った。経済・産業・技術革新等では「名古屋圏」の用語に相応しい発展ぶりである。

　しかし、それを文化的に見た場合、はたして「名古屋圏」という名に恥じない伝統文化に支えられ、地方文化の創生が著しいかと言えば、やや疑問視されよう。少し前のことになるが、平成29年（２０１７）

11月24日の朝日新聞が、「行きたくない街ナンバーワン」から脱却しようと、名古屋市がご当地ソング作りに乗り出したと報じた。東京の「有楽町で逢いましょう」、大阪の「月の法善寺横丁」、長崎の「長崎は今日も雨だった」などを引き合いに、名古屋市ゆかりのヒット曲がないことを嘆いて、市長の肝いりで、市民から歌詞を募集するという記事内容の紹介である。確かに名古屋には、ご当地ソングと呼べるヒットした歌謡曲は皆無に等しい。隣の岐阜県には「柳ヶ瀬ブルース」があるのだから、きっと切実な問題なのだろう。

名古屋市が歌を作ろうとするのは、平成28年（２０１６）6月に行われた「都市の魅力」アンケート調査の結果発表を踏まえたものと思われる。この調査は名古屋市観光文化交流局がリサーチ会社に依頼して実施した、東京・大阪を含む国内主要8都市の魅力を聞くもので、結果は名古屋が最下位であった。これには愛知県で生まれ育った私も感嘆せずにはいられなかったが、事実のようだ。では、どうすれば名古屋が魅力ある都市になれるのだろう。過去に名古屋が「文化不毛の地」と評されたことがある。それから脱却を試みたようだが、まだ十分とは決して言えない。名古屋をもっと文化的にあるいは観光的に魅力のある街にするためには、さらなる努力が必要だと考えるが、どうだろう。ご当地ソングが出来ればそれで良し、とするのは余りにも情けない話だ。

都市の魅力といっても一様ではない。だが人口も決して多くない地方の都市などが、魅力ある街として集客力を高めている。他にはない独自の伝統文化や史跡保存などに力を注いでいるからであろう。そのことを忘れてはなるまい。近年、名古屋の食文化が注目されている。かつては「ういろう」や「海老フライ」「きしめん」を食べるのが名古屋人と思われていたようだが、確かに変わった。地方独自の食文化を指向する人々が増えたせいもあるだろう。新たな名古屋の味として、鰻の「ひつまぶし」や「味噌かつ」「手羽先」などが評判で、外国人にも好評だと聞く。これは嬉しいことである。

愛知の自動車産業が日本をリードして来たように、叡智を結集した力は、創造を促すはずである。先に述べた歌謡曲のご当地ソングの有無を議論するよりも、先ず魅力ある愛知や名古屋にするための、県名「愛知」の名に恥じない、知を尽くした行政側の努力が必要だろう。こんな例もあるから紹介しておこう。愛知県北東部に位置する山間の新城市では、16歳から29歳の若者を対象に若者議会を公募して、彼らを議員として扱い、予算の使い道を決めさせている。そうした背景には、過疎化による人口減少で将来的には行政機能の維持が困難になる、という危機感などがあるらしい。若者を市議会に参加させる条例を作った市長はこう言う。「今の日本は、若者を踏み台に上の世代が逃げ切ろうとしているようで、以前から忸怩《じくじ》たるものがあった」（平成29年8月27日、朝日新聞）。この言葉の意味は重い。都市部における「地域文化の創生」といっても、次世代あっての文化の継承である。未来都市名古屋の場合も、経済や産業の発展を指向するのみならず、若者たちの意見や考えを吸い上げ、県名「愛知」の名に相応しい、新たな地域文化の創生が求められよう。

では、地域文化の妙案はあるのかと聞かれると、これが難しい。なぜならば名古屋は明治以来、物づくりの産業都市であり、観光や文化中心の街ではないからだ。名古屋市・愛知県が観光に対する政策を忘れているのではない。名古屋のシンボル名古屋城の改築に寄せる思いも伝わるし、「名古屋まつり」なども行政主導だが盛大に行われている。しかし京都の祇園祭や東京浅草の三社祭のように全国的に名が知られていない。如何せん、伝統がないからである。

その点からみると、江戸期からの尾張の伝統文化は直接、観光と結び付くことはないが、誰でも分かりやすく親しめる。名古屋を中心とする「からくり人形」、有松鳴海の絞り産業などは、名古屋独自の文化である。こうしたものとリンクするならば名古屋圏の伝統文化にも未来が開けてこよう。東京や横浜、あるいは大阪や神戸のように大きな都市ではないが、金沢や仙台などは、地域の特性を発揮して魅力ある街づくりに成功した所だ。大都市を真似るのではなく地方都市にも学ぶべきであろう。名古屋圏には誇りある伝統文化が、いくつもあるのだ。そして、いわゆる「文化」の概念を幅広く考えるならば、食文化や風俗、学問の伝統なども文化である。名古屋の地は「文学」との結びつきが少ないように思われているが、そうでもない。地味な文化遺産ではあるものの、詩歌の伝統が息づく。次にそのことを述べておきたい。

時代は四百年ほど遡及するが、慶長15年（1610）に始まる名古屋城の築城は、城下町名古屋が誕生するきっかけとなった。学芸や芸能に関する領域を考えるならば、御三家筆頭の尾張徳川家が名古屋の文化を創り出したと言ってもよい。尾張徳川家の初代藩主の義直は、父家康の集めた「駿河御譲本」を基礎に「御文庫」を創設。その後の蓬左文庫へとつながる学問の発展に大きく貢献している。また、名古屋城下には東海道・美濃路への街道の整備や熱田湊の開発に伴って、有力商人を主体とした町人文化が生み出された。近世の俳人、松尾芭蕉がこの地を訪れた折には（『野ざらし紀行』）、野水《やすい》、荷兮《かけい》、杜国《とこく》といった裕福な商家の旦那層が、芭蕉七部集『冬の日』の連衆となって俳句を詠んでいる。蕉風俳諧の発祥地は名古屋なのである。

また、尾張地方は国学や和歌の伝統も根強い。近世における名古屋の古代研究は高い水準にあったようだ。特に伊勢松坂の国学者で名高い本居宣長の門下として、名古屋では河村秀穎《ひでかい》・秀根《ひでね》兄弟の『日本書紀』研究に始まり、田中道麿・鈴木朖《あきら》らを輩出して尾張藩の国学として発展した。そして近代に入ると、昭和初期には歌誌「水甕《みずがめ》」に山崎敏夫・風巻景次郎といった旧制八高関係の古典研究の学者が関わり、さらに戦後では、春日井建・岡井隆らが前衛短歌運動に参加しており、この地方を代表する歌人として活躍する。若手歌人で知られる加藤治郎も名古屋在住である。このように名古屋には詩歌の伝統が脈々として息づいている。そのことを忘れてはなるまい。そうした点は、県名「愛知」に万葉歌の地名が残るだけではない。地下鉄桜通線の新瑞橋駅から二つ目に「鶴里」の駅名があるのも、『万葉集』の歌に「桜田へ鶴鳴き渡る年魚市潟……」と詠まれた地が近いからだ。詩歌の伝統は名古屋人の生活の一部となって溶け込んでいるのである。

万葉集と生涯学習

ところで、歩んで来た道を振り返るにはまだ早いが、筆者は自分の生き方として、二つのことを目標にして来た。ひとつは大学という教育と研究の場に身を置く者としての責務である。気がつけば40年間を大学人として過ごしている。もうひとつは、そうした自らの研究成果や学びを社会へどう還元するかで、今でいう地域の生涯学習との関わりと言ってよい。

昭和58年（1983）の記録が残っているから、随分と前のことだ。名古屋市瑞穂図書館で定期的に『万葉集』を学ぶ自主グループから便りをもらった。「葦の会古典部会」である。そこから講師の依頼が来たのである。学窓を立って大学へ勤務を始めた時分であり、私の母と年齢の違わない方々に話しをするのは躊躇したが、おそらく数年だろう。そう思って話を引き受けた。

だが、そこからが大変だった。私の前にはお二人の大学教授が前任者としておられたことを知った。勤務先の都合等でおやめになられて、三代目が私なのである。毎月1回、大学の勤務を最優先する条件で講師を引き受けたが、通い始めて分かったことがある。いつも大学で教えている学生たちとは様子が違うのである。50名ほどの会員の中には、既に若い頃から『万葉集』を学んでこられた方々もあった。名古屋地区の高等女学校や大学などで教鞭をとっておられた高木市之助、松田好夫、島津忠夫といった、国文学の分野で名を成した一流の先生方の教え子でもあったのである。これには驚いたが引くわけにもいかない。そこで生涯学習といえども学問的なレベルを下げないと覚悟を決めた。

それで、ともかくも教科書的な表向きの理解に留まらない『万葉集』の面白さ、魅力を学界の最新の情報を交えて語った。難しい内容はわかり易くである。テキストは文庫本2冊。毎回必ず手作りの補助資料を作成して会員へ配った。さらに年に一度、歌に詠まれた故地を訪ねる、いわゆる万葉旅行を企画して貸切バスでの移動教室を続けてきた。万葉歌に詠まれた所の大半は廻った。万葉の旅は、北は仙台の多賀城跡から、西は九州太宰府をはじめ壱岐・対馬にも渡った。大和路の飛鳥や奈良へは幾度にも及んでいる。いずれも懐かしい思い出が残る。

あれから35年の歳月が流れた。なんと「葦の会」はまだ活動を続けているのである。この間には会員の入れ替わりがあり、始めた頃の会員の多くは黄泉路《よみ》へと旅立たれた。『万葉集』の講義をするのと、年一度の旅行計画が私の仕事で、会の運営に当たって下さるのは幹事さんである。会員の皆さんの協力がなかったならば、今日まで会の存続はなかったはずである。私は感謝の念を新たにするばかりである。

名古屋市内の生涯学習との関わりは、この「葦の会」が機縁となって、新たに『万葉集』を読む会も生まれた。名古屋市東生涯学習センターの教室を借りて実施している自主グループ「名古屋万葉の会」もそのひとつ。ここも既に30年の歴史がある。その他、いくつかのカルチャーやＮＨＫ文化センターなどの依頼も受けて講師を担当した。受講生の中には単に『万葉集』を学ぶだけでなく、やまと歌の学びを通して和歌を実作しておられる方もいる。私は生涯学習から体験的に、名古屋に息づく和歌の伝統を知ることができたのである。

そして、奇跡に近いことが起こった。平成26年（２０１４）のことである。『万葉集』を学ぶそれぞれの会の皆さんが集って、学びの記念を残そうと、歌碑を建立して下さるというのである。碑文は『万葉集』の中から「妹も我もひとつなれかも三河なる二見の道ゆ別れかねつる」の歌を選んで、揮毫した。先に紹介した高市黒人が詠んだ歌である。建立地は私の郷里、豊川市内に残る古代の三河国府跡（現在の三河総社）で、ここは歌に詠まれた「二見の道」にも近い。豊川市教育委員会のお力添えを得て、三河総社が快く引き受けて下さった。

愛知県では、平成7年（1995）から生涯学習推進本部を設置して、様々な学習機会の提供を行なっている。生涯学習情報システム（学びネットあいち）の運営などは、情報社会に呼応した対策であろう。名古屋市も同様で、全区内には図書館や生涯学習センターなどの施設が整備され、市民からも好評で利用者も多い。心の豊かさや生きがいを求める人々へ多岐にわたるサポートをするのは大変なことだ。かつて私も、愛知県が運営していた「県民大学」の運営委員をしていたからその苦労もわかる。しかしながら、いつも思うことであるが、行政側は建物や施設といったハード面の整備はできても、ソフト面での支援は地域住民まかせといった感じがしてならない。30年以上も生涯学習と関わってきたが、行政側と話し合う場もなければ、そうした機会も皆無に等しい。これが現実である。未来都市名古屋の地域文化の創生を目指して、改善しなければならない点であろう。伝統文化が息づく名古屋であってほしいからである。

3

地域文化発信のひとつの姿勢とその可能性

――稲垣さんの「風媒社」と同人誌『遊民』をめぐって――

三嶋　寛

みしま・ひろし　１９３８年10月26日生まれ（この日の生まれは大物が多い、マツコ・デラックスなど）。名古屋大学文学部卒業後、10年間サラリーマン。その後30年間、名古屋今池で居酒屋「炉端酒房　六文銭」経営。閉店後、フリーライターを経て文芸同人誌『遊民』に参加。現在に至る。

はじめに　書かれるべき二つの物語

ここでは二つの物語を書きたいと思います。その共通点は、名古屋を起点にした文字による「文化の発信」といったところです。

文化の発信といっても、それはいわゆる情報発信の一環だといわれそうですが、その間にはいささかの違いもあります。情報の発信は、いまあるもの、新しく生じたものを伝えてゆくということなのですが、「文化の」となると、何を伝えるか、それをどのように伝えるかがより大きな問題になってくるからです。というのは、何を伝えるのか、それをどんな形で伝えるのか、それ自身が「文化」そのものともいえるからです。

名古屋発の文化といってもその間口は膨大です。伝統芸能からいわゆる名古屋めしまで、その切り口は無数にあります。そこで、そのうちの活字文化、しかも私自身が関わり、知りうるという意味で、たぶんに極私的な分野について述べようと思います。

ついでに、楽屋話をしましょう。なぜ私が二つの物語を書くことになったかといういきさつです。

書かれるべきひとつの物語は、名古屋の地で半世紀以上、良心的な本を出し続けている出版社、「風媒社」の話です。もうひとつは、この地を起点に、平均年齢七六歳からスタートし、平均年齢八三歳まで続いたギネス級の同人誌、『遊民』の話です。前者は、その出版社の創業者、稲垣喜代志さんが自ら筆を執るはずでした。そして後者を、その同人誌の編集を担当していた私が書くことになっていたのです。

ところがです、その稲垣さんが昨年一〇月末に急逝してしまったのです。そこで急遽、その二つを統合して語るようなものをというのが編集者の要請でした。この要請には根拠があります。ひとつには私たちの同人誌の発行元が右に述べた風媒社だったからです。そしてもうひとつは、亡くなった稲垣さんが『遊民』

の同人だったことによります。

とはいえ、この二つを併せて書くことはけっこう難しいのです。かたや半世紀にわたる業績をもつ事業ですし、一方は、たかだか八年間の老人の表現活動にすぎないのですから。

しかし、この二つの物語には、やはり根っこのところでの共通点があります。しかもそれは、地方からの文化発信の可能性に関わるような点だと思うのです。

名古屋で本を出すということ　風媒社と稲垣さん

はじめにとりあげるのは、あえて名古屋の地で、半世紀以上にわたって出版を続けている「風媒社」と、その創業者、稲垣喜代志さんについてです。

日本の出版物の大部分（七五％以上）は東京に集中しています。出した本は売らなければならず、そのためには全国を対象とした流通の要である首都が圧倒的に有利だからです。そのことは、学卒後、東京の出版社に就職し、さらには本のための新聞、『日本読書新聞』の編集部に在籍した稲垣さん自身がもっともよく知るところでした。

その彼が、出身地（安城市）の近くの名古屋にあえて舞い戻って出版を志したのは、ひとつには家庭の事情があったとはいえ、彼なりの強固な意志があってのことでした。その折のことを後年、こう語っています。

「……東京では絶対出せない本をつくろうと思った。地域に根を下ろし、地域と格闘している人たちと手を結びたいとまず思った。同時に、すでに世に出た人には書いてもらわない。野に埋もれている人に書いてもらいたいという考えでいました。」（二〇一二年九月二一日「中日新聞」夕刊、「あの人に迫る」より）

これは実行されたのです。最初に手掛けた本は、障がいをもつ人の自伝的な歌集でした。それ以後、その基本的なコンセプトは連綿と守られてきました。風媒社という社名に込められた「風に媒介されるタンポポの種子のように、その着地点で人知れず芽吹くように」という願いが実践されてきたのです。

こうしてみてくると、地方に根ざしたたんなる土着の出版業とみなされがちですが、そうではないのです。確かに、彼は地方であることのハンディと、地方でなければ見えてこないこととの狭間で出版を続けてきました。ですからそれは、中央のメジャーな文化の受け売りや、その啓蒙といった役割とはまったく違ったところ、いってみればマイノリティの視点を踏まえた上での出版を行ってきたのです。

ところがです、そうでありながら、いやそうであったからこそ、彼の手掛けたものは後になってから、じつはそちらのほうが普遍的で、インターナショナルですらあったことが証明されたりしたのです。それはどういうことでしょうか。

反骨精神が時代を先取りする

風媒社の出版物は、その時点ではその確かな評価が見えにくいのに、その後の時代から大きく評価されるものが多いのです。

たとえば、ベルリンの壁崩壊前、まだソ連の公式歴史観が幅を利かせていたとき、それとはまったく違う視点で「鉄のカーテン」の向こう側について書かれたシリーズ「風媒社現代史選書」を刊行しました。私がもっているアンジェリカ・バラバーノフ『わが反逆の生涯』はそのシリーズではないのですが、そうしたものの一環で、これらはいずれも、当時の「公式」の左翼からはＣＩＡの謀略図書と非難されるようなものでした。しかしその後、これらのシリーズに書かれたスターリン治下の歪んで悲惨な歴史がまさに真実であったことが証明されたのです。

もちろん、こんな大状況についてばかりではありません。四日市ぜんそくや長良川河口堰などの公害環境問題についても、大前提からの論調ではなく、そこに住まう人たちのリアルな目線からとりあげてきました。

ベトナム戦争に絡む平和運動などについてもまたそうです。今世紀に入ってやっとその国家ぐるみの偏見が是正されつつあるハンセン病に関する書も出し続けてきました。

特筆すべきは、二〇一一年の原発事故のあと、メジャーな出版社が一斉に原発関連の科学者にものを書かせるなか、風媒社は地方出版社ながらいち早くその出版を果たしたことです。

なぜそれらが可能になったかというと、稲垣さん以下風媒社のスタッフがそれらの諸問題に、たんに本を作るための材料という以上に、深い関わりをもって接してきたからです。

各種環境を守る運動では、それらの運動を進めている人たちとの確かな連携をもっていましたし、ベトナム反戦などの平和運動では、稲垣さん自身が当時のべ平連（ベトナムに平和を！市民連合）との関連で、米軍逃亡兵の援助などに関わってきたのでした。

原発問題では、早くも一九九五年、『原発事故……その時、あなたは！』という書を世に問い、二〇一一年の福島第一原発事故後、一躍有名になり、引っ張りだこだった京都大学の小出裕章氏などとの密接な関係が既に前世紀末からできあがっていたのでした。

ようするに、稲垣さんの風媒社は、自分たちが出版する書を単なる読み物に終わらせないという、実践的な姿勢を絶えずもち続けていたということです。地方発信の書にもかかわらず、それらが普遍性をもち、時として時代を先取りすらした背景には、情報発信の当事者性にこだわり、その媒介者の視点を失わないままに伝えるという基本があったからなのです。

その風媒社が創業者の稲垣さんを失い、したがって、その紹介が私の任となったことはすでに述べました。それはとても残念なことですが、彼が志向し、実践し続けた出版という事業に込めた姿勢は、今後ともに風媒社のなかに生きつづけるものと信じています。

同人誌『遊民』のこと　その前身

こうした風媒社を刊行元にし、稲垣さん自身が同人に名を連ねたのが同人誌『遊民』でした。この同人誌が風媒社から出されたのは、たんに稲垣さんが同人であったという以上の理由があったと思っています。

この同人誌には前身ともいうべきひとつの会がありました。それは、たとえば産業界などでの、いわゆる異業種交流の集まりのようなもので、いろいろな分野でキャリアを積んだ人たちが集まり、自由なディスカッションや、時としてはテーマを決めた学習・討論を行う会でした。

どんな人たちかというと、かつて名古屋市長をつとめた本山政男さん、公務員やサラリーマンでありながら文芸サークルなどで活躍した人たち、大学や高校などで教師をしながら一家言をもち続けた人たち、この地方で詩歌や小説などの文芸作品を手がけている人たち、放送関係のスタッフ、また、かつて女子アナといわれた人、あるいはフリーライターと称する人、などなど実に多彩というか雑多な人たちなのですが、そのなかには稲垣さんも加わっていましたし、私もまた末席を汚していました。

こうした人たちが、月一回、原則として第四木曜日に集まるので、「もくの会」と名付けられていたのです。

こうした会ですから、統一した綱領的なものもなく、とくに目標を定めたわけでもなかったのですが、緩やかなコンセンサスのようなところではある種の一致をみていたと思います。それは、いわば無党派のデモクラティスト、リベラリストといったところを共通点にしながら、そこから現実と向き合い、日常のなかから話題を紡ぎ出してゆくといった、そんな姿勢での一致でした。

とくに、タブーはなかったのですが、権威を振りかざしての発言に対しては厳しいチェックが入りました。これは、元市長に対しても、全国誌に論文が載るような著名教授に対しても同様に機能しました。ときとしては、メンバーの発言の公平さを維持するために、サイコロを振った目の数に従って次の発言者を決めるような面白い試みもなされました。

ですから、メンバーにとっては、次にはどんな分野のどんな話が聞けるのだろう、あるいは、どんな話をしてやろうかというのが楽しみでもあり、かつ、相互に刺激し合う機会でもありました。

その「もくの会」が諸般の事情で終焉を迎えたのは一〇年ほど前のことでした。しかし、「もくの会」に集うことになったメンバーの情熱が完全に失われたわけではありません。その残り火のようなものを、絶やすことなく維持し、今度はそれを形あるものとして表現してゆこうとして始まったのが同人誌『遊民』でした。その意味では、この同人誌は「もくの会」の精神を文字での表現として継承するものでもありました。

地方発・老人の発信と表現の場としての『遊民』

この雑誌のひとつの特徴は、やはり「地方発」にこだわったことです。「名古屋の街」についての記述、メンバーの一人が田原の出身だったこともあって、渥美半島に根ざした先人たち、渡辺崋山や杉浦明平についての記述もありました。稲垣さんが連載していた「怪人・加藤唐九郎伝」もまた、この地方からでなければ書けない話でした。

さらにもうひとつの特徴は、自分たちが既に老人の域に達していることを逆手にとって、「老人にしか書けない」回顧の記述をたくさん残したことです。とりわけ、このメンバーが共通して体験した「戦争」は、後世に残すべき必須の事項として何度も誌面に登場しています。メンバーの最長老は、少年兵として敗戦を迎えたのですが、その一期前の少年兵たちは戦地へと送られ、ほとんど全滅という悲惨な結果をみています。

それほどではないにしても、メンバーの全員がその少年少女時代、疎開を余儀なくされたり、激しい米軍の爆撃下で、炎の中を逃げ惑った経験をもっています。そうした世代から見ると、戦争を知らない世代のゲーム感覚での戦争観は実に危なつかしいのです。

「戦後」もまたそのテーマになりました。日本国民のみで三〇〇万人、近隣諸国を合わせると二、〇〇〇万人の犠牲を伴ったあの戦争の教訓はどう生かされているのか、あるいはいないのか、いわゆる戦後民主主義といわれるものはなんでありどう機能してきたのか、などなどの検証も行われました。これは、戦中をかすめて戦後を経験してきた私たちの世代にとっては看過できない不可欠の問題だったのです。

その形式はルポであったり、評論であったり、文芸作品であったりするものの、その根底にはそうした自分たちの経験に根ざしたリアルで熱い思いが込められたいたのです。

文明批判に通底する表現と出版

こうした『遊民』での表現やその投げかけたものは、いわばアナログ世代の呟きのようなものともいえます。それらは、地域おこしや産業の発展に直接寄与するものではなかったかもしれません。

しかし、一方、ＡＩを中心とした技術開発で、それらの開発者をも含めたすべての人々が、むしろそうした新しい技術の補助要員とされ、労働と生産の過程で自分たちの居所が定かではなくなるような時代を迎えようとしているいま、そうした急速に自動化される技術革新のなかにあって、私たち人間はなにを意志することができるのか、あるいは、その意志の結果としての責任がどのようなものとして現れてくるのか、それらへの問いはますます大きくなるような気がします。

ようするに、こうした怒涛のような流れのなかで、もし、人間としての尊厳を維持すべきだとしたら、それはどのようなものとして可能になるのか、また、どのようにして私たちの日常の生活と結びつくのかを考える場としても、私たちの同人誌はあったように思うのです。

私たちの同人誌は、二〇一〇年、平均年齢七六歳でスタートし、昨年、第一六号を発刊し、平均年齢八三歳に至り、その八年間の歴史に幕を閉じました。その最終号の発刊から幾ばくもしない日、稲垣さんは旅立ったのでした。

まさに稲垣さんは、地方からでなくてはできない文化の発信者としてその使命に殉じたように思います。

その使命とは、彼がこの地での出版事業を志した際の初志、「いま、まさに、ここで」という信念を貫くことでした。そしてそうであればこそ、私たちが置かれた大状況である現代そのものと具体的に向かい合うものでもありました。

稲垣さんと私たち老人が発信し続けたこの地方、この時代との関わり、それは時代に沿いながら考えたり、それを突き放して相対化するものであったりしたのですが、結果としてそれは、文明批判のような普遍的な問題ともどこかでつながっていたのです。できうるならばそれらを、この時代の中でどう「人間する」のかという問題として、若い人たちが考え続けてくれたらと思うのです。

最後にひとつのエピソードを

いささか蛇足になりますがあえて書き加えます。

同人誌最後の何冊かは私の編集によるものです。同人の中では若輩の私が、先達たちに厳しい原稿の催促をしなければなりませんでした。とりわけ稲垣さんは遅筆で、毎号、私からのチェックが必要でした。礼を失したことを言った覚えはありませんが、多少きつく迫ったこともありました。

最終号が出た折、私はそれについて稲垣さんに詫びを入れました。「立場上とはいえ、いろいろ申し上げてすみませんでした」と。

それに対して稲垣さんは、「いやぁ、お前はよくやったよ」とおしゃって、「君に受け取って欲しいものがあるんだ」ということで一枚の絵をくださったのです。それは「海」と題された香月泰男のリトグラフでした。

ご存じの方も多いと思いますが、香月の絵は、代表作のシベリアシリーズに見られるように、全体に暗く、物悲しいものです。にもかかわらず、それらの絵のなかには一抹の希望が潜んでいます。それは大状況のマジョリティからは否定され、踏みにじられつつも、なおかつ保ち続けるマイノリティの希望のようなものです。それを失わない限り、人はギリギリのところで表現が可能なことを彼の作品は示しています。

マイノリティの希望を見つめ、それを置き去りにしないこと、それが稲垣さんの風媒社と、そして私たちの同人誌『遊民』とをつなぐ原点ではなかったのかと、居間に掛けた香月の絵を観ながらしみじみと思っているのです。

4 音楽

地域文化の創生 愛知を、名古屋を、オペラポリタンに

―オペラサロンでの22年間・100演目のレクチャーをとおして―

都築正道

つづき・まさみち　1940年名古屋市生まれ。名古屋大学文学部美学卒業。関西学院大学大学院美学研究室修了。「ワーグナーの楽劇論」で文学博士（関西学院大学）。専門は音楽美学。音楽批評。長年朝日新聞の音楽評を担当。中部大学名誉教授。名古屋オペラサロンを主宰。主な著書に『楽劇：音と言葉の美学』（音楽之友社）、『あくびなしのオペラ講座：トスカ』（同）、『蛙はなん匹？：芭蕉の「古池や」の謎を解く』（風媒社）。

地域文化の基礎：オペラポリタン誕生へ向けて

覚悟を決める

オペラは「総合文化」であり、「文化総合」です。それで、国際的な近代都市の資格として、都市には市庁舎と教会のほかに、「オペラハウス」がなければなりません。経済大国日本で、

いつも問題になるのがこのオペラハウスです。名古屋に1992年10月30日、立派な愛知芸術劇場大ホール（オペラハウス）ができました。これで、一気に名古屋は、国際的に近代化されました。しかし、そのことが、愛知県民と名古屋市民の文化度を上げることに貢献したわけではありません。なぜなら、「行政」（オペラハウスではなく大ホールと名付けてセレブ批判を避けた）も、「興行主」（老いて歌えなくなった往年のオペラの名歌手を招き高い入場料をとる）も、「市民」（《椿姫》や《カルメン》などポピュラーな演目にしか関心を示さない）も、「企業」（支援を決めるのに儲かるか儲からないかでしか判断できない経済人たち）も、オペラハウス設立の文化的な価値に対してはあまり関心を示さず、オペラが地域文化の創生にどれほど多くの有益な役割を担っているかに思いが至らないからです。オペラは、唯一、広く市民に対して、生身の人間（歌手たち）が、いま人類が抱えている切実な問題を訴え、議論を促し、その場で人間の尊厳を重んじる「覚悟」を決めさせるものであるのです。

ここでいう「市民」とは、フランスの啓蒙主義者ルソーのいう「一般意志」（公共益を達成しようという意志）をもち、スペインの社会学者オルテガのいう「精神階級の大衆」（自分に多くを要求し自分の上に困難と義務を背負いこむ人たち）であり、フランスの歴史学者ジョルジュ・ルフェーブルのいう「群衆」（お金や革命のためではなく、家庭や隣人と共にする日常的な会話や考え方や感じ方から生まれる集合心性をもつ人たち）のことです。

私の専門は音楽美学です。特に19世紀のドイツのオペラ作曲家リヒャルト・ワーグナーの「楽劇」（劇を中心としたオペラ）を専門に研究してきました。ワーグナーの代表作は、北欧とゲルマンの神話を題材とした《ニーベルングの指環》（1876年初演）です。劇の主題は、世界を支配できる魔法の指環をめぐる、天上の神々と地下の小人族と地上の人間による争奪戦です。指環に附された条件はただ一つ、愛を断念することです。ドイツの演出家ゲッツ・フリードリヒは、「指環は現代の原子核だ」としました。その通り、1945年、広島と長崎へ原爆を落とした人々は人類への愛を断念して世界征服を狙ったのですから。舞台の上での指環争奪戦のさなかに、大地の女神エルダが登場します。あらゆる犠牲を払ってでも指環を手に入れたい神々の王ヴォータン（と観衆）に、大地の女神エルダは忠告します――「指環の呪いを避けよ。ありとあらゆるものが滅び、神々（と観衆）の上にも、崩壊の日が近づいています。その指環を捨てなさい」。ヴォータンは人類を救うために、指環をあきらめる覚悟を決めます。ここでオペラは、その真骨頂を発揮して、ヴォータン（と観衆）を説得し、人類を救うのです。

指環を捨てる

額縁を越えて

オペラは、閉ざされた「額縁（タブロー）芸術」（ディドロの言う額縁に入った絵画的な空間を重視した静止的な芸術）である演劇と違って、オペラは、生きた人間が舞台の上から観衆に向けて直接訴える「舞台芸術」です。演劇は、この額縁によって、「舞台」（見られる者）と「客席」（見る者）とを区別するのです。演じられている事柄が、枠内の当事者だけの問題であって、観客はそれをただお客として客観的に見ているにすぎません。決して、その舞台上の事件に関与することができないのです。

私たちは、これまでにどれだけのロメオとジュリエットを見殺しにしてきたことでしょう。しかし、オペラは、舞台の上の登場人物がこちらを向いて、「プロセニアム」（舞台の機構）の額縁を越えて、私たちに、全身全霊で切実な問題を訴えてくる動的で開かれた芸術なのです。舞台の上に五人が並ぶと、それぞれが勝手気ままに、自分の抱えている五つの問題をあからさまに、それも隣にその利害関係者がいるにもかかわらず、見ず知らずの観客に大声で助けを求めてくるのです。私たち観客は、思わず、「ブラヴォー！」とか「ブー！　ブー！」と叫ばざるをえません。ときには、花を投げてアイーダに同情したり、生卵を投げて悪漢イアーゴを舞台から追い出したりします。生身の人間が、なにかを、直接観客に訴える唯一の様式を持つオペラは真の意味の「舞台芸術」です。その意味で、例えば、イタリアの独立運動のさなかに、《ナブッコ》や《アッティラ》などのイタリア人を鼓舞するオペラを数多く書いたオペラ作曲家ヴェルディこそ、まことの舞台芸術家であったのです。

オペラ的に

私たちに覚悟を迫るのは、ワーグナーとヴェルディだけではありません。多くのオペラ作曲家は舞台の上から観衆に向けて、直接、様々な課題を突きつけます。モーツァルトは《フィガロの結婚》で「家来たちを欲望の対象としか思わない貴族の非人間的な横暴さ」を摘発し、あのヴェルディは《椿姫》で「社会的な弱者（高級娼婦）を偶像化して利用する偽の道徳観」を批判し、プッチーニは《トスカ》で「神と芸術に仕える純情な無垢な娘（歌手）を情欲の犠牲にする男たち」を告発します。それも、演劇のように、言葉と演技によって主義主張を「マニフェスト」（宣言）や「プロパガンダ」（宣伝）で訴えるのではなく、オペラは、歌によって美しい大声で感情的に訴え、人体表現である華麗な踊りと言葉のないオーケストラで、人間的でない現代の社会を、人間的に、オペラ的に、摘発し、批判し、告発するのです。

オペラ鑑賞

しかし、残念ながら日本人にとって、優れたオペラはすべて外国の「総合文化」です。言葉も、思想も、宗教も、歴史も、科学も、理想も、理念も、作曲法も、台詞も、詩も、専門用語も、すべてが私たち日本人にとって、難解で、無意味です。オペラをまるごと楽しむためには、どうしても専門家による解説が必要です。1996年にオペラを解説する講座「名古屋オペラサロン」を、外国へオペラを観に行く方たちのために、医師（故）若井一朗先生の石川橋のご自宅で開講しました。それ以降、この22年の間に百演目以上をとりあげ、一演目を3回（1回2時間）に分けて講義をしてきました。いままで、中部大学名古屋校舎（鶴舞）に各回30名ほどの老若男女のみなさまにおいでいただき、配られた解説書「あくびなしのオペラ講座」を読みながら、講師（私）の話に耳を傾け、映像を熱心に観ていただいています。ときには、アリア（登場のアリアで失敗すると腐った玉子が飛んでくる）や重唱（みんなが勝手に自分の欲望を一斉に歌う傍白がある）や合唱（華やかな開幕の合唱で客を逃がさない）などの音楽形式について専門的な話を語り、台詞に出てくるドイツ語（《指環》の原題〝Der Ring des Nibelungen〟のニーベルンゲンは単数でアルベリヒ個人の指環です）やイタリア語（《椿姫》の原題は「道を踏み過った女」で、聖母マリアのパロディです）の意味を説明し、これまでの伝統的な誤訳を指摘（トスカの歌うアリア「歌に生き愛に生き」を「歌に生き恋に生き」と訳すのは大きな間違い）し、オペラ鑑賞のマナー（アリアはゆっくりしたカヴァティーナと速いカバレッタで一組です。途中で拍手をしないこと）を伝えます。いまでは、この百演目の解説書のバックナンバーがそろっています。このほかにも、NHK名古屋文化センターの講座と中部大学サテライトカレッジの講座でオペラ解説をつづけています。三講座合わせて、毎月、百名以上の市民が集まって、オペラを人生最大の楽しみとしています。

地域文化の創生：市民の手になるオペラ上演

さて、こうしたオペラ鑑賞の体制は整いました。残るは市民の手になるオペラ制作です。

オペラ上演

昨年（２０１７年）、愛知県豊橋市でヴェルディの歌劇《イル・トロヴァトーレ》が市民の手によって上演され大成功を納めました。製作母体の三河市民オペラ制作委員会は、音楽愛好家の会社社長鈴木伊能勢さんが代表となり、アマチュアの市民活動ではない「いま日本で求めうる最高のオペラ」を市民に見せる「オペラ・プロデュース組織」を創設、豊橋ロータリークラブの佐藤裕彦さんが副実行委員長となって「市民への文化奉仕事業」を運営、イタリアでオペラ歌手として活躍中のテノール歌手の岡田尚之さんが豊橋に移住して音楽面を「在住オペラ専門家」として指導しました。「市民による、市民のための、最上級のオペラ上演」です。ここには、市民文化活動では最も難しい、「アマチュアイズム」（好きだから趣味でやる）と「ポピュリズム」（栄誉と賞賛のためにやる）と「商業主義」（低予算に合わせる）を脱した、「芸術至上主義」（名作の名演）がありました。

五つの評価基準

大成功でした。オペラ上演が成功したかどうかの基準は五つあります。まず、会場が満杯になること。市民はむろん、近隣都市や名古屋からもお客がやってきてホールにあふれました。次に、関係者全員が感動すること。観衆も、主催者も、出演者も、運営側も、成り行きを見守っていた市民も、こぞって「来て良かった！」「やって良かった！」「豊橋に住んでいて良かった」と感動の渦が生まれました。第三に、黒字になること。現役の事業経営者や奉仕団体のロータリークラブの会員が運営に参加したので「赤字は恥だ」と頑張った。さらには、マスコミで大々的に取りあげられること。多くの新聞や雑誌が成功を伝えました。そして、最後に、「さあ、次もやろう！」と未来に繋げること。それで、私は、いま、この三河オペラに地域文化創生の希望を托して、次の名作の名演を楽しみに待っているところです。

5

名古屋マーラー音楽祭までの道のりと今後の展望

―10のアマチュアオーケストラと12のアマチュア合唱団が参加したマーラー交響曲10曲の全曲演奏会の企画・運営

西村尚登

にしむら・なおと　1952年東京生まれ。京都大学文学部仏文学仏語学ならびに英文学英語学専攻卒。イギリス・レディング大学大学院応用言語学センター修了。TEFL・MA取得。元東海高等学校英語科教諭。1983年東海学園交響楽団設立。1998年オストメール・フィルハーモニカー設立。NPO法人名古屋音楽の友設立理事長、名古屋マーラー音楽祭実行委員会委員長、2017年フィーバス・アポロ・アカデミー設立代表。著書に「コミュニケーション重視における教授法」（『英語教育』（大修館書店）Vol.44 No.12, 1996年）などがある。

何故、名古屋マーラー音楽祭を開催することになったか？

２０１１年は、壮大な交響曲群の作曲家として知られるグスタフ・マーラーの没後１００年となる年であった。これを記念して彼の交響曲の全曲を名古屋のオーケストラ及び合唱団、それも全てアマチュアの団体が交響曲の番号順に演奏するという「名古屋マーラー音楽祭」を一NPO法人として成功させることができた。その道のりについて、当時を振り返り、将来を簡単に展望してみたい。

この壮大な音楽祭の萌芽は、筆者が就職した東海中学校・高等学校で1983年に創設した東海学園交響楽団に遡ることができる。楽器も満足にそろわないなか、筆者の教室で石油ストーブを囲んで練習をおこない、その翌年に19名の団員で作ったオーケストラの第一回定期演奏会をモーツァルトのアイネ・クライネ・ナハトムジークをメインの1曲として、できたばかりの名古屋市芸術創造センターで無事開催することができた。このオーケストラ部出身者は、現在（創立35年）までに500名を超え、あるものはプロの音楽家として、またあるものは日々の仕事の合間に音楽を楽しむアマチュア奏者として、愛知県を中心に日本各地で活躍している。そして音楽祭の2年前となる2009年に、卒業生の一人で当時のOBオーケストラのコンサートマスターをつとめる教え子から「マーラーの没後100年を記念した交響曲の全曲演奏会を、しかも番号順に開催したい」という提案がされ、彼の熱意にほだされる形で音楽祭を開催することを決めたのである。

開催するからには成功させたい。そのためにはしっかりとした組織体制を構築して関係者をコーディネートしていくことが不可欠であると考えた。そこで、「NPO法人名古屋音楽の友（以下「名古屋音楽の友」）」「名古屋マーラー音楽祭運営委員会（以下運営委員会）」「名古屋マーラー音楽祭実行委員会（以下実行委員会）」の三つの組織を立ち上げることにした。名古屋音楽の友は、外部的な信頼関係を構築するために設立した

ＮＰＯ法人である。それまでの30年近いオーケストラ活動の成果をもとにＮＰＯ法人が誕生したのである。この名古屋の地でマーラーの交響曲のような大曲を演奏するには、愛知県芸術劇場のコンサートホールや大ホールが最適であるが、この施設は著名な海外のプロオーケストラでない限り、一般団体では事前に利用予約をすることは不可能である。しかし十の交響曲もうち一曲でもこのホールでの演奏会ができないと、音楽祭そのものが成立しない。そのため、名古屋音楽の友として音楽祭の意義と企画内容を同劇場に明確に示し、開催に責任を持つ意思表示をしたことで、音楽祭全ての演奏会について事前予約をすることが認められた。

また、マーラーの交響曲には大規模な合唱団が不可欠（特に８番は、〝千人の交響曲〟との別称があるぐらいの曲なので、８００名ほどの合唱団と２００名のオケが理想）であるが、名古屋で活躍する合唱団はそれぞれ独自の活動計画があり、オーケストラ主導の音楽祭に協力していただけるかどうか未知数であった。これも名古屋音楽の友を通じて愛知県合唱連盟との地道な交渉を行い、合唱団の協力を得ることができたのである。さらに名古屋音楽の友の後ろ盾として、運営委員会の設立も行った。運営委員会のトップには愛知県の音楽界の重鎮藤井知昭氏にご就任いただき、メンバーには名古屋市や愛知県の文化振興事業団、ならびに経済界の中核を担う方々に引き受けていただくことができた。この運営委員会の後ろ盾もあり、新聞や地元ケーブルテレビなどのメディアで音楽祭を取り上げていただき、音楽祭の成功の一因とすることができたのである。

実行委員会（筆者が実行委員長）は、われわれ名古屋音楽の友の役員と実際に音楽祭で演奏を行うオーケストラと合唱団の代表により構成された組織である。月に一度定例で各団体の責任者が集まり、音楽祭開催にあたっての実務的な課題を共有し、解決策を見い出していった。各団体にはそれぞれの思いがあり、実行委員会は当初必ずしも一枚岩ではなかった。しかしながら、名古屋マーラー音楽祭の意義や目指す理想（世界的にみてもマーラーの没後100年を記念した全曲演奏会は名古屋以外には企画されなかった）について深く共有できたことで、最終的に合意形成ができたと思っている。

音楽祭の成功、そして未来への展望

かくして2011年1月に音楽祭は始まった。しかし初回の演奏会当日は日本全国で大雪警報が発令される荒れた天気となり、JRなどの交通機関も軒並み運休となり開催も危ぶまれたが、そんな大雪の中でも1000人を超える熱意あるお客様に来ていただくことができ、無事最初の演奏会を終えることができた。その後の演奏会も回を重ねるごとに時には会場が満員となるほどの盛況ぶりであり、ほとんどの回で1300人を超える聴衆の方においでいただいた。全ての演奏会を聞くことのできる「共通パス」を用意し、皆勤の方々には特典（気に入った会の演奏会ライブCD）を差し上げることにしたが、このパスを使って全ての演奏会を聴きに来ていただいたお客様も最終的には100名を超えた。同年12月に合計11回の演奏会からなる第一部が成功裏に終了した。

そして半年後の２０１２年7月に、第二部としてマーラー交響曲第8番の演奏会を迎えることとなった。この交響曲は通称「千人の交響曲」と呼ばれ、通常のオーケストラとは桁外れの奏者が必要である。とても一つの団体では演奏することはできないが、第一部の演奏に関わっていただいた10のオーケストラと12の合唱団から選抜されたメンバーによる合同合唱団・オーケストラを結成することで実現することができたのである。このような選抜メンバーばかりの合唱団とオーケストラを率いるのは、相当な指揮者でないと難しい。そこで実行委員会の中で検討を重ねた結果、国内外でもその実績を広く認められ、演奏者たちのモチベーションがあがることが間違いのない、マーラーに造詣の深い井上道義氏に依頼することになった。私事であるが、井上氏は私の中学高校の先輩にあたり、過去にも東海中高オーケストラ部やＯＢオケなどでお世話になったことがある。このようなご縁により、井上先生を通じて内外のトップクラスのソリストを招聘（8名のソリストのうち2名の方がドイツから参加）することも可能になり、第二部の２日間にわたる2回公演の演奏会も2回とも満席となる大成功を収めることができた。運営委員会にご参加いただいた愛

マーラー交響曲第8番「千人の交響曲」演奏風景

知県芸術文化センター長からも、前例のないほどの素晴らしい演奏会だったという評価をいただいた。

この音楽祭全体としては、10の市民オーケストラ、12の市民合唱団、延べ２５００人の奏者と延べ４万人の聴衆の方々に参加していただいたことになる。これほど多くの方々に音楽を通じて同じ価値観を共有していただけたことは、言葉にならないほど驚嘆すべきことではなかったかと思っている。そして、今後もこのような活動を継続的に（準備に相当な時間とエネルギーが必要となるが）開催していければと考えている。ただし、もう少し形式は多様であっても良いかもしれない。例えば今回はアマチュアのみの参加であったが、次はプロ・アマの垣根を超えた音楽祭にすることも可能であろう。あるいはクラシック音楽という枠組みを超えて、日本だけでなく世界のダンスや伝統音楽などとのコラボレーションもできるのではないかと考えている。そして東京や金沢で開催されているラ・フォル・ジュルネのように、継続的に開催される質の高い音楽祭を実現するのが筆者の壮大な夢である。

音楽を通じて豊かで文化的な生活を営むことができる社会の実現を

就職するまで縁もゆかりもなかった名古屋で教鞭をとってから39年の年月が経った。その中で気づかされたのは、東海地方のまとまりのよさである（筆者は東京に生まれ、京都の大学を出ている）。名古屋市や愛知県より小さな地方では演奏人口がおそらく十分確保できないし、さりとて東京のように大きな都市では逆にまとまりが悪くなり、いずれにせよ今回のような大規模の長期にわたる継続的な音楽祭開催は不可能であったと思われる。さすがに〝芸どころ名古屋〟であり、〝愛・地球博〟を成功させただけの地力のある地域である。そういった意味で、名古屋圏というのは一体感を持った大きな文化的な活動を実行するのにうってつけな地域なのではないかと思う。

このコンパクトさゆえに、人間関係の密度が濃いことにも気づかされる。県下のオーケストラを訪ねると、名古屋マーラー音楽祭に関係した方が必ずおられる。オーケストラ同士のつながりも強い。このような一体感があるところが名古屋圏の強みではないだろうか。

さらには、かつてのような大規模（ずいぶんお世話になった愛知厚生年金会館や愛知県勤労会館がなくなって久しい）なものではなく、数百人から数十人規模の手軽なホールが増えていることも、名古屋圏の特長としてあげられる。地下鉄東山線沿いには大中小のホールが点在している。クラシック音楽に限っても、マーラーやブルックナーのような大規模なテーマだけでなく、ハイドン、モーツァルト、ベートーヴェン、シベリウスといった身近でスタイリッシュなテーマの音楽祭を開催することも、このようなホール事情であれば可能であろう。

大小問わずさまざまな文化的な活動を促進するハードやソフトを用意することが、音楽を通じて豊かで文化的な生活を営む社会の実現にきっとつながるはずである。そういう企画運営こそわがＮＰＯ法人名古屋音楽の友の目指すところである。そのような思いを持って、今後も音楽祭の企画などを通じて音楽の普及に地道に努めていきたいと考えている。

6

愛知祝祭管弦楽団「アマチュアオーケストラのリング」という奇跡への軌跡

―ワーグナー《ニーベルングの指環《リング》》4部作全曲演奏会の企画・運営―

佐藤悦雄

さとう・えつお　愛知県出身、長久手市在住。愛知学院大学文学部心理学科卒業。学生時代から吹奏楽、オーケストラで活動。地元長久手を「音楽のまちにしたい」の願いを込め、長久手フィルハーモニー管弦楽団の設立に関わる。愛知祝祭管弦楽団団長、同団のオペラ制作を担当。本業は愛知県警察官で防犯施策を担当する。妻は中部フィルハーモニー交響楽団ヴァイオリン奏者。日本ワーグナー協会会員。

はじめに

愛知祝祭管弦楽団の団長で、企画・制作を担当しております佐藤と申します。

今回このような場で執筆させていただく機会を与えていただき、心から感謝いたします。何を書いたら良いのか、いろんなデータがいるのか、研究成果的なことが必要なのか。お受けする段にあたり思い悩みましたが「自由に思いのたけを頂ければ結構です」とのお言葉に甘え、自由に書かさせていただきます。何か少しでも、音楽に満ちたまちづくりに関して皆様のお役に立つヒントの一端になればとの想いです。

どうぞよろしくお願いいいたします。

先立ちまして、我々と私の自己紹介をさせていただきます。

我々愛知祝祭管弦楽団は、いわゆる「アマチュアのオーケストラ」です。アマチュアとはつまりそれで生計を立てていない、経費以上の収益を得る必要のないということ。こうした団体でも、近年はＮＰＯ法人であったり社団法人の体を取るところがありますが、我々は純然たる「任意団体」です。「任意団体」と言いますが、つまりは何の縛りもなく、強烈な結びつきもなく、気持ちで繋がっている団体。規約や運営指針はありますが、ちょっとしたバランスやトラブルでいとも簡単に崩壊する危険性も内包しております。

構成メンバーは、皆さんアマチュア演奏家。他に「生業」を持つ者たちが、いわば「道楽（敢えてこう言います）」で活動しています。名古屋の大手企業の役員、教員、医者もいれば、アルバイトの者も。団費を支払い、楽器をもって練習に参加するなど団体に所属するマナーとルールを守れば、皆さん音楽の前では平等です。

そういう私は異色の職業に見られがちですが、現職の警察官で普段は各種犯罪の防犯対策に取り組んでいる公務員です。中部フィルハーモニー交響楽団でヴァイオリンを弾く妻と、女の子二人の4人家族です。今回のテーマである現在取り組んでいる「ニーベルングの指環」の企画者であり、団を取りまとめるとともに、企画全体がまとまるように立ち回る「調整役」であります。

企画内容

現在我々が取り組んでいる企画は、名称が「愛知祝祭管弦楽団　2016―2019ニーベルングの指環　4部作」という非常に長いネーミングの企画でありますが、わかりやすく言えば「ワーグナーのライフワークである、4つの楽劇（オペラの発展型）からなるニーベルングの指環という作品を、1年に1作品ずつ4年の歳月をかけて取り組んでいくもの」というものです。

歌劇、楽劇作家で著名なドイツの作曲家、リヒャルト・ワーグナー。彼の作品はどれも長大、壮大で、また哲学的な深い世界観を表現することから、世界中にコアなファンが存在し、また作品も難易度が高く、上演には困難が付きまといます。

とりわけこの「ニーベルングの指環」という作品は、一つ一つが長大な作品なのにさらにそれが4つ織りなして一つの物語になるという壮大なもの。未だ名古屋地区ですべて通じて上演されたこともなく、また世界的に見ても「アマチュアの取り組み」という事例は、調べる限りでは前例がありませんでした。

では、この企画に取り組むことになった経緯についてお話しします。

企画に至る経過と現在までの進捗

2005年に「愛知万博祝祭管弦楽団」という名称で、愛知万博の名称を使用し、愛知万博パートナーシップ事業という形で記念演奏会を実施致しました。その団体は、いわゆる「団」として旗揚げしたわけではなく、いろんな団体に所属しているメンバーがその演奏会のためだけに集結した、いわゆる「一時の寄せ集め」集団だったわけです。

その演奏会が成功に終わり、気をよくしたメンバーが再演を、と翌年「マーラープロジェクト名古屋」という名称で、マーラーの交響曲「大地の歌」を中心としたプログラムで演奏会を実施しました。

その際、当時の幹事役であった吉田友昭氏（現在は顧問）により招聘されたのが、新国立劇場合唱指揮者であり、ワーグナーの聖地バイロイトでの経験も豊富な、現音楽監督の三澤洋史氏であったのです。

その演奏会でのサブプログラムは、ワーグナーの楽劇「ニュルンベルグのマイスタージンガー」からの抜粋で、合唱やソリストも入り、引き締まった素晴らしい演奏になりました。

そしてそれから4年の月日を経て、再度マーラーとワーグナーを、との思いで、三澤マエストロ指揮のもと、マーラーの交響曲第4番とワーグナーの「トリスタンとイゾルデ」抜粋のコンサートを行います。

その公演間近な日に、マエストロに恐る恐る耳打ちします。

「2013年はワーグナーが生誕200年の記念すべき年になりますが、この団体でワーグナー最後の作品である「パルジファル」とかどうでしょうか？」

実は私自身が、中学生のころからワーグナーに惚れ込み、日本ワーグナー協会に入会しワーグナー作品の虜になった、筋金入りのワグネリアンという人間でしたので、いわゆる「ダメ元」での企みをつぶやいたのです。

返事は驚くほど簡単に「いいよ」とのこと。

その時は2010年8月。2013年の3年後の話で準備期間はあるとはいえ、「オペラ、それも長大なワーグナーの作品をアマチュアが全幕演奏する」という発想自体がどれほどのものか。この作品自体が「恐れを知らぬ愚者により世界が救済される」というテーマなのですが、まさにそれを体現するがごとく、その企画は進みました。

無我夢中で、共催の「モーツァルト200合唱団」の皆さんやいろんな方にご協力いただき、当初非常に少ない参加者数だったので必死に声かけをして集め、難解な作品故に理解を深めるための講演会も企画、資金も公的資金含め集め、無我夢中で突き進みました。

まさに恐れを知らぬ愚者の所業で、そんな形であったのですが、ワーグナーファンの全国の皆さんやいろんな方が手を差し伸べてくださり、またそうやって進んでいったからなのか奇跡のような出会いもあり、人と人を結びつけ、千の偶然と万の軌跡が重なり合い、その公演は終わりました。

中でも、演出家の佐藤美晴さんとの出会いは特別なものでした。人を介して推していただいた経緯はありましたが新進気鋭の若手女性演出家に、ＳＮＳのメッセージ機能でいきなりアクセスし、今考えても「よく返事をもらえたな」という感じでしたが、そこからトントン拍子。流れと勢いというものが持つ力は凄いものだなあ、と思い返しています。

周囲からさんざん無謀と言われたものの、終わってみればその公演は大成功。

その公演自体はメディアにも取り上げられ、高評の上、第９回の名古屋音楽ペンクラブ賞を頂くに至りました。

2017年6月11日「ワルキューレ」公演

大変栄誉なことですが、自然に集まるように支えて支援してくださった皆様のお陰と、心よりの感謝の念を禁じえませんでした。

その「パルジファル」公演の成功で調子に乗り、次なる企画として提案したのが、ワーグナーのライフワークである「ニーベルングの指環」の４つの作品を、１年１作品ずつ４年の歳月をかけて行おうというものです。

難易度も高く困難が付きまとう企画ですが、これも驚くほど簡単にマエストロはＯＫし、２０１６年からスタートしました。

オーケストラ後方に歌の舞台を設置し（セントラル愛知交響楽団の１００回記念演奏会や、名古屋フィルのワルキューレ公演を参考

「ワルキューレ」公演の演奏終了後のカーテンコール

に提案したものです。）、ホールのオルガン前や舞台後ろの客席もアクティングエリアとし、コンサートホールの良い響きを生かしたまま、照明等を駆使して空間を生かし切るという「パルジファル」からの手法を継承し実施した初年度の序夜「ラインの黄金」では、終演後に今まで体験したことのない大きなブラボーと拍手の渦に、団員一同大きく感激しました。

2年目の「ワルキューレ」ではさらに熱度を増し、清水華澄さんなどの素晴らしい歌手に導かれ、熱気と集中の元5時間の公演をあっという間に終えました。

公演の幕間の休憩でロビーに出ると、遠く東京からお越しのワーグナーファンや評論家の方々から口々に紅潮したお顔で感想をいただき、まさに熱に浮かされた空間となりました。

その模様は各メディアでも取り上げられ、中でもジャーナリストの江川紹子さんからはその内情まで踏み込んだ記事を書いていただけました。

このリングへの道も、ようやく道半ばまで来たところです。

成功の要因

現在までの企画の進捗と経過からすると、中身も評価も、高揚したメンバー、お客様、そして私自身の興奮、幸福具合から言っても、今のところ「成功」であるといえます。
その要因を自分なりに分析してみました。

マエストロ

まず、音楽監督であるマエストロ、三澤洋史の「人間的素晴らしさ」にあると言えます。素晴らしい音楽手腕でだけではなく、どこまでも音楽に、人間に誠実で正直な人柄は、人間の原罪的に持ついやらしさが皆無で、安心して身を任せられます。それ故に、本来曲者だらけで、いろんな方向のプライドを持った方たちをまとめていく、「とてつもないと予想される苦労」がほぼ皆無。歌手の皆さんも、合唱団も、オーケストラも、演出舞台スタッフも、マエストロを中心に据えていたら不思議に自浄作用が働き、自然にまとまっていく。これは運営者、企画幹事としては本当にマジカルで嬉しい現象でした。

応援団の皆様

アマチュアではとかく「自分たちが主体的に動き、かつ主役」という形で進めることが多いのですが、我々の公演には、自然と沸き立つ形で応援団的に支援してくださった「お客様」の存在も非常に大きいです。

ワーグナー協会の方々はじめ、名古屋の音楽界の中心的存在である藤井知明先生、都築義高先生や、先述の江川紹子さんほか音楽界、執筆界、純粋な音楽ファンの方々から次々、名古屋だけでなく全国から、ご助言やいろんな形での応援、支援をいただきました。

音楽や作品の力もあるかと思いますが、企画への共感や心意気を応援してくださっているところもあるかと思います。本当に頼もしく、感謝の念を禁じえません。

アマチュアイズムと名古屋という土地

先述の応援団の中に、名古屋の音楽ファンの皆さんの応援も嬉しいものでした。思うに名古屋というこの都市の規模があってこそ、まとまり、目につき、価値も上がる。独特の情と人柄。都市規模や空気からみて、これ以上でもこれ以下でも成しえなかった気がします。その上で、アマチュア独特の「熱」や「心意気」、そして何よりも大切な「謙虚なひたむきさ」が応援してくださる方々の気持ちを掴んだのかもしれません。

理念と取り組み

我々が公演を作っていくときに心がけている行動指針は「かかわるすべての人が幸せであること」そして「謙虚でひたむきであること」「音楽という偉大な芸術の前に、誠実でかつ熱意を持って取り組むこと」この3点です。

1点目の幸福感、これは本番日にホールという空間にいる全員が、幸せであってほしい、というものです。催事でも団体運営でも、最も大切な根幹は、関わった人すべてが「幸せであること」であると考えています。

お客目線で、どうしたら楽しくなるか、どうしたら幸せになるか。

それが誰かの辛い犠牲によってもたらされることではいけない。

2点目、3点目については言葉の通りですので省略します。

今後の展望

奏者側と客の距離感を詰めること

同じ目線で「家族のように応援する」。

客席、ステージ、ホール、それを取り巻く環境。催事で一つの巨大な家族として一体感のあるものが作れたら。～それは名古屋の規模であるからこそ、可能なこと。

講習会、講演会、見送り、プログラム、SNS、様々な情報発信で、客との距離を詰めていき、疑似家族のように交流できる。それは身内として応援、一緒に成長していくことにつながります。

それはアマチュアの運営から発信でも構いません。プロも含めた名古屋の音楽界の底上げ、地域文化の向上。

奏者と運営側と聴衆側の距離を縮め、客同士も結びつき、地域を挙げて振興していく手法はあるはず。財界人の交流の場が、ゴルフ場のクラブハウスや錦のクラブではなく、コンサートホールのロビーやラウンジになっていき、社会全体で音楽芸術業界を支援していける社会づくりに繋がれば望ましいと考えています。

老若男女が楽しめるお祭り。まさに音楽を通じたまちづくり。

名古屋のこの規模感は、まさにこれができる風土です。

我々の取組が、こうしたことへの礎となっていけばこんなに嬉しいことはありません。

名古屋地区が、まちを挙げて音楽に満ちた地区になっていくことを心より祈念し、この文を閉じます。

7

くらしの中にクラシック

―日本一公演回数の多いクラシックホールの私財運営―

宗 次 徳 二
（聞き手：塩見治人）

むねつぐ・とくじ　1948年、石川県生まれ。愛知県立小牧高等学校卒業。八洲《やしま》開発(株)、大和ハウス工業（株）勤務。1973年不動産業・岩倉沿線土地開業、翌年喫茶店・バッカス開業の後、1978年カレーハウスCoCo壱番屋の創業者となる。2003年NPO法人イエロー・エンジェル設立（理事長）、2007年クラシック専用「宗次ホール」オープン（代表）。2012年に名古屋市芸術奨励賞、2017年に経済界大賞社会貢献賞を受賞。著書に『日本一の変人経営者』（ダイヤモンド社、2009年）、『夢を持つな！目標を持て！』（商業界、2010年）、『CoCo壱番屋　答えはすべてお客様の声にあり』（日経ビジネス人文庫、2010年）など多数。

名古屋の中心、栄地区に今年10周年を迎えた「宗次ホール」がある。演奏会回数が断トツ「日本一」のクラシック音楽専用コンサートホールであり、年間約４００回の公演に多様なプログラムをすべて自主企画し、３１０席の中ホールに約８万人の聴衆が訪れている。そのコンサート会場の運営は海外にも見られない宗次ホールに独自のものである。今や、マニアばかりか新たなクラシック好きをも掘り起こして名古屋圏の地域文化に貢献している堂々たる存在だ。

ここでは2017年6月6日に宗次ホール7階の小ホールでおこなった創設者・宗次德二氏との筆者（塩見）のインタビューを紹介したい。

「日本一の変人経営者」の「カレーなる転身」

筆者が宗次氏とはじめて出会ったのは2012年5月、私の勤務した名古屋外国語大学でのフランス語学科の講演会だった。当日の演題は氏の著書名と同じ「夢を持つな！目標を持て！」だった。私のゼミ学生全員で参加し、その感想文を送り宗次氏にも読んでもらった。例外なく学生たちは大感動した。直後に、本書の執筆者のひとりでもある亀山郁夫学長とこの講演のことを話したとき、「その講演タイトルが素晴らしいです」と応答されたことを思い出す。名古屋では単身生活の学長もＣｏＣｏ壱番屋ファンなのだ。

宗次氏の前半生をここで改めて語る必要はないだろう。幼少期は孤児院で育った。今でも宗次氏は両親のことも親戚のことも一切知らない。そして3歳の時に養父母に引き取られて、電気代・ガス代の支払いにも困り、家賃が払えないで各地を点々とする極貧生活を経験した。自身によって何度も語られてきている。小さい頃から「誰にも頼らずに、一人で生きていかなければ」と考えるようになり、後半生で貴重な財産になる自立精神を学び取っていった。

県立小牧高校卒業後に不動産関係に就職し、結婚後2年目、1974年に26歳で喫茶店を開店。

1978年には「カレーハウスＣｏＣｏ壱番屋」（以降 ココイチ）1号店を開店、現在その店舗数は国内1305店、海外158店に成長している。

――「夢でなく目標を追いかける」は経営のモットーとお聞きしています。宗次さんにとって夢とは何ですか、目標とは何ですか。

宗次 私は、1年くらいのスパンで、ギリギリ到達できそうな「目標」を立てます。10年先、20年先の「夢」は持たずにやってきました。そもそも将来のことを考える必要はないと思っていました。いつも現場主義を貫きます。現場にはあらゆるヒントが隠されています。一歩先のためにそのヒントすべてを読み取ります。私の経験から言えば、すべては日々の積み重ねです。毎日必死で頑張っていれば、10年、20年経ったら夢のような「奇跡」が起きるのです。だからどのような状況にあっても、小さくてもいいから「目標」だけは持っていたいと思います。

――宗次流の経営術を教えてください。

宗次 ライバルのことは一切考えません。お金をかければ他者に真似できない商品はありません。しかし「形は真似できても、心は真似できない」と確信しています。

お客様一人ひとりに、いつもにこにこ笑顔で、きびきび働き、はきはき応える（社内では「ニコ、キビ、ハキ」と呼んでいます）。この場合のお客様とは、単に店舗を訪れる顧客だけでなく、取引先や地域の人たちすべてを含みます。

「売り上げが落ちたのなら、掃除をしなさい」と口酸っぱくいってきました。ただし、自社の店舗だけでなく、郊外なら周囲２００メートル、市街地なら周囲20～30メートルがココイチの掃除の範囲です。要は経営姿勢の問題です。掃除をやり始める人は多いのですが、即効性がないと途中でやめてしまいます。逆説的ですが、だから価値があるのです。誰も続かないからこそ、地域の人々から信頼されるわけです。

――宗次さんご自身はどんな経営者だったのでしょうか。

宗次　私は４時に起きて、５時前に出社を続けています。ココイチ時代から毎朝、始業前に会社周辺を60分以上かけて清掃活動します。また各店舗から届く１日１０００通のアンケートを３時間半かけて毎朝読みます。「強く念じて超早起きすれば、花開く」は実現性が高いのです。「誰もができることを、誰も出来ないほど、続けること」です。

退社するのは18～23時過ぎ。休日は年間15日くらい。１９９６年には１日たりとも休まず、１年で５６３７時間も働きました（笑）。これは一日平均にすると約15時間半働いた計算です。経営者は、どれだけ働いても労働基準法に引っかかりません。ハードワークは経営者の特権です。長く働けば働くほど、いろんなアイディアが湧いてきます。

それと、私は即決主義者です。喫茶店開業もカレー店開業も店舗物件は、瞬間のひらめきでものの１

分で決めました。決めてからその後のことを考えました。私は、このやり方で、小さなミスやピンチはあったとしても、大きな失敗は一切ありませんでした。

これがご自身で自称する「日本一の変人経営者」の姿の一端だ。こうして宗次氏は２００２年に53歳の若さでこの事業から引退し、「カレーなる転身」を果たすことになった。

クラシック音楽とは何か

引退後の宗次さんのテーマは「くらしの中にクラッシック」だ。宗次さんの活動すべてがこれを軸に回っている。

――宗次さんにとってクラシック音楽とは何ですか。

宗次　洋楽・邦楽と音楽ジャンルは多彩ですが、西洋クラシック音楽は私にとって特別です。クラシック音楽は、〝人をやさしくし、人生を豊かにする〟という感覚です。

――宗次さんのクラシック音楽との出会いは?

宗次　高校１年の時、中古のテープレコーダーをアルバイト代の分割払いで譲り受け、たまたま録音した音楽の流れるような名旋律が私の耳に深く焼きつきました。あとで分かったことですが、その曲はメンデルスゾーンのヴァイオリン協奏曲でした。養母との生活は貧しかったのですが、音楽がつらさを忘れさせてくれました。その時から、クラシック音楽が私に〝生きる力〟を与えてくれるようになったと言っても過言ではありません。

――宗次さんがクラシック音楽を転身のテーマにしたのはなぜですか。

宗次　創業者として事業のバトンタッチは早いほうがいいと考えていました。会長となり、飛行機の機内で久しぶりに聴いた音楽に心を揺さぶれました。テノール歌手パバロティーさんの歌声でした。仕事に没頭してすっかり忘れていたクラシック音楽の歓びが蘇えりました。当時、2年前に会社の株式を公開し、創業者利得で得たお金は、妻と相談した結論が、「利益は社会からの預かり物。社会のために使う」でした。

いろいろ援助する「イエロー・エンジェル」

宗次さんの第2幕は、ココイチ退任後2003年のNPO法人の立ち上げにはじまる。私財をなげうって「いろいろ援助する　エンジェルになる」の語呂合わせで法人名を「イエロー・エンジェル」と名づけた。その活動内容は、スポーツ振興、文化・芸術振興、留学支援活動、奨学金制度、早起き実践活動支援、清掃運動、チャリティー運動、青少年に楽器を贈る運動などなど多岐にわたる。

――「イエロー・エンジェル」のユニークな点をご紹介してください。

宗次　宗次ホールの表通り、広小路通りの栄駅から東新町まで４１３メートルを花いっぱいの自称「イエロー・エンジェル通り」にしています。春からは黄色のハイビスカス、冬に向かっては黄色のパンジーを私自身が植えています。花の苗代だけで毎年２００万円使っていますよ。

――今や黄色は宗次カラーですね。たくさんのご著書のブックカバーも、パンフレット類も、広小路通りも、そしてご自身のネクタイも、名刺に至るまでみんな黄色ですね。

宗次　私の黄色のネクタイは量販店で500円のものを20本まとめ買いしています。靴も量販店で３８００円のものを10足まとめ買いしています（笑）。

そのほかの活動ですが、サッカーのＦＣ岐阜に移動用バスを提供しましたが、見事にＪリーグ入りを果たし喜んでいます。しかしなんと言っても、次世代を担う若い人たちの一途な頑張りに対して、心から支援をしたいと思っています。

奨学金制度では、スポーツ・音楽・学問にがんばっている若い人たちに月額3～15万円の支援を行ってきました。また「新進演奏家国内奨学金制度」で昨年度（２０１６年）は16名の奨学生を決定しました。「青少年に楽器を贈る運動」は昨年が第８回目で、楽器が不足していると申し出のあった小・中・高の吹奏楽部２２３校にクラリネットやフルート、トランペットなど楽器３５８点、総額１億円相当をお贈りしました。またこれまでに東京藝術大学音楽学部のホール改修工事へ寄付し、愛知県立芸術大学の新校舎落成記念にはピアノ（ベーゼンドルファー）、ヴァイオリン2台、ビオラ、チェロ、ハープを贈りました。音楽活動の次世代支援に配慮しています。さらに世界で活躍する若いヴァイオリニスト五嶋龍さんを始め、多くの弦楽器奏者に楽器の貸与で演奏家も支援しています。

百花繚乱の「宗次ホール」

4年後、２００７年に宗次ホールが完成した。宗次さんが栄で自宅用の土地75坪を求めた時、思いがけず、隣接する古屋や貸店舗も買えることになり、合わせると２５０坪になるという。ここで「夢」が一転「目標」に変わった。中ホールを思いついたのだ。２００５年に起工式を行い、総合監修に作曲家三枝成彰氏、音響設計に唐澤誠氏と一流の専門家を起用して、天井が16メートルと高く、1階席２３２席、2階席78席（車椅子席6席を含む）。すべての席が舞台に近く、音響にこだわったホールにした。聴衆ばかりでなく、多くの演奏家からも優れた音響を賞賛されてきている。内外の演奏家から「ヨーロッパにも無い響きの良さ」「またもう一回来て演奏させて欲しい」などの声がある。

宗次ホールは、ほぼ毎日、ランチタイム11時30分より、スイーツタイム13時30分より、ディナータイム18時45分より、の3タイプのコンサートがあり、土・日曜日にはマチネーも用意されている。ランチタイムには外部と提携した食事つきプラン、スイーツタイムにはケーキセットつきプランもある。チケットは、国内外の若手演奏家が中心のランチタイム１０００円、スイーツタイム２０００円、国内外の一流演奏家が登場するマチネー3500円で、リサイタルも5000円を越える席はないという低料金。ほぼ半額の学生チケット、寄付金をつけたチャリティーシートもある。前に書いたとおり公演はすべて自主企画だ。座席には希望者にひざ掛けブランケットが配られるのも素敵だ。

2階のホワイエ、1階のギャラリーが訪れた聴衆の楽しい空間だ。聴衆が持ち寄った中古CDがラックにいっぱいで、1枚500円払えば選んで買える。壁では聴衆の写真展、俳句展、書道展が開催され、受賞作には記念品がもらえる。被災地支援等常設の寄付金箱にはずいぶんお金が集まっている。ショップの宗次ホールグッズも多彩で気が利いている。

聴衆の会員交流も盛んだ。NPO法人「クラシックファンクラブ」がある。「宗次フレンズ」に加わると毎月大部のチラシが無料で郵送される。現在約9500名が登録しているという。また「クラシック音楽広め隊」は現在、第11期隊員100名を募集している。隊員期間は6ヶ月で、ファンづくりのため周りの人に毎月チラシ33部を配るのだが、知らない人とも会話が弾んで案外楽しいと感想が寄せられている。毎月公演1回が無料となる。2013年に始まった「届け隊プロジェクトチーム」は、宗次ホールを離れて、各地域や各職場でクラシックの生演奏を聴いていただく目的で、それぞれの演奏家自身がプログラムからシナリオまで作成している。今年で第8回を迎える「『四季の日』コンサート」は、宗次さんが後に妻となる直美さんに大好きな《四季》のレコードをプレゼントしたことに因み、毎年結婚記念日の11月12日にヴィバルディの《四季》全曲がいろいろなソリストによって演奏されている。各地のコンサートを紹介する「気になるコンサートを見つけよう」など宗次ホール手作りの音楽講座も開催されている。

――宗次ホールのモデルはどこかにあるのですか。何をモデルにしたのですか。

宗次 どこにもモデルはありません。ただただ、クラシックを広めたいという思いと、演奏家さんに演奏機会を提供したいという思いからです。「くらしの中にクラッシック」と言うテーマをもって、お客様が喜ぶことを思いつつ、一歩一歩目の前の小さな課題に対応してきました。日々、全力で取り組む中での成り行きでここまで来た、これが真実です。最初から到達点を決めて進まない。目の前の小さなことの積み重ねです。それで着実に成長したのです。

――運営スタッフはどうなっていますか。

宗次 スタッフは8名です。企画3名、すべて内製しているチラシ1名、チケットセンター3名、それにパート従業員と学生アルバイト（音大生など）からなるレセプショニスト（宗次ホールでは気配りストと言う）。のべ約30名、8時間でみれば8〜10名です。求人にお金をかけたことはありません。中途採用（出向、塾の講師、ブラスバンドの指揮者など）と音大の新卒2名を始め音楽好きばかりです。

――公演の出演者にアマチュアの参加はあるのですか。

宗次 出演者にノーギャラはいません。若い人にも機会を与えたいという強い思いがあります。海外の演奏者には外部からの紹介もありますが、長年やっていると、日本に来た時には「ここのホールは素敵だから」とわざわざ立ち寄ってくれる人が多くいます。
――宗次節の楽しいお話をありがとうございました。まだまだ聞きたいことがあるのですが、今回はこのあたりで。

筆者は、宗次徳二氏とこれまで何度かお会いしているが、対面してお話を伺ったのは今回が初めてだった。つくづく思う。素晴らしい人の周りには、素晴らしいテーマがいくつも立ち上がり、素晴らしい人々が集まって来るということだ。

（文責：塩見治人）

8 美術

文化芸術あいち百年の軸を担う〝あいちトリエンナーレ〟

青木幹晴

あおき・みきはる　1958年生。慶應義塾大学法学部卒業。愛知県採用となり、以後、県民生活部学事振興課長、東三河総局企画調整部長兼企画調整課長、東三河総局新城設楽振興事務所長を歴任。現在、愛知芸術文化センター・センター長、あいちトリエンナーレ実行委員会事務局長を務める。

はじめに

平成29年1月、愛知芸術文化センターは、一般財団法人 地域創造から「地域創造大賞（総務大臣賞）」を受賞しました。

年間180万人が訪れる愛知県の文化振興の一大拠点として、美術展、映像事業、オペラからコンテンポラリーダンスまでカバーする舞台芸術公演など多彩なプログラムを提供してきたことに加えて、国際芸術祭〝あいちトリエンナーレ〟の担い手となるなど、都市文化の活性化に貢献したことが高く評価されたのです。

センターが開館して四半世紀となる節目の年でもあり、関係者の喜びは大変大きなものでした。ここに改めて、愛知県の文化芸術政策とあいちトリエンナーレの歩みを振り返ってみたいと思います。

戦後の混乱期にこそ文化を～愛知県文化会館の建設

昭和26年（1951年）、戦後2回目となる知事選挙が行われ、決選投票の激戦を制して「大愛知県の建設」を公約とする桑原幹根知事が誕生しました。

桑原知事は、さっそく翌昭和27年に、美術館、講堂、図書館の三つを一体とした複合型文化施設〝愛知県文化会館〟の建設にとりかかります。「私が一連の施設づくりの最初に文化会館を選択したのは、この地方の文化ということを、強く意識してのことでした。名古屋市や愛知県が『文化の埋没地帯』と言われたり、〝文化不毛〟とか〝偉大なる田舎〟とか言われると、私はしゃくにさわってねえ。よし、ひとつ造ってやろう、とそんな気持ちでした。」（『桑原幹根回顧録　知事二十五年』）と述べています。

しかし、当時は、ようやく戦後の混乱期が終わろうとする時期で、まだ国も県も人も貧しく、そうした中での文化会館の建設には反対の意見も強かったのです。昭和27年5月定例県議会で、後に国政に進出し民社党委員長を務める春日一幸議員は、「本県が年来非常な財政難そのことのために、緊急欠くべからざる重要事業が逐次繰り延べられておりますことは、私どもが日ごろ痛切に感じておるところでございますが、それらの施策をさしおいて、今ここに5億になんなんとする厖大予算を図書館あるいは美術館あるいはステージの建設のために、ここに要求してくるということは、まったく時宜に適せざるものである」と建設予算の修正動議を提出しています。

難産の末、昭和34年（1959年）に、美術館、講堂、図書館からなる〝愛知県文化会館〟が誕生します。以後、平成4年（1992年）に現在の〝愛知芸術文化センター〟にその役割を引き継ぐまで、30年以上にわたり、この地域の文化の殿堂として様々な文化活動を支えたのでした。愛知県文化会館の建設は、愛知県の文化芸術政策のまさに「原点」である、そのように思います。

桑原知事の時代には、このほか昭和41年（1966年）に美術学部と音楽学部を備えた日本で初めての公立芸術大学〝愛知県立芸術大学〟が創設されています。

愛知県の文化芸術政策のマイルストーン～愛知芸術文化センターの開設

平成4年、愛知県が総工費628億円を投じて、国内で最大級の複合文化施設〝愛知芸術文化センター〟が開設されました。名古屋・栄の中心街に建つ地上12階地下5階の施設は、音楽、演劇などのための3つの専用ホールをもつ芸術劇場と、国内の公立美術館では最大級の広さの美術館、情報の発信基地となる文化情報センターの３部門で構成されています。

この愛知芸術文化センターの開設にあわせて、県は新たに文化芸術振興の財源確保を目的とする「文化振興基金」の創設や推進組織となる「文化振興局」の設置、振興施策を総合的に推進するための「愛知県文化振興ビジョン」の策定（以上、平成３年度）、舞台芸術公演の担い手となる「愛知県文化振興事業団」の設立（平成４年度）とソフト面の充実を図ります。こうした県の動きに呼応するかのように、民間では芸術家、文化芸術団体によるジャンルを越えた横断組織「愛知芸術文化協会（ＡＮＥＴ）」が設立されたのです。平成４年は、まさに「愛知の文化芸術振興元年」と言えるのではないでしょうか。

そして、この愛知芸術文化センターの開設が、後のあいちトリエンナーレの誕生に大きくつながっていくのです。

幻の名古屋オリンピックから愛知万博の成功、そしてあいちトリエンナーレへ

１９６４年（昭和39年）の東京オリンピックから半世紀以上を経て、再び東京でオリンピックが開催されようとしています。が、今から30年前の１９８８年（昭和63年）に、夏季オリンピックを名古屋で開催する構想があったことをご存知でしょうか。残念ながら、韓国のソウルに敗れ、〝幻の名古屋オリンピック〟となってしまいました。

オリンピック招致の失敗は、この地域に大きな虚脱感と停滞感をもたらしました。そうしたムードを払しょくするかのように、ソウルオリンピックが閉幕した1988年の秋、当時の鈴木礼治知事が「21世紀万国博覧会構想」を打ち上げます。21世紀に向けた地域づくりの起爆剤として取り組んでいた、中部新国際空港、リニア中央新幹線、第二東名・名神自動車道の3つのビッグプロジェクトとあわせて、「三点セット・プラス・ワン」と呼ばれるようになりました。

この万博も当初は開発優先といった批判にさらされ実現が危ぶまれた時期もありましたが、会場地を変更するという大変な紆余曲折を経て、2005年（平成17年）に〝21世紀最初の万国博覧会〟として開催されます。「自然の叡智」をテーマに掲げ、121か国・4国際機関が参加した〝愛知万博（愛・地球博）〟は、自然との共生や市民団体の参加など新しい時代の万博の姿を世界に提示することができ、また、目標来場者数の1500万人を大きく上回る2200万人の方々にご来場いただくなど大成功を収めました。

この成功の裏側で、万博後の地域づくりをどうしていくのかが、当時の県政の大きな課題でした。翌年3月、それまでの地方計画に替わる「新しい政策の指針」が策定され、文化芸術の分野で、「愛知芸術文化センターを拠点とした、国際的に注目される文化芸術イベントの開催をめざす」ことが打ち出されます。万博成功の次のステップとして、「国際社会から真に尊敬される地域となるためには、経済面だけでなく文化芸術面でも日本、世界に貢献していかなければならない。」、「行政が後世に残せるのは、究極のところ文化しかない。」（文化芸術は歴史や社会を越えて後世に残り、地域の財産になる）という神田真秋知事（当時）

の強い思いに後押しされたものでした。

「新しい政策の指針」を個別計画に落とし込む過程で、〝愛知の文化芸術振興に関する有識者懇談会〟が設置され、そこで初めて〝愛知ビエンナーレ〟が提言されます。この懇談会の議論を踏まえて、平成19年（2007年）に「愛知県文化振興ビジョン」から数えて3番目となる「文化芸術創造あいちづくり推進方針」が策定され、その中で、「国際芸術祭の開催を文化芸術政策全体を推進するための先導的役割を担う取組」として位置づけたのです。そして、「あいち国際芸術祭（仮称）基本構想」（平成20年3月）で、〝あいちトリエンナーレ〟が具体化していきます。

リーマン・ショックに揺れる開催～こうしたときにこそ

平成20年8月に国立国際美術館長（当時）の建畠哲氏が芸術監督に就任。10月には国際芸術祭の正式名称を「あいちトリエンナーレ2010」に決定し、テーマ・基本方針を公表するなど、2010年（平成22年）の開催に向けて順調なスタートをきったまさにその時、百年に一度と言われる世界的な不況〝リーマン・ショック〟が起きたのです。

愛知県もその直撃を受け、県議会では国際芸術祭など大規模なイベントの開催を再検討すべきとの声も大きくなっていきました。そうした中、県議会議長の呼びかけで年明けに建畠芸術監督による講演会が行われました。建畠芸術監督は100名を超える県議会議員や県幹部職員を前に、アメリカのニューディール政策の一環として実施された〝連邦美術計画〟や韓国で光州事件の精神的ダメージを癒やし都市のイメージを回復するために創設された〝光州ビエンナーレ〟、阪神淡路大震災からの復興のシンボルにと整備された〝兵庫県立美術館〟などの例を挙げて、経済的に困難な状況にある愛知県で国際芸術祭を開催する意義を力説したのです。「国内外の大規模なアートプロジェクトの多くは、文化の力によって、国民、市民を元気づける、社会に明るい光を差し入れ、精神を鼓舞するという目的をもって企画され、今日ではそれぞれの国や地域の文化的シンボルとして親しまれている。」

この講演会を境に、議会の流れががらりと変わりました。「こうしたときにこそ、アートで元気づけよう」という方向へ大きく動いたのです。そして、1か月後に開催された2月定例県議会で、神田知事は、あいちトリエンナーレの初回を予定どおり2010年に開催することを表明したのです。

あいちトリエンナーレの軌跡

神田知事によって2010年に始められた〝あいちトリエンナーレ〟は、その翌年に就任した大村秀章知事によって引き継がれ、2013年、2016年とこれまで3回開催されています。

この芸術祭は、毎回、芸術監督が交代することが特徴の一つであり、監督の個性とその時々の時代の風や社会状況を色濃く反映してきました。

初回の建畠芸術監督は、「都市の祝祭」をテーマに、アートを美術館などの専門施設から解放して都市そのものを会場とし、日常的な見慣れた場所をわくわくした非日常的な空間に変貌させました。「トリエンナーレって、何?」現代アートはまだまだ馴染みが薄い存在でしたが、そのおもしろさに触れる機会を間近に提供してくれたのです。この「祝祭性」に加え、「先端性」、「複合性」の基本コンセプトは、あいちトリエンナーレの底流となって今も流れています。

2回目のあいちトリエンナーレは、2011年に発生した〝東日本大震災〟後に日本で開催される初めての大規模な国際芸術祭として国内外から注目を集めました。五十嵐太郎芸術監督は、大震災に直接向き合い、「揺れる大地―われわれはどこに立っているのか:場所、記憶、そして復活」をテーマに据えたのです。既存の価値観を揺さぶり、現代社会に問題提起をしたトリエンナーレだったように思います。

3回目を迎えて、あいちトリエンナーレが地元に少しずつ定着していく中で、港千尋芸術監督は、「都市」、「大地」の次は「人間」を中心に据えたいとして、「虹のキャラヴァンサライ　創造する人間の旅」をテーマにしました。港芸術監督が〝あいちトリエンナーレ2016〟のフィナーレで、「トリエンナーレはアーティストだけではなく、アートを見たい人、興味を持った人、これからつくってみたい人、そして芸術祭を共有したいすべての人によってつくられるものです。」と述べられたことが強く心に残っています。

そして、現在、津田大介芸術監督のもと、「情の時代」をテーマに4回目となる〝あいちトリエンナーレ2019〟の開催準備が進められています。

（資料）　あいちトリエンナーレの開催状況

	あいちトリエンナーレ2010	あいちトリエンナーレ2013	あいちトリエンナーレ2016
テーマ	都市の祝祭	揺れる大地　―われわれはどこに立っているのか：場所、記憶、そして復活	虹のキャラヴァンサライ　創造する人間の旅
芸術監督（就任当時の職）	建畠　晢（国立国際美術館館長）	五十嵐太郎（東北大学大学院工学研究科（都市・建築学）教授）	港　千尋（多摩美術大学美術学部情報デザイン学科教授（映像人類学））
開催期間	平成22年（２０１０年）8／21～10／31（72日間）	平成25年（２０１３年）8／10～10／27（79日間）	平成28年（２０１６年）8／11～10／23（74日間）
主会場	愛知芸術文化センター、名古屋市美術館、名古屋市内のまちなか会場	愛知芸術文化センター、名古屋市美術館、名古屋市・岡崎市内のまちなか会場	愛知芸術文化センター、名古屋市美術館、名古屋市・豊橋市・岡崎市内のまちなか会場
来場者数	５７２，０２３人	６２６，８４２人	６０１，６３５人

あいちトリエンナーレがもたらすもの

あいちトリエンナーレは、「新たな芸術の創造・発信により、世界の文化芸術の発展に貢献する。」、「現代芸術等の普及・教育により、文化芸術の日常生活への浸透を図る。」、「文化芸術活動の活発化により、地域の魅力の向上を図る。」の3点を開催目的としています。継続して開催することで、世界の文化芸術にどのような影響を及ぼすのか、この地域で暮らす人や文化、街がどう変わっていくのか、想像するだけで楽しい気持ちになります。そして、その萌しは、もう見え始めています。

初回からまちなか会場の一つとなった名古屋の長者町繊維街は、トリエンナーレを機に「アートのまち」として地域づくりに取り組む人が増え、「おもしろいな」という感覚が若い人を引き付けて生き生きとした街に生まれ変わろうとしています。また、出品アーティストが愛知に移り住んで活動を続けたり、トリエンナーレに関わったキュレーターやスタッフが名古屋、岡崎などこの地域のアートシーンや全国に活躍の場を広げています。そして、トリエンナーレに1000人を超える方々が毎回、ボランティアとして参加しています。

さいごに

この地域で半世紀以上にわたり蓄積され、培われた土壌の上に〝あいちトリエンナーレ〟の種がまかれ、8年前に花開きました。120年以上の歴史を積み重ねて今のベネチアビエンナーレがあるように、あいちトリエンナーレが本当に成熟して立派なものになるのには、やはり100年以上の歳月が必要なのかもしれません。

どうぞ長い目で、このあいちトリエンナーレの成長を見守っていただきたいと思います。

9

名古屋圏の陶芸家の全国的な位置と将来への可能性

―大激動の陶芸界　生活環境の変化で―

井上隆生

いのうえ・たかお　1942年愛知県瀬戸市生まれ。早稲田大学法学部から大学院修士課程修了。1969年朝日新聞入社。新潟、長野支局などを経て名古屋本社社会部から学芸部へ。元朝日新聞編集委員。朝日陶芸展と女流陶芸公募展などの審査員。1995年から日本陶磁協会の月刊誌『陶説』で「東海の陶芸展」を担当中。著書に朝日新聞名古屋本社学芸面連載をまとめた『現代陶芸家列伝』(風媒社)など。

瀬戸物は死語か

瀬戸市出身の藤井聡太　中学生プロ棋士の活躍が日本中のメディアを騒がせた2017年はまた、瀬戸市が陶磁器の代名詞でもある「瀬戸物」の産地であることが、もはや通用しなくなった現実も明らかにした。

新聞やテレビで私が確認した限りでは「瀬戸物の瀬戸に住む」との説明をしたメディアは皆無。かつては「陶都」と呼ばれた瀬戸で林立して真っ黒な石炭の煙を吐いた煙突群は、1959年の伊勢湾台風で倒壊。以来半世紀以上が過ぎ、石油や電気への燃料革命もあって市の風景は激変、空を覆う黒煙はとうに消え、どこにでもある街に変わったのだ。

やきものの代名詞・瀬戸物の瀬戸と気が付かなくても不思議はない。全国で「やきもの」を表した「瀬戸物」自体が、死語になりつつあるようだ。

陶芸家は超一流

意識的に瀬戸物の言葉を使わない人達もいる。やきものの美術品を個人名で発表する陶芸家である。

名古屋圏には瀬戸と常滑の二大窯業地がある。私が日ごろ取材する陶芸美術館や陶芸画廊などから推測する限り、地元だけでなく全国各地で個人名で個展を開催できる陶芸家となると、両地区で最大限に見積もって70人から80人程度ではないだろうか。

日本の六古窯の二つとして歴史のある国内有数の窯業地だけに陶芸家の質は高く、伝統から前衛の現代陶芸まで幅がある。

瀬戸市の代表格は加藤清之。若くして朝日陶芸展で土味を生かした前衛とも伝統とも解釈できる作品で2年連続大賞に輝き、今も活発に東京や名古屋など全国で個展を開く。

続く世代としては長江重和や戸田守宣ら。長江は磁器を公募展に持ち込んだ日本での先駆者の一人。朝日陶芸展、国際陶磁器展美濃、日本陶芸展などで大賞を獲得。戸田は小品を幾つもまとめる現代美術にも通じる手法で朝日陶芸展、日本陶芸展の大賞に輝いた。

陶芸でも全国的に女性の進出が目立つが、「第3回あいちトリエンナーレ2016」で初めて陶芸が展示された。選ばれたのは並み居る男性陣を抜いて、隙間を生かした全く新しい器で「非器の美」とでもいえる独特の陶芸美を創造した柴田眞理子だった。

常滑に目を移せばまず鯉江良二。現代美術との橋渡し役としてやきものを材料にして多角的に「陶」の世界を超える活躍で、活動範囲は世界にまたがる。セントレアに陶壁を設置した吉川正道は青白磁の磁器で国内よりむしろ世界を股に活躍している。

激変する食生活

この他にも多くの人材が独自の制作をしているが、陶芸界の先行きとなると楽観はできない。一番の原因は食生活の変化だ。

２００９年春、朝日新聞名古屋版の声欄に「急須で茶入れる慣習消える？」との名古屋市の女性会社員の投書が載った。お茶屋さんに聞いたとして、小学校低学年の授業参観でお茶の入れ方講習会を開いたら急須を誰も知らず、お茶はペットボトルで買うものと思っているかもしれないと、結ばれていた。

この投書と相前後して経営の先行きを心配していた、人間国宝の茶器から若手陶芸家の日常の食器類までも置く、名古屋市内の陶芸画廊の女性店主が店を閉めた。

時折語ってくれた話を思い出す。「以前は会社員は定年が近づくと、ボーナスで有名作家のぐい呑みを買ってくれたもんですがね、いまは駄目」「単身赴任が増えて食器はもとより湯呑みも不要。コンビニ弁当とペットボトルでね」。ビル内の店はその後も空室のままだ。

仕切り皿が食卓に

この画廊主の見方を補強する、衝撃的な見解が２０１６年4月23日の朝日新聞オピニオン面「私の視点」に出た。驚きを超えた内容に切り抜いた。「個食時代の食卓　大人に広がる子ども用皿」と見出しがついたキユーピーの岩村暢子顧問の投稿を要約すると。

家庭用食器が売れない半面、お子様ランチに使うような仕切り皿の売れ行きが好調だとして理由を、首都圏３９３世帯の１週間分の食卓写真と日記で探っている。

仕切り皿が夕食に出た最初は２００１年。31歳の母と2歳の男児だった。05年ごろには中学生や40代の父親も使い出した。11年には40代の両親と高校生の子どもも使い、14年には親が30代、40代の家庭では半数以上が日常食器として使い出した。

私には別世界の食事風景の出現だった。あれから1年半。ビジネスホテルのバイキング用と思っていた仕切り皿が一般家庭の食卓にもっと増えているのだろう。

今年（２０１７年）夏、名古屋市内の画廊で女性陶芸家の個展を見た。陶芸教室も開いているというので最近の様子を聞くと「仕切り皿を作りたいという若い女性も珍しくありません」だった。

食器洗いが楽

普及の原因も衝撃だった。仕切り皿だと①少ないおかずや簡単料理でも見た目がいい②洗い物が楽③取り置きに便利④好きな場所で食べられるなど大げさに言えば食文化の激変で、食器が１枚の味気ない皿に集約されつつあるようだ。

安すぎる？

私は瀬戸市生まれで日常使いの食器の値段は妥当な判断ができる方だと自負している。先日手ごろな値段で人気の家具などの大型店へ入った。ソファと対のテーブルの上に鎬手《しのぎて》のやや大きめのスープ碗があった。取っ手もしっかりとして持ちやすい。釉薬の色も焼き上がりもいい。いくらかな？　普通の碗より手間がかかっている。１５００円？　値段で人気の店だ。ひょとして８００円？　底を見てため息が出た。中国製で税抜き２７７円。「なぜこんなに安く売れるのか」。自問しつつ４個買った。

陶芸家はどこへ

随分前に百円ショップに初めて入って日常食器類が1個100円で揃うと知った時の驚きよりも、他の用途にも転用できる277円スープ碗の方が私の驚きは深刻だった。百円食器はその内に飽きてきてもう少し良いものをと買い換えるのでは漠然と思ったが、税抜き277円の碗は、割れたらまた買うと思うほどに出来がよかった。

そして、陶芸家の跡継ぎが激減しているという疑問が氷解した。瀬戸に限らず窯業地では国の重要無形文化財保持者（人間国宝）や、長きにわたり家業の伝統を受け継いで独特の作品を生産する家、他にない作品で地域との根強いつながりのある家などの子弟ら以外は、経済的に成り立たない厳しい現実に直面している。

遠慮なく聞くと、多くの50代以上の人は「子どもに後を継げなどとは言えません。私を見てますから。私で終わりです」

公募展の減少

かつては陶家に生まれたり、芸大や美大、陶芸研究施設の修了生など陶芸家志望の若者がまず目指すのは大手新聞社や地方自治体が主催する陶芸の全国公募展だった。

所得倍増計画による経済の高度成長期には朝日新聞主催の通年の「朝日陶芸展」が1963年に、毎日新聞主催の2年に1度の「日本陶芸展」が1971年に始まった。

窯業地を持つ地方自治体は、新聞社を追うように地方振興とからめて1986年には岐阜県と東濃の市が世界に呼びかけて3年に1度の「国際陶磁器展美濃」を開始し、常滑市・兵庫県出石町・栃木県益子町なども全国を対象に公募展を始めた。

バブルの崩壊による経済不況に見舞われると軒並み休止に転じ、現在も続行しているのは「日本陶芸展」と「国際陶磁器展美濃」くらい。かつての規模と熱気はない。若手が世に認められる機会は通年開催で2017年に64回を数えた「日本伝統工芸展」がある伝統派くらいで、オブジェや大胆な器物に挑む若手には厳しい現実が続く。

副業か趣味か

数年前に関西の百貨店内の画廊を訪れた時、作家さんと話そうと尋ねると「平日は勤めなのでここへは土日だけです」。と店員さん。

世界一の陶芸王国と言われながら陶芸だけでは生活できず、他に仕事を持ち作陶は休日という現実をこの時初めて知った。さらにいまでは、どこの窯業地にでもあるとも。陶芸家の中には、休日陶芸家が常態化するとみる人も少なくない。

茶陶の全国公募展である２０１７年の土岐市主催の「第10回現代茶陶展」で、これからの陶芸界を示唆するような事例に出合った。

グランプリの「ＴＯＫＩ織部大賞」に選ばれたのは定年退職後に焼き物の世界へ入り常滑に移り住んだ74歳の人だった。趣味の世界へ入って十数年。陶芸にはこういう接し方もあると、目を見開かされた。

販路はどこに

対処の方法はあるのだろうか。食器に視点を置くと、激変する食生活と家族構成。進む少子化。土に変わる素材の多様化。使い捨て食器の浸透。どれをとっても陶芸の将来は厳しい。

美術作品に視点を置くと、オブジェを主としてきた作家の声が耳に残る。「阪神大震災の時はまだ影響がなかったが、東日本大震災では全くオブジェが売れなくなりました。あの津波の強烈な映像で」。オブジェを得意とする陶芸家の中には販路を海外に絞る人も出てきている。国内だけを相手にしていては日本陶芸に未来はないようだ。

（敬称略）

10 もっと世界に誇りたい、名古屋圏でのやきものづくり

田村　哲

たむら・さとし　1972年愛知県豊田市生まれ。陶都、滋賀県甲賀市信楽町で育つ。東京藝術大学大学院美術研究科文化財保存学専攻（保存科学）修士課程修了。愛知県陶磁美術館勤務（1997年4月〜現在）、同美術館主任学芸員（保存科学、分析化学）。論文に、陶磁器産業、産業文化財、文化財資料（陶磁器）の化学的研究など多数。

名古屋圏でのやきものづくりの源流をたどる

名古屋圏におけるやきもの生産の源流をたどる中で、重要な事項は2つある。一つは耐火度のある、白色性に富んだ粘土がこの地域で産出したこと、もう一つは、1500年以上前に中国や朝鮮半島から窯で

の焼成技術が伝播し、１０００℃以上の高温で焼かれたことである。以降、近代には名古屋圏が日本のやきもの生産のメッカとなった。

灰釉多口瓶　8世紀　猿投

原料の産出について、瀬戸美濃一帯を中心とする愛知県北部から岐阜県東濃地域にかけての一帯は、１０００万年以前に「東海湖」ができ、白色度に富んだ粘土、「蛙目《がいろめ》粘土」が堆積した。東海湖とは、元々瀬戸内海が東方に広く拡がったもので、これが西方に縮小、移動した中で残された湖として古琵琶湖や東海湖が形成されたとされている。また、火山活動により生成された長石、珪石質に富んだ花崗岩等の火成岩は東海湖の水により堆積され、風化されたことで微細な粘土質の土壌が生まれ、白色度に富む蛙目粘土として堆積されたとされる。主に長石や珪石、可塑性粘土が含まれている。また、蛙目粘土とは、それが水に濡れることで、珪石の粒があたかも蛙の目のようにキラキラ輝く様から名付けられ、「がいろ」とは、瀬戸弁での蛙である。主に蛙目粘土は、瀬戸美濃地域と伊賀の島ヶ原地域で産出する白色粘土で、主に瀬戸焼、美濃焼、信楽焼、伊賀焼の、長石や珪石が含まれた淡色の素地となる。

次に、名古屋圏でのやきものづくりの起源をたどる重要な場所として、猿投山南西麓古窯跡群、いわゆる「猿投窯」がある。中でも、名古屋市東山地区の「東山１１１号窯」がその最初期とされ、５世紀後半頃に半地下式の窖窯により1000℃以上で白瓷（須恵器系のやきもの）が焼かれている。猿投窯の東端は豊田市北部から、みよし、東郷、日進、豊明、名古屋市東部、長久手、瀬戸周辺へと拡がり、須恵器のほか緑釉陶器、灰釉陶器等も焼かれている。

なお、昭和30年以降の調査により猿投窯製品等が発掘される前は、縄文、弥生時代の土器生産の後から、中世までのやきものはついては未知であったなど、陶磁史の空白期間を埋める貴重な古窯跡群となった。

やきもの生産の概史

猿投窯は、昭和30年以降に「愛知用水」の整備工事に伴う考古学調査で明らかとなった生産地遺跡である。ここでは、土器系のものから須恵器、原始灰釉陶器、灰釉陶器がつくられ、土の精錬が不十分な灰褐色の素地から、土が十分に精製された瓷器（陶器）系素地となったものまで様々である。

猿投窯を中心に、瀬戸、美濃、常滑などへやきもの作りが伝播し、11世紀頃からの瀬戸窯を皮切りに、全国的にやきものづくりが拡がった。

鉄釉巴文瓶子　11世紀　瀬戸

中世の古窯として瀬戸、常滑、越前、信楽、丹波、備前があり、いわゆる「日本の六古窯」と言われる代表的な窯業地である。中

志野草花文鉢　桃山時代　美濃

でも瀬戸は、六古窯の中でも唯一、灰釉、緑釉、鉄釉（黄瀬戸）などの施釉陶器を焼いていた。

桃山時代になると、瀬戸の陶工たちは、山伝いに美濃へと、生産拠点を変えて行ったとされている。以降の瀬戸では、無釉の山茶碗が量産される。

美濃では主に志野、織部など新しい施釉陶器が作られ、茶人、千利休や古田織部らにより創出されたやきものは、茶陶として高く評価される。原料の一つ、長石を単味で用いた志野釉により、わが国で始めて白いやきものができた。白い素地により、器表面にも鉄による褐色の絵が描かれることとなり、やがて織部にも応用されている。

一方、九州肥前の有田では磁器生産が17世紀初頭に始まり、色絵磁器が輸出されたヨーロッパ宮廷を中心に高く評価された。わが国で初めての磁器生産であるが、中国では6世紀後半頃に遡るとされ、その差は1000年である。更に瀬戸ではその200年後となり、加藤民吉らが有田からその技術を持ち帰り、瀬戸で始まったとされる。しかし、瀬戸の磁器は有田の磁器ほど白色ではなく、風化花崗岩の砂婆《さば》などの原料で作られた素地は、鉄や銅などの金属により着色され、華やかなやきものとなる。

それまでの瀬戸では、陶器素地に鉄などで下絵を描いた「絵瀬戸《えぜと》」が焼かれていた。美濃で生産される志野や織部のような陶器素地で、鉄を原料とする粘土、鬼板《おにいた》（あるいは水落《みずおち》）で褐色の絵が施されたもので、素地は褐色がかった白の、木目の粗いものであった。

やがて磁器が作られるようになり、代表的な作例は、白い素地に呉須《ごす》と呼ばれる青い絵が描かれる「染付《そめつけ》」が普及した。それまで生産されていた陶器を「本業焼《ほんぎょうやき》」と、磁器は「新製焼《しんせいやき》」と呼び分けるようになり、瀬戸の製陶業は再興した。さらに、磁器生産は高度な技術を要したことから、採土、制土、成形、焼成と各工程が完全に分業されている。つまり、磁器生産が始まった頃から量産体制が整うこととなる。

後に、瀬戸の磁器生産が大きく発展するのはアメリカ輸出で、幕末以降である。ペリー率いる黒船が下田に来航、幕府との間で日米修好通商条約を締結するが、貿易を心得ない日本は、流通していた金通貨をアメリカで流通するメキシコ銀貨とで取引したため、大量の金を海外に流出させていた。これに気付いた六代森村市左衛門は、この不当な取引を憂い、外貨獲得について慶応義塾の福沢諭吉から教えを得た。日本製の骨董雑貨類をアメリカに輸出することとし、弟の豊《とよ》と兄弟間で日米貿易を始めた。まず、豊を福澤の率いる慶応義塾で学ばせ、渡米させ、アメリカ・ニューヨークのブロードウェイで「日の出商会（後の森村組、モリムラ・ブラザーズ）」を設立させた。

絵瀬戸六角鉢　江戸時代　瀬戸

設立当初は錦絵、屏風画、扇子、装飾品など日本製骨董雑貨類全般を取

森村組輸出品
明治〜大正時代　名古屋

り扱うが、やがてもっとも多く売れる陶磁器が取扱品目に絞られた。

これにより、やきもの量産に適う名古屋圏が生産拠点となる。六代市左衛門と森村組同士である大倉孫兵衛が「森村組名古屋支店」を橦木町（現・名古屋市東区橦木町）に設置させ、全国に居た絵付師を名古屋に集約させた。

瀬戸や美濃で作られた磁器の白素地は大曽根（大曽根駅は、JR中央本線と名鉄瀬戸線の接続駅）に集められ、ここで絵付けしたものを名古屋城下、堀川から名古屋港へとハシケ舟で運び、名古屋港に碇泊する大型船に積み替え、海外に輸出させる形態とした。

なお、大曽根から堀川までの名古屋城の堀の中に〝瀬戸電〟線路（いわゆる瀬戸電気鉄道、名鉄瀬戸線のこと）が敷かれたことや、大曽根駅で旧国鉄の線路に瀬戸電の線路が繋げていたことも、やきもの運搬の名残であった（今はほとんど消滅した）。

ちなみに、大曽根駅以東は、現在の名鉄瀬戸線の線路はカーブが多く、一方の瀬戸街道などの道路のほとんどが直線という逆転現象が生じており、これは、瀬戸に国鉄が敷かれなくなって以降、業界関係者たちが出資した私設の線路である由縁で、やきもの工場を縫うように線路が敷かれた痕跡も見ることができる。

以降、第二次世界大戦頃までの対米輸出は、陶磁器類が第一輸出品で（戦後の高度経済成長以降は、自動車が第一輸出品）、主に、花瓶や壺、洋皿などの磁器素地に、日本文化の様相（羅漢、龍、花、鳥、風景など）をカラフルに上絵付けしたもので、豪華な様相であった。

　中でも森村組は高級磁器製品をつくり、名古屋を代表する会社であった。製品は、紺碧の背景に金を盛り、その窓絵には薔薇や風景画、鳥獣や婦人などが描かれたものなど、アメリカのオーダー（画貼）により作られている。現在の、いわゆる「オールド・ノリタケ」を言われるものであるが、これらの制作には時間と手間がかかり、さらに失敗のリスクも多いなど、量産による採算性が乏しかった。

　このようなことから大倉孫兵衛は、１８９４年に子の和親と洋食器生産を志した。１８８９年のパリ万国博覧会を視察し、美しく精緻に絵付けされたヨーロッパ磁器を見て、「この美しい磁器を日本で作りたい」と思うことや、新大陸の開拓により、多くのヨーロッパ系移住者により生活資材である洋食器揃の供給が必要と知り、この想いに至った。

　ただ、洋食器生産に不可欠な白色硬質磁器は名古屋周辺では得られず、

画帖とオールドノリタケ

オールドノリタケと呼ばれたやきもの
明治～大正時代　名古屋

その完成まで20年という長い歳月を要した。この地域の磁器は灰白色系の磁器素地から「でも白」と呼ばれ、洋食器に不可欠な白色硬質磁器とはかけ離れていた。

10年後の1904年、念願の白色硬質磁器「日陶3・3生地」が完成し、名古屋駅（1886年開業、1889年、東海道線新橋駅~神戸駅間全通）に近い愛知郡鷹羽村字則武（現・名古屋市西区則武新町）に、日本陶器合名会社（後の日本陶器株式会社、現・ノリタケカンパニーリミテド）を創設させ、初代社長に和親が就いた。

創設当初の日本陶器合名会社（1904年）

以降、白色硬質磁器の生産は日本陶器で、絵付は東区にある森村組の専属絵付工場（錦陶組、錦窯組など）で行った。この絵付は、孫兵衛が集めた九谷、京都、神戸、横浜など全国に在住する画工たちにより施されている。

しかし、白色硬質磁器の完成後も、洋食器揃に不可欠な8寸（25㎝）ディナー皿の完成は至れず、その完成にさらに10年を要した。

白色硬質磁器のディナー皿に不可欠な白色硬質磁器は純白であり、直径が25㎝の更には水平面が必要という、それぞれの条件が矛盾したのであった。

このディナー皿の開発には、技師長の飛鳥井孝太郎が中心となったが、途中、完成に至らない責任により日本陶器を離職するなど、完成が難航した。

後に飛鳥井は、寺澤留四郎とともに帝国製陶所（後の名古屋製陶所）を設立し、日本陶器とライバル関係を築く数奇な運命となる。これは、現在のノリタケと鳴海製陶（元・名古屋製陶所鳴海工場を住友金属が買収、鳴海製陶株式会社として独立した）として継続しており、やきもの生産の高度化に繋がっている。

一枚のディナー皿から、世界に誇るファインセラミックスまで

大倉和親を中心に、飛鳥井の後に工場長となる江副孫右衛門（後の日本陶器、東洋陶器、日本碍子社長）とともにディナー皿を1913年に完成させ、洋食器揃「SEDAN」20セットは米国市場で即完売させた。後に生産した200セットも即売、アメリカ市場への日本製洋食器の輸出は増加した。更にアメリカでは、翌1914年に第一次世界大戦が勃発し、アメリカ‐ヨーロッパ間の関係が悪化、ヨーロッパから輸入した磁器製人形の販路を日本へと変えた。

当時、磁器生産の拠点である瀬戸は、陶製玩具、磁器人形「ノベルティ」を作り、洋食器とともに陶磁器輸出品の花形製品として世界中に輸出され、世界中の人々を魅了した。

更に、洋食器量産の開発は、2つの副産物も生んでいる。

一つは、白色硬質磁器が鉄や銅を含まない純白素地であり、これにより電気的な絶縁性、耐熱性、耐食性に富んだ碍子《がいし》の生産に至った。

SEDAN洋食器揃　1913年　日本陶器

日本の近代化の一つ、電力供給の先駆けとして、水力発電所のある箱根から程ヶ谷（現・横浜市保土ヶ谷区）間の電力輸送のための特別高圧碍子を、芝浦製作所（現・株式会社東芝）の常務であった岸敬二郎の依頼により作り、これによりアメリカ製品の３分の１の原価で国産特別高圧碍子を量産させることができた。

もう一つは、洋食器完成のためのヨーロッパ視察により、現地のトイレが水洗式で、その環境が水道設備と連結したなど、将来性を見込める生産品と見極め、衛生陶器生産を志した。日本陶器の構内に製陶研究所を設置（１９１２年）、衛生陶器の生産を志すこととなった。

前者は日本陶器の碍子部門として、後者は日本陶器の衛生陶器部門として設立され、後にそれぞれ、日本碍子（現・日本ガイシ株式会社：１９１９年設立）、東洋陶器（現・株式会社ＴＯＴＯ：１９１７年設立）へとなった。

更に、日本陶器、東洋陶器、日本碍子の三社による原料供給会社として共立窯業原料株式会社（現・共立マテリアル：１９３６年）が設立、日本碍子の点火栓（スパークプラグ）や耐酸製品などは、軍需、機械産業の発展とともに需要を拡大させ、日本特殊陶業株式会社として独立（１９３６年）させている。ＮＧＫ点火栓のほか、自動車部品、医療器具等の生産会社として世界的なシェアを誇る大企業へと発展している。

和親による「一業一社の精神」は、現在のバイオセラミックス（人工股関節等）、環境セラミックス、半導体部品ほか、様々な分野のファインセラミックスを生産する原動力となっている。

やきもの生産の中でも特に半導体部品は、現在の青色発光ダイオード（ＬＥＤ）を開発させるなど、ノーベル賞受賞する（２０１４年）という目覚ましい発展へと繋がるきっかけとなった。

伝統的工芸品としてのやきもの

やきもの生産の最新技術とともに、「伝統的工芸品としてのやきもの」ものこしたい。東海地区でやきもので指定されている伝統的工芸品は、愛知県には5件あり、常滑焼（１９７６年）、赤津焼（１９７７年）、尾張七宝（１９９５年）、瀬戸染付焼（１９９７年）、そして２０１７年11月30日に指定されたばかりの三州鬼瓦工芸品である。岐阜県には美濃焼、三重県には四日市萬古焼と伊賀焼が指定され、名古屋圏のやきものの伝統工芸品は多岐にわたる。

しかし、生活様式の多様化（和洋折衷、生活慣習の変化）により、古き良き伝統をまもって来た「やきもの産業」も由々しい現状を招いている。１９７０年代には石油ショックを、１９８０年代にはプラザ合意による輸出衰退を、そして１９９０年代後半にはバブル経済崩壊などの背景下、「古き良きもの」の評価から消費材としての「安くて良いもの」へと価値観が移行し、加えて第三国での安価な量産品への合理化の波は、伝統産業の衰退化にも拍車をかけてしまった。

例えば、世界のノリタケチャイナを産んだ「名古屋絵付（凸盛り）」を続ける職人は現在、「龍盛（りゅうもり）」を専門とする80代女性の方が1人だけとなった。また、古社寺の保存、修復を支える三州瓦も、鬼瓦をつくる「鬼板師」が20人程度に減少するなど、由々しい課題を呈している。

名古屋で「凸盛り」を伝承するプロジェクトが名古屋陶磁器会館で始まり、三州では三州鬼瓦製造組合、若鬼士会が中心に鬼瓦づくりの伝統をまもり続けており、いずれも筆者は同道し、展示やイベント等を通してそれらの魅力を紹介してきた。

終わりに　～温故知新、やきものづくりは誇らしい！～

話題を「やきもの」に戻すが、私たちの毎日の暮らしには、食事、調理、洗面、排便、住居、入浴、電機、自動車、電車、仕事（ＰＣ）、職場、通信……。ありとあらゆる場面での行動には不可欠な道具、材料として使われている。やきものは「当たり前のようにあり、それを使い、生活している」というものであるが、私たちはこれらを省みる機会が多くないのでは、と常に思う。

名古屋圏の陶芸文化は１５００年以上にわたり作られつたえられてきたが、さらに日本では、1万２０００年以上も前から土器づくりをはじめているなど、果てしなく長い時間、のこされた縄文土器などにより振り返ることもできる。

さまざまなモノが作られる現在もまた、長い過去の経験や文化の継承などが活かされており、また、こ

ブルーローズ洋食器揃
1933年　大倉陶園

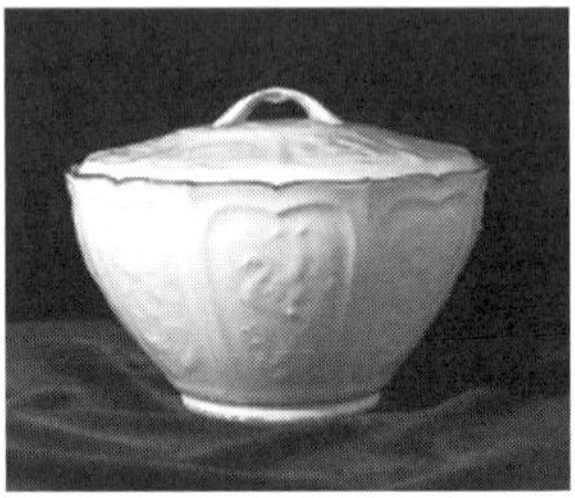

白磁薄肉鳳凰文鉢
大倉陶園初窯品
1933年（大正11）

れからのモノを創りだす原点は今にある。と考える。

トヨタからはレクサスが、ノリタケからは大倉陶園が生まれたなど、「高付加価値のモノづくり」はわが国の得意とするもので、「日本製品の良さ」は一般に、わが国の伝統的な技術と文化が伝承され、再評価されている。

生糸づくりがトヨタ車を経てレクサス車を、ノリタケのディナー皿は「大倉陶園のホワイト」を。異次元の話のようであるが、いずれも、「良きが上にも良きものを」のストーリーを継承していると考える。レクサス車のヘッドライトの間には、「スピンドル・グリル」と呼ばれる特徴的なフロントグリルがあるが、両端の中央を凹ませた独特な形は糸車を顕している。一方の「ノリタケのディナー皿」について、これでは満足しなかった大倉孫兵衛、和親父子にとって、道楽の中にも最高のモノを追求し続け、「オークラ・チャイナ」をつくり出した。これらは皇室御用達、迎賓館食器でも使われ、世界の賓客を迎え、「セーブルの青、オークラの白」として賞賛され、名古屋圏における白い器への情熱はとても大きい。

やきものの魅力を伝える時にいつも、次のキーワードは欠かせない。

……「温故知新」、大倉父子のことば「良きが上にも良きものを」、「高付加価値の」やきもの……など。

「やきものづくり」の家で育ってきた筆者もまた「やきもののメッセンジャー」であり、人ごとではない。もっと大きく胸を張っていきたい。

11 生活

ジェンダーの観点から名古屋経済圏を語る
―伝統文化を新たに継承しよう！―

鶴本花織

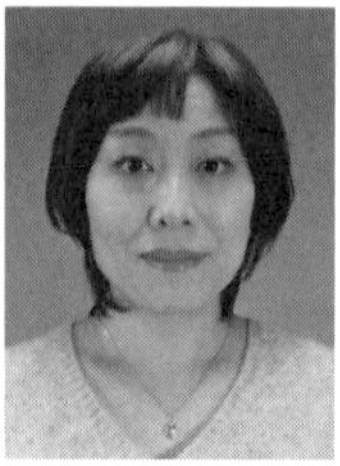

つるもと・かおり　1971年、名古屋市生まれ。幼年期をアメリカで過ごす。国際基督教大学を卒業後、渡英し、修士号（サセックス大学、メディア研究）および博士号（ロンドン大学ゴールドスミス校、社会学）を取得。『トヨティズムを生きる―名古屋発カルチュラル・スタディーズ』（2008、せりか書房）の編著者。現名古屋外国語大学現代国際学部国際教養学科准教授。

戦国時代における中部圏のハブ都市は、人口6万人を数える清州町でした。そんな清州住民にインフラごとの「清州（引っ）越し」を約1万人の「駿府（住民の引っ）越し」と併せて命じ、そこに日本最大の城を新築させ、城まで届く6300メートルの水路を開削させ、周辺村落を城下町に整え、名古屋を即席ハブ都市化させたのが徳川家康でした。もう400年余り以上も前のことですが、それ以来、多くの歴代権力者の古郷として始まった名古屋圏は「ひつまぶし」から「シロノワール」まで、独特な地域社会性をさまざまな形で表出してきました。その中には「名古屋嬢」、「名古屋巻き」や「名古屋マダム」など、名古屋が昭和チックなジェンダー観を維持しつづけているとイメージさせる現象もあります。しかし、名古屋経済圏がいま抱えるジェンダーの諸課題―すなわち、少子高齢化と女性の社会参画の低さ―は、実は全国的に共通しています。そんな中、ジェンダーにまつわる諸問題を乗り越えるべく、名古屋文化の特殊性を生かしたうえでの打開策を本論は提案したいと思います。

日本が抱えるジェンダーにまつわる諸問題

日本は総人口に占める65歳以上の人の割合（高齢化率）が平成27（2015）年に8・3％に達し、世界的にも例をみない速度で高齢化が進行している世界一の高齢化社会です[*1]。と同時に、日本は、合計特殊出生率が1・35のイタリアに次ぐ、世界二の少子化社会でもあります[*2]。

総合すると世界一の少子高齢化社会という不名誉な肩書きを得てしまった日本ですが、少子高齢化社会化からの打開策は男女が共に働きやすい労働環境を整えることにあるということが20年ほど前から理解されるようになりました。『平成29年版少子化社会対策白書』でも言及がある通り、一旦は下がってしまった出生率を回復できたフランスやスウェーデンなどの国家が取った政策は、家族手当などの「経済支援」ではなく、むしろ「両立支援」という、出産や子育てと就労を両立しやすくするための保育や育児休業制度の確立です。こうして「男は仕事、女は家事」という価値観が少子高齢化をむしろ進行させるということが発見されて以来、それまでは「経済支援」対策ばかり取ってきた日本でも「両立支援」へと舵が切られています。

ただし、政策を転換したところでジェンダーに関する意識はそうそう簡単に変わるものではありません。日本は「ジェンダー後進国」だと言われていますが、それを如実に示しているのが「ジェンダー格差指数（ＧＧＩ）」です。これは世界経済フォーラム（ＷＥＦ）が毎年公表する指標データですが、「経済活動への参加と機会」（経済参画）、「政治への参加と権限」（政治参画）、「教育の到達度」（教育）と「健康と生存率」（健康）の４分野の14項目で社会進出における男女の格差を測っています。日本は、現段階で最新数値である２０１７年度に世界１４４カ国中１１４位と過去最低を更新しました。日本は教育と健康の分野では１位並みの標準にいますが、女性の経済参画と政治参画が極端に低いがゆえに順位がグンと下位になっています。日本の女性が男性と比較して遜色のない健康状態にあり、高水準の教育を獲得しているのに、経済活動や政治活動に参画できないのは、言うまでもなく、男女ともにそういった意識がなく、その意識がそのまま社会構造化されているからでしょう。

名古屋圏のジェンダー指標は平均的

名古屋圏においてもこれらジェンダーの諸問題はごく平均的に起きています。より具体的には、これから家庭を築いていく世代が経験する名古屋の生活環境は、統計学的な観点からしても三大都市の一つとしてはごく普通です。

図1は、出生率（人口1000人あたりにおける出生数）、婚姻率（人口1000人あたりにおける婚姻件数）、離婚率（人口1000人あたりにおける離婚件数）と合計特殊出生率（一人の女性が出産可能とされる15歳から49歳までに産む子供の数の平均）を示していますが、見ての通り、愛知県を東京都や大阪府と比較してみると、出生率が多少は高く、離婚率が多少は低く、あえて言うのならば安定した家庭が築きやすい地域である傾向を示してはいるものの、名古屋市のみに絞って比較してみると、特にそういうわけではありません。

また、男女の社会進出を測る手段として男女間の賃金格差を見てみると、三大都市の比較の中で名古屋圏が地域的に特に問題を抱えているわけではありません。『平成28年分民間給与実態統計調査』によれば、「1年を通じて勤務した給与所得者の1人当たりの平均給与は422万円（対前年比0・3％増）であり、これを男女別にみると、男性521万円（同0・1％増）、女性280万円（同1・3％増）となって」*3おり、全国的には女性の平均年収は男性の54％に相当します。三大都市における男女間賃金格差を見てみると、

図1．出典：厚生労働省 平成28年人口動態統計月報年計および平成28年版名古屋市統計年鑑

	出生		婚姻		離婚		合計特殊出生率	
	率	県順位	率	県順位	率	県順位	率	県順位
全国平均	7.8		5.0		1.73		1.44	
愛知県（名古屋市）	8.8 (8.5)	2	5.6 (6.0)	3	1.70 (1.86)	19	1.56 (1.42)	18
東京都	8.5	5	6.5	1	1.78	7	1.24	47
大阪府	7.9	14	5.3	4	1.99	3	1.37	39

東京は68・6％（男性の平均年収：677万2300円、女性の平均年収：464万8400円）、大阪は70・2％（男性の平均年収：588万6700円、女性の平均年収：413万1200円）、愛知県は65・8％（男性の平均年収：593万4500円、女性の平均年収：390万2300円）となっています。つまり、日本の男女間の賃金格差が先進国の中で特に顕著である状況*4そのものは問題であるものの、名古屋圏が三大都市との比較の中であからさまに遅れを取っているとは言えません。

こうしてみると、名古屋経済圏が抱えるジェンダーにまつわる諸問題を特殊な現象として捉えるのではなく、日本の現状をそのまま反映していると考えることが妥当でしょう。実態はそうではありますが、ジェンダーにまつわる名古屋圏の諸問題は、地域社会の特殊性を生かしてこそ打開策が見つかると私は思います。

名古屋経済圏を担ってきたのは中小商いの町人文化だった

私事で恐縮ですが、私の母方の親戚一同には女性の医者、女性の社長、女性の弁護士などがおり、社会参画している女性の割合が異常に高いです。若いときの私はその「異常さ」を意識することはなく、当然のことと思っていましたが、社会人になってから、一般社会の中では珍しいことであるということに気がつきました。そして、ある時から母方の家系が尾張藩の中小商いの一族であったことがその要因であると考えるようになりました。

江戸時代において、大阪は全国区に流通システムを持つ大店商人の町であり、東京の町人は武士階級を常に意識して生活を送らざるをえませんでした。名古屋も尾張藩のお殿様をトップに据える士農工商の階級社会ではありましたが、大阪や東京とは異なり、権力の震源地ではありませんでした。だからこそ名古屋で開花したのがいわゆるママパパストア文化ですが、こういった中小商いの町人層の中では女性が事業の要を務めることは珍しいことではありませんでした。

私の母方の祖父の青木榮三は、陶磁器を商う問屋の次男として明治42年に名古屋市西区上園町で生まれています。榮三が生まれる直前に父の弥三郎が亡くなってしまい、兄の保一も「腸捻転」で急死してしまったため、榮三がお店を継げる年齢になるまでお店の切り盛りをしていたのは母のたけでした。また、母方の祖母の渡辺満佐子の実家は、名古屋市中区大井町に呉服屋を構える商家でした。満佐子は長女であったため、本来ならばお店を継ぐはずだったのですが、満佐子が5歳だったときに実の母の満寿織が亡くなり、前の結婚から二人子どもを連れてきた女性が後妻となり、その後妻が実の娘に店を継がせたかったため、満佐子を家から出し、こうして祖母は青木榮三の妻として陶磁器の問屋に嫁ぎました。このように、私の曾祖母たちは、商いの中で主人として確固たる地位を獲得していた女性たちでありましたし、また、91歳で亡くなった満佐子の葬儀には目を見張るほどの仕事関係者が参列し、祖母の偉大さを改めて実感したのを憶えています。

私自身も大学教員の仕事につけている女性ですが、私ほどの能力を持つ女性が他にも多くいる中で、なぜ私だけが大学教員になれたのかと考えれば、女性が指導的立場を取ることをむしろ自然とし、その後押しをしてくれる那古野の町人文化に染まっていた環境の中で私が育ったからだと感じています。

名古屋は、トヨタ自動車や三菱重工といった僅少の大手製造業が担っている経済圏であるといったイメージが一般的だと思いますが、名古屋にはもっと古参の経済文化があり、名古屋の特殊性はいまだにそこが発信源になっていると私は思います。そうであるからこそ、名古屋が那古野らしさを就業の場でもっと発揮すれば、名古屋経済圏がいま対峙しているジェンダーの諸問題も解決の糸口を見つけられるでしょう。

【注】

＊1．ただし、韓国では２０１７年以降、シンガポールでは２０１９年以降、そして中国では２０２５年以降、日本を上回るスピードで高齢化が進むことが見込まれています。（『平成29年版高齢社会白書5 高齢化の国際的動向』 http://www8.cao.go.jp/kourei/whitepaper/w-2017/html/zenbun/s1_1_5.html　２０１８年1月5日アクセス

＊2．『平成29年版少子化社会対策白書』の「第1部　少子化対策の現状　第1章　少子化をめぐる現状　5国際比較」 http://www8.cao.go.jp/shoushi/shoushika/whitepaper/measures/w-2017/29pdfhonpen/pdf/s1-5.pdf　２０１８年1月5日アクセス

＊3．https://www.nta.go.jp/kohyo/tokei/kokuzeicho/minkan2016/pdf/001.pdf　p.5　２０１８年1月4日アクセス

＊4．『データブック国際労働比較２０１７ 5．賃金・労働費用』の「第5‐10表 男女間賃金・勤続年数格差」(http://www.jil.go.jp/kokunai/statistics/databook/2017/05/p181_t5-10_t5-11.pdf) などを参照されたい。

12

誇るべき故郷　有松の光

中村俶子

なかむら・よしこ　１８４３年名古屋市に生まれる。県立旭丘高校、成城大学文芸学部英文学コースを卒業後結婚、２男１女の母。38歳で南山大学法学部に入学、さらに名古屋大学法学部社会人入学、いずれも卒業。１９８９年に子女教育のフニッシングスクール・フェリシアカレッジ開設し学院長。１９９８年実家に戻り竹田嘉兵衛商店の営業企画・催事企画を担当。２０１５年故竹田耕三蒐集の絞り展示資料館のためＮＰＯ法人コンソーシアム有松鳴海絞を設立し理事長。

名古屋市緑区に「有松」の町はある。古めかしい町屋が今も軒を連ね、江戸時代の風情が今も残る美しい町である。東海道の宿場町「鳴海」と「知立（池鯉鮒）」の間に位置する間の宿として繁栄した絞りの町有松は本年開村四一〇年の年を迎える。昨年この地域は国の「重要伝統的建造物群保存地区」に指定された。全国的に見ても都市圏における「重要伝統的建造物群保存地区」指定は珍しく、四十年にわたる町並み保存運動がやっと一つの段階に到達したと言えよう。

もともと有松は今川義元と織田信長の合戦の地ー桶狭間村の一部で、荒地に盗賊などが出没し東海道を行く人々から金品を奪うなど安全な場所ではなかった。徳川幕府がまづ手掛けたことは、江戸から京都までの道の安全を確保し情報と物と人の流れを確保することであった。慶長13年（1608年）尾張藩主徳川義直は知多郡全体に次のような触書を出しこの荒れ地に新町を作るためこの地に移住するよう奨励した。

触書

知多郡之内　桶狭間村　新町之義　諸役令を

免許候間　望之者有之於　彼地へ可被越者也

この布告により知多郡阿久比の住人竹田庄九郎以下8名の若者が入植したのが有松のはじまりである。有松の名前の起源は、松が沢山あったところからという説と「あらまち（新町）」がなまって有松になったという2説がある。庄九郎たちの努力にもかかわらず古戦場跡の荒地は開墾を阻み、庄九郎は皆の生計を支えるため名古屋城築城の人足として働きに出た。そこで出会ったのが豊後の人たちが身に着けている「豊後絞」であった。その美しさに打たれた庄九郎は「久々利染」を町の特産品として街道を旅する客に商うことを思いつく。それが有松絞のはじまりである。

他の平面的な布と異なり、絞は布に生じる宿皺と染料のにじみにその特徴がある。布の一部を括りその部分を防染するという素朴な技法は世界中に紀元前より見られる。インカ帝国やインド、チリ、中国・アフリカ等に現在も絞りは生産されているが有松の様な独特な発展を遂げた産地は世界に類を見ない。有松絞が世界の絞のメッカとされている理由の一つに絞技法の種類の多さとその完成度があげられる。尾張の国有松に発達したこの絞という産業を尾張藩は保護育成し、２００有余年もの間東海道一の特産品として独占的な製造権と販売権を与えた。「絞をする者は有松に移住せよ」との御触書も出され 事実上の専売権を与えられている。文化も産業もその達成には強いパトロンが必要である。有松はそのような状況の中、絞業者や職人たちが切磋琢磨し技術の改善改良を重ね何百種類もの技法を生み出していった。この地に今も残る「改善改良」の気風はこの時代からの伝統的なものかもしれない。祭礼の山車に据えられたからくり人形から織機が生まれたように時代の要請に応え着実に前に向かって進める力こそまさに「希望」そのものだと思う。

有松の魅力は絞だけではない。東海道に沿って立ち並ぶ江戸時代の町並みと町の佇まい、そして今もその中で活き活きと生活を営んでいる人々も他の観光地とは異なる特徴と言えよう。古いだけではなく長い年月の一刻一刻がその建物の隅々まで刻まれ磨かれ、町並みを構成している。勿論絞という産業の裏付けあってのことではあるが、一番大切なことはそこに住む人々の町に対する愛情であると思われる。毎日の拭き掃除で細くなった連子格子から透けてみえる住民の愛と誇りは有松の宝である。冬は戸を閉めてもどこからともなく入ってくる寒風、夏は名古屋名物の蒸し暑さの中、簡便な住居に改造せず住む心意気は今の日本人がとっくに手放してしまった心かもしれない。有松に住むということは「誇り」と「愛」を背中にしょって「辛抱と工夫」を重ねることに他ならない。誇り高き住民の町である。男はまつりごと、女は家業の担い手という逞しい生活ぶりが当たり前の町である。

町並みの歴史は寛文（1662年）以降宝永（1704年）にいたる絞り業の急激な発展につれ街道の商家はそれぞれ店舗を改築し以前の茶屋集落から商家の構えを整え始めつつあったが天明4年（1781年）有松は大火によりほとんどの建物が消失、絞業も壊滅的な状況になった。そこへ尾張藩が手を差し伸べ、絞問屋に無形の商売権が与えられて20年後の寛政年代には今の豪壮な町屋建築が立ち並ぶ有松独特の町並みが完成した。18世紀末には大火前の萱葺の屋根を瓦葺きに、壁は防火のための塗ごめ造りや梲（うだつ）など江戸の町屋にも比する町並みが出来上がった。明治以降の業態変化期にも、昭和の戦禍からも逃れ、今も町並みのほとんどが残っていることは他地域の状況を見聞きするにつけ、つくづく有松は「護られた町」であると感じられる。40年前、列島改造論の嵐が日本中に吹き荒れた時代に、この町並みを保存しようとした有松の人々の努力は「愛」と「誇り」以外のなにものでもない。昨年有松の町並みは国の「重要伝統的建造物保存地区」に指定された。先人たちが考えた町の100年後、今の有松はやっとその入口に立つことが出来たといえよう。絞（伝統産業）と町並み（景観）それに加えて桶狭間古戦場（歴史）という観光資源の3つの宝を今後どのように保存・活用するか、私たちの世代が今何をなすべきか、有松に生まれ育った者として内から、そしてこの町を愛してくださる外からの力も頂いて有松が日本の宝になるよう今吹く風に乗っていきたいと思う。有松の町並みは絞産業と表裏一体で出来上がっているのでそのどちらが欠けても本来の有松でなくなってしまう。3年前、有松と有松絞を愛する仲間が集まりＮＰＯ法人「コンソーシアム有松鳴海絞」を設立した。それが昨年から観光も含めた有松全体の未来を考える「ＮＰＯ法人コンソーシアム有松」として新しい出発をした。観光地としても一味違う知的で文化的な町を楽しんでいただけるような町づくりがこれからの課題となろう。その一つとして「絞資料館」を設立する構想がある。古い有松絞りの作品・資料、新しいアーティストの作品、染織のデータベース　関連図書などを展示・公開する予定である。資料館の核になるものは、故竹田耕三の30年にわたる古い絞り衣裳の蒐集品である。有松絞りの記録が現物面でも技術面でも難しくなっている状況を危惧しながら逝った彼の生涯をかけたコレクションは極めて貴重なもので、外国の美術館からも評価されている。元来高級品ではない日用品の木綿地の衣裳は消耗品であるだけに現存しているものも少なく世界的に見ても希少なコレクションである。どこの伝統工芸の産地も問題は同じで、産地に古い資料や作品が残っていないという状況である。、有松絞りも例外ではない。柳宗悦氏らの起こした民芸運動は日本の伝統的な民具の「用の美」を評価再認識させたが日本の伝統工芸品の美しさは世界に誇るべきものであると思う。国もこれらの工芸品を文化的な財産としてもっと保存すべきであると思う。

「有松に来たら絞染めのすべてが味わえる」よう、「見ることが信じること」であるように絞産地の誇りにかけてこの資料館を設立しなければならないと考えている。資料館は唯単に古く珍しいものを展示するだけでなく、絞を優れた文化として目で見、感動し、その中から新しい創造の道を志す者が現れるのを期待したいと考えている。志を同じくする仲間と一歩づつ歩を進めたい．他にも町に「皆が使える染場」の設置や有松の町並みを日本遺産にする構想な等々、有松はまだやらなければならないことが沢山ある。情報の時代に乗り遅れないようこの美しい町と文化を世界に発信することも考えなければならない。その一歩として昨年、町の魅力アップのため有松西町にライブラリーカフェ「庄九郎」をオープンした。旧竹田庄九郎本家の築170年の建物を改造し、町の雰囲気をゆったりと味わって頂けるようなカフェとした。名前を町の開祖庄九郎とその仲間のパイオニア精神を今再び……という思いから「庄九郎」と名付け、店内で自由に書籍を読めるよう染織関係の専門書を揃えた古民家カフェとして現在営業中である。又店内に新旧取り混ぜた絞のテキスタイルを使い小さなモデルルームとしての機能も果たしたいと考えている。古い町並みに今一度「絞文化」という息を吹き込み活き活きとした町づくりに役立てたい。有松には既に欧米諸国において高く評価されている工房も数社あり、ここ有松でその美しさを実感して頂くことも大切だと思う。この建物のリフォームは名古屋市の粋な試みである「なごや歴史的建造物保存活用工事助成」（クラウドファンディング活用型）に申し込み、その制度の前提であるクラウドファンドで半分の事業資金を調達、あとの半分を名古屋市と国から補助して頂いてのリフォームという手段を使った。ご協力頂いた200名以上の方々の寄付は金銭だけでなく私たちへの応援としてとても有難いものであった。「こころざし」ばかりで資金のない私達でも何とか完成することができたことが、今後この町の小さな経験として役に立つことが出来れば嬉しいと思う。そしてこれが念願の「絞資料館」への一歩となるよう、このカフェが町を訪れる方々の憩いの場所にもなるよう頑張るつもりです。そして未来に向かって有松の町と伝統文化が更なる一歩を踏み出せるよう今やれることは何でも躊躇なく実行する、これが有松人の生き方と信じています。

夢は実現するもの。どんな状況でも「希望」は未来を照らすあかりであるべきだと思いたい。無謀な75歳の挑戦です。

参考資料　「有松志ぼり」財団法人有松絞技術保存振興会発行

13

〈名古屋をフェアトレード・タウンに！〉という活動

―これまでの目標、実績、将来展望―

土井ゆきこ

どい・ゆきこ　1996年中部地区初のフェアトレード・ショップ風"s（ふ～ず）を起業。2009年「名古屋をフェアトレード・タウンにしよう会」設立、2013年「フェアトレード名古屋ネットワーク」初代代表。息子3人は独立、夫と週半分田舎暮らし。1948年生。【名古屋をフェアトレード・タウンにしよう会（略称なふたうん）】〒461-0015 愛知県名古屋市東区東片端町49 正文館書店本店2階 フェアトレード・ショップ風〃s正文館店内。HP：http://huzu.jp/ http://www.nagoya-fairtrade.net/ E-mail：huzu@huzu.jp Tel/Fax：052-932-7373

フェアトレード（公正貿易）って何？

フェアトレードとは、人と地球、人と人が「共に生きる・生かされる社会づくり」を理念とする「公正な国際貿易」のしくみです。生産、流通、消費に関わるすべての人に「人間らしさ」をもたらし、地球生態系の命を慈しみ守る視点に立って、「安定した取引」「安全な労働環境」「環境に負荷をかけない農法」を基本に、貧困に苦しむ生産者の生活や生産地の環境を改善します。生産者と消費者を直接つなぎ、地域コミュニティの文化や自然風土、生物多様性の保全にもつながる「地産地消」や「産直提携」の国際版ともいえます。

代表的なものにチョコレートやコーヒーがあります。

みんなが大好きなチョコレートの裏側にある過酷な児童労働、今も世界にはカカオやコーヒー農場だけではなくコットンの畑やサッカーボールなど多分野の生産に奴隷として働かざるを得ない子どもたちは、1億5200万人（国際労働機関2017年発表）います。またカカオやコーヒーの農場は、焼畑農法が多く熱帯雨林を自然破壊してつぎつぎと新しい広大な農地を作り出して、大量の農薬を投与して生産性を上げる方向に進んでいます。

フェアトレードのマークを得るには基準があります。その一つに強制労働の排除・児童労働の禁止があり、フェアトレードのチョコを選ぶ消費者の選択は、児童労働をなくす方向に向かいます。また自然に優しい農業に向かいます。私たち消費者が行動を移せば、社会もメーカーも動き出します。道のりは遠いようですが一歩を一人一人が踏みだせば大きな力になるのではないでしょうか？

食品から衣料・雑貨まで、いろいろなフェアトレード産品があります。このようにフェアトレードは買い物から世界で起きていることを知り、買い物で意思表示し、同時に暮らし方を見つめ直し、貧困をなくしてゆくことで、地域や世界の未来を持続可能で平和な方向に変えていく力になると思います。

普通の主婦がフェアトレードに出会ったきっかけ

子育て真最中で世界の問題には全く無関心だった頃のこと。マンションの一室で開かれた出前コンサートに誘われて参加すると、シンガーソングライターまのあけみさんがギター片手に「生活の歌」を歌い、私たちが普段食べているバナナやエビの生産現場の実態を話してくれました。フィリピンのバナナ農園労働者は子どもも含め一家総出で働いても食べていけない低賃金で働かされ、大量の農薬使用で皮膚病などの健康被害が多発していること、集約型エビ養殖池の乱開発がインドネシアのマングローブ林を破壊し、日本向けエビ加工工場で働く女性たちは廃棄されるエビの頭を食用にしていること……日常の食卓の裏側を初めて知った私はショックで、普通のバナナやエビが買えなくなりました。これが、今の仕事の原点です。

中部地区初のフェアトレード・ショップ風"s（ふ〜ず）誕生

1996年東区に男女参画推進するセンターとして愛知県女性総合センター（ウィルあいち）が5月にオープンしました。それにさきだち1Fのテナント公募があり筆者も応募、幸運にも合格し中部地区でははじめてのフェアトレード・ショップが誕生しました。風"sオープンをきっかけとして、数年後他にもフェアトレード・ショップが誕生しましたが経営が難しく続かない現状があり、筆者自身も10年近く経営してきたもののフェアトレードが広がっていないことを感じていた折に、フェアトレード・タウン（FTT）運動*1に出会いました。

夢を紡いで、フェアトレード・タウン運動へ

2005年に出会ったFTT、フェアトレードを推進するという議会の議決、長の宣言を含む5つの条件（後に6つ）を満たさなければならないのですが、素晴らしいと思いつつも、あまりに遠い道のりと感じて行動にはいたりませんでした。転機は、筆者の人生の転機、60歳になったらピースボート*2で世界一週の船旅にでるという夢でした。私は現役のまま100日間スタッフに店をお願いして旅立ちました。店を持ちたいという一つ目の夢を実現できた12年後のことです。

私が店を開けても店はまわることがわかり、私をFTT運動にエネルギーを注ぐことを可能にしました。2008年9月下船後、また一つの転機が訪れました。

東京で開かれたフェアトレード団体の展示会で、FTTに興味のある全国の小売店主10人くらいが集まり、車座でFTTについて話しあう機会があり、その中で、「みんなでFTTになろうって手を挙げよう」という声が上がりました。手を挙げることくらいなら私にもできると思い、手を挙げました。挙手という、たったそれだけのきっかけですが、その瞬間、「できない」と思い込んでいたFTTへの想いの蓋が開きました。こうして、60歳で出かけた二つ目の夢の世界一周の船旅が、三つ目の夢、「名古屋をフェアトレー

ド・タウンに！」という夢を実現する旅の始まりとなりました。

名古屋をフェアトレード・タウンにしよう会（略称なふたうん）の活動

「できない」と思い込んでいたＦＴＴへの想いの蓋が開くと、タイムリーな情報もキャッチできるようになり、上京して聞いた講演「ＦＴＴで街おこし」の話に刺激を受け、２００９年6月には「名古屋をフェアトレード・タウンにしよう会」を立ち上げました。ＦＴＴになるための基準にそって活動を始めました。それまで関わりが殆どなかった行政を尋ね、５月のフェアトレード月間企画の提案し、議員も尋ねてアンケート調査をし、企業への休憩時間での出店要請もあり、市役所・県庁への出店と行動は広がり、同時に「なふたうん」の活動の柱となる国際理解教育（または開発教育）と言われる参加型ワークショップ（ＷＳ）による活動も本格的になり、オリジナルのＷＳ「チョコレートの来た道」＊3は２０１８年1月には１００回になりました。

大学での講義もあり、小・中・高への出前授業で参加型ＷＳゆえに生徒たちからは「楽しい」と言う声が届きます。高校・大学の学校祭でのバザー出店にはフェアトレード・ショップ風〝ｓの協力でブース出店をします。そんな交流も年を経て20校ほどになり、学生の顔ぶれは変わっていきますが、先生の働きかけで20年近く続いている学校、先輩から受け継いで8年続いている学校など学校祭では定番ブースになりつつあります。

「フェアトレード名古屋ネットワーク（FTNN）」設立と初代代表

２０１１年11月に第一回目の「名古屋にフェアトレードを広めるための会議」を開催しました。愛知県国際交流協会（ＡＩＡ）や名古屋国際センター（ＮＩＣ）、国際協力機構中部国際センター（ＪＩＣＡ中部）、教育関係者や企業、ＮＰＯ・ＮＧＯの人たち、地域で活動をしている人たちのほか、行政の担当者や議員などが参加。これはＦＴＴのなかの必要な基準の一つで、様々なセクターがＦＴを推進するために一同会する機関が必要な為に企画しました。

この準備期間を一年間経て他のフェアトレード活動をしている団体へ声をかけ「フェアトレード名古屋ネットワーク」を設立。代表として在籍中の2年間の活動は、隔月に定例会を開き会員同士のネットワークづくり、フェアトレードマップ発行、フリーペーパー「惣」４回発行、５月フェアトレード月間の企画をまとめたチラシ配布、教材としてのフェアトレード冊子「地球とのフェアトレード」発行などがあります。

行政と共催による「なふたうん」の若者むけの企画

5月のフェアトレード月間には２０１０年からＡＩＡやＮＩＣとフェアトレードの企画を共催などで開催。なかでも若者向けに二つ企画。

一つはＮＩＣと共催の「フェアトレード・タウン名古屋を動かす！　元気な若者たちのスピーチ」。日頃のフェアトレード活動を互いに報告し合い、学びあい交流するイベントで、もう一つは8月に2日間AIAと共催で若者たちのための「フェアトレード夏期集中講座」にて授業では聞くことのできない現場の話やWSも実施、2日間を通じて若者同士のつながりも生まれるフェアトレード学校もスタートしました。「なふたうん」の活動は「地味コツ＝地味にコツコツ」をモットーに、また若者たち向けに企画をし、次世代を担う若者たちがフェアトレードに出会うことで元気になることを願っています。

なぜか若者たちを魅了するフェアトレード

2017年6月「フェアトレード・タウン名古屋を動かす！　元気な若者たちのスピーチ」開催の最後に行われたアンケートには「あなたにとってフェアトレードとは？」という問いがあり、その一部を紹介します。

「学ぶこと」「一人ひとりの権利を考えること」「心が安らぐ仕事」「自分で自分の生活を豊かにする手立て」「自分をも成長させるステキな出逢い」「幸せな未来づくり」「人と人の温かいつながり」「未来につながる橋」「地球の未来を作ること」「生産地と消費地の普通の暮らしのしあわせをつなぐもの」「考え方が変わったきっかけ」「自分と世界を見つめなおすもの」「人生そのもの」、などなどメッセージは様々です。日常の買い物から世界を見、買い物で実践できるフェアトレードは机上論で終わらないのも特徴です。若い人たちには「まずは自分が幸せになって、まわりにもそれがひたひたと伝わり、広がる」というようなイメージを抱いて欲しい。

フェアトレードで生き方を問う

2015年9月日本フェアトレード・フォーラムFTFJ[4]によって名古屋がFTTに認定されました。日本では熊本・名古屋・逗子に続いて2017年11月浜松がFTTになりました。（2018年1月現在世界FTTは2000以上）

名古屋市のこの間の流れは、ゴミによる藤前干潟埋め立てを止めたことに始まる環境意識の高まりが、愛・地球博（環境万博）の開催、生物多様性の保全（COP10の開催）やESD[5]ユネスコ世界会議の開催へとつながっていきました。その間2012年「消費者教育基本法」の施行、ESD会議開催にあわせてユネスコスクール[6]が150校以上誕生。これらの動きは、これから先の私たち大人の生き方を問い、次世代に何を伝えていくのか、私たちの暮らしをどのように変えたら持続可能な地球になるのかがテーマになります。

会議で議決しても、法律が施行されても実践されなければ意味がなく、何らかの手立てが必要です。ここにキーワードの一つとして「フェアトレード」を登場させたいと思います。文化を守り、食を大切にし、大地に根ざした生き方、人の尊厳を守る平和への道を歩く、フェアトレードは自然の一部である私たちに「いかに生きるか」を問うています。

ＦＴＴの運動は、行政・教育現場・市民団体が一体になり、将来を担う子どもたち、若者たちにフェアトレードを通じて、世界に視野をむけることで自分自身の立ち位置を知り、どう生きるかを問います。

「なふたうん」活動の危機とこれから

ＦＴＴ運動を２００９年に開始して7年の月日が流れ、やっとその目的が達成されました。それでも市内のフェアトレード認知度が80％に達するまでは、「名古屋をフェアトレード・タウンにしよう会」の名前で運動を続けるつもりでいました。が、これから！という時に、「なふたうん」の拠点であるフェアトレード・ショップ風〃ｓは20年お世話になったウィルあいちを指定管理者制度のもと更新叶わず、次の拠点を探すことになりました。店のお客様からアドバイスを受け、救う神に出会いました。近くの老舗書店正文館本店にお願いしたところ、入居できることになりました。ウィルあいちにお世話になったこの20年間本当に感謝しています。２０１６年6月に正文館書店本店２Ｆへ移転し、地域とつながり、また地球ともつながる「オーガニックな生き方」を新たに加え、21年目からのフェアトレード・ショップ風〃ｓ正文館店としての再スタートが始まりました。

そこで今、若者も大人も共に、フェアトレードを一つのきっかけとして学びあい、どうしたら一人一人、誰もが人として幸せになれるか考え、そして行動につなげる「なふたうん」の活動を「地味コツ」で続けてゆきます。

【注】

＊１「フェアトレード・タウン運動」＝「まちぐるみ」行政、企業・商店、市民団体などが一体となってフェアトレードの輪を広げる運動で６つの基準があります。

基準１：推進組織の設立と支持層の拡大、基準２：運動の展開と市民の啓発、基準３：地域社会への浸透

基準４：地域活性化への貢献、基準５：地域の店（商業施設）によるフェアトレード産品の幅広い提供

基準６：自治体によるフェアトレードの支持と普及

＊２「ピースボート」＝国際交流を目的として設立された日本の非政府組織、もしくは、その団体が主催している船舶旅行の名称で世界各地をめぐる「地球一周の船旅」を企画。

＊３「チョコレートの来た道」＝チョコがどのようにしてできるのか、材料は何で、どこで採れるのか、チョコをたくさん食べる国はどこなのか等々を、楽しくゲーム形式で展開します。「カカオの採れる国」と「チョコを食べる国」の違いから南北問題に触れ、そこから話は児童労働に及び、貧困について考えます。

＊４ 日本フェアトレード・フォーラム（ＦＴＦＪ）＝フェアトレードの理念と実践を日本および国際社会に普及することによって、南北を問わず経済的、社会的に弱い立場に置かれた人々が人間らしい自立した生活を送れるようにするとともに、経済および社会そのものを公正かつ持続的なものへと変革していくことを目的として設立。（２０１１年4月1日に 旧名称「一般社団法人フェアトレードタウン・ジャパン」として）

＊５ ＥＳＤ＝〝Education for Sustainable Development〟の頭文字をとったもので、「持続可能な社会を支える担い手づくり」という意味。

＊６「ユネスコスクール」＝１９５３年、ASPnet (Associated Schools Project Network) として、ユネスコ憲章に示された理念を学校現場で実践するため、国際理解教育の実験的な試みを比較研究し、その調整をはかる共同体として発足。

14 日間賀島はなぜ愛知県内有数の観光地になりえたのか

—「地産地消」パイオニアの島おこし—

鈴木甚八

すずき・じんぱち　1948年愛知県豊浜生まれ。大海老（有）代表取締役。日間賀島小学校PTA会長、県立半田商業高校PTA会長、日間賀島旅館組合長。日間賀島観光協会会長、現在、南知多町観光協会副会長。

40年くらい前には観光客は皆無

愛知県の知多半島と渥美半島に囲まれている三河湾には人が住む島が3島あり、日間賀島と篠島は南知多町、佐久島は三河の西尾市に属します。私が住む日間賀島の人口は2017年11月末現在で1，924人、篠島は1，672人に対し、佐久島は231人と大きな差があります。それぞれの島には特徴がありますが、主な産業は漁業と観光です。3島は目と鼻の先にありそれぞれが隣り合うように並び、日間賀島と篠島はほぼ同じですが、佐久島は2島の約2倍の広さがあります。それぞれの島を形成する地質も大きく異なり、篠島は三重県の方から延びる地層で、日間賀島と佐久島は知多半島から延びる地層で形成され三河の奥まで続いているため、隣り合う島同士でも漁業や漁法もそれぞれです。各島の主な産業はやはり漁業。そして観光業が続きます。この他にも商店などを営む人や、少数になりますが島外へ通勤する人もいるのが現状です。

今から40年くらい前、バブル経済時代の兆候が垣間見られた頃の日間賀島を振り返ってみると、宿泊施設は木造2階建で30～40名収容規模がほとんどでした。営業もほとんど土・日が主で、平日は開店休業状態の2勤5休と言った時代でした。この頃のお客様は、島の周辺で釣りを楽しむ釣客がほとんどで、日間賀島での観光を目当てにして来る観光客はほとんどありませんでした。しかし、魚介などは今では想像ができないほどたくさん獲れた時代で、時にはみんなで磯に出て、獲った魚や貝を酒の肴に島の将来について大いに語り合いました。釣客主体の宿屋からの脱皮……。島の将来を想えば想うほど、観光客誘致の重要性が話の中心になっていきました。また、島の料理に関しても大いに議論し合い、愛知県外からの観光客誘致へも目を向けるようになりました。

30年くらい前から漁業者と観光業者が島の将来を語り合う

昭和が終わりを告げる少し前頃になると4～5人でグループを組み、岐阜県、静岡県、長野県へ日間賀島のPRキャラバンに行くようになりました。しかし、日間賀島の認知度は低く、離島のことを全く理解してもらえず、私たちは苦戦し大きな壁にぶち当たったことが思い出されます。特に長野県では旅行会社や小学校へ臨海学習の誘致に行った際、島の現状を話す以前に船に乗ることが大変キケンであると言われてしまう始末……。しかし、ここで諦めては先が無いという思いもあり、理解が得られるまでこまめに足を運ぼうと決心しました。そしてその思いが少しずつではありますが実を結び、学校側も理解を示していただけるようになり、1校でも日間賀島へ来てくれれば、必ず後に続く学校があるという強い思いでクレームや事故を出さないように島を挙げて丁寧な対応を心がけました。

県外からの誘致活動が目に見えるカタチになると、毎年PRキャラバンや研修旅行で岐阜県、三重県、静岡県、長野県、さらには北陸方面まで積極的に出向いて、様々な物事を見たり聞いたりしました。30数年前のことになりますが、どこの観光地へ行っても施設が大きかったことに圧倒されました。また視察先では積極的にお話を伺い、ある旅館の専務さんから〝これからの日本の旅館〟についてご講話いただいたことが今でも心に残り、懐かしく思い出されます。視察を終え島へ戻った後は、仲間で集まり宿泊先での話を参考に〝島の将来像〟などをについて大いに話し合い、時には当時の漁業組合長へ相談に行き、漁業者と観光業者との関係などの話し合いも行いました。漁業者からの目線で〝島の将来〟についての話は大変意義のあるもので、我々観光事業者にはない発想の話や意見を聞くことで、少しずつ自信も付いてきたことを記憶しています。

日間賀のタコは売りになる。名鉄とも共同企画で取り組む

ＰＲ活動で様々な場所へ出向き、感じたことは「日間賀島の何を売るのか？」でした。島内のみんなで議論を重ね、島の代表的な魚介類として一番の「タコ」を売り出すことが決まりました。日間賀島のたこ漁は１００年以上もの歴史があり〝たこ祭り〟という島民にとって大切なお祭りもあります。お正月には一年の始めとして、今でも厳かに神事が執り行われ、日間賀島とタコとは深い縁で結ばれています。旅館組合の方針が決まってからは、ＰＲ方法を話し合いました。中でも思い出深いのは、漁師さんにタコつぼを３００個くらい借り、トラックに積んで岐阜、浜松方面でＰＲを行った時。タコつぼをピラミッド型に積み上げモニュメントを作ったり、タコつぼでお湯を沸かし〝タコの丸茹で〟を道行く人に振る舞い試食してもらったりしました。この頃のＰＲキャラバンはとてもユニークなことをしていた記憶があります。

また、この時期に地元の企業さんから助言をいただき、関西人はタコ好きが多いから、日間賀島のタコを大阪でＰＲしたらどうかと言われ、３、４年連続でＰＲ活動を行いました。ここでも日間賀島のタコを持参し、難波駅のコンコースで〝タコの丸茹で〟を実演。通行人に「日間賀島のタコ」を試食していただ

きました。各地域で、この様なＰＲ活動を積み重ねるうちに、少しずつではありますが、日間賀島の知名度がアップしてきたことを実感できるようになってきたのはこの頃でした。県外でのＰＲ活動を重ね、自信も付いてきた頃「タコと言えば明石だよ！」と言われました。「明石のタコ」は全国的に知名度も高く、名物料理が食べられる旅館があると聞き、旅館組合員一同で研修旅行へ出向きました。「日間賀島のタコ」と「明石のタコ」を食べ比べてみるという研修会でした。実際食べてみると「これなら日間賀島のタコも勝負できる！」と自信を持ち、みんなの目指すものは間違っていないんだと確信できました。自信満々で明石から戻り、さらなる集客に向けて取り組んだのは、名古屋鉄道グループとタッグを組み本格的な共同企画を進めることでした。タコの足８本に合わせた「タコづくし」コースは１泊２食付８，８００円で売り出したところ、マスコミやメディアの目に留まり多くの取材が押し寄せました。お客様の集客や日間賀島の知名度アップのためであれば、あらゆることに対応したのが思い出されます。以前の２勤５休の日間賀島から一歩ずつ前進し確実な成果が見られるようになりました。

多角的な観光メニューを創り出す
―海水浴場のオープン、イルカを島へ迎える、自然体験の「トムソーヤクラブ」のスタート

平成２年、日間賀島にとって大きな発展を遂げる周回道路の一部が開通しました。将来を見据えた島を一周する道は、当時の漁業組合長をはじめ多くの方の努力が実を結んだ結果でした。道路の開通に合わせ

東浜海水浴場（後にサンライズビーチ）、その翌年には西浜海水浴場（後にサンセットビーチ）がオープンし、大々的なセレモニーも行われ、この前後に東西観光船のりば周辺に日間賀島のシンボルであるタコのモニュメントも設置されました。東浜海水浴場のオープニングセレモニーの時のこと。来賓として出席されていた、南知多ビーチランドの当時の所長さんと観光協会役員が島の将来について色々な話をしました。その話の中で「所長さんの水族館にはイルカがいますよね。」との話題になり、「毎日コンクリートの水槽の中で管理していたらストレスが溜まって早死にしてしまうよね。」と、冗談交じりに話題したことが、日間賀島へイルカが 来るきっかけになりました。

生き物に対する所長さんの思い……、特にイルカに対する思いは強く、どのようにしたらイルカを島へ連れて来られるのか検討を始めると、話はトントン拍子に進んで行き1～2年後を目途にイルカを日間賀島へ送るという目標を立て行動を開始しました。南知多ビーチランドのスタッフも交え何度も協議を重ね、イルカが来る日が決定しました。自然の海を利用するため、漁業組合への趣旨説明や協力のお願いに幾度も足を運び理解を得ました。そして日間賀島が一丸となり受け入れの準備を開始しました。当初は全てが手探りの状態で生簀も手作りです。太めの青竹を繋ぎ合わせ縦と横は15m、深さ3mの竹枠に魚網をたるみができないようにしっかりと張り付けました。観光協会員総出で西浜に集まりイルカを迎える生簀を設置しました。 1995年の夏、大型トラックの水槽に入ったイルカが師崎港からカーフェリーに乗って日間賀島へ到着しました。初めてイルカが島へ来たという歴史的な出来事だけでなく、島が活性化するための大きな一歩でもありました。

イルカのリフレッシュのためにスタートした事業ですが、海水浴シーズンと重なるため、砂浜にロープを張り事故が無いよう十分な配慮をして、皆様に楽しんでいただけるようサービスにも努めました。この様な手法でイルカと共に取り組んでいる地域は全国的にも珍しく、マスコミからも注目され全国放送もされるなど、さらに盛り上りを見せました。ちょうどその頃、山間部で行われている「トムソーヤクラブ」という人気のイベントを旅行業者の方から紹介されました。夏休みに家族を集め自然体験をさせるというもの。海にも「トムソーヤクラブ」があっても良いのではと言われ、協会員には全てが新鮮で話合いは直ぐにまとまりました。1993年頃の夏休みから日間賀島で「トムソーヤクラブ」がスタート。小高い山の一角をベース基地に見立て、360度オーシャンビューの最高の場所へウッドデッキを設置して海水浴に訪れるお客さんを待ちました。基地の隣には樹齢100年以上にもなる大きな枝ぶりの良い松がそびえ立っており、この枝にブランコでも取り付けたらお客様も喜ぶと盛上り数日後には設置しました。夏の恒例イベントとして定着し5~6年が過ぎた頃、ウッドデッキの老朽化も進み取り壊されたため「キッズアドベンチャー」へと名称を変更し再スタートさせました。これを機に子供たちが安心して楽しく、海の生物とふれ合えるように海水浴場へ移し、自然体験プログラムを作成して中身を充実させました。さらにスポーツインストラクターも導入しながらメニューの見直しも行い、誘客に力を注いでおります。

愛知県内外で認められるイベントの実現

そして一方の西浜海水浴場ではイルカのリフレッシュも毎年実施することで、期間も少しずつ長くしていきメディアへの露出も増え、取材やテレビでの放送も増加していきました。あるテレビ局ではイルカの受け入れ準備から、南知多ビーチランドへ帰るまでをドキュメンタリー番組として放送された時は大きな反響がありました。さらに、障がいのある子供たちがイルカと触れ合う「イルカセラピー」では全国ネットで放送され大きな話題を呼び、行政関係の方も視察に訪れるなど社会的にも注目されています。

観光協会の活動も活発になり、各方面から色々なイベントをご提案いただくようになりました。愛知万博の開催のころ、名古屋商工会議所からは、自転車愛好家が日間賀島の周回道路を利用し「耐久レース」ができないか?という話が舞い込んできました。この件は今までに手掛けてきた事業とは大きく異なり、観光協会の役員会で対応策を協議しました。まずはプランを作り観光協会員の総意を取り付け、漁業組合や島民からの理解も必要でした。その次には行政、地元警察への説明など高いハードルを乗り越えなければならず、結論を出すまでに1年近く掛かりました。関係各所の協力体制を整え、島民と参加者のルールもしっかり作り、2003年5月「市民サイクルパラダイスinひまかじま」と銘打って第1回目がスタートしました。この「サイクルパラダイス」は環境にやさしい自転車を使い、交通ルールとマナーの啓蒙を図るために開催されています。そして島外からの参加者が日間賀島へ宿泊することによる島起こし的な側面を持つ大会。全島民の協力のもと毎年恒例のイベントとして回数を積み上げ、日間賀島で30年以上続く「ひまか島さわやかジョギング大会」と並び、県内外で認められる大会へと成長しました。

1年中、大勢の観光客で賑わいを見せる

現在、日間賀島は人気、知名度共に上がり県内でも有数の観光地になりました。まだまだ自慢はできないけれど食に関しても「夏はタコ、冬はフグの日間賀島」と呼ばれるくらいになりましたが、ここまで来るには大きな課題をいくつもクリアしてきました。日間賀島のトラフグ漁は100年以上の歴史がありますが、地元ではふぐを食べる文化が無かったため、水揚げされたふぐは関西方面などへと出荷されていました。しかし地元の食 材を活かそうと、出て行くだけのフグに目を向けたのは今から30年くらい前。ふぐ料理としっかり向き合い本格的に取り組むと、名古屋鉄道から共同企画が持ち上がりました。それがきっかけで大盛況となりましたが、これも観光協会員全体で取り組んだ成果の一つです。観光協会では旅館・民宿を問わず「ふぐ処理師の資格」を取得し、これに対する知識を身に付けるため、ふぐの本場である下関へ研修に出掛けました。またさらに知識を深めるため、下関から「ふぐの著名人」をお招きして勉強会を実施。島内の施設で一気にふぐ料理を提供できるようになり「日間賀島のふぐ料理」として、愛知県のみならず県外からも多くのお客様にお越しいただき、観光に大きく貢献してきました。今現在も職人同士

が競い合い、さらに磨きをかけた料理を提供しています。

40年前まで、日間賀島の漁師さんたちは獲った魚を対岸の知多半島や遠くは下関の漁港まで運んで売り捌いてきました。だから日間賀島の漁師さんたちが獲った魚を、日間賀島に来てもらって、地元で食べてもらうという「地産地消」が私たちの歩みのすべてです。ここに漁業と観光業の強い地域連携が生まれたのです。「タコの島　フグの島　生き貝の島、日間賀島」をキャッチフレーズに、1年を通して大勢の観光客で賑わいを見せております。

ここまで来ることができたのは、諸先輩が残した島の財産を少しでも活性化し、成長できるようにと観光協会員一同が一丸となり頑張った結果です。それと同時に漁業組合の力強いご支援と、深いご理解の賜物です。われわれ日間賀島観光協会は「漁業者が栄えて、観光業者も栄える」を理念に、子どもから孫へ末永く引き継がれることを望みます。

15 住んでみたい街づくり日本一への実践

長谷川孝一

はせがわ・たかかず　1950年京都市生まれ。中京大学体育学部（器械体操部）卒業。カリフォルニア州立ノースカレッジ校で器械体操指導。1974年全米USCオープン器械体操で個人総合・鉄棒・平行棒に優勝。1995～2007年長久手町議会議員。1997年日本リフレッシュ・ウォーキング協会、2003年日本防犯パトロール協会および2005愛地球博PR協会、2010年上海EXPO中日支援協会をそれぞれ設立。著書に『驚異の運動薬』、『あぶない健康法をただす』（こう書房出版社、1991年2月10日）がある。

春、さくらがほころぶ季節になると、故郷、鳥取県の若桜《わかさ》町にある鬼ケ城という城山の景色を思いだします。

いまは、こけむした石垣しか残っていませんが往時の面影をしのばせてくれます。

幼少のころから、戦乱の時代、秀吉が鳥取攻めのとき、軍勢を快進撃で進めていくとき、わずか一日で落城したと聞かされ、城跡を訪れるたびにさまざまな思いにかられました。

名古屋市中村区の百姓の息子が成長して信長の家来になり、武士として成長。下積み生活のなかから、時代をみつめる鋭いまなざしや感性が研ぎすまされていき、やがて、歴史の表舞台に登場する奇想天外な人生の展開でした。

秀吉の人間的な魅力と面白さに引きこまれていき、当初、高校を卒業したら〝東京の大学〟と決めていましたが、急きょ、ギァ・チェンジして〝名古屋の大学〟を選ぶことになり、鳥取から愛知へ、そして名古屋へ出てくるきっかけになりました。

中京大学で、器械体操に本格的に取り組み、その魅力に取りつかれていきました。器械体操の選手などをさまざまな角度からケアするためのノウ・ハウを学ぶため、アメリカの大学への指導。卒業後も、現地での在住も考えましたが、再び、愛知へ戻りました。

長久手市（当時は長久手町）に居を構えたとき、背すじがゾーッとすることがありました。

徳川家康と豊臣秀吉が対峙した、あの小牧・長久手の合戦のとき、豊臣方の武将で、戦死した池田恒興《つねおき》の陵塚《りょうづか》が長久手にあり、びっくりするとともに、不思議な思いに包まれました。

池田家はその後、関ヶ原の戦いで徳川方へつき勝利すると、外様大名として、鳥取を統治することになります。池田家の歴代の当主として武道だけでなく、文化の面でもさまざまな政策を打ちだし、鳥取のその後の基盤をつくっていき、領民からも尊敬を注がれていくようになりました。

何やら、鳥取と愛知のつながりのようなものを見せつけられたようで、私自身も、愛知で、ささやかでもいいから、何か、できることがあったらと思ったものでした。

大学で器械体操を学び、体操選手として、全米ＵＳＣオープンへ出場し、個人総合・鉄棒・平行棒で優勝したこともあり、そこで培ったものを役立てようとして、長久手町でリフレッシュ・コンディショニング・センター（Ｒ・Ｃ・Ｃ）を設立。

これはスポーツ選手やチームのためのコンディショニング・トレーナーと一般人のための健康指導でした。

コンディショニング・トレーナーとは聞きなれない言葉だと思いますが、スポーツの技術指導とともに、休息や栄養の取り方、心理、チームのなかでの人間関係などにアフター・ケアしていくものです。

スポーツ選手だからその技術力だけを向上させればよいというのでなく、体調管理や精神面でのフォローが欠かせないものになってきています。

これまでにバスケット・ボールでは地元・愛知の三菱電機の男子・女子や愛知学泉大学のチーム、バレーボールでは松下電器、ユニチカ、野球では松下電器のチーム、軟式野球でも大森石油のチーム。ハンドボールではブラザー工業、ゴルフでも塩田昌宏、森口裕子、野呂奈津子、競輪では高橋健二、久保千代志、山崎俊光。ショート・トラック・スケートでは寺尾悟、勅使河原郁恵などの選手のケアに携わってきました。

なかでも、三菱電機名古屋製作所のバスケット・ボールのチームにアフター・ケアしていたとき、同社の健康保険組合が毎年一億円ほどの赤字状態が続いており、打開策がみいだせないかものかと相談を受けました。

これは私自身の持論ですが、運動をすることによって、身体のなかの筋肉や骨格を鍛えるとともに、健康管理や維持へのプラス方向への働き、〝生命の本性〟としてもっている――運動薬、気持薬―があることを取り込みながら、選手をケアするプログラムをつくってチャレンジしました。

二年がかりの指導でしたが、保健組合員の健康管理にも著しいものがあらわれ、健康保険組合の赤字状態から一転。四億円もの黒字財政になり、その成果がたたえられ、労働大臣賞までいただいたものでした。

「健康でも、不健康でも目標を持ち、一日一日明るく元気に生きてゆく」とのモットーを掲げ、皆さんの健康づくりのためのお手伝いをさせてもらうのが、私自身の生きがいであり、ライフ・ワークです。

その後、ヒョンなことから長久手町の町会議員に推され、視野が広がっていきました。

長久手町の行政に携わることになり、名古屋市に隣接し、若者やビジネスマンなどがどんどん移り住み、人口がふえ続けていくなかで、安心と快適さを求めながら、〝住みやすい街〟づくりのために心をくだき、また、さまざまなことを学ばせてもらいました。

そのなかのひとこまとして、四季折々、周囲の樹木の美しいところにある杁ヶ池体育館にトレーニング・ルームの設置を提案。

社会的にも、健康管理・維持への関心が高まっているときだけに、〝身体によい運動とはなに？〟〝運動と栄養との関係について〟〝運動器具の正しい使用法〟などについての講習会を設けながら、人々の健康管理を推進。今年で、体育館の開設から三十一年目になり、受講者も約一万五千人を超え、長久手市の人口の約二十五％、四人に一人がこれを受講されています。

また、〝住んでみたい街づくり〟の実践で、こんなこともありました。

二〇〇五年三月から一八五日間かけて開催された「愛・地球博、愛知万博」(通称)のときのこと。

地球博の開催にあたり、町議という立場でもあり、何か、できることがないかと模索。身近な人々とも意見を交わしていくなかで、二つのことを考えました。

一つは、地球博といえば、まさに、仏典で説かれる「盲亀浮木《もうもくふぼく》の譬え」——一亀の亀が海に漂う浮木にあうことの難しさ、衆生が仏法にめぐりあい、それを受持することがいかに難しいかを譬えたもの——のようであり、チャンスとしてとらえていくべきであると思ったものでした。

その一つは、地球博といえばスケールの大きな催しであり、この機会に〝世界の平和のために何かを訴え、発信していくものはないか！〟と考えました。

開催に際し、国や協会とは別に、〝私たちの手で、世界へアピールできるものはないか！〟と、皆さんと意見を交わしました。

そこで、地球博のテーマソングを作成。「人」に「心」を組み合わせた「火心《ひとごころ》」という絵文字を考案。「人々の心に愛の炎を生ける」との願いを込めて、中国や韓国などに出向き、訴えるPR活動を行ってきました。

さらに、会場となる広場のある長久手・文化の家では、各国の演奏家の協力により演奏会をお願いしました。会場への参加者によるカラオケ大会も盛況で、地球博への機運の高まりにひと役かったものでした。

二つ目は、地球博の開催が本決まりになり、〝さあ、これから準備を！〟というころに、会場の周辺や近隣でさまざまな犯罪がふえ続けており、重ぐるしい空気がただよっていました。

地球博へは国の内外から多数の人々が訪れてくるので、来場者に〝楽しい思い出をつくってもらいたい〟との思いから、周辺の防犯対策を思いつきました。

〝地球博の安全を〟との思いから、会場の近くに交番の開設を考え、愛知署を通して県警にお願いしてみたところ、返事は冷ややかでした。

〝どうしたらよいものか！〟と、知人らと相談。それなら「自分たちで自警団をつくろう」ということになり、地球博の開催される前年の二〇〇四年に「日本防犯パトロール協会」を設立。防犯パトロールを知りあいの業者にお願いし、友人とペアを組み、昼夜にわたって会場周辺をパトロールしました。

ある日の、それも午前三時ごろでしたが、パトロール中に、車泥棒の四人組に遭遇。一瞬、どうなるものかと冷や汗ものでしたが、だいじにいたらず、胸をなでおろしたものでした。毎晩の皆様のお勤め後、朝方、無事にパトロールが終了との報告を聞くと、ほっとしたものでした。

パトロールは地球博の開催前からスタートし、ロング・ランで、地道なものでしたが、地域の犯罪が激減。地球博の期間中、愛知署や名東署からねぎらいのことばとともに、今後は「五」のつく日……十五、二十五日を防犯運動の強化の日にしていきたいとの協力も得ることができました。

さらに、会場の近くの愛知署の管轄内においては「これまでより、周辺の犯罪数が30％も減少。地球博が無事に終了して、本当によかったです」との感謝のことばをいただいたものでした。

地球博の終了後も、町長らとこれからの地域の防犯対策を検討。県警の動きが難しいなか、長久手町として、独自の対策ができないものかと意見をかわしました。

そこからでてきたものが、長久手町の独自で「セーフティステーション」なるものを設置。日本でも、初の行政指導による「交番」が、地球博の会場近くに開設されました。

警察官OBや町職員の退職者を中心にしたメンバーを起用し、防犯と安全を第一にする街づくりを目指すことになりました。

いささか、私自身のつたない体験話になってしまいましたが、『文化とスポーツによる長久手での街づくりの実践』として、折々の場面を振り返りながら、思いを新たにしています。

〝住んでみたい日本一「長久手」の、健康・防犯・文化等による街づくりの実践〟を、いま、改めて、見直してみると――

①健康への心くばり。

②防犯への対策。
③安定した税収(老後を安心して暮らせるために)
④福祉面の充実。
⑤病人・病気のケアである医療機関の充実。
⑥未来にむけて、子どもたちの教育環境の充実。
⑦若者が住みやすくなるたく都市環境。
⑧街並みの景観の素晴らしさ。
⑨人間の五感の感性を豊かにする文化の香りただよう街並みに。

おざなりなものの列記かもしれませんが、人は四季折々、自然の彩り鮮やかな景観に包まれながら、さらに、さまざまな人々との出会いの中から安心ややすらぎを得ていき、喜怒哀楽の情感や心の温かさ、やさしさをかみしめていくようです。

自然の営み、そして、人と人との触れ合いやつながり――それはり波静かな〝湖〟のようなところへ〝小舟〟で、波間にゆられながらも櫓をかいでいく人生模様のように思われます。

16

私たちにもできることがある

―「友多互愛」のボランティア活動に参加して―

石井三枝子

いしい・みえこ　1939年広島県呉市生まれ。高校卒業後、保母として5年間勤務し、結婚を機に退職。家事・育児のなか各種学校で学び、教員（和裁）と着付け技能士の資格を得る。1975年和裁で知事賞を受賞。以降約30年間、和裁教室の講師等を務める。2009年に名古屋市高年大学鯱城学園に入学。卒後後はボランティアグループ「友多互愛」の一員として活動中。

「友多互愛（うたごえ）」結団までの道のり

名古屋市高年大学鯱城学園への入学

（絵が描けたらいいなぁ。いつか描いてみたい）と密かに思いながら、いつの間にか年を重ねてしまいました。子供は独立し、夫も定年退職。長らく続けていた和裁の仕事も、老眼のため区切りをつけました。

このままでは終わりたくない。新たな生きがいを求め、「今でしょ！」と、名古屋市高年大学鯱城学園美術学科に応募いたしました。幸運にも、初めての応募で入学できることになり、平成21年4月、晴れて鯱城学園24期生の一員となりました。69歳にして、再び学生生活のスタートです。

立派な先生方から、実技と知識の両面にわたり、熱心にご指導いただき、2年間存分に美術に親しむことができました。この年で美術を一から学ぶことができる……本当に有難く、幸せな毎日でした。

絵の腕前は、自他共に認めるクラス最下位の私でしたが、体育祭のクラス対抗応援合戦や、民謡クラブの新年会・忘年会などの場面では、出し物の企画に積極的に参加しました。

クラスやクラブの皆さんは、私のアイデアを面白がって採用してくださいました。私が作製した奇抜な小道具や衣装を、嫌な顔ひとつせず身に纏い、歌や踊りを披露してくださった皆さんには、今でも感謝の気持ちでいっぱいです。

瑞穂鯱城会への入会

鯱城学園の卒業生の多くは、市内16区に組織されている「区鯱城会」に入会します。活動の場を自分の住む地域へと移して、趣味の活動からボランティア活動まで、様々な分野で元気に活躍しています。

私も鯱城学園を卒業後、「瑞穂鯱城会」に仲間入りさせていただきました。それと同時に、全会員を対象に様々な行事を企画・運営する〝行事委員〟という大役を仰せつかりました。

先輩の行事委員の後姿を見様見真似で、何とか役目を果たしておりましたが、そのうちに、（皆さんに参加して良かったと思ってもらえるような行事にしたい）と考えるようになりました。そこで、新年会や忘年会、懇親会の折には、小道具や衣装を入念に準備。同期生に出演をお願いして、楽しい歌や踊り、寸劇などを披露しました。

行事委員を二年間務め上げるうちに、多くの会員の皆さんに顔と名前を覚えていただき、仲間の輪は学年を超えて、大きく広がっていきました。

カラオケ同好会の立ち上げ

行事委員の大役を次の方にバトンタッチして、ほっと一息ついていたところへ、「瑞穂鯱城会にもカラオケ同好会を作ってはどうか」という気運が高まってきました。いつの間にか、「誰かが音頭を取ってくれないか。そうだ、石井さんに頼もう」という話になってしまいました。そのため、同期生のYさんに協力をお願いして、二人で発起人となり、平成25年7月、カラオケ同好会を立ち上げました。

「大きな声を出して歌いましょう！下手な人も上手な人も集合です！」との呼びかけに、多くの皆さんが手を挙げてくださいました。月に一度カラオケボックスに集まり、自分たちの好きな歌を気持ちよく歌って、みんなで大笑い。今も、歌好きの仲間と楽しいひとときを過ごしております。

平成26年1月、いつものカラオケボックスではなく、カラオケ喫茶を借り切っての新年会を開催しました。(初めての新年会を大いに盛り上げたい！）と考えた私は、同好会のメンバーには内緒でジュディ・オングの「魅せられて」の衣装を作製し、新年会当日に大変身。私の歌い踊る姿に、メンバー一同唖然としていましたが、しばらくすると拍手喝采。それまではステージで歌うことを恥ずかしがっていた人も、ジュディ・オングの登場ですっかり緊張が解けました。全員がジュディ・オングに負けず劣らずの度胸と愛嬌で、自慢の喉を披露したのでした。新年会は大いに盛り上がり、大成功をおさめました。

この大爆笑の新年会をきっかけにメンバーのひとり、服部義明さんが、高齢者施設でのボランティア活動を発案されました。

「こんなにも楽しい歌なら、地域の高齢者の皆さんにも喜んでいただけるのではないか」

「友多互愛」の結団

高齢者施設を訪問し、一緒に歌を唄って楽しみ、元気のおすそ分けをしようという服部さんの呼びかけに、私を含めて10名が応えました。ここに、ボランティアグループ「友多互愛（うたごえ）」が誕生いたしました。「友多互愛」という名前には、〝多くの友達とお互いさまに支え合いましょう〟という想いが込められています。

「友多互愛」の活動を軌道に乗せるまでの服部さんの計画は、第1段階（ホップ）助成金獲得、第2段階（ステップ）結団式、第3段階（ジャンプ）ボランティア活動実施、というものでした。そこで、平成26年6月、瑞穂区社会福祉協議会の赤い羽根助成金のプレゼンテーションに参加いたしました。

他の団体は、高い志を持って何年も地道に活動されているのに対し、私たち「友多互愛」の活動実績はゼロ。果たしてどうなることかと不安でしたが、瑞穂鯱城会の新年会や忘年会などで披露した歌や踊り、寸劇の様子の写真をお示しし、「同世代の高齢者施設の皆様にも、きっとお楽しみいただけるものと確信しております」と、力強くアピールしました。

私たちの熱意は審査員の先生方に伝わりました。活動実績ゼロにもかかわらず、「期待を込めて」という判定をいただき、三万円の助成金を獲得しました。また、審査の場にいらっしゃったデイサービスセンターの職員の方から、「ぜひ来てほしい」と早速のオファーもいただきました。

平成26年7月7日に「友多互愛」結団式を開催。7月23日、ついにボランティア活動がスタートいたしました。

「友多互愛」のボランティア活動

鯱城学園に入学して以来、様々な場面で歌や踊りや寸劇などを披露してまいりましたが、まさかそのような活動が、地域の高齢者福祉の一助になろうとは、思いもよりませんでした。

デイサービスセンターでの交流会の一コマ

〝今日も来ました「友多互愛」が　歌を唄って皆楽し　歌を歌って大笑い……〟

さあ、「友多互愛」による交流会「一緒に唄い・笑い・元気になりまショウ」が始まりました。オープニングは、中日ドラゴンズの応援歌「燃えよドラゴンズ」の替え歌です。今日は瑞穂区内のデイサービスセンターをお訪ねしています。

まずは、「友多互愛」メンバーとお客様とが、同じ時代に頑張ってきた者同士で、懐かしのメロディーを合唱します。おさげ髪を付けて女学生に変身した「友多互愛」メンバーの姿に、お客様は大笑い。あの頃の歌、あの時の歌を思い出して、楽しく唄います。お客様は、初めは遠慮気味でしたが、2、3曲もすると、元気いっぱいの歌声になりました。

次は、ボケ防止のための「5歳若返る運動」です。「友多互愛」メンバーの指導のもと、お客様は笑いながらも一生懸命に取り組んでくださいました。

続いて、〝天候さん〟のマジック・ショー。(何が出るかな?)お客様のわくわくした気持ちが伝わってきます。〝天候さん〟の手元に、お客様の視線が集中します。

専属歌手〝ジュディ・ロング〟が登場して、「魅せられて」を熱唱。歌と踊りと衣装に、お客様はびっくり仰天です。盛り上がってまいりました!

フィナーレでは、「友多互愛」メンバーとお客様との「憧れのハワイ航路」の大合唱の中、美しく若き(?)フラガールが華麗なフラダンスを披露。途中でダンスに合流した〝フラボーイ〟の衣装に、お客様は大喜びです。大爆笑のうちに、今日の交流会の幕は下りました。

「友多互愛」の活動の現状

11人の仲間でスタートした「友多互愛」も、今では20人を超えました。月に二回のペースで、瑞穂区の高齢者施設を訪問しています。

ボランティアだからといって、いい加減なことはできませんし、お客様に失礼にあたります。次回はもっと盛り上がっていただけるよう、日々知恵を出し合い、出し物の練習に励んでいます。また、小道具や衣装、お客様へのちょっとしたプレゼントの作製にも力を入れています。

交流会終了後には、喫茶店で一服しながら、反省会を行います。ちょっと肩に触れただけで「触るな！」と言われたり、お世話しようとしたら「放っておいて！」と言われたりすると、心が折れそうになりますが、そんな時には、反省会で慰め合い、励まし合います。「きっと今日は体調が悪かったんだね」「家で何か嫌なことがあったのかな」「今回は駄目だったけれど、次は笑顔が見られるかな」と、前向きに考えて、気合を入れ直します。

〝企画→準備・作製→練習→本番→反省会〟のサイクルを月に二回こなすのは、平均年齢70歳台半ばの私たちには大変厳しいものです。けれども根気よく活動できるのは、私たちに元気とヤル気を与えてくれる存在があるからです。その存在こそ、〝お客様〟と〝「友多互愛」代表の服部さん〟です。

お客様からの「元気になった」「気持ちが明るくなった」「また来てネ！」の言葉がどれだけ励みになることか。とても嬉しいです。お客様に元気をおすそ分けするために訪問したはずが、かえって私たちの方が元気をいただいているように思います。

また、「友多互愛」代表の服部さんは、ボランティア活動が終わったその日のうちに必ず、メンバーひとりひとりに労いのメールをくださいます。そんな思いやりの深さには、本当に頭が下がります。（これからも服部さんについて行こう。また頑張ろう）という気持ちになり、再びヤル気が出てまいります。

この地域の皆さんが笑顔になるために、私たちにもできることがある！

おわりに

助成金の申請の際に、ある審査員の先生から、「自分たちの楽しみのためだけにやっているのではないか？」とのご批判をいただいたことがあります。そう言われてしまえば、「その通りです」とお答えするしかありません。

〝みんなで集まり、力を合わせ、何かを作り上げ、披露する〟という「友多互愛」の活動を通じて、私たち自身が大いに楽しんでいるのは事実ですし、「友多互愛」に参加することは、私たち自身のボケ防止、ひいては生きがいづくりにもつながっているのです。

しかし、私たちのような高齢者が、生きがいを感じながら、元気はつらつと歌って踊る……そのことだけでも、社会的には大きな意味があるのではないでしょうか。元気な高齢者が増えれば、医療費も削減することでしょう。そして、もしかしたら、（あんなおじいさんやおばあさんになれたら、老後の生活も悪くないかもしれないなぁ）と、若い世代の皆さんに希望を与えることができるかもしれません。

「友多互愛」の活動により、この地域の未来をほんの少しでも明るく照らすことができれば、こんなに嬉しいことはありません。

17

真の住民自治に向けて

柴田高伸

しばた・たかのぶ　1969年愛知県一宮市生まれ。愛知県立一宮高校、名古屋市立大学経済学部（塩見ゼミ）卒業。鹿島建設（株）、建設コンサルタントを経て、2007年、第16回統一地方選挙で愛知県議会議員に初当選（当時38歳、知立市選挙区）。以来、3期連続当選。この間、愛知県政および県議会の改革と、地方分権、成長戦略の推進に取組む。

「地方政治における無党派の〝位置〟」

地方政治の現場に身を置いて10年。まずは、これまで政治に対して何を感じ、いったい何を目指してきたのか、述べていこう。

国政で政権を担うためには、有権者による国政選挙によって議席の過半数を得て与党となり、その与党の党首を国会議員による首班指名選挙によって内閣総理大臣に指名することが必要である。議院内閣制の下では、与党の党首が議員でありながら、行政（政府）の長になるのであり、政府を構成する内閣の各大臣も与党の議員によって担われ、予算の編成から執行に関わる全ての行政権限は政府・与党に委ねられていると言っても過言ではない。

与党であるかどうかは、政府運営に関わる全ての権限を手中に収めることができるかどうかに直結しているため、選挙時のみならず、平時の国会審議などにおいても、各政党の政権担当能力の有無を有権者に印象付けるために、与党と野党の間において熾烈な闘争が繰り広げられている。これが有権者の目には、本来なされるべき国家・国民に関わる重要な政策論争とは程遠い、ともすると揚げ足取りに終始するだけの不毛な批判合戦に映るのである。

政府・与党は多様な価値感を包含する寛容さを持ち、野党からの建設的な論議に応じる姿勢が必要であり、一方、野党は政府・与党の是は是と認め、非なるところについては対案を示して政策本位の前向きな論議を展開する姿勢が必要である。

こうした国政政党間の政権争いが日常化する中にあって、各政党の党勢拡大意欲が地方政治に支配的に及ぼす影響は計り知れないほど大きいと言わざるを得ない。

各政党は、国政選挙での各選挙区における優位性を確保するために、選挙区である地方自治体の首長や地方議員を手中に収めることに躍起になっている。

政党丸抱えで首長選挙が行われると、紐付きの当選者によるその後の行政運営に大きな弊害が生じることは言うまでもないが、政党に公認あるいは推薦されて当選した地方議員に見られがちなのは、広く有権者の代表であることを忘れた政党第一の言動や行動に偏りや独善性が見て取れることであり、多くの有権者は強い違和感を抱いている。

国政のように立党の精神などのイデオロギー（思想信条）の実現を前提として行われる政治とは異なって、地方政治は住民の身近な暮らしに立脚した課題解決を前提として行われる政治であることから、政党本位ではなく、政策本位でなければならない。このことを弁えている政治家はどれ位いるのだろうか。

政治家は、支持者でない有権者も住民であることから、常に広く公平に有権者の声を聴き、政党のための政治ではなく、住民のための政治、すなわち、広く公の利益に適う政策の立案と決定を行わなければならないのである。

地方政治は二元代表制を敷いている

行政の長である首長、すなわち、都道府県では知事、市町村ではそれぞれ市長・町長・村長は、有権者による選挙によって直接選出される。同じように、県、市町村の議会議員も、有権者による選挙によって直接選出される。首長が議会議員の中から議会議員によって選出されるのではないから、地方議会に与党と野党の区別は存在しない。
国政において行政の長である内閣総理大臣が、国会議員の中から国会議員によって選出されることや、結果として国会の過半数を握る与党の党首が内閣総理大臣に指名されることから、首相を擁する与党とそうでない野党との区別が存在する国会の仕組みとは全く異なるのである。

地方自治体の首長が選挙を国政政党に依存せず、自らの公約を主に有権者に支持されて当選したのであれば、政党の支配が及ぶ余地はない

現在多くの首長が政党無所属であり、特に選挙時に政党への依存度を下げているのは、その後の政党支配の影響による行政運営への弊害を避けるためであり、地方自治体の運営権力が国政政党の優位性獲得のために利用されることが有権者への背信行為であると自覚しつつあるからである。もちろん、首長が政党に所属する政党人である場合もあるが、首長は本来、自らの思想信条とは違うどの政党（所属の議員、党員や支持者）に対しても、公平に等しく論議できる立ち位置、すなわち、どの政治勢力とも等間隔を確保することが望ましいのであり、それは自らの言動や行動に政党本位の偏りや独善性が出る余地を無くすことでもある。首長が弁えておかなければならない鉄則である。

同じような分別は地方議員にも強く求められる

地方議員の多くが政党無所属を標榜しながらも、実は国政政党に所属している政党人である。無所属の標榜と政党所属の実態を使い分けすることで、選挙における優位性を確保しようとしているのである。政党の立党精神、すなわち、イデオロギーに共鳴し、その政策実現のために入党したのであれば、何も無所属を標榜することはなく、矜持を持って政党所属を名乗って選挙を戦えばよい。しかしながら、あくまで無所属を標榜するのは、所属政党以外の支持者からも得票できるようにするため、あるいは、所属政党の支持率（低い場合）が自らにマイナスに影響しないようにするためであり、一方で政党に所属するのは、自らの選挙区（地盤）に所属政党から複数の候補者を擁立させないためであって、いずれも選挙の都合ばかりである。

当選後は政党の支配に浴し、議案審議や委員会調査などの議会活動や、陳情対応や政策立案などの政務活動よりも、国会議員を戴いた党勢拡大のための政党活動や、選挙の地盤固めのための後援会活動を主とする態度は、公人という地方政治を担う者（議員）の姿として、住民の目にはどのように映っているのだろうか。

さて、愛知県に目を向けると、知事は元自民党衆議院議員だが、現在は政党無所属。選挙時には各政党が挙って相乗りして支援する構えをとるが、初当選時の選挙経緯から、政党が選挙を丸抱えすることはない。また、知事も政党に依存することはない。

なお現在、愛知県議会の会派構成は政党別で、自民党が過半数を占めているが、政党丸抱えの首長選挙を通して馴れ合うといった首長と政党の特別な依存関係は本県には当てはまらず、行政運営に政党の支配が及ぶ余地は少ない。愛知県知事は現在、政党の影響を受けない独自の行政運営を遂行していると言ってよい。

国政の場合、内閣総理大臣を擁する与党に所属している国会議員に対して行政の忖度が働き易い面があると言えるが、本県の場合、知事がどの政治勢力からも独立した立ち位置にいるため、議会で過半数を有する政党会派（もともと与党とは呼ばない）に対して忖度を働かせる余地はない。

こうした政治状況において、愛知県議会議員は、自ら実現を目指す政策の必要性や妥当性、緊急性などを、客観的かつ論理的に知事ならびに行政当局に分からしめることさえできれば、それらの政策を実現することが可能なのである。

総じて、地方政治において首長も議員も、政党に安住の地を求めず、住民に向き合い、暮らしの実態に立脚した政策を立案し、実行しなければならない。住民生活を共感できてこそ、現実に足元でおきている課題の解決が図れるのである。

国政は国でしかできないことに純化すべきであり、国政政党は地方政治に支配的に影響力を及ぼすべきではない。

ここまで、国政と地方政治、政党本位と政策本位の違い、あるいは、その弊害やあるべき姿について述べてきた。これは、今まで繰り返し訴え続けてきたトピックであり、いずれも、自らの過去3回の選挙において、多くの住民の耳目を集めた論点である。

一方、相変わらず国を頂点とするピラミッド構造、すなわち、中央集権体制からの脱却への道のりは遠く、険しいと言わざるを得ない。

「真の地方分権」とは、政治のあり方を「国↓県↓市町村↓住民」という統治構造から正反対にひっくり返し、現地現場の視点を大切にした住民起点の政治に変えることであり、そうして初めて、地域のことは地域で決められる権限と裏付けになる財源を携え、住民の意志が伴った責任と負担による政治を行えることになるのである。

「真の住民自治」を、これからも地方政治の現場から目指し続ける。

「愛知県の未来に向けて」

現在、知事と同じ政治的立ち位置に身を置く小職。

続いて、これまで知事とともに何を手掛け、これからいったい何を目指していくのか、述べていこう。

愛知県は、モノづくりの日本一厚い技術集積によって世界的な産業中枢圏として発展し、先進国一国に相当するほどの経済規模を誇るのみならず、農林水産業なども大きな底力を持ち備えており、さまざまな分野で我が国を引っ張っている。

本県は１９７７年から38年連続で、製造品出荷額等総額が全国No.１であり、特に自動車に代表される輸送用機械器具は自動車メーカーやサプライヤーなどの関連企業が集まっており、圧倒的な全国シェア（39・１％＠２０１６年）を占めている。

一方、自動車産業における構造変化を考慮すると、世界レベルでかつてない激動の時代を迎えていることは言うまでもない。

少子化、高齢化などの影響による国内需要の縮小や新興国市場の拡大、ＴＰＰ・ＦＴＡ協定における海外市場アクセスの改善などによって、自動車生産における国際分業化、すなわち、原材料・部品の調達から加工・組立て、最終製品の販売に至るまでの工程が国境を越えて分散するサプライチェーンのグローバル化が一層進展することが想定される。

本県産業の国際競争力をさらに高めるためには、多様なパワートレインに対応した次世代自動車の研究開発機能の集積を強化することや、航空宇宙関連やロボット関連などの強固な次世代産業クラスターを形成することが重要である。

トヨタは２０１４年12月15日、水素を燃料として使用する燃料電池車ＦＣＶ「ＭＩＲＡＩ（ミライ）」を世界に先駆けて市場投入した。このクルマは実は、愛知県で生産されている。タンクに積んだ水素と空気中の酸素を化学的に結合させて発電する装置、ＦＣスタックを積んだ燃料電池車は、水素をエネルギー源にクルマの上で発電しながら走る電気自動車（ＥＶ）の一種であり、エネルギーをつくる代わりに排出するのは水だけという究極のエコカーである。加えて、水素は地球上にほぼ無限に存在することから、化石燃料を一切使わないというだけではなく、エネルギーの枯渇の心配がない。ＦＣＶが夢の未来カーと呼ばれる所以である。

現在我が国では、水素を将来の有力なエネルギーと位置づけ、国を上げて水素社会を目指している。今後、本県は、モビリティでの利用においては水素ステーションの整備をはじめ、フォークリフト、バス、トラック、スクーター、小型船舶などのさらなる商用化、そして、水素の製造、輸送、貯蔵、供給の各段階における技術革新や低コスト化など、水素が化石燃料に代わる次世代のエネルギーの選択肢となるためのさまざまな取組を支援することで、水素社会の実現をリードしていく。

また、新たな自動車産業のイノベーション創出の鍵として自動運転技術開発の加速化が求められる中、車内に運転者が不要になる最先端の遠隔型自動運転システムを含む実証実験を全国に先駆けて本県内10市町で実施している。次世代自動車のキーテクノロジーである自動運転は、交通事故ゼロ、高齢者や障がい者の自由移動、渋滞の解消など、大きな期待が寄せられている。

今後、本県を中心に産学行政で構成する「あいち自動走行実証推進コンソーシアム」が、県内随所で自動走行の実証実験を強力に推進し、早期の社会実装を目指す。

三菱航空機は２０１５年11月30日、国産初のジェット旅客機「ＭＲＪ（三菱リージョナルジェット）」の初の試験飛行を県営名古屋空港で成功させた。同空港近接の最終組立工場において量産が開始されると、完成機メーカーを頂点とした民間航空機の産業ピラミッドがこの地域（中部５県合計：航空機・部品生産額の全国シェア56・２％＠２０１６年）において国内で唯一完成することとなる。このＭＲＪ以外にも実は、米ボーイング社の最新鋭旅客機７８７型機の翼や胴体など機体の35％が重工メーカー３社によって本県で製造されている。

航空機産業は関連する技術分野の裾野が広いため、他産業への技術波及効果が高く、技術の高度化を先導する重要な産業である。これまで本県は、産学行政の連携による研究開発や裾野を支える中小企業の新規参入、人材育成支援などを推進してきた。

今後、さらなる企業集積や航空機生産機能の拡大・強化を図り、ピラミッドの裾野を広げるとともに、本県が、アメリカのシアトル、フランスのトゥールーズと肩を並べる航空機産業の世界的な拠点となることを目指す。

２０１９年９月、中部国際空港島内に日本最大級６万㎡の展示面積と計２，１１０㎡の大小会議室を備える「愛知県国際展示場」を開業する。同年に我が国で開催される「金融・世界経済に関する首脳会議（Ｇ20）」の会場として立候補済みであるが、すでに同年の技能五輪全国大会、２０２０年の技能五輪全国大会・

全国アビリンピック、ワールドロボットサミットの開催会場となることが決定している。

この空港島では、２０１８年にはボーイング７８７型初号機を展示する複合商業施設や新規ホテルの開業も相次ぎ、カジノを含む統合型リゾート施設（ＩＲ）の誘致構想もあることから、この展示場と併せて「国際的な観光拠点」と位置づけている。２０１８年度からは、国内外で富裕層に人気の高い「動く高級ホテル」と称される大型クルーズ船が接岸できる岸壁を展示場東側に整備するための調査を始めることにしているが、「ＭＩＣＥ」※は、世界中から人が集まるという直接的な効果はもちろん、人の集積や交流から派生する付加価値が期待されている。海外の多くの国・都市が、経済戦略の達成手段のひとつとして「ＭＩＣＥ」を位置付け、戦略分野・成長分野における産業振興、イノベーション創出のためのツールとして国際会議や見本市を活用している。

今後、本県は、国際的な「ＭＩＣＥ」誘致競争に打ち勝つことを目指し、国内外からの新たな交流によって新産業を創出し、既存産業の充実を図ることで、この地域のさらなる経済活性化を促す。

ここまで述べてきたように、今までさまざまな本県プロジェクトに精力的に挑戦し、着実に具現化、推進してきた。いずれも、愛知の底力を磨き、未来を拓く重要なプロジェクトばかりである。国の岩盤規制を突破するため、知事、産学との緊密な連携を図り、未来への道を切り拓いてきた。

なお、今後は早期に、２０２７年リニア中央新幹線開通以降の目標と道のりを、県民の前にきちんと明示しなければならない。本県の強みであるモノづくりによって世界を大きくリードしていくことはもちろんのこと、本県のアイデンティティとも言える産業文化や自然、歴史・伝統などを生かしながら、新たな価値を創造・発信していく力を高め、世界の中で絶対的な存在感を示すことができる「風格ある愛知」を、総力を挙げて築いていく。

【注】

※「ＭＩＣＥ」とは、企業等の会議（Meeting）、企業等の行う報奨・研修旅行（インセンティブ旅行）（Incentive Travel）、国際機関・団体、学会等が行う国際会議（Convention）、展示会・見本市、イベント（Exhibition/Event）の総称。

第4編

NPO活動が地域社会を成熟させる

どんな時代でも影のない時代はない。20世紀の定義は様々あり得るが、産業主義の世紀という定義はゆるぎないものの一つであり、それに伴う清算すべき影を我々は継承している。一つは過疎という地域問題である。堀尾及び長谷川の論文はこれに焦点を当てている。前者はライフラインの保全を、後者は地域アイデンティティとしての伝統文化の継承問題を扱っている。黒田、杉本論文では男性稼得社会が生み出した少子高齢化問題中の高齢者問題を論じている。いずれも、元気高齢者の役割を明確にし、連携や互助といった、彼らに舞台を与える仕掛けが重要であることを論じている。そして長尾、北医療生協論文では、産業主義的ライフスタイルが生んだ異形のコミュニティの転換の道筋が論じられている。

いずれも、これらの課題解決において市民の営利を目的としない活動が有効性を発揮し、一定の将来展望を与えていることを、具体的事例に即して生き生きと描き出している。（向井清史）

1

ベッドタウンからライフタウンへの転換は可能か
―高蔵寺ニュータウンの地域連携に託す未来図―

長尾哲男

ながお・てつお　1947年生。名古屋市立大学大学院経済学研究科博士後期課程単位取得退学。専門は都市住宅学。パナソニックエコシステムズ（株）、愛知県中小企業労働相談員勤務を経て現在、名古屋市立大学大学院研究員、NPO住宅長期保証支援センター企画推進委員。主な著書に『トヨタショックと愛知経済』、『名古屋経済圏のグローバル化対応』（いずれも共著、晃洋書房）。

■ポスト・ベッドタウンとは何か〜暮らしを支援するNPO〜

高蔵寺ニュータウンは、戦後の高度成長期における名古屋市やその近郊に通勤して働く人のベッドタウンとして、多摩ニュータウンに続く全国2番目の大規模住宅団地として開発され、1968年（昭和43年）から藤山台団地を皮切りに入居が始まった。

大阪千里ニュータウンを含め、日本三大ニュータウンの一つとして全国から人々が転入し、そこに住まう「団地族」のライフスタイルや家族形態、住民意識の変遷は常に日本の未来の先行指標・縮図であり続けてきた。半世紀が経過し、すでに起こっている未来の最たる例が住民の高齢化と人口減少である。同一時期に大量かつ画一的な住宅供給、インフラ整備が行われ、同一世代（生産年齢世代）の一斉入居の結果、周辺市部と比べて著しく少子高齢化が進行している。また若い世帯主の入居減少で、児童や生徒数の大幅減少による学級数減から小学校の統廃合事例が高蔵寺ニュータウンでも現実化している。全国の他団地と同様に、団塊世代の男性を中心として今までの外で稼いでくる人から年金収入等で生活する高齢者が多くなっている。

雨宮昭一は、「ベッドタウン」とは、「住むこと、働くこと、育てること、遊ぶことなどの諸機能が空間的に分離されたシステム」だと定義づけしている（雨宮昭一／福永文夫、獨協大学地域研究所編著、『ポストベッドタウンシステムの研究』、丸善プラネット、２０１３年）。

高蔵寺ニュータウンで20年前から子育て支援やまちづくり文化事業を活動展開している「ＮＰＯ法人まちのエキスパネット」代表の治郎丸慶子は、ポスト・ベッドタウンのひとつの答えとして、『「ライフタウン」とは、「職住近接」ということも含めて従来の「住、働、育、遊」などを分離して機能するものではなく、新しい発想でまちづくりを仕掛けながら世代融合を図りつつ、「０歳から１００歳まで」の「ニュータウンの全ての障がい児者や高齢者を包摂」した「楽しく安心して人生の最後まで暮らせるシステム」である』

（治郎丸慶子・村上貴幸、「『暮らしたい街・高蔵寺ニュータウン』多世代活性化事業」発表、〈公財〉中部圏社会経済研究所「第2回中部まちづくりパートナーシップ大賞」最終審査&表彰式、2017年11月27日）と提唱しており、筆者も賛同している。

治郎丸と最初に出会ったのは、2010年9月5日に名古屋市内であった都市住宅学会中部支部・住宅再生部会主催の「団地再生シンポジウム」での「高蔵寺ニュータウンでのNPO取組み事例発表」で、それ以降、その着想と行動力に注目していた。

2011年7月9日に京都文教大学人間学研究所第1回研究会講演で初めて、また2013年6月27日には日本生活学会総会（東洋大学）にて第2回吉阪隆正賞・受賞記念講演で、「ベッドタウンからライフタウンへ楽しく暮らせるまちへ進化する高蔵寺ニュータウン」を発表した。この標語に対して西川祐子（現・京都文教大学客員研究員、元同大学教授）は「従来の都市機能ゆえに抑圧されている人間性の全的回復の願いが込められている（都市住宅学69号、2010年SPRING）」として、その可能性について高く評価している。

名古屋のベッドタウンとしての位置付けは、現在では定年退職した団塊世代の年金生活者増で大きく低下している。地域における在宅時間の増加により余暇の過ごし方が注目されている。多様化した人々を受入れ、共に暮らすために健康医療、介護福祉、買物などの生活支援サービス需要にどう対応していくか、地域として抜本対策が喫緊の課題となっている。こうした暮らしと調和したまちの諸課題に対して、地域住民が参加してお互いの話し合いで自らの住みよい環境を守り、役立つ団体として1998年にNPO

（Non-Profit Organizationの略称）法（特定非営利活動促進法）が制定されて約20年が経過した。全国で52,795法人（認証・認定、2017年10月31日現在、内閣府HP）、愛知県では2,002法人（同左）が活動し、その存在価値と活動内容について再評価すべき時期にあると考えている。

その多くはゼロから立ち上げ、七転八倒しながら曲がりなりにも地域に浸透し、企業でも行政でもボランティアグループでもない、地域発NPOという法人格を持った団体である。数は多くないが独自の発想、フラットで柔軟な組織、知恵と行動力で成果を上げつつある。

ここ高蔵寺ニュータウンでも、暮らしよい地域をつくるために数多くのことに取り組み、同じ位の失敗も重ね、涙も流しながら一歩ずつ経験を積み、着実に成果をあげるようになってきた。この約20年のNPOの歩みとニュータウンの50年の変遷を重ねることで見えて来たものがある。それは住民感覚でのNPO現場推進力が地域に住む人々の暮らしを共に守り、2030年代以降まで続く超高齢化、成熟社会に欠くべからざる組織になるという確信である。NPOが行政や企業と協力することでライフタウンというまちづくりがうまくいくのではないか。そう考える根拠として「NPO法人まちのエキスパネット」を取り上げる。

■自分たちのまち　高蔵寺ニュータウンの市民意識と実態を調べる

最近の筆者の1991年から2014年の高蔵寺ニュータウン地区内の事業所数・常用雇用者数の推移分析（経済センサス、春日井市統計）によると、人口減少に拘わらず事業所数、常用従業員数（パート、非正規含む）は右肩上がりで緩やかに増えている。

従業員数の伸びている業種（産業大分類）は生活関連サービス業・娯楽業、教育・学習支援業、医療・福祉、複合サービス業の7業種である。高蔵寺ニュータウンでは増加する障がい者登録者への支援などに必要な担い手不足も深刻化しており、さらに女性や高齢者就業促進のための職住を考慮した総合的なインセンティブ対策が切望されている。

平成28年7月に実施された春日井市「市民意識調査」による高蔵寺ニュータウン内の5中学校区内に住む住民の「重点課題」施策へのアンケートから、不満な点、重要だと考えている項目からその現状意識の優先順位を見てみた。

表1は、高蔵寺ニュータウンに関連の深い20項目を筆者が抜粋抽出し、区内5中学校区合計の有効回収表数1，121票を満足度、重要度の5段階評価の平均値を市全体平均値と比較したものである。

その中で満足度3以下で不満の高い上位7項目と重要度の高い4以上の14項目が現状のニュータウン住民の喫緊の意識であり、これら地域の生活の質向上への顕在ニーズに誰がどう応えることができるかが、ライフタウン化への転換へのキーポイントと考えている。

表1から、高蔵寺ニュータウン住民の基本政策への満足度の低い項目は、ニュータウン再生への取組みが2・51とトップで、全市の2・67（＝44位／全48項目）と比べ不満度、関心共に高いことがわかる。対して満足度の高い項目は、医療（3・70）、健康（3・54）、都市景観・緑化（3・52）、自然環境（3・46）、

高齢者の住まい（3・32）、住環境（3・30）、市民協働（3・23）と、緑に恵まれた都市環境が評価されている。同様に重要度については医療（4・58）がトップで、以下、情報提供（4・00）まで14項目が上位にランクされている。この満足度と重要度の両評価項目で医療がトップになっている理由としては、高蔵寺ニュータウン内に既に3診療所（藤山台、岩成台、中央台）、9医院、11歯科医院と医療資源数が一定程度あり、外周部（特にJR高蔵寺駅周辺）にも総合地域拠点病院などもあるものの、単身高齢者や高齢者夫婦向けの地域包括ケアシステムなどの住民主体の医療・介護サービスの需要が高まっていることが考えられる。

高蔵寺ニュータウン住民の両評価項目に共通する優先項目は、重要度の高い順から障がい者福祉、生活道路、保育、交通の利便、就業支援の5つに絞られる。

高蔵寺ニュータウンは、現在人口43，122人と1995年の52，215人をピークに減少に転じ、建設計画時の大規模住宅団地マスタープラン（1961年）での81，000人計画（最終1990年）の53・2％に留まっている。戸建て住宅の居住者が3万人超の横ばいで推移しているのに対して、主にUR賃貸住宅の居住者の減少（30年間で約40％減、2015年現在入居者14，737人）が影響している。ニュータウン内7団地（藤山台、高森台、岩成台、石尾台、中央台、押沢台、高座台）の住居状況は、総戸数21，792戸の内、UR賃貸集合住宅が36・4％、県営集合住宅が2・2％、一戸建てが42・3％、UR分譲住宅11・1％、民間共同住宅6・0％、社宅2・0％（高蔵寺ニュータウン住宅流通協議会、2014）の割合になっている。

　２０１７年現在、高蔵寺ニュータウン地区の高齢化率は33・１%となっている（春日井市では25%、愛知県では24・5%）。特に第一種低層住居専用地域として開発分譲され、初期入居の住民が多い石尾台地区で

表１．高蔵寺ニュータウン５中学校区別満足度・重要度の５段階評価（20項目抜粋）

項目No.	基本政策	満足度		
		ニュータウン	全　市	（全市順位）
29	ニュータウン再生	2.51	2.67	44
28	交通の利便	2.55	2.53	47
31	就業支援	2.77	2.82	39
41	生活道路	2.82	2.66	45
3	地域福祉	2.94	2.93	35
12	保育	2.98	2.97	30
6	障がい者福祉	3.00	3.01	28
19	生涯学習	3.03	3.03	26
11	出産･育児	3.04	3.06	23
5	高齢者支援	3.06	3.03	27
24	文化･伝統	3.10	3.14	19
22	市民活動支援	3.12	3.14	18
45	情報提供	3.17	3.13	20
44	市民協働	3.23	3.15	17
40	住環境	3.30	3.19	14
4	高齢者の住まい	3.32	3.34	6
37	自然環境	3.46	3.25	9
38	都市景観･緑化	3.52	3.28	8
1	健康	3.54	3.54	4
2	医療	3.70	3.75	1

項目No.	基本政策	満足度		
		ニュータウン	全　市	（全市順位）
2	医療	4.58	4.53	1
1	健康	4.42	4.39	5
11	出産･育児	4.27	4.22	10
6	障がい者福祉	4.18	4.15	14
41	生活道路	4.16	4.18	12
4	高齢者の住まい	4.16	4.09	20
5	高齢者支援	4.14	4.08	23
12	保育	4.14	4.11	17
28	交通の利便	4.13	4.10	19
40	住環境	4.11	4.06	26
37	自然環境	4.10	4.04	27
38	都市景観･緑化	4.07	3.99	29
31	就業支援	4.04	3.96	31
45	情報提供	4.00	3.99	28
29	ニュータウン再生	3.99	3.52	47
3	地域福祉	3.98	3.98	30
19	生涯学習	3.85	3.80	37
44	市民協働	3.72	3.65	42
22	市民活動支援	3.60	3.58	43
24	文化･伝統	3.56	3.55	46

出所）春日井市企画政策課「市民意識調査に関する報告書」平成29年２月、市民アンケート48質問項目結果より筆者作成。
（注１）ニュータウンは、５中学校区（高蔵寺、藤山台、高森台、石尾台、岩成台）の合計の平均値である（無回答は除く）。（注２）調査対象は春日井市内在住の18歳以上の市民12，000人（無作為抽出、郵送調査法）である。高齢者向けの設問は60歳以上の方、平成28年７月19日に配布。
＊回収結果：有効回収数4,836票、有効回収率40.3%。高蔵寺ニュータウン各中学校区別有効回収表数：　高蔵寺381、藤山台151、高森台217、石尾台205、岩成台167、合計1,121票。

は45・2％、押沢台地区36・6％と高い。

ニュータウン地域内を町・丁別（春日井市住民基本台帳調査結果）に詳細に見ると「限界《丁》集落」ともいえる高齢化率が50％を超えている（石尾台2丁目56・4％、石尾台4丁目54・7％、押沢台6丁目51・6％）ところが出始めている。さらに団地別にみた高齢者世帯比率は29・7％、特に高齢単身世帯数が2，339人（団地内全世帯比12・7％）と高齢者世帯の約4割超が一人住まいとなっており、特にUR賃貸集合住宅の多い地区が極めて高く、孤独死防止への地域見守りや生活支援対策が急がれている。

将来を担う子どもたちの現状はどうか。ニュータウン内には認可保育園が7ヵ所（公立4、私立3）、認可外が2ヵ所あり、市はここ数年間にわたって認可保育所の待機児童ゼロを続けている。また春日井市では、出生から中学卒業まで所得制限無しで通院、入院時の自己負担額ゼロという全国でも最高レベルの子ども医療費助成を行っている。しかし高蔵寺ニュータウンの子育て世帯割合は、ピーク時の1995年の39・6％から2010年22・5％まで減少しており、2017年のニュータウン内の児童・生徒数は、65歳以上高齢者数の約25％、14歳以下人口は約33％と激減している。

高蔵寺ニュータウンは、歩車分離の5路線、地区内延長約12㎞の都市計画道路と延長120㎞の区画街路が整備されている。現在、地域内の公共交通は名鉄バスが幹線道路に17路線、市中心部と結ぶシティバスが2路線、ニュータウン内循環コミュニティバスが2路線の計21路線が運行されており、相当高いサービス水準である。しかし高齢化の進展に伴い、過去の通勤通学を主眼とした需要ではなく、丘陵地を開発した地形特性から坂道が多いことや歩行弱者への生活道路の巡回バスの充実など、日常的買い物、通院、地域生活交流・散策を支える交通サービスが求められている。これらが「老いるニュータウン」とよく揶揄されている高蔵寺の現実の危機といえよう。

■ＮＰＯ発足の起点は、20年前の母親としての切実な危機感から
―障がい児の子育てと働き場所を求めて―

高蔵寺ニュータウンという多様な住民の集う地域をつなぐ「支える側」のキーパーソンリーダーの一人であるＮＰＯ法人まちのエキスパネットの治郎丸代表（児童発達管理責任者）に、今年８月、本部事務所を筆者ら３人で訪問しインタビューを行った。

治郎丸の高蔵寺ニュータウンにおけるまちづくり文化事業などの地域活動の特徴は、次々と新しい発想で未来図を描き、具体化し、仕組みを構築していく独自の戦略的実践手法と、地域と弱者に対する優しい愛情だと筆者は考えている。

治郎丸は音楽大学卒業後、民間会社に就職、結婚後も２人の子育てをしながら働いていた。１９８１年に高蔵寺ニュータウン（石尾台）に入居、１９９７年に３番目の子どもがダウン症による障がい児として生まれたのが地域活動を始めたきっかけだったという。障がい児を抱え、子育てと仕事のはざまで家族の

将来への言いしれぬ不安にさいなまれ、にっちもさっちも行かずに苦悩した経験を、逆にテコとされた経緯が今日につながっている。

このインタビューの際に大変印象的な話があった。3番目の子どもがダウン症と診断され、落ち込む彼女をホッと楽にさせてくれたのが、夫の「1人目は女、2人目は男、3人目は障がいがある子で、人生いろいろで楽しいじゃないか」という言葉だったという。

当時はダウン症に対する周囲の理解がなかなか得られず、障がい児をどう育てていくのか知識もなく途方に暮れた。しかし、間もなく地域に同じような障がい児を抱えて育児放棄、就園や就学、いじめ、不登校などで悩んでいる親が多いことを知り、「ダウン症親の会」を立ち上げた。親の共通の悩みである「障がい児を育てる支援体制」や「就学支援」などについて課題や要望をまとめて市の行政窓口に日参するも、素人同然の「親の会」では全く相手にされなかったという。この時の悔しい思いが治郎丸の行動の起点となっている。

NPOまちのエキスパネットの概要

2006年10月に地域での市民活動の一時代の礎を築いた先輩の林明代(当時59歳)などが中心となり、「新しい協働事業と障がい児者社会的事業所の雇用拠点づくり」を目的として、新たに現在の母体となる任意団体「まちのエキスパネット」と「ふれあいパブ」が設立された。治郎丸は翌年9月に代表を林明代からバトンタッチされた2代目である。障がい児の未来を考え、地域が幸せになれば子どもたちも幸せになれると考え、新たにまちづくりの視点から福祉を企画することを活動目的に設立、２００７年10月に現ＮＰＯ法人まちのエキスパネットとして認証された。

法人概要は、有給スタッフ数（パート含む）30名（全員正職員）、会員数１４５名（男84、女61）。決算収入４７，９８８千円（内訳　障がい児者就労支援事業収益４２，７７４千円、広報誌発行事業収益１４，８８千円、まちづくり支援事業収益2，４８９千円、受取助成金０千円、受取寄付金８６６千円、受取会費３０９千円、他）、経常費用計は４６，８６６千円（内、人件費27，９６2千円、その他経費17，５５３千円、管理費1，３５０千円）、負債及び正味財産合計１５，６３６千円（２０１５年度事業報告書から）となっている。

■ＮＰＯがまちを変える
―ポスト・ベッドタウンとしてのライフタウンまちづくり―

「地域まちづくり事業として自分たちのまちを、自分たちのエキスパート人材を募集・育成して〝価値ある、人の流れ〟を創ることに重点を置いている。〝流れ〟とは、〈イベント〉や〈事を起こす〉ことによって人が動き集まり、喜び弾けて、また人へ伝えていくエネルギーが生まれることをいう。そのことで障がい児者も高齢者も元気な人は支える側に回り、お互いに役に立つ、補完し合うフレキシブルな地域を創ることが出来る」、これが治郎丸らの目指すポスト・ベッドタウンとしての「ライフタウンまちづくり」である。

治郎丸のまちづくりの基本ポリシーは、1．誰かの役に立つ仕事を創ること、2．思いついた活動をやめないこと、3．子どもの笑い声の響くまちにすること、4．若い世代にバトンタッチすること、のシンプルな4つを掲げている。これを実際例で見ていく。

障がい児者就労支援拠点づくり　―地域に役立つ仕事と雇用創出―

まちのエキスパネット事業は、初期の子育て実践活動から地域まちづくりへと展開が広がっている。治郎丸らは、いつも全ての障がい児者の社会的事業所での雇用創出を強く意識している。障がい児者・高齢者のような社会的弱者をキーパーソンとすることにより地域が本来あるべき姿に回復する。地域内に仕事があれば住んでいる地域に対する意識が変わる。NPO法人では、現場活動の中で早くから地域ニーズを解決するための事業所や社会的事業所を相当数必要な時代が来ることを予見していたという。

今まで障がい児者には社会福祉法人しか居場所がなかった。障がい児者の自立のための就労場所づくりが最大の課題であった。障がい児者の就労先があっても低賃金に抑えられ、技能取得、継続就労が極めて困難な状況を何とか解決したかった。障がい児者らの特性を生かした仕事を創出し、ニュータウン内の地域の仕事をするような仕組み、地域に合った自分たちの就労事業所をつくりたいという熱い希望を持っていた。

現在では、認可事業（第2種社会福祉事業）である児童発達支援事業として「こどもパレット虹」を開所している。児童デイサービス事業所を2ヶ所、発達障がいで不登校になったり、通学困難や学習困難のこどものプライマリースクールを1ヵ所開いている。こどもパレットでは午前中は未就園児、午後は園児の個別指導を行い、こどもパレット「虹」では午後から小学生～高校生までのこどもたちが放課後を楽しく過ごす場所になっている。

2009年4月の「こどもパレット虹」を開所した頃から、障がい者政策の大きな制度変更や改革の連続で大混乱していた時でもあった。障がい者福祉支援で打ち切られるものが出てくるのではないか、など将来の不安が大きくなっていた。民間で行う福祉サービス給付金が減少し、NPOや福祉法人も自力で稼がないといけないとささやかれていた。また当時深刻化していたリーマン・ショックの地域経済への影響や、2009年9月に発足した連立政権による障がい者政策の抜本的な見直しの着手が始まった。

障がい児者の親たちもこどもの将来だけでなく、自分たちも収入の伴う仕事を持って安心して楽しく子育てができるようでないとダメだと考え、「野菜とフルーツのカフェ☆ボーノ」（就労支援継続B型施設）を開店（2009年）した。実際に「ボーノ」を経営すると障がい者やその親が働くことで自ら原価計算や売れ筋献立を考え、さらに来客と接することで一人でも生きていく術《すべ》を身に着けることが可能となった。スタッフも、店舗経営の勉強が必要だという思いから経営コンサルタントの指導を受けながら働いている。

2014年にはJR高蔵寺駅北口前に後に大変な経営困難に陥る原因の一つとなった、本格的イタリアンピザ店「バルカフェ・ボーノ」《Barcafe Buono》として改装出店した。

治郎丸を筆頭に「まちのエキスパネット」のスタッフは、高蔵寺ニュータウンのまちづくりへの想いが大変強い。どんな分野の人にもイベントにしても、福祉事業にしても必ず共通のビジョンを話している。この「バルカフェ・ボーノ」の新規求人募集でも、面接時に「福祉とまちの融合」の話をしている。全ては幸せなまちづくりへの大切な意味があり、ただ楽しいだけでは賛同が得られない。何のためにこの事業を行っているか、説明会を丁寧に行い、媚びない事業活動を心がけている。

子育てスタッフ優先で土日は休業だが毎週水曜～金曜の「ワンコイン・日替わりランチ」が好評で若い常連ファンも多く、現在は軌道に乗っている。店内にはグランドピアノも常設しており、毎月2回土曜夜のライブカフェ、アマチュアバンドらの飛び入りナイトなども開催。駅前立地の利点もあり、少しずつ同志や音楽ファンが自然と集まって来て、交流の場になっている。平日は、ボーノに併設されている「ラズベリージョブス」という障がい者就労支援施設で作られたオリジナル菓子販売や、近くの玉野地区の地元支援農家ファームで栽培された有機野菜朝市も行っている。これも農家の方から何か大切なものを学びたいと現地へ訪ねたことから始まった。農業を通じて障がい者の仕事として携われないかと畑を借りた。なかなかうまくいかず苦労するも農家との交流で新たなネットワークができて喜んでいる。

ニュータウン地域情報紙発行事業「まちツボニュース」―情報発信を続ける―

NPO設立前の任意団体時代に、前身である「タウンニュース」に続き、2008年から地域情報紙「高蔵寺と暮らす・まちツボニュース」準備号（3月1日）を発刊、続いて「高蔵寺と暮らす・まちツボニュース」第1号を春日井市の市制65周年事業実行委員会との共催で無料発行した。当初は毎月1回、12，000部であったが、現在では毎月1回発行、高蔵寺ニュータウン地域内の中日、朝日各新聞販売店経由の折込みと、東部市民センターなど市関連公所へのNPOスタッフによる配達で24，000部を配布している。今では、地域市民ミニコミュニティ紙として親しみやすい「まちの情報かわら版」として定着している。発行費用、折込み料とも100％を、地域企業を中心とした広告収入で賄っている。

2017年12月号で累計118号目となった。「まちの宝人発掘」シリーズ特集など、地域共生と次世代へのメッセージなどを重視した編集となっている。紙の情報媒体は、高齢者の多いニュータウンでは地域をつなぐ欠かせない重要な情報ツールとなっている。

まちづくり文化支援事業　―多世代交流でまちの賑わいの演出と持続―

治郎丸の支援事業の特徴は、現在に至るニュータウン内の名物イベントとなった音楽と賑わいを中核とした三大祭事を初めて立ち上げで代表される、周囲をいつの間にか実行プロジェクトに巻きこむ卓越した企画力とプロデュース力にある。

最初は、ニュータウン住民の最多世代層である団塊世代に焦点を絞り、青春映画祭&ミニシンポジウムを市共催で実施、続いてサンマルシェ広場で公開オーディションを経たアマチュアバンドが主体のニュー

第10回高蔵寺ミュージックジャンボリー（春日井市都市緑化植物園）
写真提供：まちのエキスパネット

タウン全体の夏祭り「きてみん祭」を初企画開催した。

さらに２００８年秋に「大人の学園祭」として往年の音楽青年・少年らのアマチュアバンドを募り、第1回高蔵寺フォークジャンボリーを都市緑化植物園で初開催した。さらにフリーマーケット青空市を高蔵寺駅前で「和っか市」と名付けて春秋に実施、今年は初めてJR高蔵寺駅構内の南北通路で開催し盛況であった。

「きてみん祭」は今年で第9回目。サンマルシェ広場で毎年7月中旬に行い、地元商店や企業、中日新聞社、春日井市などの協賛を得て団地自治会・他NPO団体・市民サポーターとも協働、高蔵寺ニュータウンの夏の風物詩としてすっかり定着している。

第6回（２０１３年）に名称を変更した高蔵寺ミュージックジャンボリーは、毎夏のオーディション予選を経て毎回１２０人ほどのアマチュアミュージシャンが出演している。常連組の演奏・歌唱メンバーも多数いる。「全出演者は10年間で735組、延べ2,200人、来場者は10万人を超えている」（朝日新聞尾張版、2017年9月24日記事）。

音楽イベントは楽しさを老いも若きも共有することが目的であり、「きてみん祭」と共に毎年1万人超の来場数を誇り、ニュータウン最大の夏秋イベント行事になっている。ミュージックジャンボリーは、今秋で10周年を迎え多くの中高年アマチュアバンドの活躍の場提供や若い人の参加も増えてきたが、県内で同じような企画が増えて来たことなどで今年10月8日（日）をもって惜しまれながらファイナルとなった。

「当初から10年で一区切りのつもりだった」とさらりと語る治郎丸のイノベーション経営感覚は、惰性でイベントを開催するのでなく、常に県内外の周囲の動きを見ながらの思い切った選択と連携の事業改革であり、これからのNPO団体には必須の知恵だろう。

地域の人がエキスパネットの宝・〈人材バンク〉—人をつなぐ—

エキスパネットというネーミングは、エキスパート（その道の専門家・熟練者）人材のネットワークを創っていくという合成語である。前身の「かすがいエキスパネット」の代表だった林明代が名付け親である。そこには「高蔵寺を終の住み家にし、誰もが幸せなまち」（＝ライフタウン）にしたいという思いが込められている。

障がい児を持つ母でもある「NPO法人まちのエキスパネット」副代表の岩谷直子（社会福祉士・相談

支援専門員・障がい者職業生活相談員）は、ＮＰＯ設立以来、治郎丸の良き相棒として主に児童発達支援事業や就労支援事業などの認可手続きや経理面で幾多の困難を乗り越えて来た人物である。岩谷は「危機に直面するたびに沢山の方々に助けられてきた」体験から「人こそがＮＰＯの宝、何事にも代えがたい財産だ」と話してくれた。

高蔵寺には様々な資格やスキル、経験を持つ優れた人材が多く住んでいる。当ＮＰＯでは彼らを「地域の宝」と呼び、「人材バンク」の名簿がある（現在、約１５０名）。初期の方は、かなりの高齢で故人となられたり、病気療養中とかで入れ替わりがあるため、現在は登録制度は廃止している。地域からアクセスあれば紹介し繋いでいる。今ある独自な人的ネットワークを駆使して、イベント企画や会場設営の都度、多くの地域サポーターの紹介で必要な役者が揃うまで話し込みながら、自然と人や地元企業等の協賛支援を得られている。

治郎丸や岩谷らが語るＮＰＯ法人11年間の経営上の節目となった実例は下記の通り。

①ニュータウン近郊にある愛知県心身障害者コロニー（こばと学園、１８０床）で活躍されていたエキスパート女性の定年退職者との出会いで、現在の「療育」事業の基礎が固まったこと。

②地元実業家から、ＪＲ駅前一等地の店舗施設をカフェボーノ＆こどもパレットルーム、ラズベリージョブス用に提供されたこと。

②名古屋の著名音楽ホール会長が、ミュージックジャンボリーの開催継続を応援して下さり、足りない

お金を助成してくださったこと、

③「まちのエキスパネットの危機を乗り越えたある出来事」

「カフェボーノ改装オープン前のイタリア製石釜導入で初の銀行借入れをしたところ、当てにしていた就労支援事業で利用者が少なくて赤字が続き、カフェも試行錯誤の経営で初期投資にも費用がかさみ、資金不足に。スタッフの給料確保など代表と共に半泣きで、胃に穴が空きそうになりながら経費節減や資金繰りに対策を練る毎日が続いた。そういう時に、長野県善光寺にある県内有数のレストランやパン屋も併営されている大きな社会福祉法人へ研修に行ったのが大きな発想の転換点となった。そこの代表も厳しい経営難に陥った経験があり、〈首を吊って保険金で借金を払う〉ことも考えたそうだ。そういう大変な苦労をして障がい福祉を事業化された代表は、親身になって二人の話を聞いてくれ、自らの体験や考え方を助言してくれた。

お蔭で〈私たちは、まだ死ぬほどじゃない、命はとられない〉と開き直ることができた。自分たちの持ち前の強さであるポジティブさを改めて武器に、〈死にゃしない〉と考え方を変えた。〈経費節減だけでなく、利用したくなる事業所にしょう！ニーズを掘り起こそう！〉と奮起した。取り組みたい事業についての可能性、パターン、重要性や国の目指す指針や制度を読み込んで、必ず失敗しない未来を皆で想定して行動を起こした。「時代の先読み」、「現場主義」、「お客様第一」に徹したことで短期間のうちに収支を好転することが出来た。お蔭で記念すべき設立10年目には、借入金は一度も滞ることなく完済した（「まちのエキスパネット設立10周年記念誌『高蔵寺と歩んで〜　まるっと10年』（2016年10月刊）」参照、聞き取り）。

■『グルッポふじとう』で地域を育む
―初の指定管理運営事業に挑戦、ニュータウンのお節介役に―

2017年7月には、翌年の4月1日オープンの小学校跡地を活用した高蔵寺まなびと交流のセンター『グルッポふじとう』の1階コミュニティカフェと、3階の「こどもとまちのサポートセンター」の初代運営事業者として春日井市から選定された。

旧藤山台東小学校は、2013年3月末にニュータウン内で初めて廃校になったもので、1971年に2番目に開校された老舗小学校だった。初年度は学級数20クラス、児童数756人のニュータウン最大校であった。藤山台東小学校の児童数のピークは、1979年5月の801人（20クラス）で、新規入居ラッシュの高森台小学校の1，538人（37クラス）に次ぐ大規模小学校でもあった。最後の2012年5月での児童数は、175人（8クラス）と最多年の約2割と激減していた。

治郎丸は、春日井市による民間運営事業者の応募にあたって、まず「地域資源の有効活用」の視点を第一に考えた。これまでのNPO事業活動を通じて、「障がい児者と高齢者が抱える問題や将来の課題を同時に解決する（＝社会的包摂）という取り組みが求められていること」を現場で痛感していた。筆者は、治郎丸が地域にあるハード（廃校施設＝地域拠点）を、今までNPO事業活動で培ってきたカフェ運営力、まちの賑わいづくり、人と人を結びつける「絆」事業などのソフト（＝運用ノーハウ）の力で再生し、「笑いと食と語らい」を最重要提案ポイントにしたことが評価されたと考えている。

「0歳から100歳まで誰でも利用でき、Café（就労支援継続B型施設）が中心にあり、多世代の多様な地域住民が思い思いにくつろげる居場所とする。地域のみんなの大事な交流拠点であり、共通スペースは同窓会やサークル活動などとして地域に還元し、各種イベントを通じて人が緩やかにつながる場を作り出す」というコンセプトは、まさしく各種住民アンケートなどで示されたニュータウン住民が希望する内容と符合している。

この21世紀型「市民プラット・フォーム」の提案イメージは、よろず承り係の〝コンシェルジェ〟が施設案内や地域情報を提供し、さらに施設が地域に愛され活用されるために〝地域住民サポーター〟が活躍するなどであり、治郎丸は〝ニュータウンのまちのお節介役を引き受けたい〟と熱く抱負を語っている。

地域での有望な起業など、何かやりたい若い人たちや元気シニアのスタートアップの場としての後方支援を行うなど、「コミュニティカフェが地域を育むこと」を究極の目的であり、希望と考えている。この治郎丸の基本提案には、地域住民や次世代への再生産のねらいが明確に打ち出されている。従来の地域外の就労だけでなく、地域内のサードセクターともいうべき非営利法人に就労、活躍の機会を得たり、個々の地域内住民へ直接求人を出すというようなニュータウン内での好循環雇用サイクルは、排除の論理ではなく、地域の働く意欲のあるすべての人を包摂するモデルとして定着させたいと念願している。

「おもひで大同窓会」（旧藤山台東小）2017/2/11

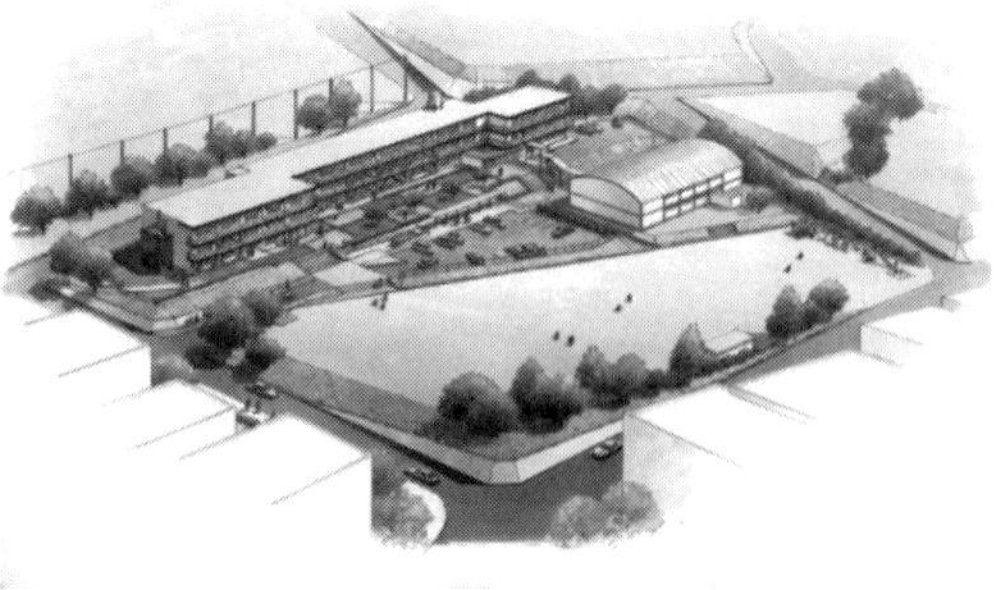

「まなびと交流のセンター」完成イメージ図（春日井市HPより）

筆者も足掛け通算で30年以上、高蔵寺ニュータウンで暮らしている住民の一人である。暮らしを守り、持続可能で小さな生活拠点を備えた多様性あるまちとして地域ブランド価値を高めることは、関係人口の観点からも好ましいと考えている。

市も、廃校跡に東部市民センター図書室の移転、ニュータウン内で初の地域包括支援センターと児童館設置、住民からの要望の強い生活道路への地域循環バスの停留所新設など、歩いて暮らせる地域住民の新しい居場所づくり、利便性向上への支援を公表している。

このような小学校の跡地利用は、全国に約2千あるニュータウン再生のモデルになり得ると筆者は考えている。治郎丸は、今後の少子化による廃校や空き教室施設などを活用して、小学校区単位に地域に役立つ拠点づくりのシステム化を構想している。高蔵寺ニュータウン初の『グルッポふじとう』での管理運営事業では、センター長以下23人の従業員を配置する予定（常勤9人、非常勤14人、7時〜22時の交代制、2時間勤務も可）で新規求人募集を行っており、市と連携した地域内雇用創出が実現する。

NPOを設立して11年目、「新しいまちづくりモデルを創る」という強い事業家精神と、過去の実践経験を結集した『グルッポふじとう』（グルッポとはイタリア語で「集まり」）に賭ける治郎丸やNPOスタッフの新たな挑戦と行動が2018年4月1日から始まる。

NPOが行政や地元大学との協働でお役立ち―子どもとまちのサポートセンター―

治郎丸と市行政窓口とのこの20年間の関係は、春日井市における高蔵寺ニュータウンのその時代ごとの国の法整備、法改正との関係性を図らずも表している。

ダウン症児を抱えて90年代末に市窓口に「子育て相談」で訪れるも門前払いをされたことを契機に。苦肉の策として1年間にわたり「親の会」の悩みや要望の「レポート」を提出し続けた。その一途な行動の結果、市はようやく話は聞いてくれたが、具体的な支援を得ることはできなかった。

2000年からは、同じ生き辛さを感じる全ての障がい児を持つ親を対象に新たに子育て支援活動を始め、再び1年間、市の窓口にレポート提出を続けたが徒労だったという。

この背景には、1970年に障がい者のための権利や支援に関する基本理念、また国や地方公共団体の責務などを定めた「障害者基本法」が施行されていたが、利用者自身が福祉サービスを選ぶことが2003年の「支援費制度」に代わるまでできなかったという事情がある。

2005年には身体障害、知的障害、精神障害に関する法律が「障害者自立支援法」に一本化され、対象とされる範囲も拡大された。2013年には「障害者総合支援法」に改められ、2016年には「障害者差別解消法」も施行され、従来の家族で支える姿から地域で支える方向へ転換が図られた。また1998年にNPO法が制定されたことで、ようやく治郎丸らは2002年に障がい児を含む「子育て活動支援」を事業目的にNPO法人化を果たした。NPO法人として多くのニュータウン内の高齢者や住民との交流体験活動を通じて、「まちづくり」の重要性や多くの課題にも初めて気付かされたという。

NPO法人まちのエキスパネットは、2008年の市制65周年とニュータウン40周年を記念行事として結合した第1回高蔵寺フォークジャンボリーの成功以来、各種地域内催事への協賛、後援を受けるなど春日井市とはWIN-WINの良好な関係を維持している。市も、伊藤太市長になってから初めて、高蔵寺ニュータウンのまちづくりを専門に推進担当する「ニュータウン創生課」を2015年4月に創設した。そして翌年には「高蔵寺リ・ニュータウン計画」を公表し、具体的推進プランを作成して高蔵寺ニュータウンの再生と魅力維持を目指している。治郎丸は、市の「ニュータウン未来プランワークショップ」にも参画し体験発表など積極的に情報発信を行っている。

また地元の中部大学による『文部科学省平成25年度「地（知）の拠点整備事業」（COC事業）』にも参

加している。２０１４年６月から中部大学ＣＯＣ事業・連携協議委員に委嘱され、中部大学ＣＯＣ事業・子育て支援相談会を主体的に支援・指導している。春日井市には、２０１５年３月に公表された『新かすがいっ子未来プラン』として、「子はかすがい、子育ては春日井」というキャッチフレーズがある。今、国会で審議中の幼児教育「無償化」と合わせれば「安全保育」「待機児童ゼロ」の地域として若い母子を誘導でき、ニュータウン内の人口減少への歯止めとして有効である。

実際に日経・ＤＵＡＬ「子育て支援自治体調査」（日経ＢＰ社、全国主要１６２区対象、２０１７年9-10月に調査、回答率91％）でも、春日井市は、東京都以外の共働き子育てしやすい街ランキング全国10位（愛知県トップ）に挙げられている。

同調査では、第２子以降の保育料を所得に関係なく無料にした東京都港区がトップ（出生率が東京23区で１位）。同じく２０１６年９月に第２子以降を無料にした兵庫県明石市は、「２０１１年以降、中学生までの医療費無料化などをはじめ、子育て支援をまちづくりの中心にした効果で、30歳前後の中間層夫婦が子連れで転入し、２人目、３人目の出産につながり出生数も回復している。さらに転入者が４年連続で増加、約６千人も増え、約30億円の増収効果が出ている。」という（２０１７年12月６日、朝日新聞記事）。

市内の出産予定及び０歳〜小学生以下の保護者対象に実施された、春日井市「第２回ママハッピー度調査」（ＷＥＢアンケート、有効５８０件、２０１７年６月〜８月調査）によると、今の生活に満足している主婦が66％と幸せ満足度が高い。この地域のこのような優位性あるメリットについて行政も住民ももっと情報発信をするべきであろう。

ライフタウン実現には高齢化対策と子育て支援が車の両輪だと考える。高蔵寺ニュータウンには、住民も含めて福祉やまちづくり活動に関心が高く、地道に熱心に地域活動に取り組んでいる有力NPO、各団地町内会が多いという大きな強みがある。

折しも高蔵寺ニュータウンでは、2015年4月から愛知県・春日井市・UR（都市整備機構）が進めている「地域包括ケアの団地型モデル事業（石尾台・高森台地区対象）」、2017年10月に春日井市などの出資で設立された「高蔵寺まちづくり株式会社」が担当する『空き家バンク、地域開発コンサル、施設管理運営、トヨタ自動車との〈歩行支援モビリティサービスの実証社会実験〉運行管理」など、先導的な団地再生プロジェクトが始動している。

このようなニュータウン地域内の行政の取組みと相互連携しながら、中部大学、あいち生協、地元社会福祉法人、治郎丸のような人による各種NPO団体、社会福祉協議会などいわゆるサードセクターや、団地町内会など任意団体との地域連携、共生取り組みがますます重要となる。地域住民の「絆（きずな）」ネットワークの多世代交流で21世紀型の団地再生まちづくりモデル、すなわち筆者らが願う「ライフタウン」への転換は可能であると信じている。

2

高齢者が社会の担い手となる地域づくりへの挑戦

―地域が活力を増す元気づくりの処方箋―

黒田和博

くろだ・かずひろ　1954年生まれ。名古屋市立大学大学院経済学研究科博士前期課程修了。専門は社会保障論。三重県庁勤務を経て公益財団法人勤務。三重県在宅医療推進懇話会委員。主な論文に「がんと診断された時からの相談支援」(『保健師ジャーナル』、医学書院)など。

■地域に迫る医療介護の危機

三重県いなべ市。三重県最北端の山あいに位置する人口4万5千人の都市だ。2003年、北勢町、員弁町、大安町、藤原町の4町で合併して新たに誕生した。西に鈴鹿山脈、東に養老山地が連なり、山々を越えると、そこはもう滋賀県と岐阜県である。鈴鹿山脈を代表する「鈴鹿セブンマウンテン」のうち藤原岳、竜ヶ岳の2つが市内にある自然豊かなまち。これらの山頂からは伊勢湾、琵琶湖も一望できる。

東海環状自動車道の東員インターチェンジから10分ほど車で走らせると、大安地区に入る。大安とは奈良時代に大安寺の寺領であったことに由来する。大安地区は合併するまでは、大安町として「潤いとやすらぎに満ちた大安21」（大安町総合計画）のもと、デンソーの工場が立地するなど内陸部の工業地域として脚光を浴びていた。

だが、町民の健康状態は2000年当時、1人当たりの老人医療費が県内69市町村でワースト2位の窮状にあった。時を同じくして、2000年に創設された介護保険制度は、介護を社会全体で支えることを目的に始まったが、その後も老人医療費の増加が続くことが見込まれ、地方財政を圧迫するのは必至であった。そのため高齢者の生きがい活動を活性化させ、健康づくり・介護予防につなげ、その結果医療費の伸びを抑制する施策の展開が喫緊の課題となっていた。

大安町では、社会福祉協議会が高齢者を対象にして、食生活や基本健診、血圧、転倒予防などのプログラムを用意して「ふれあいサロン」を実施していた。しかし罹患率の大幅な減少に十分効果的とはいえなかったという。

こうした状況にあって、施設介護には限界があり、それに加えて介護人材の不足が拍車をかける。併せて介護財源の不足に直面している。もはや、こうした問題を解決するためには、病気や障害なく自立して生活できる「健康寿命」の延伸によって超高齢社会を乗り切る実効性ある方策が必要となっていた。

■元気高齢者の育成を目指して

このような状況に対応するため2001年、大安町は新たな取り組み（元気づくり体験事業）を始めた。取り組みを始めるにあたって特筆されるのは、組織から計画づくりまで実行力を持って推進できる人材を外部から登用したことにある。新たに就任した大平利久は、大学の体育学部を卒業後、NTTの研修機関である鈴鹿電気通信学園の体育教官やNTT東海の陸上部監督、職場の健康管理部門などを歴任。トップアスリートから職員の健康管理まで豊富な知識と経験を活かしながら、職責を果たしていくことになる。

自治体が民間から人材をスカウトして事業を行うのは珍しい。市町村であれば都道府県から、都道府県であれば国から、人事交流の形で人材の派遣を仰ぐことは多い。

「合併前の日沖靖大安町長がこの事業の成否を決する人材を民間からあえて確保したのは、今後の超高齢社会到来、医療費負担拡大などへの政治的な対策措置を優先実行したに他ならない。さらにトップとして、役場機能のルーチン化で固まった組織機能は、未来を見据えた健康予防対策事業は不可能と判断し、経営感覚とプロ意識を持つ人材を獲得し、〝転ばぬ先の杖〟的に市民全体の健康意識の向上を先ずは実現しようとする決意と見ることができる」と大平は言う。

大平が健康福祉、スポーツ振興の施策を効果的に展開する政策を提言したことで、元気づくり推進室を設置して各種の事業調整を行うことになる。元気づくり推進室では2002年7月、事業の推進母体として任意団体の「元気クラブ大安」を設立して元気づくり活動をスタートさせた。そして、1年間の人材の資質を見極める期間（社会福祉協議会への任用）にその実行力を確認したうえで、新設した町の元気づくり課長に就任させ「元気づくり推進計画～三重県大安町健康日本21計画」の策定を行い、健康増進、高齢者介護、スポーツ振興などの「元気づくり推進」の横断的な取り組みを進めることになる。

大平が前職（NTT）から減給にもかかわらず日沖の許に動いたことなど、任用者である町長日沖と大平との相互信頼感は他人が単純に記すことはできない。それは、同時期にもう一人スタッフとして加わった保健師の大澤裕美も同様であった。大澤は愛知県半田市、大安町、いなべ市において保健師として実務経験を重ね、その専門性を活かして様々な健康づくりに携わってきた。この事例は、地方自治改革により首長の権限は強化されており、首長のリーダーシップが重要であることを物語っている。

その後、「元気クラブ大安」は市民を巻き込み、「元気づくり体験」として町中に拡大展開することになる。その内容は、基本運動、筋力トレーニング、ストレッチ体操、球技などを組み合わせて実施する。基本運動は「まいまい運動」のネーミングを付け準備運動、整理運動として取り組む。「まいまい」は鈴鹿連峰にカタツムリが多く生息しており、毎回毎回やってほしいことを願って名付けたという。また筋力トレーニングは、スクワット、腹筋、腕立て伏せの3つを「3種の神技」と呼んで体力に合わせ身体を動かす。いずれのメニューも運動習慣のない高齢者などが、集会所や体育館などで気軽に体験できるよう工夫がされている。

このようにスタートした元気づくり活動は、２００３年12月に早くも新たな段階に入る。大安町と近隣3町が合併して新たにいなべ市が発足したのだ。それに伴い「元気クラブ大安」の事業は圏域を拡大して、いなべ市の事業「元気クラブいなべ」として引き継ぐことになった。さらに２００５年には「社団法人元気クラブいなべ」として法人化して、市とは別の独立した社団法人として歩みを始めていった。それは市の外郭団体の形態をとりつつも、「元気づくり体験」のノウハウを民間から持ち込んだ大平自らが転籍することで、外郭団体そのものの定款や職員服務、給与など規約をほぼ行政レベルに保つことで職員のモチベーションを担保しながら、徐々に外郭団体としての機動性を活かしていき、政策の質を向上させることを期待していたためであろう。

元気づくり体験（いなべ市）元気づくり大学提供

ちなみに「元気クラブ大安」設立にあたり、旧大安町では国の総合型地域スポーツクラブ補助事業に申請して補助金3千万円弱が入っている。その後、合併したいなべ市においても、毎年、議会の議決を得て5千万～1億の事業費の投入が続けられている。この事業費投入に対して、「元気クラブいなべ」は医療・介護費用の抑制や地域活動の役割を担いながら、着々と元気づくりシステムの構築と品質改善にも取り組んできたと考えられる。

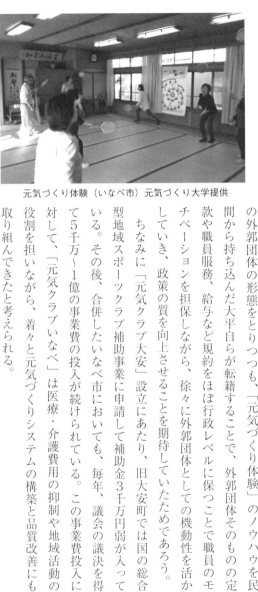

■「ささやかな介入型」元気づくりシステムの開発へ

一方で4町合併によって弊害も見えてきた。当初は体育館などの施設において体験型の運動プログラムを提供する「通所型体験プログラム」を提供していた。だが、交通手段を持たない高齢者が遠方の施設まで出かけることができない課題が見えてきた。その結果、徐々に参加者の固定化につながってしまった。また週1回の体験では20～30名程度、年間通しても１００名そこそこを受け入れるのがやっとだった。

こうした事態をみて、２００７年からそれぞれの地域にある集会所や公民館などに大平らスタッフであるコーディネーターが出向いて、「出張型集会所プログラム」の提供を始めた。施設への交通手段がなくても徒歩で通える、このスタイルは高齢者には好評であった。だが、今度は数多くの場所へ足を運ぶコーディネーターの負担が徐々に高まっていった。

そのため、一定の体験プログラムが終了するとコーディネーターが引き上げ、住民に実施を委ね、住民の自主性を重んじた「住民自主型」にシフトしていった。しかしコーディネーターへの依存から抜けられず、住民が自立的に運営することが難しく、思うように自立が進まない状況に陥ってしまった。

そこで、試行錯誤して生み出したのが、「ささやかな介入型」による元気づくりシステムである。この試みは6か月間に約50回の体験を修了した時点で、30回以上の参加者の中から希望する人を元気リーダーとして認定をする。認定された元気リーダーは、コーディネーターが引き上げた後も、継続して週２回の元気づくり体験を参加者たちと実施していく。この「ささやかな介入型」では、できる限り「先生と生徒」というタテの関係をつくることなく、コーディネーターも一緒になって元気づくりを体験する、水平型の関係を築いていくことを目指していった。

■健康づくり活動から地域づくりへ

大平によれば、「経済が低迷し人々の生活が不安定になっている中で、安心な生活基盤づくりのためには、思いやりを根底にした共助を拡大していくことが必要になっている。元気づくりシステムは、自助と共助さらには互助活動への有効な機能を持っていると確信している。近い将来、まちづくりへのアプローチも始まると予感している」という。「このシステムを『元気高齢者の発現システム』として社会モデルとしたい。単に地域における高齢者の健康づくりに終わるのではなく、関係市町と共同して、元気になった人がどのように社会参画し、活躍していくのかを追跡研究していく。その上で、このシステムの経済性を明らかにしながら全国普及に努めたい」と将来の見通しを語っている。

こうした想いは高齢者の健康づくりにとどまっていない。大平の視線はもう少し先にある。たとえば、高齢者が大規模災害に遭遇した際、支えられる側ではなく支え手として援護する側で活躍できないかという発想だ。つまり、高齢者が健康づくり活動により生きがいとやりがいを感じる。その結果、健康寿命の延伸につながり、さらに活動が活発になり、地域に貢献していく。

「高齢者が元気でいられたら、その本人の生きがい・就労につながるばかりでなく、介護の必要性も少なくなり、その子どもたちが働き続けることが可能になる。これが実践できれば介護予防につながり、介護で見守るべき人の就労が可能になる」と大平は考えている。齢を重ねれば、誰もが医療・福祉の対象になるわけではない。当然、元気に暮らすことができる高齢者も多い。動き続け、活動することができれば、支えられる側から支える側に変わることができるということなのだ。

このような元気づくりシステムの取り組みは、国の地方創生の取り組みのひとつ「生涯活躍のまち」（日本版ＣＣＲＣ〈Continuing Care Retirement Community〉）と方向性を同じくする。「生涯活躍のまち」は、「中高年齢者が希望に応じて地方や『まちなか』に移り住み、地域住民や多世代と交流しながら、健康でアクティブな生活を送り、必要に応じて医療・介護を受けることができる地域づくり」（『平成28年厚生労働白書』）をいう。「シニアは社会のコストではなく担い手とみなす逆転の発想」（松田智生、『日本版ＣＣＲＣがわかる本』法研、２０１７年）であり、高齢者が地域づくりの主体と捉えている。国内で「生涯活躍のまち」が定着するには、まだ相当な時間を要すると思われる。是非とも、元気づくりシステムを使った「生涯活躍のまち」が成功事例として実現することを期待している。

■戦略的な元気づくりシステムの実践

現在、「元気クラブいなべ」で実施している元気づくり体験コースは7コースに上る。「元気交流館コース」では、ふじわら高齢者生活支援センターにおいて90分間のストレッチ、ボール運動などを行うプログラムを楽しむことができる。クラブ会員は100円、非会員であってもいなべ市民であれば200円で利用できる。「楽しむ拠点コース」はふじわら高齢者生活支援センター、大安体育館、員弁体育館、阿下喜温泉あじさいの里で実施しており、ストレッチやボール運動、ウォーキングなどを大勢の人たちと一緒に楽しむことができる。

また「にこやか集会所コース」は無料で利用することができ、集会所で音楽を聴きながら、ゆったりとした気持ちでストレッチなどの運動を6か月かけて行うプログラムが用意されている。その他に「元気スポーツリーダーコース」は週2回、大安体育館と阿下喜温泉あじさいの里で実施しており、元気クラブの認定資格を得た元気スポーツリーダーが中心となって気持よく汗を流している。

では、元気づくりシステムの効果はどの程度出ているのだろうか。『「元気づくりシステム促進事業」に関する調査結果報告書（いなべ市・2013年3月）』によると、「67・0％が健康になったと感じるとし、16・2％が医療機関への受診頻度が減った」と回答している。また、「いなべ市では医療費を約2割抑制したと推計している」など確実に高齢者の健康向上につながっている。

同報告書によると、「元気づくり体験というささやかな介入による『公助』によって、衰弱しつつあった高齢者の『自助』が高まり、3年以上の継続者の8割超が友人や地域とのつきあいが活性化した」という結果も出ている。実際、元気リーダーは各種の行事や祭りなどに関わるようになり、積極的な住民参画が見られるようになってきたという。

一見すると、このような健康づくり活動は、形態は違えども様々な地域で繰り広げられている。はたしてこれらの活動と、元気づくりシステムにどこに違いがあるのだろうか。この問いに対して「これまでの健康づくり運動はどちらかというと、専門家の先生と教えられる生徒といった垂直型の人間関係となっていた。したがって先生が去った後に、優秀な生徒がその代わりを務めても、先生のような指導ができない。次第に生徒が教室から離れて、自然消滅する」と大平は解説してくれた。

その点、元気づくりシステムの「ささやかな介入型」は、できる限り垂直型の人間関係を排除して水平型の関係を築くことを目指している。お互いに励まし助け合う集団にしていこうという方向性を打ち出している。そのためコーディネーターは過度に介入せず3か月ごとに交代。参加者がコーディネーターに依存することがないような工夫をしている。元気リーダーは指導者というより元気づくり体験を共に楽しむことに徹している。あくまで仲間と一緒に運動できることの喜び、人の役に立てている喜びの醸成を目指している。以上が、この活動を持続性あるものとする元気づくりシステムの戦略である。何よりも重要なのは、地域の自主性をうまく引き出す仕掛けであることを確認しておきたい。

これ以外にも元気づくりシステムを持続可能なモデルとするための仕掛けを持っている。大学の研究者や民間事業者などの「サポーター」の存在だ。その中に、ヘルスプロモーション（健康増進）の観点から的確なアドバイスを行ってきた櫃本真聿（四国医療産業研究所長）がいる。櫃本は、愛媛県において医師と

「元気な地域づくりを考える首長研究会」（東京都）
元気づくり大学提供

して保健所長や大学病院勤務の経験を活かし、元気づくりシステムの全国展開や地域づくりに多くの示唆を与えてきた。その他、浜田靖彦（一般社団法人元気なまち協創日本）が趣旨に賛同する自治体で結成する「元気な地域づくりを考える首長研究会」を設置して、「元気づくり大学」（後述）と共同して報告と検証を重ね、その将来性について議論を重ねている。

　こうした創意工夫やネットワークのつながりによって、大きな予算措置をしなくても、指導者を増やさず地区ごとに「教室」を増やすことに成功している。つまり、地域外からの様々な資源を呼び込む上で、発信力が重要であることを示している。その結果、２０１５年度には全国４自治体で延べ12万４千人、２０１６年度は６自治体で16万８千人もの人の健康づくり活動の参加につながっていくことになる。そして、後述するように将来的には「ミリオンプロジェクト」としてミリオン（百万人）活動へと夢は大きく広がっている。

■「一般社団法人元気づくり大学」による元気づくりへの挑戦

こうした元気づくりシステムの取り組みは各方面で大きな評価を受けている。２０１４年度には、厚生労働省から「第３回健康寿命を延ばそう！アワード」で優秀賞を受賞。この賞は国民の生活習慣を改善し、健康寿命をのばすための運動「Smart Life Project」の一環として創設されたものである。地域のマンパワーを最大限活用して、仲間と楽しく活動を行い身体と心を生き生きとし、高齢者の生きがいと役割創出したことが評価された。また２０１５年度には、総務省自治大学校の「地域創生とまちづくり」の教材として島根県海士町などの事例とともに採用され、自治体職員に広く紹介されている。

このような評価を受ける中、元気づくりシステム構築に携わってきた、大平と研究者らが中心となって２０１４年に「元気づくり大学」を設置した。システム導入した市町と共同して他の自治体にもこのシステムを普及するのを目指すことにしたのだ。各自治体をＯＪＴ（On-the-Job Training）キャンパスに見立てて、これまでの元気づくりのノウハウを全国に普及しようとする挑戦である。その挑戦のため新たに法人格のある「一般社団法人元気づくり大学」を設立。学長には大平が、副学長には大澤が就いた。大学では「高齢者が増加すればするほど、地域が、まちが、活力を増していく」をスローガンに掲げ、人材育成に取り組み始めた。

大学の人材育成プログラムはシステム導入のための視察研修に始まる。その後、現地においてパッケージ化された導入研修、さらにはシステムを軌道に乗せるための支援まで約2年をかけて行われる。システム導入後には管理とフォローアップも行う。ここまで修了すると２０１６年に商標登録された「元気づくりシステム」の商標の使用が許される仕組みになっている。２０１７年末には、いなべ市のほか、熊本県南関町、広島県北広島町、福島県伊達市、三重県玉城町、栃木県市貝町の6自治体においてキャンパスを開講している。

元気なまちづくり講演会での体操風景（栃木県市貝町）
元気づくり大学提供

２０１７年に「元気クラブいなべ」の代表を辞して学長専任になった大平は、「大学設立のミッションは、あくまでも市町村と連動した住民の幸せづくりで変わることはない。そのためにシステムの導入から継続まで、ここ数年6市町と連携し管理フォローなどを制度化してきた。6市町と大学はシステム普及協定を結んだうえ、大学の地域ＯＪＴキャンパスとして認定し活動することでシステムの全国普及に努めている」という。

今後の展開については、「関連首長で構成する研究会や全国各地域での視察&説明会を積極的に展開して情報発信を行っているが、各自治体の事情は時代とともに多様化しており、今後も地道な普及活動しか道は見つかっていない。もっとも、先行導入6市町ではシステム導入後の住民活動が評価に結び付くことで、国、県、国保等からの補助を取り付けていて普及手段としてのインセンティブをシステムそのものが生み出してきている。国におねだりするのではなくてですね」と笑いながら語った。

■ NPO（非営利組織）が地域を変革できるのか

それでは、こうした取り組みをNPOが行っていく意義、必要性はどこにあるのだろうか。一つには地域で互助を醸成するには、行政ではインフォーマルな部分の意図的な構築は難しいと考えるからだ。そのため、そこにNPOが介在して地域の中で互助を育み、築き上げていく必要がある。公助の拡大に限界がある中で、多様化する住民ニーズに対応するには、住民の声を直接聞き取ることができるNPOが行政と「協働」して取り組むのが望ましい。特に健康づくり活動を通じた地域づくりのような新たな課題に対応するには、互いの特性を活かしながら「協働」で取り組むことが重要だと考える。

もう一つの理由は、NPOが持つ機動性や先駆性、柔軟性といった特性が必要と考えるからだ。健康づくりのため高齢者が集い、その活動をまちづくりまで発展させるには、様々な課題や問題が浮き彫りになってくる。その解決に向けて、住民に対しては参加と共感を得る努力が求められ、行政とはその間に入って調整力が求められる。そのためには、日々の活動できめ細かく地域に入り込み、前例や慣習にとらわれることなく、柔軟に行動できるNPOが最適なのである。そして、このことが大平との議論を尽くした「元気づくりシステムで発現している集会所活動こそが最小限組織単位でのNPO活動であり、ここで政策や地域課題が理解されて互助機能が発揮されていくことが地域力」の根源であると考えている。

それでは今後、ＮＰＯが「元気づくり大学」を運営していく必要性はどこにあるのだろうか。そもそもＮＰＯは営利だけを目的としない組織であり、その役割は社会的価値をつくりだすことにある。ドラッカーは「非営利組織は社会を変革し人を変革する」という。

ＮＰＯの事業の多くは行政との「協働」という形で実施しているが、中にはＮＰＯが実質的に行政の「下請け化」している場合も数多く見受けられる。

「元気づくりシステム」の活動も当初は行政に依存して始まった。しかし、全国で「元気づくり大学」の事業展開を行う新たなステップでは、できるだけ行政に依存することなく、適度な関係性を保ちながら、持続可能な事業モデルを確立する必要があった。高齢者のコミュニティを形成し、しかも地域を元気にしようとするには、住民の共感を呼び、自主的な参加を働きかける必要がある。そのためには、自立したＮＰＯが「人と社会を変革する」担い手となって取り組むことが重要と考える。ある意味、元気づくり大学はＮＰＯでありながら行政と行政間、さらには行政と他のＮＰＯとを連携させる社会変革の新たな担い手となっている。

■ソーシャル・キャピタルの活用が健康づくりに貢献できるか？

健康づくりを進める考え方として公衆衛生学では、健診結果が悪い人を対象にした「ハイリスクアプローチ」と正常者も一緒に対象とする「ポピュレーションアプローチ」の2つの方法に整理されている。これまで、たとえば糖尿病対策などのように特定の集団を対象とする「ハイリスクアプローチ」を中心に取り組みを進めてきた。しかしその効果は限定的で十分な効果は見られなかったという（近藤克則、『健康格差社会を生き抜く』、朝日新聞出版、2010年）。

そこで最近注目されているのが、「ポピュレーションアプローチ」の方法。生活習慣病対策だけでなく、社会環境の整備によって健康づくりを進めるものだ。たとえばタバコを吸う人に対して禁煙教育に頼るのではなく、タバコ価格の値上げやタバコ広告の規制、公共の場での禁煙など社会環境そのものを変えていこうとするものである。言わば、健康に良い行動を促す社会環境をつくりだそうという考え方である。

元気づくり大学鈴鹿山麓研究所
（四日市市西山町）筆者撮影

こうした社会環境の再構築の考え方の1つとして注目されているのが「ソーシャル・キャピタル（社会関係資本）」という規範だ。地域における「お互い様」という人と人との助け合い、地域のつながりから育成されるネットワーク（絆）である。

この普段は目に見えない「ソーシャル・キャピタル」の豊かな地域や人ほど、健康状態がよいという研究報告が増えてきている。愛知県武豊町で実施した高齢者の「憩いのサロン」参加の効果を見ると、サロン参加群の主観的健康感の改善が2・5倍、5年間の要介護認定率も概ね半数になったことが報告されている（近藤克則、『健康格差社会への処方箋』、医学書院、２０１７年）。

元気づくりシステム構築時の、そもそもの目的は健康づくり、介護予防を目指してきたものである。しかし、その身体的効果だけでなく、仲間が集まって一緒に活動を行うことによるソーシャル・キャピタルの醸成にも着目してきた。地域の連帯感が希薄化し、支え合いがぜい弱化する中で、今の時代に合った地域の支え合い、お互い様をいかに再生させていくかが求められている。

元気づくり大学スタッフ（両側）と栃木県市貝町研修生　元気づくり大学提供

■高齢者が増えれば、地域が、まちが活力を増す

元気づくりシステムの活動を開始して15年が経過し、ひとつの決断がなされた。２０１７年7月に「元気づくりシステム」の全国普及のため、元気づくり大学の活動拠点を利便性のよい四日市市郊外に移したのだ。活動拠点が全国展開レベルで研究機能を併せ持つことをアピールするため、本拠地を「鈴鹿山麓研究所」とし、そこに「元気づくり大学」を移転した。これまで15年かけてつくりあげた元気づくりシステムを本格的に展開するための新たな発信基地といえる。

新たな船出にあたり、大平は今後に向けてどのような構想を持っているか聞いてみた。

「健康づくりや予防は、幸せな生活の場のプラットフォームになり得るもの。そのための人材育成の場が『元気づくり大学』になる。50歳以上の人口が50％の現状において、現役を引退した時間が今後、ますます増大してくる。これらの人がどのように活動・活躍するかが、今後の鍵になっていく。そこで、この取り組みが果たしてどれだけ役に立っているのか、どのような評価されるのかが大切だと思う。医療・福祉などフォーマルな制度化されたものを評価する仕組みはあるが、元気づくりシステムのようなインフォーマルなものを評価できていない。これをきっちり評価することができれば「地域ブランド」になると考えている。高齢者が生き生きと生活できる地域社会をつくるためには、フォーマルだけでなくインフォーマルなものこそ制度化して持続的な環境をつくる必要がある。そのためにも、元気づくりシステムの制度化と評価を研究していく必要がある」と語ってくれた。

還暦を過ぎた大平が何よりやりたかったことは、高齢者が元気づくりを楽しむ仕組みをつくることで地域を変革することである。それまでの知識と経験を生かすフィールドとして地域の健康づくり活動を選んだ大平は、最後のキャリアとして、元気づくりシステムを全国へ普及させようとする強い思いをもって、模索し活動を続けていこうと決意している。

希望学では現状の保持にとどまらず、現状を未来に向けて変えていきたいと願うときに想いが実現するとしている。高齢者が希望を見出すことは年齢的に可能なのか。高齢者が遠い将来を見据え、若い人と同様に「行動」することは難しいかもしれない。しかし、健康でいたいという「気持ち」を持って、地域においてつながっていたいという「何か」を持ち続ければ、世代を問わず願いは叶う。その手助けを行い、健康でアクティブな生活を支える役割をＮＰＯが担えると考える。

高齢者人口がピークを迎える２０３５年までに、元気づくりシステムがさらに普及そして進化することを期待している。今後の普及、進化に当たっては、住民のつながりが希薄な都市部と都市部以外ではアプローチ方法は異なってくるだろう。それぞれの地域に合った社会資源に応じて、どのようにこの絆、ネットワークを築いていくのか考えていく必要がある。そしてこうした取り組みが各地域で展開され、高齢者が活躍できる受け皿を創出し、高齢者が地域の社会資源となるとき、超高齢社会を乗り切る希望が見出すことができると考える。全国各地域で高齢者が集い、健康運動、スポーツによって元気になり、生きがいを持って生活できる社会基盤、地域が形成されることを確信している。

3

障がい者の「職」が高齢者の「食」を支える

—「断らない」がもたらす地域の再生と希望—

堀尾博樹

ほりお・ひろき　１９５４年生まれ。名古屋市立大学大学院経済学研究科博士後期課程単位取得退学。現在、名古屋学院大学非常勤講師、堀尾博樹税理士事務所代表。専門は、地方財政、非営利会計。主な著書に、『無名戦士たちの行政改革』（共著、関西学院大学出版会）『現代自治体改革論』（共著、勁草書房）『名古屋経済圏のグローバル化対応』（共著、晃洋書房）など。

■郡上市というまち

写真は、郡上八幡観光協会がポスターに採用し、朝日を浴びて山霧に浮かび上がる「天空の城」として、一躍全国で有名になった郡上八幡城である。この山上の城を見るために、訪れる観光客も多いと言われる。天空の城といえば、兵庫県にある竹田城が有名であるが、郡上八幡城も、決してその美しさでは負けてはいない。

徹夜踊りでも有名な郡上市は、年間６００万人を超える観光客（平成27年、郡上市資料より）が訪れる東海地区でも指折りの観光スポットの一つである。

以前ほどの賑わいはないが、市内にはスキー場も多く、私も30年ほど前は、毎週のようにスキー場に通い、爽快感を満喫したものである。

郡上八幡城をモチーフにしたポスター（郡上八幡観光協会提供）

他方で、郡上市は、少子高齢化などの影響により、人口減少に悩むまちでもある。その人口は一貫して減少し続けており、１９８０年に５２，６３０人だった人口が、２０１５年には、４２，０５４人と、20％も減少している。また、名古屋市と比較して、３倍を超える面積と50分の1の人口を持つ、極めて希薄な人口密度のまちでもある（表1）。しかも、山間部が多く、移動に時間がかかるため、自治体にとっていかにして行政サービスの水準を維持するか大きな課題といえる。

表１．郡上市と名古屋市の面積及び人口比較

	面積（㎢）	人口（人）	（人／㎢）
郡 上 市	1030.75	42,094（27.10.1）	40人
名古屋市	326.45	2,286,345（28. 1.1）	7,031人

■雇用機会をいかに増やすか

郡上市の人口減少の原因の一つは、雇用機会が少ないことによる市外への転出があると思われる。図1（出典は「統計から見た郡上市の現状」）は、移動理由別に見た転入転出差であるが、職業上の理由による転出が、転入を大幅に上回り、人口の社会減のほとんどを占めている。職業上の理由による転出の詳細については明らかではないが、雇用機会が少ないことが重要な要因の一つと考えられる。

この郡上市で、毎年その事業規模を拡大し、雇用機会の拡大に貢献している非営利事業体がある。特定非営利活動法人（NPO法人）「りあらいず和」である。「りあらいず和」は、郡上市八幡町に本部があるNPO法人であり、市内全域に配食を行い、またグループホームを運営する福祉系の事業体である。障害をもつスタッフが作る弁当の配食が中心の事業だが、他にも障害者や高齢者対象のグループホームを複数運営するなど様々な事業を行っている。理事長の山口佐織も一言で言えないというほど、多様な事業を「りあらいず和」は展開している。「りあらいず和」が雇う人の総数は、いまや正職員30人、パート職員28

図1．移動理由別転入転出差

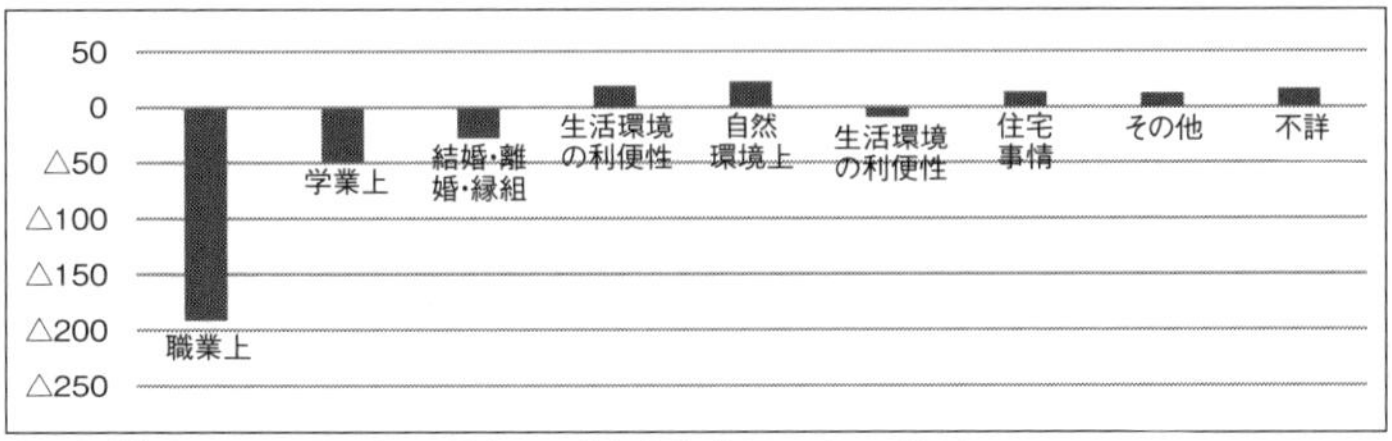

（出所）「統計から見た郡上市の現状」から著者作成（以下、すべて同じ）

人（正・パート職員58人のうち12人は60才を超える雇用者）、A型利用者（雇用契約を結ぶことが出来る障がい者）10人、合わせて68人にまでなっているのである。

また、その事業収益は、2億5千万円を超え、資産の総額も3億円を超えており、NPO法人としては、有数の規模にまで拡大している。

「りあらいず和」の設立以来の歴史を振り返るとき、少子高齢化社会がどのように雇用を生んでいくのか、そのヒントが見えてくるように思う。困りごと、頼まれごとに一つづつ、山口のいう「断らない」の精神で応えていく、このことが新たなサービスを生んでいき、雇用を生んでいることがわかってくる。

■「断られ続けた」ことと「ない」ことがすべてのスタート

「断らないというのは、とても覚悟がいると思いますが、なぜ、そう決めたんですか？」

私がそう訊ねると、

「私は断られ続けたから、断られたら辛い、と思った。だから、支援を必要とする人から頼まれたら、決して断らないと決めたんです。」

山口はにこやかな表情を浮かべながら、そう答えた。

郡上市で生まれ育った山口は短大を卒業後、岐阜市内の料理学校に就職し、結婚したのを機に、郡上に戻り、地元の高校などで家庭科の講師などをしていた。

山口佐織 NPO 法人理事長

山口が「断られ続けた」と語る最初の出来事は、手足に障がいを持つ次男が、幼稚園の入学を断られたことであった。
次に断られたのは、小学校の入学時であった。当然来ると思っていた、就学時健診の通知が来ない。役所で聞いてみると、養護学校に行った方がいいと言われたらしい。役所と交渉してなんとか小学校に通うことができるようになったが、今度は、付き添いで親も来てくれと言われたという。
次に断られるのが小学校を卒業したときであった。次男を当初、地元の中学校に通わせたいと山口は思った。しかし、役所はそのためにはエレベーターを設置しなければならない。その場合には、市内のすべての中学校に設置しなければ不公平になるが、それは無理だという。そして役所は、関市に特別支援学校があり、そこには寮もあるという。普通の子供でも中学校から寮には入れないのに、障がいのある子を寮に入れることが出来るだろうか。山口は親元から通わせようと思ったが、1時間もかけて、学校まで車で送らなければならない。雪のない時期ならまだしも、雪が降る時期であれば危険も伴い、とても大変なことであった。
そこで山口は、同様の願いを持つ親たち数名で、「養護学校行きスクールバス設置を実現する親の会」を立ち上げ、自治体にスクールバスの運行を働きかけていく。やがて、会を母体に設立されたＮＰＯ法人「り

弁当を作っている様子

あらいず」（後に「りあらいず和」）が、自治体からスクールバスの運行を受託することにより、自らスクールバスを運行するという形で、親たちの願いは実現していくことになる。

親元から通わせるという願いが実現した親たちにとって、次に直面したのは、子どもたちが学校から家に帰ってからの居場所がないことであった。親たちは仕事などで家にいないことが多く、かといって、障がい児を一人で家で遊ばせたりすることは難しいことであった。そこで、山口は、自分の子どもだけでなく他の子どもたちを家で預り、面倒を見ることにした。しかしこれは思っていた以上に大変なことであった。山口の言葉によれば「家がどんどん壊れていく」のである。子どもたちにとって、物などを壊していけないということはなかなかわからないからやりたい放題であった。そこで、山口は、閉鎖した幼稚園の施設を市から借りて、子どもたちを預かることになったのである。

子どもたちが学校を卒業するときに直面したのが、働く場所が「ない」ことであった。障がい者の就労施設（いわゆる授産施設）では、従来から部品加工やおしぼりの袋詰めなど、他社の仕事の一部を下請として回してもらうことにより、障がい者の賃金などを得ていた。しかし、その仕事のほとんどをこなすのは職員であり、しかも非常に低賃金であった。しかし、これでは仕事のやりがいを得にくく、低賃金を脱することも出来ない。そこで山口たちが考えたことは、地域の人々に直接販売する事業形態を採ることにより、仕事のやりがいと高い賃金を得ることであった。いわば旧来からあるやり方ではなく、別の方法を考えたのである。

■行政も企業もできないことをやるのがNPO

こうして始まったのが、「りあらいず和」の現在の事業の柱である弁当の配食事業であった。7つの町村が合併して出来た郡上市は、今は1つの市であるが、もともとはそれぞれ別々のしかも地理的に分断された地域の集合体である。隣の地域まで行くのに峠を越えなければ行けない場合もある。「りあらいず和」は、弁当の配食を行うことによってこれらの分断された地域をつないでいった。雪のない季節ならいいが、冬などの雪が積もる時期に、弁当を配食するのは大変なことである。これを、山口のいう、頼まれたら「断らない」という精神によって、たとえ採算が合わなくても配食を行っていく。昼440食、夜160食を、北は高鷲地区から、南は美並地区まで配達しているのである。昼食は、おかずだけが300円、ご飯が100円、夕食は、少しいいおかずが付いて450円、ご飯が100円だという。そして昼の配食数のうち5割、夜の配食数のうち9割は高齢者向けである。高齢者の割合が高いため、当然、配達時には、声がけなどの見守り的なことを行うことにもなる。時間を割いて高齢者と話をするようなことはなかなか出来ないとはいうが、郡上市は、65歳以上の高齢者が3分の1以上を占め、また75歳以上の割合も5分の1にもなるのであるから、十分に地域で必要なことを行っているといえよう。

まさに、断らない精神で「高齢者の食を障がい者の職で支え、障がい者の職を高齢者の食で支え（る）」（平成28年度事業報告書より）ということば通りの事業を展開しているのである。

郡上市には、配食事業を行う営利の事業体がある。しかも、その事業体は「りあらいず和」の配食数の10倍にあたる5000食を配達しているという。本来ならば、事業規模のもたらす効率性を考えれば到底勝負にならないだろう。それではなぜ、「りあらいず和」の配食事業は伸びていったのか。それは、たとえ1個でも、郡上市内であればどんな離れた地域にも配達するからだという。そこに配食を必要とする人が限り、「決して断らない」という精神で弁当を届けるのである。社会的に必要だが、企業や行政には出来ない、提供されないサービスを提供するのがNPOであるとするなら、「りあらいず和」の行う配食事業は、まさにNPOの根幹に関わる精神によって提供されているといえよう。

■土地保有の少なさ

「りあらいず和」の第一の特徴は、資産の残高に占める土地の割合が少ないことである。グループホームを3カ所運営するなど、事業の遂行のために建物の他に、それなりの土地が必要である。そのための土地の割合が少ないことは初期投資が少ないことを意味する。そのための土地はどうしているのだろうか。一つの土地は、グループホーム建設の際に、郡上市から無償で借りている。この場合には、賃料も発生しないことになる。別の土地は、関係者から借りている。この場合の賃料は、固定資産税相当額程度であるという。もう一つの土地は、購入した。郡上市の場合、土地の価額が都市に比べて極めて低い。中山間地域のメリットといえる。同じ面積であれば、一桁は金額が少なくなるだろう。

ここで「りあらいず和」の財務諸表を、ある社会福祉法人と比較して見てみたい（表2）。

比較のために出しているのが、筆者が関係する愛知県日進市にある社会福祉法人である。NPO法人を母体に設立された社会福祉法人であり、「りあらいず和」と同様に、障がい者支援事業として配食事業を行い、グループホームのための建物は建設中であるが、そのための土地は購入している。

この社会福祉法人の土地残高は、「96，033，613円（資産総額は、274，609，756円）」であり、「りあらいず和」の「17，156，772円（資産総額は303，648，461円）」

表2．2法人の資産の比較

りあらいず和		社会福祉法人（日進市）	
（建　物）	223,201303円	（建　物）	98,771,038円
（土　地）	17,156,772円	（土　地）	96,033,613円
資産総額	303,648,461円	資産総額	274,609,756円

表3．2法人の人件費の比較

りあらいず和		社会福祉法人（日進市）	
収益総額	257,110,462円	収益総額	147,961,038円
経常費用	257,224,806円	経常費用	121,609,259円
（うち、人件費）	147,039,888円	（うち、人件費）	75,834,779円
人件費の収益に対する割合	57.18％	人件費の収益に対する割合	51.25％

表４．人件費の売上高に対する割合

事業の種類	人件費の売上高に対する割合
認知症老人グループホーム	60.2%
居住支援事業	59.0%
その他の障害者福祉事業	72.3%

に比べて、絶対額も資産に占める土地の割合もかなり大きい。日進市は名古屋市と比べれば地価は安いのだが、それでも、郡上市と比べれば相当高いのは明らかである。その差が、２法人の土地残高の違いにも表れているといえよう。

それでは人件費についてはどうだろうか（表３）。

福祉関係の事業は一般的に人件費の割合が高い。行う事業が全く同じというわけではないので単純な比較で判断するのは危険だが、「りあらいず和」の人件費（社会保険などの法定福利費を含む）は、社会福祉法人に比べて高い。社会福祉法人はまだグループホームの運営を行っていないことも人件費割合が低い要因の一つといえよう。

ただし人件費については、全国的に集計した「ＴＫＣ経営指標・29年版」（ＴＫＣ全国会発行）に表４のようなデータがある。

全国データと比較すれば、「りあらいず和」の人件費は低いといえる可能性が高い。中山間地域であるため都市部に比べて最低賃金も低いであろうし、パート職員が多ければ社会保険などの法定福利費が少なくなり、結果的に人件費割合も低くなるからである。

表5．世帯総数に占める高齢世帯の割合

	世帯総数	高齢夫婦世帯	高齢単身世帯
郡上市	14,552（100%）	2,101（14.4%）	1,714（11.7%）
名古屋市	1,056,929（100%）	101,268（9.5%）	119,907（11.3%）

■10年計画は、希望の実現工程表

「りあらいず和」の第2の特徴は「10年計画」による理念の共有である。

「りあらいず和」では、毎年、決算期が過ぎると、総会を開き、そこで前年度の事業報告や会計報告を行う。そこで、10年計画を報告する。10年後の事業体のめざすべき姿、ビジョン、願い。それを実現するための直近の3年計画。次年度の月ごとの計画。各職員がこの計画を共有し、その実現のために職員は自分たちがどう動けばいいのか考えて実行していく。願いは一人ひとりの行動の次元まで落とし込んで初めて実現していくのである。まさに、希望の工程表である。

「10年計画」のなかで実現したものの一つが、障がい者や高齢者のためのグループホームである。

山口たちが配食事業を行っていてわかったことが、郡上市には単身や夫婦のみの高齢世帯が多いことであった。表5は、郡上市と名古屋市の高齢世帯の割合を比較したものである。単身世帯はほとんど変わらず、夫婦世帯の割合が高いだけで、それほど大きな違いがないように思われるが、実際には、その置かれた背景を考えると、非常に大きな違いがあることがわかる。冒頭に述べたように、郡上市は、名古屋市の50分の1の人口の人々が、名古屋市の3倍以上の面積に、それぞれ孤立といっていい状況で住んでいるのである。

この人たちは介護が必要になったときどうなるのであろうか。そう考えたとき、山口は、老後の生活を見る施設があまりにも少ないことに気づいた。

「生まれ育った郡上で最後まで暮らしたい」。自分ならそう願うと考えた山口が10年計画に盛り込んだのがグループホーム事業であった。もともと実現はまだ先のこととしていた。しかし郡上市が福祉計画に採択し、事業者を公募した。将来の収支の見通しや、資金繰りの面で他の事業者が躊躇したり、断念するなか、思い切りよく決断し、公募に応じた。今だと思えばやる、先のことだからとタイミングを逃すわけには行かないのである。今や、グループホームも市内に3カ所に増え、さらに1カ所増やすことを計画中である。

スマイルファーム

10年計画の中であげられていることが職員たちにより少しずつ実現してきている。

弁当を作るにあたってできるだけ地元の食材を使う、いわゆる「地産地消」を行っている。さらに、職員の提案で、自分たちでも野菜などを作ろうということで、現在は「スマイルファーム」という小さな畑で、タマネギやニンニクなどの野菜も作っている。

このほか、バーベキュー場も開設し、都会から人を呼び込むことも行っている。これらの取組が可能なのは、地域に豊富にあるともいえる土地や建物を安く借りたり、購入できることに理由があると思われるが、これは郡上市のような山間地にある地域固有のメリットといっていい。

■つながりを生かした巧みな運営

「りあらいず和」の第3の特徴は、行政との連携や地域とのつながりを巧みに生かして運営していることである。郡上市は中山間地域にある小さな町であり、行政との心理的距離が近い。郡上市の市長や、健康福祉部部長ともさまざまな会合などで顔を合わせており、「りあらいず和」が何を目指しているか、何をしようとしているか、アピールする機会があるのである。市の担当者の資料によれば、市内のNPO法人のうち、最も多くの事業を市との連携で行なっているのが、「りあらいず和」である。また、土地も無償で借りている。

行政と、「りあらいず和」との違いについて山口は次のように述べている。

「行政は、1人だけでなく、全ての人を公平に扱わなければならない。しかし、「りあらいず和」は行政と違い、今、目の前にいて困っている人を助けることができる」と。行政との連携を積極的に図りながら、うまく、「りあらいず和」のスタンスで事業を行なっているのである。

地域とのつながりも重要である。配食事業の食材も、地元の農家や鶏卵業者などから、適正な価格で購入している。地域への貢献にもつながり、一方で新鮮な食材の提供を受けることができる。また、土地などの購入も、地域に根付いたNPOだからこそ、「どんな人かわからない人に土地を売って、地域に迷惑をかけるわけにはいかない」という売主の強い希望をクリアできるのである。

そもそも、「りあらいず和」自体がその出発点は地域の人々とのつながりにある。山口が次男に運動療法を行なっていたとき、ボランティアで手伝ったのが、同窓生や地域の人たちであった。

山口とともに「りあらいず和」を二人三脚で牽引し、運営面で支えてきた副理事長の永瀬早苗もその一人であった。地元の高校の同級生で、陸上部では、永瀬はハードル、山口は走り高跳びと種目は違ったが、2人は気が合い、高校卒業後、それぞれ道が離れても連絡を取り合っていたという。その後それぞれが結婚して、偶然にも近くに住むことになった。そして永瀬は、山口が次男に施す運動療法をボランティアで手伝うようになったのである。

他方で、つながりを意識した巧みな運営が地域にもつながりを生んでいるとも言える。ひとは孤立して生きていけるわけではない。地域と地域をつなぎ、高齢者と高齢者以外の者、特に年少者をつなぎ、健常者と障がい者をつなぎ、都市に住む者と地方に住むものをつなぎ、消費者と生産者をつないでいる。

また、「りあらいず和」は放課後等児童クラブの子どもたちと、グループホームの高齢者たちのふれあいの機会を多く作っている。高齢者が子どもたちにいろいろな話や遊び方を教え、子どもたちも喜ぶだけでなく、高齢者にとっても子どもたちとのふれあいが楽しみになっている。

また、配食事業では健常者である職員たちと障がい者たちが一緒に働くことにより、身近に障がい者がいなければわからないことについても、理解が深まるという。

このように、従来ともすれば分断されがちな人々をつないでいく、これが「りあらいず和」が行ってきたことであり、つながることにより、新たな支え合いも生まれてくる。しかも、これらの試みや取組は、そこで働く職員たちのアイデアから生まれていることも大切なことである。自然学校のインストラクターから「りあらいず和」に転職した職員は、「自分たちのアイデアややりたいと考えることが以前の職場に比べて実現しやすく、生きがいを感じている」と述べているが、すべての人がそうではないにしても、これはＮＰＯで働く人の実感でもあろう。

このように、行政や地域とのつながりが「りあらいず和」を支え、「りあらいず和」は、雇用と事業を通じて地域へ貢献しているのである。中山間地域の過疎地というと何かと暗い話題が多い。しかし、そこに人が住んでいる限り需要はあり、事業機会がある。過疎地であるがゆえに安い土地代、人件費という事業メリットもある。また工夫次第で、地産地消による物流費の節減、行政との近さによる連携の可能性。こういったメリットもある。「りあらいず和」は、知恵と工夫、人と人のつながりを大切に地域で生きていくという強い想い、人を巻き込んでいく包容力と行動力、こうしたものがあれば立派に事業を展開できることを身をもって示している。確かに、このような事業を展開することはだれにでもできるわけではない。しかし、それを可能にしている潜在的条件はどこの類似地域にも存在する。だからこそ、この例は中山間地域にとっての希望となり得るのである。

年に何度かの、「りあらいず和」の訪問は私にとって、最も楽しみにしているものの一つである。私が監事として「りあらいず和」に関わるようになって5年ほどになる。監事というと何か堅苦しいイメージがある。何か問題を見つけたら指摘しなければならない。地域外の人間であり、場合によっては煙たい存在の私を、昔からの知己のように暖かく迎えてくれたのが「りあらいず和」の人たちである。接していると、ぬくもりと心地よさがある。私もこの人たちとつながっている。これがひととひととのつながりの心地よさなのだ。

4 和太鼓集団「志多ら」が挑む地域再生の可能性

長谷川洋二

はせがわ・ようじ　１９４７年生。名古屋市立大学大学院経済学研究科博士前期課程修了。専門は地方自治論。愛知県岩倉市職員を経て、東海自治体問題研究所事務局長、岩倉市環境審議会委員。名古屋市立大学大学院研究員。主な著書に「市町村合併と自立への展望」「大都市圏の構造変化」（以上共著、自治体研究社）など。

■全国に広がる伝統芸能継承の困難性

ユネスコ（国際連合教育科学文化機関）は、２０１６年11月30日に、33件の祭りで構成される「山・鉾・屋台行事」をユネスコ無形文化遺産代表一覧表に登録することを決定した。この東海地域では、高山祭の屋台行事（岐阜県高山市）を始め、11の祭りが登録され、無形文化遺産に対する関心が深まっている。しかし、これらの継承については強く憂慮されている。

重要無形文化財が維持、継承できなくなるのは、地域での「後継者の問題」「経費の問題」「人の問題」があるからである。「後継者の問題」は地域の高齢化による担い手の問題であり、「経費の問題」とは用具の補修などの費用の問題であり、「人の問題」は、地域の伝統文化を残したいという気持ちのある人（キーマン）の問題ある。

いま、祭りのときだけ実家等にもどる子供や孫などが、行事を支え、維持していることが増えている。また、苦肉の策として、祭りのときだけ手伝ってくれる「外人部隊」を募集しているところもある。

２０１６年12月16日付の福井新聞は「国が指定した重要無形文化財について　福井県敦賀市の各区で代々受け継がれてきた伝統行事が、年々姿を消している。地域の人口減少による担い手不足と運営資金の不足などが主な要因。国指定重要無形民俗文化財の「夷子大黒綱引き」（えびすだいこくつなひき）が来年1月の中止が決まっている。」と報道している（ただし、敦賀市が保存継承のため補助金１５０万円を計上し、２０１８年1月に再開する方向となった）。

重要無形民俗文化財とは、衣食住、生業、信仰、年中行事などに関する風俗慣習、民俗芸能、民俗技術など、人々が日常生活の中で生み出し継承してきた無形の民俗文化財のうち、特に重要なものとして国が指定したものである。この指定制度は、１９７５年に日本の文化財保護法の改正によって実現し、１９７６年5月4日に第1回として30件が指定されて以来、２０１７年3月3日現在で、合計３０３件が指定されている。しかし、これらの継承が困難になってきている。

地方自治体の指定行事については、さらに困難な状況に至っていると思われる。２０１７年1月3日の共同通信は「無形民俗文化財の伝統行事、20県で60件休廃止」の見出しで次のような記事を発信した。「都道府県が無形民俗文化財に指定した祭りや踊りなどの伝統行事のうち、継続的な実施が難しくなり休廃止されたものが20県で計60件あることが3日、共同通信の調査で分かった」。文化庁によると、都道府県指定の無形民俗文化財は２０１６年5月時点で１６５１件ある。休廃止事例が多い県への聞き取りでは、背景として過疎や少子化、若者の都市部への流出などによる担い手減少を挙げる声が目立った。学校での体験や地域外からの参加者募集などを通じ、伝統の継承を目指す地域が増えている。このほかに全国の市町村が指定した無形民俗文化財指定が同時点で６２６４件あるが、より零細な行事が多く、休廃止も多数あるとみられる。

本研究で採りあげる花祭も例外でない。従来は、長男しか参加できなかった舞に、長男以外の子供や女性も舞いに参加している。花祭のない地域の人などが祭りに参加できるよう参加する人たちの多様化と拡大をしてきている。しかし、地域での過疎化などの問題は、先送りされているだけで、継承の危機がなくなったわけではない。この現実は、東海地域でも変わらない。東海地域の代表的重要無形民俗文化財である花祭を事例として、この問題について考えてみたい。

■奥三河に伝わる重要無形民俗文化財「花祭」の継承と過疎問題

東海地域には、32の国の重要無形民俗文化財があるが、なかでも花祭は第1回に指定された30件のうちの一つである。指定されたのは、奥三河の設楽町1件（旧津具村）、東栄町11件、豊根村5件の17件の花祭であった。

花祭は、700年以上にわたって継承されている神事芸能で、室町・鎌倉時代に山伏や修験者によって伝えられたと言われ、奥三河地域で伝承されてきた霜月神楽の総称である。神と人との和合、五穀豊穣、無病息災を祈る神事芸能である。現在、11月から翌年3月にかけて、天竜川水系に沿う東栄町や豊根村、設楽町津具の15の集落で週末や正月を中心に繰り広げられている（豊根村の花祭は、指定後2集落で廃絶）。清めと湯立てのほか、少年の舞、青年の舞、巨大な鬼面を付けた鬼の舞など約40種類の舞が夜通し行われる。特に、鬼の舞は有名である。花祭は、祭り当日だけでも、花太夫などの神役、囃子方、衣装着付け、会計、火の管理など、舞い手を除いても20数名の人数が必要となる。

花祭のある奥三河地域とは、愛知県の東部の東三河8市町村のうち山間部の新城市、設楽町、東栄町、豊根村の4市町村をいい、北は長野県、東は静岡県と接している。豊橋市を中心とする愛知県の東三河地方、浜松市を中心とする静岡県の遠州地方、飯田市を中心とする長野県の南信州地方（信濃の南部）の県境を跨いだ「三遠南信」地域とも呼ばれている。ここでも、少子高齢化が進み、人口減少が著しく進んでいる。

2010年現在の人口は設楽町5，769人（高齢化率43・5％）、東栄町3，757人（高齢化率47・8％）、豊根村1，336人（高齢化率45・8％）である。

2014年5月に、「日本創成会議」の人口減少問題検討分科会（座長・増田寛也元総務相）が、少子化の進行に伴う人口減少によって、存続が困難になると予測されている自治体について「2040年までに全国約1800市町村のうち約半数（896市町村）が消滅する恐れがある」と推計している。「消滅可能性都市」とは、2010年の国勢調査を基にした試算で、40年時点に20〜39歳の女性人口が半減する自治体と定義しているが、同時点までに人口1万人を切る523の自治体は、とりわけ消滅の危険性が高いとされている。「消滅可能性都市」は、大阪市の西成区（減少率55・3％）や大正区（同54・3％）、東京都豊島区（同50・8％）のように大都市部にもないわけではないが、圧倒的に北海道や東北地方の山間部などに集中している。奥三河地域の自治体の減少率は、新城市56・5％、設楽町71・5％、東栄町74・8％、豊根村60・6％でいずれも「消滅可能性都市」とされた。

継承の困難理由となっている過疎化の実態について、花祭の中心となっている東栄町についてみると次のようなものである。東栄町は、面積の90％以上を山林に囲まれた町である。標高700〜1，000mの山々が連なっていて、振草渓谷県立自然公園と天竜奥三河国定公園の指定を受けている。東栄町へは、名古屋市から新幹線か、JR東海道本線で豊橋市まで行き、豊橋駅（愛知県）と辰野駅（長野県）を結ぶJR飯田線に乗り換える。豊橋市からは1〜3時間に1本あるJR飯田線で、1時間半位で東栄駅に到着

表1．東栄町の世帯数・人口（人）

	1960年	1970年	1980年	1990年	2000年	2010年	2015年	2017年
人口	10,843	7,706	6,236	5,441	4,717	3,757	3,446	3,301
世帯数	2,179	1,915	1,794	1,741	1,690	1,497	1,436	1,503

東栄町町勢要覧から

する。東栄駅は町の南の方にあるため、ここから町内へは町営バス、又は、自家用車などでの移動することになる。静岡市、浜松市方面からも豊橋まで行き、あとは同じようにJR飯田線に乗り換える。

東栄町の人口は、3，301人（男：1，541人女：1，760人）、世帯数は1，503世帯となっている。（2017年10月末現在）（表1参照）

人口は、1960年から50年で約3分の1に、世帯数は3分の2に減少している（表1参照）。高齢化率は、48・9％である。集落によっては、65歳以上の高齢者が総人口比で50％を越えた「限界集落」になっている。

東栄町では、全ての地区で人口が減少している。2000年からの10数年で、2～3割の人口が減少している。地区別の人口を見てみると、中心部である本郷地区、下川地区より、花祭が行われている御殿地区（月、中設楽、布川）、薗地区（足込、御園、東薗目）、三輪地区（中在家、下河内）、振草地区（下粟代、古戸、小林）が、減少率が高く、人口減少、

花祭

表２．東栄町の地区別人口（人）

地区名	1955年	2000年	2016年	2016年人口増減率（1955年比）	2016年人口増減率（2000年比）
御殿	2,088	851	588	△71.84%	△30.90%
本郷	2,430	1,098	897	△63.09%	△18.31%
下川	1,554	886	718	△42.28%	△18.96%
園	1,999	476	326	△83.37%	△31.51%
三輪	3,136	791	536	△82.91%	△32.24%
振草	3,126	615	438	△78.46%	△28.78%
計	14,333	4,717	3,503	△75.56%	△25.74%

東栄町町勢要覧から

過疎化がより深刻になっている。（表2参照）

地方公共団体の財政力を示す指標である東栄町の財政力指数は０・18（２０１５年度）で、愛知県内では、最低である。同町には、小学校が1校、中学校が1校あるが、高等学校はないので、愛知県内の他の市町にある高校か、隣の静岡県の高校へ通っている。

東栄町では、11の集落で花祭が行われているが、いずれも継承問題を抱えている。東栄町は、「花祭」について、観光の目玉として位置づけ、地域振興、地域支援、情報の発信を行っている。また、花祭には、愛知県、東栄町から各団体へ補助がされている。東栄町教育委員会によれば、同町からは1団体５万円、愛知県からは1団体1万円、祭具等の補修・修理等に経費の２分の１（上限１００万円・年1団体）が補助されている。しかし、過疎化が進む小さな自治体の民族芸能のおかれている現状は、行政や保存会などの努力や文化財保護行政だけでは解決できるような状態ではないし、小さな自治体だけで解決できる問題ではなくなっている。

■近代化の影としての伝統芸能継承の困難性

過疎化の陰には近代化の影もある。

東栄町の隣の豊根村の花祭は、終戦直後までは、８か所で行われていたが、現在は、坂宇場、下黒川、上黒川の３か所で行われているだけである。

花祭が廃絶になった理由の一つは、戦後の電源開発の影響である。１９５５年以後の高度経済成長期に、この地域でのダム建設による集落の水没などで住民が集団で離村していったことにある。もう一つは、木材の自由化により、豊根村の主産業であった林業の不振がある。

豊根村では、電源開発の最初の大事業といわれた佐久間ダムが、１９５３年に着工された。同村分地の花祭は、佐久間ダム建設による水没などで35世帯が村外へ転出し、１９５５年の花祭を最後に中止した。１９６９年に新豊根ダム建設が着工された。同村古真立の花祭は、水没などで74世帯が村外へ転出し、１９７０年１月の花祭を最後に中止した。また、大立の花祭は過疎化と舞子不足により１９６２年の花祭を最後に中止した。

高度経済成長期のダム建設などが要因となって、豊根村内の三か所の花祭伝承が１９７１年までに廃絶となった。古真立廃絶の年から30年以上経った２００７年と２００８年には、また豊根村の間黒と山内の二か所の花祭が過疎化により廃絶してした。林業の不振やダム建設終了に伴い働く場がなくなり、働く場を求めての人口流出が過疎化に拍車をかけた。国の重要無形民俗文化財に指定されていた花祭であったが、廃絶を止めることはできなかった。

■和太鼓集団「志多ら」が東園目地区に移転

以上のような現実の中で、伝承への希望を抱かせる存在として現れたのが和太鼓集団「志多ら」である。1989年3月にプロを目指すメンバーが「太鼓衆志多ら」を結成し、愛知県小牧市を拠点にプロ活動をはじめた。しかし、都市部では、太鼓の大きな音などで練習することが難しく、都市部以外の練習場所を探していた。東栄町の中央小学校では、和太鼓クラブが誕生し、和太鼓クラブの講師を探していた。「太鼓衆志多ら」のメンバーが、和太鼓の講師として指導した。そのころ東栄町や東薗目集落では、1990年3月31日に合併で閉校になった東薗目小学校校舎の活用を模索していた。中央小学校の校長は東薗目出身の人だった。校長の小学校校舎の活用のはなしなどから「太鼓衆志多ら」は、1990年7月に本拠地を愛知県小牧市から愛知県北設楽郡東栄町の旧東薗目小学校校舎に拠点を移した（賃借料は、年30万円）。小学校の校庭に隣接して芸能の神を祀った熊野神社もある。

東栄町に移転してきた「太鼓衆志多ら」であったが、奥三河、東栄町に根付きながら音楽文化を創造していきたいグループとエンターテイメントとしての芸能活動で、ラスベガスのショーを目指したいグループの2つに分かれ、奥三河、東栄町に根付きながら音楽文化を創造していきたいメンバーが東薗目に残り、

1993年4月に「太鼓衆志多ら」から新しい和太鼓集団「志多ら」が誕生した。

　1990年に「志多ら」が移転してきたとき、東栄町東薗目集落の人口は127人（38世帯）の小さな集落であった（表3参照）。東薗目は、東栄町の中でも山深いところにある集落である。東薗目までは、東栄町の中心部から車で山道を10数km走ったところにある。東園目から先は道路が整備されておらず通ることはできない。この東園目でも、国指定の重要無形文化財「花祭」が毎年11月に行われ続けていた。


表3．東栄町東薗目集落の世帯数・人口（人）

1990年	2000年	2010年	2017年
38	35	32	36
127	110	84	68

　志多らのメンバーの1日は、午前6時に起床し、東薗目集落内でのランニングから始まる。ランニングをしている中で、東薗目の人たちと最初はあいさつから始まり、会話もするようになった。

「志多ら」が東薗目へ移住して4年たったころ、地元の人たちから「ここで暮らしているのなら花祭を手伝ってくれないか」という話が当時の区長からあった。当時の区長には「700年以上続き」、国の重要無形民俗文化財にも指定される花祭が地域の少子高齢化で担い手がなくなり途絶える危機感があった。「外から血を入れる挑戦が必要だった」と語っていた。

「志多ら」のメンバーは、「うれしい」という気持ちと「本当にいいのか」という気持であったという。それでも、祭の準備や片付けなど裏方を行いながら、笛や舞を少しずつ教えてもらって花祭に参加し始めた。そうした中で花祭をテーマに舞を創作した。その舞に当時の区長が「花まつり志多ら舞」と命名してくれた。花祭当日に奉納をすることになった。７００年の歴史があり、国の重要無形文化財になっている花祭に新しく住み始めた「よそもの」の太鼓集団が創作した舞を奉納することに、東栄町内や花祭ファンから賛否の声が上がった。賛成よりも反対の声のほうが多かったといわれている。しかし、東薗目の区長をはじめ住民の人たちから「ここで生活しながら活動するなら、この村の一員として舞を奉納してほしい」「この花祭は、ここに暮らす人がつなぐ祭りなんだから、周りの雑音は気にしない」といろいろな批判から花祭で志多らが舞うことを守ってくれた。文化庁からも、国の重要無形民俗文化財に指定した花祭が変わってしまうのではないかという危惧の声がよせられたという。

■NPO法人「てほへ」の立ち上げ

東薗目で暮らす中で、東栄町には、過疎・高齢化・人口減少など様々な課題があり、「近い将来に祭りを受け継ぐ事が出来なくなるのでは?」「祭りが出来なくなると集落の崩壊につながる可能性があるのでは?」「ふるさとで暮らしたくても仕事がない」「田舎暮らしをしたくても、地域になじめない」という声に、「芸能集団として、地域の課題に貢献できないか?」「私たちを受け入れていただいた皆さんに恩返しを出来ないか?」「自分たちにしか出来ないことは何だろうか?」と、いろいろな地域の問題が見えてきた。「人は何故、祭りを受け継ぎ未来に伝えていこうとするのか?」。「志多ら」の出した答えは、伝統文化である民衆の祭りは、単なるイベントではなく、地域のアイデンティティを創りだす最も大切な役割を持っている。「志多ら」の舞台創作の根幹のもとになっているということであった。

そこで、和太鼓をはじめとした音楽の力で、人と人、人と自然を結び、地域を元気に盛り上げようと志多らファンクラブを母体として、2010年にNPO法人「てほへ」を設立したのである。「てほへ」は、「花祭」の「テーホヘ テホヘ」というかけ声から、奥三河が元気に盛り上がることを願って名付けた。現在、全国に300人ぐらいの会員がいる。志多らの総合統括プロデューサー大脇聡さんは「和太鼓集団という仕事がら音楽・舞台を創造する特殊な職業のため、何もないところから思いを形にする創造力と団体生活の中での団結力、そして、ここで暮らしてプロとして成功するぞというハングリー精神が大きな実行力へと変化した」と話している。

あいちNPO交流プラザのNPO法人アピールの設立経緯には「愛知県の最東端、北設楽郡東栄町東薗目地区に拠点を置く、プロ和太鼓集団「志多ら」と支援者が、民俗伝統芸能文化の維持継承と奥三河の地域活性化を目的に、①国の重要無形民俗文化財「花祭」の伝承を支援する活動、②和太鼓や篠笛等の民俗伝統芸能を中心とする奥三河地域の地域資源の体験・交流・社会教育プログラムを提供する活動、③日本の伝統楽器「和太鼓、篠笛」等の文化団体に関する事業を展開する」としている。

最初に「てほへ」が手掛けたのは、地域の魅力を再発見し、それを地域外の方へ発信するために「奥三河のき山放送局」をつくった。奥三河の各市町村を一つとしてこの地域で活動している情報を発信、地域観光プロモーションビデオなどを作成している。また、「奥三河のき山放送局」として毎月、地域のケーブルテレビなどを通して情報の発信をしている。また、広報誌「てほへだより」を年4回発行して配布している。

次に行ったのは、廃校になった東栄町の旧東部小学校の校舎を利用した施設の指定管理者となった。交流拠点「東栄町体験交流館のき山学校」として「てほへ」は次のような取り組みをしている。

①「蒼の森～ふるさと暮らし塾」事業…借用古民家を柱を残して解体し、古民家を再生して再利用する事業を、年5回実施し、間伐放置材の搬出し、災害用仮設住宅を販売するためのモデルハウスの建築をした。

②「のき山学校」図書室の書籍の貸し出し、返却、整理業務…東栄町には図書館がないため、「のき山学校」（東栄町図書室）では、愛知県図書館と連携して、年間100冊ほど図書を借り、一年ごとに入れ替えを行っている。このほか、3か月ごとに入れ替わる図書（30冊ほど）もある。利用者数は、延べ624人、貸出数は延べ812冊となっている（2015年度てほへ事業報告書）。

③〝Caféのっきぃ〟…2014年5月から小学校の理科室・理科準備室を改修して〝Caféのっきぃ〟として営業を開始した。〝Caféのっきぃ〟では、Uターンしてきた女性パテェシェが活躍している。地域おこし協力隊〝燈栄隊〟シェフが調理するランチも行っている。週5日営業で、年間5,000人を超える利用者がある（のき山学校利用者を含む）。

④「便利屋」事業…てほへのスタッフが、庭の草刈り、家の片付け、掃除、買い物などの付き添い、雨漏りの補修、ペンキ塗りなど地域の要望に応えている。

⑤イベントの受託事業…東栄町フェスティバルなどの舞台設営・企画運営を東栄町から受託している。「東栄フェスティバル」、「『絆』プロジェクト〝つながろう！あいち・希望の音inとうえい」などを受託している。「絆プロジェクト」は、「太鼓の力で東栄町を盛り上げられないか」を考えた。東栄町には高校がない。高校がなくなったまちに高校生の太鼓を響かせ、新たな交流人口増加につなげようと開催した。

⑥ブルーベリー農園…2016年に跡継ぎのいなくなった地域の農家から経営を受け継いで後継者となっている。ブルーベリー農園（のっきぃブルーベリー農園）で、ブルーベリーの摘み取り体験事業を行っている。ここで取れたブルーベリーは、販売したり、〝Caféのっきぃ〟で利用している。

⑦食料品などの配達…地域の住民の日々の生活を支えるための一つとして、買い物ができない住民に、食料品などを届ける生活協同組合の配達業務を一部地域で受託している。

「てほへ」は、「文化庁、伝統文化事業親子教室事業」「あいち森と緑づくり環境活動・学習推進事業交付金」などの助成により、地域の特性を生かした交流体験メニュー、商品開発、〝Caféのっきぃ〟などの地域の魅力を活かした新たな仕事の創造を進めている。

志多らは、和太鼓集団として、全国公演を行っている。太鼓で様々な魅力を発信する全国公演の舞台で、「花まつり志多ら舞」を後半の演目のとして演奏を行っている。そして、「てほへ」は、全国公演の会場のロビーに奥三河（新城市・設楽町・東栄町・豊根村）コーナー、花祭コーナーをつくり、東栄町など奥三河の魅力、伝統芸能、継承の重要性を訴えている。和太鼓集団志多らは、東薗目の住民として、全国公演での発信、「てほへ」としての発信を行い、東栄町と全国と交流し、つなぐ役割をしている。

こうした活動の影響は少しずつ実を結び始めている。東栄町には、林業を仕事にするために神奈川県からIターンした男性、体験型ゲストハウスを運営する沖縄からIターンした女性、名古屋コーチンの養鶏をしている名古屋からIターンの男性など全国から「実家が東栄町だった」「田舎暮らしがしたい」「林業がしたい」などの思いで東栄町へ移住してきた。のき山学校の〝Caféのっきぃ〟のスタッフもUターンした女性である。志多らのメンバーは、全員Iターンである。高校で志多らの公演を見て、Iターンで、志多らのメンバーになった若い人たちもいる。

和太鼓集団志多らが、我々に教えてくれることは、東栄町そして全国公演で発信し、全国とつながること、そしてつながるだけではなく、地域の住民として、地域を活性化することによって、少子高齢化進んでいるまちを、生き生きしたものにすることによって、過疎地域の民俗文化財「花祭」を維持・継承に挑んでいることである。まだ、彼らの可能性を判断できる段階ではない。しかし、実際一つの可能性のかたち（希望）を示したことの意味は大きい。

２０１７年８月に公表された「全国持続可能性市町村リスト＆マップ」（持続可能な地域社会総合研究所）によれば、東栄町の30代女性は95人から１１７人に22人増加し、人口増加率は23％増で、全国の過疎市町村７９７中18位となっている。２０１４年に日本創成会議が、東栄町を「消滅可能性都市」とみなしたときの２０１０年から30年間での20〜39歳の女性の人口減少率は74・８で、東海地域で一番高い減少率であった。

5 コラム

高齢者の働きがい、生きがいを同世代の仲間が創造する

―就業支援を通じて高齢者同士が交流―

杉本和夫

すぎもと・かずお　1947年生まれ。名古屋市立大学大学院経済学研究科博士後期課程単位取得退学。専門はキャリア開発。大同特殊鋼㈱勤務を経て椙山女学園大学非常勤講師等、専門はキャリア開発とキャリア教育。主な著書『企業のメンタルヘルス対策』・『今すぐ役立つ職場のメンタルヘルス対策』・『活気ある職場に変えるメンタルヘルス・マネジメント』（いずれも「工場管理」特集　日刊工業新聞社）。

働く意欲と体力を十分に持っているにも関わらず高齢者が新規に就業することは極めて難しいが、同世代の仲間がそれを支援している。支援する側もされる側も高齢者で、そこには同世代間の交流による働きがい、生きがいの創造がある。

高齢者の新規就業は難しい

高齢者の新規就業を積極的に支援する専門機関は、行政・民間いずれも少ない。その理由は、行政は年金を受給している高齢者の就業支援は一般市民の理解が得られないこと、民間は高齢者の就業支援に伴う報酬を多く期待できないことである。そこで登場するのが全国の各自治体が運営の支援をする「シルバー人材センター」であり、ここは働く意欲と体力を持ち合わせているが特別な技能を持たない高齢者に対して、社会との接点となる働く場を紹介している。

企業や家庭から仕事を獲得し「高齢者の働ける場」を創造する

板倉隆は、公益社団法人名古屋市シルバー人材センター（以下「センター」と言う）の北部支部で働く「就業機会創出員」である。板倉はほぼ毎日、センターに登録している人（60歳以上が条件で「会員」という）に合う仕事を提供してくれそうな企業や家庭を回る。訪問先は1日で10件前後、そのほとんどすべてが予約なしの「飛びこみ営業」である。

板倉が求人を獲得したある自動車部品メーカー（従業員約200人）へは、北部支部の会員を10人以上送り込んでいる。仕事は製品の検査、ラベル貼りやバリ取り等の単純作業である。社長自身も高齢者でありシルバー人材に理解がある。「高齢者は仕事を覚えるのが遅いし作業の効率も悪い。でも若い人に比べ社会経験豊かで責任感も強いはず」と、社長は会員をワークシェアリングで巧みに回している。

センターには、家庭から受注する仕事の一つに「生活援助軽サービス」というものがある。これは対象が65歳以上の方の家庭に限定される2時間以内の軽作業であるが、低料金であり利用者が非常に多く好評である。年を取れば家の中の作業がおっくうになり、体力的にも出来ない人が多くなる。そんな高齢者の家庭の屋内外の清掃・整理、小さな家具類の移動、電球の取り換えなどの作業をセンターが請け負うが、特に窓ガラス拭きは人気であるという。まさにシルバー人材（高齢者）が生活弱者である高齢者を支援する関係が作られている。作業を行う会員も、自分が他人の役に立っていることを感じることができ働きがい、生きがいを感じるのである。

会員が仕事で家庭を訪問した時に、訪問先の高齢者が仕事に来た会員に話をされ、仕事が終わっても会員がなかなか帰してもらえないことがあるという。特に一人暮らしの方などは人と話がしたい、しかも同世代であれば話がわかりあえるのでずっと話を続けることになる。

板倉は、センターの仕事は現在では単純な仕事が大半であるが、会員が現役時代に培った能力やキャリアを活かせるような仕事が増えれば、会員がさらにイキイキと働けると考えている。魅力ある仕事が増えることによってより多くの高齢者が会員になり、センターがより活気ある社会づくりの戦略的な存在になるのではないかと言う。何よりも日本の経済社会の中でこれから求められているのは、センターが福祉的な存在だけでなく、労働政策の中での役割を高めていくことではないかとも言う。

労働力人口が減少する中において、働く意欲と体力がある高齢者は能力・体力などに応じ働かなければならない時代が到来している。高齢者自身も自己が社会の一員として参加していることに喜びと生きがいを感じることができる。ＮＰＯと同様の機能を持つセンターが、高齢者の生きがいと社会の活性化に寄与しているのである。高齢者である筆者も、社会の一翼を担う必要があると考え就業を継続している。

会員に仕事を紹介、応募者に説明、発注者との面談にも同行し「高齢者の就業」を実現

次に、センターの西部支部で働く西垣一を紹介しよう。西垣は民間企業退職後ハローワークで求職活動を行なった。西垣は管理職の経験がある事から、「再就職支援会社（企業からの退出者を、退出企業の費用負担で再就職に導く会社）で働いてはどうか」と提案され、数社応募したがいずれも就業には結びつかなかった。

この経験を通じて西垣は、「高齢者の就業は何とかなる」という甘い考えから「高齢者の就業は難しい」ということに気づき、「産業カウンセラー」と「キャリアコンサルタント」の資格を取得した。その資格のおかげで、人を通じて「雇用・能力開発機構」（現「高齢・障害・求職者雇用支援機構」）を紹介され、暫く職業訓練の仕事をしたのち、愛知県のあるハローワークで早期の就職を希望する人の支援にあたった。

その後西垣は、３年前の69歳の時に人を通してセンターを紹介され勤め始めた。西垣も板倉と同様「就業機会創出員」であるが、仕事は板倉とは異なり会員に対しての仕事の紹介である。紹介の仕組みは、外回りで新たに獲得された西部支部の仕事を、西部支部の全会員（約2，３００人）に連絡し就業希望者を募る。

西垣は希望者全員と個別に面談し仕事の詳細を伝え、応募希望者の発注先との面接にも随行する。

西垣は商社機能を持つ海洋関連品を梱包する会社に、合計で12人の会員を送り込んだ。その会社は女性社長で、驚くべきことは当初3人を紹介しその後次々と紹介したが誰一人としてやめていないことである。その理由は①高齢者はどんな単純な仕事でも働けることに喜びを感じ、誠心誠意取組むので高い評価を得る ②一緒に仕事をしている人との会話があり、情報交換により相互に仕事の工夫が生まれる ③以前の現役時代の職場で獲得したノウハウをこの仕事に生かせないかと工夫をするので、仕事に喜びがあるということである。

高齢者間のコミュニケーションと心の交流

一人目の板倉自身もセンターで働く高齢者であるが、板倉は、「就業機会創出員」として訪問先の高齢者などいろいろな方と話をすることを通して、世の中の変化、実情がわかり自分自身の勉強になると言う。また、高齢者に仕事を斡旋することで社会の中で自分が役に立っていることを実感でき、働きがいを持つことができると言う。

二人目の西垣の場合、会員が、仕事を紹介してくれた西垣の勤務する支部事務所へ時に雑談に来ると言う。仕事を提供する会員自体も、同世代の「就業機会創出員」である西垣との会話を求めているのである。同世代の会話が、孤独な高齢者の心に「楽しい時間と話題」を提供していることを考えると、高齢者は他の高齢者を精神的にも支援していると言えるのではないか。ファーストフード店のようなマニュアル化された会話ではなく、自分の思いのこもった言葉での会話を高齢者は求めているのである。

以上述べたことから言えることは、一人の高齢者の就業支援を通じて、別の高齢者である「就業機会創出員」、会員、発注先が互いに支えあい、生きがい・働きがいを創造しているという豊かな関係性である。高齢者が高齢者の就業を支援し、高齢者が仕事を通じて他の高齢者等と交流により心を通わせることは、今後の超高齢社会のひとつの望ましい姿であり、まさに「既に起こった未来」である。

6 コラム

協同の力でいのち輝く地域をつくる、それは未来を拓く土台
―医療生協による居場所づくり―

杉崎伊津子
山本友子
矢野孝子
（名古屋・北医療生協組合員）

名古屋市の北部地域を主な活動エリアにして、協同と互助の精神で高齢者、子育てママ、子どもたちの居場所づくりに奔走する北医療生協（北医療生活協同組合）の取り組みの一部を紹介します。（写真：右から杉崎・山本・矢野）

「地域まるごとの健康づくり」の理念から「助け合いのまちづくり」へ

北医療生協は、「いつでも誰でも安心して医療が受けられる診療所・病院がほしい」という地域住民の願いをまとめ、１９６６年に名古屋市北区での小さな診療所からスタートしました。それから50年、組合

員と職員の協働で「地域まるごと健康づくり運動」を中心に据え、「歩いて5分の安心の助け合い、まちづくり」運動を広げてきました。

２０１７年総代会では、最近の情勢に合わせ「健康といのちを脅かす動きを見逃さず、平和で豊かなまちづくり」をと、新たな北医療生協の理念を確認しました。「地域まるごと健康づくり」を重点にしつつ、笑顔の絶えない環境づくり、生活といのちを守る取り組みを強化しています。昨日より今日がより意欲的に過ごせるように、助け合いのまちづくりをめざしています。

高齢者の居場所「憩いのサロン」づくりは、多くの地域で取り組まれてきました。名古屋市社会福祉協議会の助成制度も作られ、さらに広がっています。その広がりに大きな力を発揮しているのが医療生協の組合員活動であると思います。子育てと子どもに対する地域の支援は、まだまだ緒についたばかりです。北医療生協では10年前に始めた子育て支援のフリースペースの実践経験が、「子ども食堂」へと発展していく大きな力と自信になっています。

健康の街づくりに貢献する

北医療生協は、組合員4万人、39支部を持つ組織です。班会（3人以上の組合員で構成）では年間計画を立て、健康づくりに励みます。健康診断（検診）は必ず位置づけて、「お返し班会」と呼ぶ看護士を囲んだ3年間のデータをもとにした検診結果の勉強会を行います。班の上にある支部は、活動推進の基幹組織で、生協は、１小学校区に1支部、２００世帯以上、10班以上をめざしています。生協と組合員を結ぶ月1回の機関紙「医療とくらし」は手配りしています。世話役の負担を軽くするために、一人10部以下を目標にしています。月1回のスーパーマーケットでの健康チェック、学区民生委員会協賛による市営住宅集会所での月1回の「憩いのサロン」もあります。「健康の街づくりに貢献しよう」の思いは、生協もりやま診療所建設に取り組んだ組合員がいまなお多くを占めていることとも関係します。

１９８０年代後半、守山区に診療所をつくる運動が始まりました。「患者会ではありません」、「健康な人の組織」と訴えてまわりました。生活協同組合の組合員になることの理解を得るのがたいへんでした。「出資金を出して医者に見てもらうなど聞いたことない」などの声にもめげず、活動をつづけました。半径１キロ圏、２０００世帯の組合員を作る方針に足が止まることも度々でした。気落ちせず「医療生協」とは何か、「一人は万人のために、万人は一人のために」を心に刻みながら、きっと理解者が出てくると学習を重ねました。組合員の義務教育と位置付けている「保健大学」にも力を注ぎ、保健予防と生活習慣、北医療生協の生い立ちなどの講座で学びました。社会保障制度も学びました。こうして組合員さんと共に育ち合う、医療生協大好き人間が増えていきました。１９９８年、努力の結晶としての「生協もりやま診療所」が開所しました。

19年目の診療所の「組合室」を覗いてみましょう。運営委員は「検診から健康づくり」を合言葉に健診のお誘いハガキや電話かけをしています。日曜健診も重視しています。地域でも高齢の一人、二人暮らしが目立ち、介護の送迎バスが行きかうまちになりました。医療生協は、地域に連帯を作り出す組織だと思います。介護、保険制度が充実し、安心して住み続けられる地域をつくるため、全国の運動に学びつつ活動を続けています。近い将来には在宅医療を希望する患者や家族に寄り添い、24時間365日サービスが提供されるそんな地域にしたいと思っています。

高齢者の居場所づくり、患者・家族に寄り添う地域にしたい
―高齢者の居場所「憩いのサロン」づくり―

北医療生協もりやま支部（守山区）「憩いのサロン」は、「一人ぼっちの高齢者をなくそう、おしゃべりしませんか」「困りごとも気軽に相談しましょう」そんな思いで開設しました。木曜日の朝になると「おはよう、おはよう」と次々と集まってきます。25人～30人位の参加になります。女性に混じり男性も常連さんが何人か来ます。2013年のサロン開設に際し、生協の内輪の取り組みにしないで、地域に開かれた誰でも参加できる高齢者の居場所にしようということで始まりました。

きっかけは、月1回の「ウオーキング」でした。インストラクターを招いての歩き方講習会が、今では遠出ウオーキングのお楽しみ会になっています。「健康ヨガ教室」も毎週開き、「食が進み健康になった」などと感謝されています。その一人から高齢者の居場所「憩いのサロン」のために、借家を無料で貸していただけることになりました。場所の確保は、例えば葬儀場を仏滅の日にお借りすることもあり、地域に

根ざした工夫をこらしています。

八王子支部（北区）でも、多世代共生型の居場所と社会参加、これこそ元気の源ではないかと取り組みました。当初は、「憩いのサロン」を開きたいが、実現できるか不安でした。一人ではなく仲間の協力でやればいいんだと思うと、気が楽になりました。のれんを掛け、机やいすを出し準備しました。組合員宅での月４回「ほっとサロン矢野さん家」が２０１７年誕生しました。

名古屋市社会福祉協議会の運営整備助成金や運営助成金も利用しています。雨の日は大丈夫かなと心配しましたが、平均10名位来ています。会費は１００円で、コーヒー、紅茶、パン、ゆでたまご、バナナなどがでます。会場から10分位の人たちが参加し、60歳～90歳位まで幅広い年齢層で、80歳代が一番多いです。地域の民生委員も声かけをしてくれています。

北医療生協の職員が、骨密度、血管年齢、血圧、体脂肪、歯の上手な磨き方などの健康チェックをします。体操や歌をうたい、健康講話や美容講習におしゃべりの花が咲きます。だんだん高齢者が増え、認知症の人も増えてきています。どの地域でも「憩いのサロン」ができるように願っています。

「子ども食堂」は地域まるごとの子育て支援と居場所づくり―ママたちの居場所づくり―

北医療生協は第５次長期計画（２００３～08年）で、会員の世代交代も意識して、若い世代への働きかけを強め「安心して子どもを生み育てられるまちづくり」、「子どもの貧困の連鎖を止めるための学習支援」

の方針を盛り込みました。２００８年、生協の施設を使って地域の子育て中の親子を対象に「一人ぼっちのママをなくそう」と、乳幼児親子が集うフリースペース「にじっこひろば わかば」をオープンさせました。

当時、生協組合員以外を対象にしたこの企画には疑問視する声もありました。北医療生協だけでなく、多くの生協においてメンバーシップ（組合員）という枠にとらわれる傾向がありました。しかし、地域全体に目を向けて若い世代とのつながりをつくるためには組合員のみを視野に置いていてよいわけではないと説得しました。「にじっこ ひろば わかば」は、地域の誰でも参加できる親子の遊び場として、毎週水曜日の午前中に実施し、思いがけなく多くの親子が集ってきました。「にじっこひろば」は地域のボランティアが運営にあたり、現在では北医療生協の４ヵ所の施設で毎週実施され、１００組ほどの親子が集っています。10年を迎えた「にじっこ ひろば」は、地域になくてはならないママたちの居場所になりました。「にじっこひろば」からサークル活動やママたちのおしゃべり班会ができ、多世代の居場所もできました。

学習支援から子ども食堂

２０１４年には名古屋市の生活困窮者学習支援事業が北区内でも実施されることになり、北医療生協として事業委託を受けました。医療生協が学習支援委託事業者になるのは全国的に珍しいことでした。当時、子どもの６人に１人が相対的貧困家庭（社会の平均的な生活水準と比較して、所得が著しく低い状態）にいることが報告され、「子どもの貧困」が話題になりました。そんな状況下で、「夏休みなど給食がないときに痩せる子どもがいる」という言葉を聞きました。すでに「子ども食堂」が東京や大阪では始まっていました。さっそく具体化に取り組みました。子ども食堂を始めるにあたり、重視したのは「他の団体との協働」による「地域まるごと子育て支援」にしたいという思いでした。

日頃から交流があった①めいほく保育園、②ホウネット（名古屋北法律事務所友の会「暮らしと法律を結ぶホウネット」）、③北医療生協の三者で話し合いをしました。どの団体も子どもの貧困問題には関心が高く、「子ども食堂」を始めることに異論はありませんでした。上記①が食材、調理の担当、②が事務、会計担当、③が会場、宣伝の担当、と分担しました。北医療生協で議論になったことは「なぜ医療生協が独自に取り組まないのか」という疑問でした。まさに私たちがこだわったことへの疑問でした。地域のすべての親子を対象にしたこの取り組みは、「〇〇さんがやっている」という限定的な取り組みにしたくない。そうでなければ本当に困っている人々が来ることができない。ハードルを低くするために、協働の事業として取り組むことになりました。

２０１５年８月、夏休みに２回開放する試行を経て、同年11月から月１回、平日夜に子ども食堂をオープンすることにしました。参加費は子ども２００円、大人３００円でした。しかし無料開放の夏休みには来ていた兄弟が姿を見せませんでした。友人に聴くと、「２００円要るから来ない」という返事に大変ショックを受けました。ようやく半年後には無料化して、その兄弟たちもやってくるようになりました。

「わいわい子ども食堂」と名付けてスタートしました。なんと私たちの子ども食堂が名古屋市内で第１号でした。新聞やテレビに取り上げていただき、思いがけないカンパやボランティアの申し出などもあり、マスコミの力には驚いています。

地域の協同による子どもの居場所づくり

　地域での3団体による運営方式を作ったことで、「私の子ども」から「私たちの子ども」へと意識が変わり、皆さんからいろいろな形で支援が寄せられ、出会いが生まれています。学習支援の講師をしている大学生や青年が子どもの見守りに、また保育園の保育士との縁で幼い親子も来ます。子育てに悩むママの相談もあり、気になる心配な子どもたちも来ています。調理サポーターには「自分でできることなら」とベテランの主婦が参加しています。大学生がボランティアに参加し、マップ作りやレポートを発表し、研究者にもつながりが生まれています。

子ども食堂当日の会場案内

　2017年秋現在、愛知県内で70ヵ所ほどの子ども食堂があります。運営は極めて多様、かつ多彩です。子ども食堂には形や決まりはありません。「子ども食堂」イコール「貧困対策」という言われ方がされますが、そのような狭いものではありません。子ども食堂は民間の草の根から生まれた「食」を媒介にした緩やかで自由な地域の「居場所」であり、新しいコミュニティづくりであると考えています。

人々にとって、必要なのは学校や家庭だけでもなく、自分のあるがままの姿が受け入れられ、過度な干渉もないい「自由で、居心地のいい第三の場所」です。医療生協が、地域まるごとを視野に入れて活動していく時代になったと思います。「健康をつくる。平和をつくる。いのち輝く社会をつくる。」を実践する時代であると思います。

第5編

2030年の名古屋圏像

本編は、名古屋圏がさまざまな危機に直面しているとすれば、危機から出発した切実な希望としての21世紀の名古屋圏像はどのようなものなのか、を述べている。私たちが想定する2030年は、遠い未来のことではなく目前に迫っている。その頃にはすべてが大きな転換点を迎えている。江戸時代には人口３千万人程で停滞していた日本の人口も近代の扉を開けて増勢に転じた。やがて2008年には1億2,808万人のピークに達して、その後減少に転じた（2015年版厚労白書）。本書の出版年の2018年は、明治維新以来の近代150年の区切りの年でもある。

［1］は、「調査から見えてきた希望の名古屋圏像」として、第２編、第４編を中心に、中小企業や伝統産業の21世紀の新しい役割を、そしてＮＰＯ活動の21世紀の可能性を述べている。［2］は、「対談・執筆者の思いを語る」として、希望学としてなぜこのテーマを選んだのか、執筆や調査でどのような苦労をしたのか、座談会での報告と意見交換によりまとめたものである。

（梅原浩次郎）

1 調査から見えてきた希望の名古屋圏像

梅原浩次郎
（プロフィールは前掲参照）

本書を終えるにあたり、私たちの共同研究によって、希望学の立場から２０３０年の名古屋圏に向かって２つのことを提起したい。第１は、中小企業や伝統産業の２０３０年における新しい役割についてであり、第２はＮＰＯ活動の２０３０年における可能性についてである。

第１　中小企業や伝統産業の２０３０年における新しい役割

３年間にわたる研究会では、社会の大きな変動期には産業が苦境に立ち、危機に瀕したことを学んだ。また見事に立ち上がって新展開を遂げてきたケースが少なくないことも見てきた。いま、時代は少子高齢社会、成熟社会、グローバル社会、ハイテク社会などと形容される。そこから何を引き出すかにより、様々な言説が流布される。希望学から見て２０３０年を展望する時に、私たちには危機を克服しながら新たな財・サービスの開発を行って、新たな事業スタイルを生み出す名古屋圏像が見えてくる。危機を乗り越えた先の希望の名古屋圏像を、以下に提示したい。

1　超高齢社会への対応

２０３０年には、日本の人口は２００８年のピーク時より一千万人以上も減少し、３人に１人が65歳以上の高齢者となる。世界保健機構（ＷＨＯ）が定義する全人口比21％超の超高齢社会における新たな課題が山積し、２０３０年が負の側面から語られることが多い。しかしそこに人々の暮らしと人生があり、超高齢社会に生きる高齢者ゆえの新たな需要が生まれ、これに対応する新たな財・サービスの創出が待ち望まれているのも事実である。

この高齢者たちは高度成長期と安定成長期に、戦後社会の終身雇用制が普通と見なされる時代を生きてきた。超高齢社会を負とみる認識から、年金制度には厳しい矛先が向けられている。しかし彼らがなお相当の消費購買力を有する世代であることは明らかである。このような中で、高齢者の消費需要と次世代の需要に依拠した新時代の財・サービスが待ち望まれている。そこにこそ、中小企業や伝統産業が果たすべき大きな役割が待ち構えている。

次世代への対応について言えば、超高齢社会の反面としての少子社会における若い世代の生きづらさが問われている。中小企業や伝統産業では、事業の承継時にどう希望を見出すことができるのかである。若い世代が安心して家族を構成し、子育てができる環境づくり、労働や雇用環境のあり様の刷新が求められている。中小企業や伝統産業の中で希望を見出し挑戦しているところは、同時に事業承継にも成功しているといえる。

2　国内成熟社会への対応

海外生産をしている企業の一部には、国内回帰が起きている。しかし経済のグローバル化はさらに進展し、途上国を中心にさらに拍車がかかるであろう。そのグローバル化は、国内消費市場を顕著に縮小させるのであろうか。否と言いたい。日本は海外との交流人口が増えているが、国内市場は今後とも維持されるであろう。日本が人口減少社会といえども、例えばEU諸国では人口が1億人を超える国は無く、面積でさえ日本より大きいのはスペイン、フランス、スウェーデンの3か国でしかない。その日本の国土に超高齢社会としての新規需要の創出が可能だとしたら、中小企業や伝統産業にとって魅力ある市場そのものとなる。日本国内で立派にやっていける市場としての条件が備わっていると見ることができる。

その市場は、近代化へ歩み始めて150年を迎える日本であり、各家庭にはひと通り商品が納められている。作れば売れる時代ではなく、財・サービスのあり様と質が問われる成熟社会である。少子社会が本格化し、従来にも増して子ども世代が求める需要の質は格段に高くなる。そうした社会において、ハイテク化を考慮した新たな財・サービスを生み出す大きな役割が期待されている。

3　グローバル社会とハイテク社会への対応

財・サービスの市場拡大を求める力が原動力となり、経済のグローバル化は進展する。オイルショック後には「軽・薄・短・小」の要素が商品に強く求められた。グローバル化の中で、いっそうのハイテク化が求められることは言うまでもない。グローバル化とハイテク化は表裏一体のものである。グローバル化の先に巨大な世界市場が広がっていることも確かである。その際に重要なのは、海外向けの財・サービスの需要層をどこに置くのかが重要となり、海外顧客のニーズに合致していることを求めなければならない。気候・風土と需要の質がどうであるのかが問題となる。中小企業や伝統産業のすべてが、これに対応できるとは限らない。だが厳しいことであっても、不可能でもない。こうした世界市場に展開するもう一つの役割が待ち構えている。

4　本書の事例

事例の詳細は各章論文を参照していただきたい。そこには紛れもない中小企業や伝統産業の持続可能性を認めることができる。「伝統的木型工業のままで生き残る」（濱島論文）は、鋳造用木型模型の出番が減少すれども衰退しないで、立派に持続可能性を有していることのメッセージである。「ビジネスモデル・チェンジによる新生」（梅原論文）は、有松・鳴海絞のシワの造形美を維持させるという概念の転換が、新ジャンルへの進出を可能にし、新商品を生み出している。「伝統技術の高度化による多市場への進出」（松本論文）は、一宮地域の毛織物産業が、工業繊維へシフトすることにより、持続可能性の希望を見出している。「成熟社会における新製品開発」（宇佐見論文）は、高齢社会においては車いす産業が果たすべき役割は極めて大きく、車いすの7割は名古屋圏で生産され、進化に拍車がかかることを伝えている。「技術革新による3K職場の改革」（岡田論文）は、技術革新の成果を活用して従来の3K労働からの脱却を図り、農業における希望としての持続可能性を発信している。ここに示した事例により、中小企業や伝統産業が新しい役割を果たしていく希望の名古屋圏像を示すことができたものと確信する。

第2　NPO活動の2030年における可能性

第一セクター（公共部門）と第二セクター（民間部門）だけではなく、新しい市民像としての第三セクターであるNPO（非営利組織）が台頭しなければ、新しい社会も生まれ得ない。このために成熟社会に貢献する市民像を明確に描き出すことができるかどうか、ということであった。市場取引が成立しない、あるいは公共でも民間でも手を出しにくいから、NPOがサービスを提供できる。つまり、従来のシステムや公共・民間の2つのセクターだけでは機能不全となり、NPO活動がこれらの課題の解決に向けての21世紀における新しい可能性を示している、ということである。以下に、その可能性を提示したい。

1　超高齢社会、福祉社会への対応

超高齢社会に向けた様々な対策は、政府などでも長年にわたって取り組んできてはいる。しかし身近な地域でどれ程に進んでいるのかはまた別の話となる。NPO法人が、高齢者の配食事業やグループホーム（専門スタッフの援助を受けて社会的介護を受ける）の運営に携わるケースがある。この他にも本書が取り上げただけでも、高齢者の健康づくり、高齢者の就業支援と働きがいへの関与など様々な方面で見られる。超高齢社会と少子社会とは、相互にことの表裏の関係にあるといえよう。高齢者が多数を占める社会には、高齢者のなかに高齢者を支えあう関係がより一層大きくなっている。また就業機会を得ることに困難を感じる障が

い者の雇用問題を、ＮＰＯ法人が解決している事例もある。

これらには株式会社などの参入も可能であるが、会社が収益を目的とするのに対し、ＮＰＯ法人の場合には収益をあげることを目的としているわけではない。社会貢献活動を目的にする場合、ＮＰＯ法人に優位性があることは言うまでもない。なおＮＰＯ活動の大きな軸としてＮＰＯ法人をあげているが、法人格を持たない任意の諸団体もここでいうＮＰＯ活動の重要な構成部分である。こうした流れはすでに大きくなっており、２０３０年にはＮＰＯ法人が十分に第三セクターとしての役割を果たしている姿を見ることができよう。

2　多様な人々の居場所づくりへの対応

現在、経済環境が厳しく国民の中には疎外感や閉塞感があり、孤立感を深める人々が少なくない。職場の第一線からリタイアして、未だ新しい居場所を見つけていない人、頼る人が居ない子育て中のママたち、学校や地域に居場所を見つけることができていない子どもたち、そんな人々が多い。こうした人たちに積極的に手を差し出そうとする動きが起きている。本書では、ＮＰＯ法人が行政とも協力しつつ、住民のなかに根を張った独自の取り組みを行っている事例を紹介することができている。

3　本書の事例

事例の要点は次のとおりである。「ベッドタウンからライフタウンへの転換は可能か」（長尾論文）では、愛知県春日井市高蔵寺ニュータウンの「ＮＰＯ法人まちのエキスパネット」の事例により超高齢化社会の現実を確認し、団地再生まちづくりへの転換を発信している。「高齢者が社会の担い手となる地域づくりへの挑戦」（黒田論文）は、山あいのまちの健康づくりを、「一般社団法人 元気づくり大学」が元気高齢者の育成から始めている事例である。「障がい者の『職』が高齢者の『食』を支える」（堀尾論文）は、岐阜県の中山間地域で「NPO法人りあらいず和」が、障がい者を含む雇用を確保し、配食事業やグループホームなどを運営している事例である。「和太鼓集団「志多ら」が挑む地域再生の可能性」（長谷川論文）は、和太鼓集団「志多ら」ファンクラブを母体にして生まれた「NPO法人てほへ」が愛知県の奥三河過疎地区の花祭を担っており、NPO法人による過疎地域の活性化の可能性を紹介している。

コラム「高齢者の働きがい、生きがいを同世代の仲間が創造する」（杉本報告）は、「公益社団法人名古屋市シルバー人材センター」が、特別な技能を持たない高齢者に対して働く場を紹介している事例を取り上げている。コラム「協同の力でいのち輝く地域をつくる、それは未来を拓く土台」（杉崎・矢野・山本報告）は、名古屋市北部地域を主な活動エリアとする「北医療生活協同組合」が高齢者・子育てママ・子どもたちの居場所づくりに注目して実践している報告である。

ここに示した事例は、公共でもない、民間でもない、新しい市民像としてのNPO活動が奔流のごとく登場し、新しい社会が生まれ育っていることを示している。NPO活動の21世紀における新しい可能性を提示することができたものと確信する。

2

対談

執筆者の思いを語る

梅原浩次郎

執筆にようやく目途のついた2017年11月末、執筆者の思いを語る座談会を開いた。３年近くの共同研究が追い求めたものは、中小企業や伝統産業の21世紀の新しい役割であり、NPO活動の21世紀における可能性であった。その思いの一端を覗いていただきたい。（敬称略）

ある日の希望学研究会参加者（2017年夏）

希望学という新しい学問にそった研究

塩見（司会）　２０１５年7月に「希望学」に関する合評会から始まった希望学プロジェクトも、現地視察やヒアリング、そして執筆者からの発表と議論を繰り返し、ようやく最終原稿の提出をいただくことができました。これから出版に向けて準備をしていきますが、本日は「第2編中小企業や伝統産業でも生き残れる」、「第4編ＮＰＯ活動が地域社会を成熟させる」やコラムを執筆いただいた方々にお集まりいただき、座談会を開催しました。

過去2回のプロジェクトとは違って、今回は希望学という新しい学問にそった研究プロジェクトとなりました。そのこともあり、かなり苦労されたのではないかと思います。それぞれの方から、希望学としてなぜこのテーマを選んだか、次に執筆や調査でどのような苦労をしたのか話していただきたいと思います。

塩見　まずは第二編の「中小企業や伝統産業でも生き残れる」について、本の掲載順にしたがい「伝統的木型工業のままで生き残る―何もしない強み―」を執筆された濱島さんからお願いします。

鋳造用木型模型工業のいまを知りたかった

濱島　私は１９６８年に名古屋市立工業高校定時制機械科で初任し、最初の担任生徒の一人が昼間木型製作所に勤めていました。4年生のとき文化祭で演劇をし、大道具係が彼で見事な舞台をつくってくれました。その後、彼は家業を継ぐため退社しましたが、見事な大道具を作った木型修業がどういうものであったか、その木型工業が現在どうなっているかが知りたかったということがあります。特に名古屋市中川区はこの木型工業の産業クラスターがあり、ずっと気になっていました。

調査・執筆での苦労としては、調査の際、口述筆記のため生の言葉を正確に捉えられず、聞き洩らしがありました。工場見学の際、現場の仕事内容、使用工具など踏み込んだ質問をするには、専門的知識の足りなさを実感しました。再ヒアリングやメールのやり取りで原稿を補充してもらいました。経路依存性を尋ねた際、跡継ぎの経営者は祖父の創業の様子を必ずしも詳しく把握していませんでした。自分のことに照らしても、祖父のことまでわからないのは十分理解できます。ずっと気になっていたこのテーマに取り組めて良かったです。

塩見　次に「ビジネスモデル・チェンジによる新生―有松・鳴海絞産業の希望―」というテーマで伝統的な地場産業を取り上げられた梅原さんいかがですか。

有松絞りのデザインはドイツ、製造は有松。なぜ可能なのか

梅原　テーマについては、前の研究プロジェクト『名古屋経済圏のグローバル化対応（晃陽書房）』を執筆した際、グローバル経済のもとでの海外市場と産地の関わり方が問題になり、記憶に残っていました。そんな時に有松絞りが、営業とデザインをドイツで行い、製造は有松で行っていることを耳にしました。なぜそんなことが可能になっているのか、そもそも有松・鳴海絞の産地はどうなっているのか、掘り下げてみようと思いました。前著で、有松・鳴海絞について執筆された方がいましたが、それとは違った希望学の視点で書こうと思いました。

苦労した点は、伝統産業の衰退傾向の統計的な把握が十分出来ないことに直面しました。産地では技術を秘匿する歴史もあり、産業の危機を数値の上で押さえることができなくて悩みました。その後、産地を抱える町の歴史などを調べる中で、歴史の中の有松・鳴海絞が浮かび上がってきました。こうした枠組みを押さえて、業者の方々にヒアリングさせていただき、論文の形ができあがっていきました。ある程度まとまったところで取材先にもみていただきました。有松・鳴海絞に希望があり、将来に向けての確信をもっていただけた点はよかったと思います。

塩見　それでは次に「伝統技術の高度化による多市場への進出―一宮地域は幾多の危機を繊維の技術で乗り越える―」というテーマで一宮地域の繊維産業を取り上げられた松本さんいかがですか。

一宮地域にはそれでも３００か所の繊維工場が稼働している

松本　テーマに一宮地域の繊維産業を選んだのは、愛知県の主要な産業として繁栄した「尾州」の織物産業です。現在は東アジア諸国の発展などに押されて、一宮に行くとかつての繊維工場跡地はショッピングセンターやマンションに代わっています。しかしその中で、まだ工場の跡地・用地を残しているところが２７００か所あり、稼働している工場は３００か所を超えています。今まさに、もがきながらも生産を続けている。この衰退を危機として捉え、もがきが技術の掘り下げであり、その先に希望があると考えてテーマにしました。

苦労した点は、一宮市史などによると一宮はこれまでの幾多の危機を繊維の技術により乗り越えていることがわかりました。しかし、資料により年次、件数などズレがあり、全体の流れの整合性をはかることに時間を費やしました。これまでフィールドワーク中心の研究が多く、不慣れな図書館での資料検索は苦労の連続でした。ヒアリング対象の方々は日々事業を営んでおられ、業務の事情で急きょ調査の予定が変更になるなど日程調整に苦労しました。社運をかけ開発途中の製品もあり、文章にする際の表現に苦慮しました。

塩見　それでは次に「成熟社会における新商品開発―車いす産業が創り出す希望―」というテーマで車いすを扱われた宇佐美さんいかがですか。

半世紀前に車いすへ挑戦。いま超高齢社会を支える

宇佐見　テーマの選定理由ですが、地域に根ざした産業であり全国一の集積を誇る車いす産業について地元でも知る人は少ないのです。しかし、今から50年以上

も前に「車いすがもっと普及する社会がくる」という「すでに起こった未来」を発見し、熱い思いから車いすづくりに挑戦した先覚者がおられました。多くの危機を克服して思いは現実のものとなり、今では車いすを利用する方々が活躍する姿は普通になっています。このことから得られる含意は、地域の希望に資するものになると考えたからです。

苦労した点は、テーマ探しでした。大企業や先端技術は対象から外して経路依存性を重視し、個人の「思い」から立ち上がった事例、キーワードとしては「すでに起こった未来」という視点からテーマを探し出すことでした。次に希望学による論述で、危機→思い→目標→行動という希望学のアプローチにより、事例を通して訴えたいことをワンメッセージで当事者意識をもって論じることでした。「それでどうなの？」という問いに答えられるように、事例に内包する含意を理論化し、一般化して論じるという点が難しかったですね。

塩見　それでは次に「技術革新による3K職場の改革―農業における希望―」をテーマとされた岡田さんいかがですか。

農業に技術革新の成果を。後継者問題解決にもつながる

岡田　専門は地域経済でこれまで自動車産業クラスターなどを研究してきました。現在、愛知県の工業は日本一ですが、農業も全国では上位に入るなど厚い集積を誇っています。しかし、担い手の高齢化が進み10年後にはリタイアする人がさらに増えます。後継者不足の問題が深刻であり、すでに危機的な状態にあると思います。またTPPのようなグローバル化の問題もあります。このような状況を見ると一見希望がなさそうですが、実際にはいろいろな動きがあり、今後の取り組みいかんでは十分な希望があることを示したいと思いました。

苦労した点は、今回の原稿でも農業における希望の一

端を示すことはできたとは思いますが、ＩＴを活用した先端的な農業の取り組みや植物工場とりわけ人工光型の植物工場などをもっと取材・調査できれば良かったということです。人工光型の植物工場では取材を断われたところもあり、また平日は自分の仕事があってなかなか取材に行く時間が取れなかったことです。本当はもっとたくさんの希望の芽があるはずで、そこを取材することができればさらにリアリティのある原稿が書けたのではないかと思います。

塩見　それでは第４編の「ＮＰＯ活動が地域社会を成熟させる」の部分を執筆された方々にお話を聞きたいと思います。執筆の順序にしたがって、「ベットタウンからライフタウンへの転換は可能か—高蔵寺ニュータウンの地域連携に託す未来図—」というテーマで高蔵寺ニュータウンを取り上げた長尾さん、いかがでしょうか。

ベッドタウンからライフタウンへ。「ＮＰＯ法人エキスパネット」の取り組み

長尾　テーマ選定の理由としては、高蔵寺ニュータウンに30年以上住んでいて、以前からこの地域のことを取り上げたかったことです。日本の超高齢社会は世界に前例のない社会実験であり、どんな中味になるかはそこに住む人の住民参加のあり様で決まると思います。社会の縮図といわれるニュータウン（団地）をモデルに地域の諸資源を活用して支え合う未来図を誰が先導するのかと考えたとき、危機意識を持ち、経験知や企画運営力を持つＮＰＯに十分に資格があると思いました。

執筆の苦労としては、希望学の定義や考え方を理解した上で、最適モデルを見付けることや多忙なＮＰＯ法人への裏付け取材を行うことでした。ニュータウンという多様な人々の思いや希望を、十分に一般化できているのかと最後まで悩みました。また取材執筆途中

で自分の病気のこともあり、一旦辞退したいと申し出ましたが、塩見先生から入院する前に論文をしっかりと書けと叱責と励ましをいただき、最終原稿提出まで漕ぎつけられたことについて感謝しています。

塩見　それでは、「高齢者が社会の担い手となる地域づくりへの挑戦―地域が活力を増す元気づくりの処方箋―」というテーマで執筆された黒田さんいかがでしょうか。

高齢者による地域づくり。「一般社団法人 元気づくり大学」の取り組み

黒田　私の場合、仕事で健康政策に取り組んでいた時に出会ったのが「元気づくりシステム」でした。高齢者が健康づくりを楽しむ場や仕組みにより、健康寿命の延伸や地域活性化を目指す取り組みでした。介護、生活困窮、健康格差といった不安や地域が脆弱化する中で、元気づくりシステムのような実践例が各地で芽生えて、高齢者が活躍する地域社会への希望を示すことができるのではないかと考えたわけです。

執筆・調査での苦労としては、執筆にあたり改めて聴き取りを行ったが前回の調査から約2年間の空白があり、その間の経過や元気づくり大学の新たな取り組みなどの理解・把握に時間を要したことです。健康づくりを切り口に考えをまとめましたが、高齢者を取り巻く課題は複合的に絡みあっています。日常的にその地域で暮らしていない個人が、生き方、暮らし方について、一面的に捉えて報告していないかと懸念しています。

塩見　それでは、次に「障がい者の『職』が高齢者の『食』を支える―「断らない」がもたらす地域の再生と希望―」というテーマで取り組まれた堀尾さんいかがでしょうか。

障がい者の雇用と地域再生。「NPO法人りあらいず和」の取り組み

堀尾　皆さんご存知のとおり岐阜県郡上市は郡上踊り

で有名ですが、中山間地域であり、人口減少や高齢化に悩んでいます。そうした中で、元同級生の２人の女性が、設立わずか８年のＮＰＯ法人を事業収益２億５千万円超、60人ほどの職員を雇用する規模にまで成長させました。なぜここまで成長できたのか、中山間地域でも普通の人でもやれるのではないか、企業や行政とは異なる、その背景にある次なる市民社会の行動原理があるのではないか、そこを明らかにしたいと思いました。

執筆にあたっての苦労は、ある先駆者の行動をどのように文字にするのかが難しかったです。すなわちＮＰＯ法人の代表者の子供が障がいを持って生まれ、そこから彼女のたたかいが始まったわけです。それは、郡上市の様々な前例との闘いでもあり、ある女性のことばを借りればまさに先駆的な行動でした。一見個人的な動機ともいえる先駆的な行動を、人を巻き込むことにより普遍的でより広範な活動へと昇華させております。このことの執筆の仕方でした。

塩見　それでは次に「和太鼓集団「志多ら」が挑む地域再生の可能性」というテーマで取り組まれた長谷川さんいかがでしょうか。

伝統文化と地域の再生を和太鼓集団「志多ら」が挑む

長谷川　Ｉ《アイ》ターンした和太鼓集団「志多ら」が、愛知県奥三河の東栄町東園目地区に根づき、過疎地が抱える問題に向き合うためＮＰＯ法人を立ち上げて「花祭」の継承、情報の全国発信、地域づくりを行っていることを取り上げました。全国公演を行う時には、奥三河と花祭の課題を展示や舞台から発信しています。こうした活動の結果として過疎地に若い人が増加し、地域づくりを始めています。この和太鼓集団「志多ら」のファンクラブを母体に生まれた「ＮＰＯ法人てほへ」の活動が過疎地に希望を与えていると考え、テーマとしました。

苦労した点は、人口、文化財、観光、地域振興などの質問に対し行政が縦割りの回答をしてこられ、町としての全体像が見えにくかったことです。残念だったことは、「志多ら」が根拠地としている東園目の住民から十分に話が聞けなかったこと、花祭のない集落の人の話が聞けなかったことです。

塩見　ありがとうございました。ここまで第2編と第4編の執筆者の方にお話をうかがいましたが、今回、コラムも執筆していただきました。コラム「高齢者の働きがい、生きがいを同世代の仲間が創造する―就業支援を通じて高齢者同士が交流―」を執筆された杉本さんはいかがでしたか。

高齢者の働きがいを同世代が創造する。「名古屋市シルバー人材センター」の取り組み

杉本　在職中から高齢者の再就職斡旋の業務に携わってきて、その難しさを痛感していました。在職中に特別なスキルやキャリアを持ち得なかった高齢者の就業は、シルバー人材センターが唯一支援できる機関となります。昔から付き合いのあるシルバー人材センターの「就業機会創出員」と面談しました。そこでは就業までのプロセスや就業を通じて、仕事の依頼者、仕事の実施者、シルバー人材センターの職員（いずれも高齢者）が、互いのコミュニケーションを通じて働きがい、生きがいを創造していることに感銘し、ここに希望を見出したため、テーマとしました。

苦労した点は、シルバー人材センターは地方公共団体等が支援する機関であり、純粋にＮＰＯとはいえないので、対象とするかどうか悩みました。しかしながら、そこで働く「就業機会創出員」も、発注先で働く会員もいずれも高齢者であり、報酬は少ないが自発的に生きいきと働いているところがＮＰＯに近似していると思いました。希望学で見る危機と、その危機に対してアクションを取った人（シルバー人材センター創設者）について記述できなかった点は残念です。

塩見　どうもありがとうございました。

あとがき

本書は、名古屋市立大学大学院経済学研究科教授と研究科修了生で組織する同窓会（剣陵会）の有志が、大学院での研究を発展させたいとの思いから研究会を続け、本の出版という形で世に問うてきた成果から成っている。２００８年のリーマンショック後には『トヨタショックと愛知経済』（２０１１年）を、２０１１年の東日本大震災後には『名古屋経済圏のグローバル化対応』（２０１３年）（いずれも晃陽書房）を出版することができた。

いま第3冊目の出版の目途がようやく着いたところである。その契機は東京大学社会科学研究所編『希望学　あしたの向こうに　希望の福井、福井の希望』（２０１３年、東京大学出版会）である。地域の衰退が叫ばれる時に、どのようにして「希望」は生まれるのか。研究プロジェクトは、２０１５年7月にスタートした。以来、新しい学問である「希望学」のあり様を確かめつつ、歩んできた。すでに3年近く経過し、名古屋市立大学大学院の教室で月一回続けてきた研究会も、２０１７年12月をもって27回を数える。

今回特に重視したことは、文献学習もあるが、それ以上に現地に学ぶことに重きを置いたことである。前記東大版書籍で紹介される福井県には、嶺南地方（２０１６年2月）、嶺北地方（２０１６年7月）に分けて現地に赴いた。若狭湾の漁家民宿、小浜の箸職人、専門研究員を配置する福井県立恐竜博物館、鯖江市の眼鏡産地の工夫と精密加工技術を生かした医療部品などへの異業種参入、などである。条件に恵まれないところでの希望の発見には、学ぶことが数多くあった。さらには２０１７年３月、財政破綻10年の北海道夕張市を訪ねた。２００７年に財政再建団体に指定された夕張市は絶望の街か、それとも少しでも光が見えているのかを確かめるためであった。困難だが、決して絶望していない夕張市と市民の姿を見ることができた。

そして今回執筆対象となった愛知県内をはじめとする名古屋圏の「第2編 中小企業や伝統産業でも生き残れる」、「第4編 ＮＰＯ活動が地域社会を成熟させる」の現場を何度となく訪問し、そこに携わる人々の熱い思いを聞き取りさせていただいた。一人ひとりのお名前をあげることは出来ないが、地域にしっかりと根を張って仕事をし、活動されている方々の快いご協力がなければ、本書を成すことができなかったことと思う。この場を借りて、心よりお礼を申し上げたい。

また、「第3編 地域文化の創生」では、広く名古屋圏のさまざまな分野でご活躍の皆さまに、名古屋圏に芽吹いて、息づいている活動群の全体像を明らかにするために、いまは大きくなくても、近い将来に重要な位置を占めるであろうと考えられる活動を、ご紹介願うことにした。２０３０年を展望する時に不可欠な構成要素としてお書きいただくことができた。あわせて感謝申し上げたい。

本書を準備する研究会は、単なる論文の寄せ集めではなく、首尾一貫した希望学としてのメッセージを発信する貴重な集団討議の場となった。この点では塩見治人名誉教授・編者の研究会ごとの「考えるヒント」と論文への「コメント」は大いなる刺激と論文執筆を前へ進めるのに役立った。また井上泰夫名誉教授・編者、向井清史名誉教授・編者、の論文へのコメントは参加者の論文の中にしっかりと生きている。メンバー一同の見識を広げるのに大いに役立った。この内容は、「第1編　地域社会を見る目」に凝縮して論述されている。こうした多くの努力が相まって、出版にこぎつけることができた。

最後に、出版事情の厳しい折にもかかわらず、刊行をお引き受けいただいた図書出版・風媒社の創業者であり、前会長の故稲垣喜代志氏には心からの感謝を申し上げるとともに、急逝の報に接してただただ言葉も見当たらない。編集長　劉永昇氏には、私どもの出版への思いを受け止めて下さり、編集の労を取っていただいたことに、深甚なる謝意を表したい。

編者　梅原　浩次郎

2018年4月16日

《執筆者紹介》（執筆順、＊は編著者、２０１８年３月末現在）

希望学研究会執筆者

＊塩見　治人（しおみ・はるひと）［はしがき、序、第1編3、第3編7］
名古屋市立大学名誉教授・名古屋外国語大学名誉教授／経済学博士（京都大学）／経済史・経営史

＊井上　泰夫（いのうえ・やすお）［第1編1］
名古屋市立大学名誉教授、名古屋外国語大学現代国際学部教授／経済学博士（パリ第Ⅱ大学）／経済学史・経済理論

＊向井　清史（むかい・きよし）［第1編2］
名古屋市立大学名誉教授／博士（農学、名古屋大学）／非営利経済論、地域政策論

＊梅原浩次郎（うめはら・こうじろう）［第2編2、第5編第1・2、あとがき］
愛知県立大学非常勤講師・愛知県史編さん委員会特別調査委員／博士（経済学、愛知大学）／地域経済学・地方財政論

濱島　肇（はましま・はじめ）［第2編1］
自動車リサイクル経営研究所代表、名古屋市立大学大学院研究員／博士（経営学、中京大学）／中小企業論

松本　正義（まつもと・まさよし）［第2編3］
学校法人日本教育財団講師、名古屋市立大学大学院研究員／組織戦略論

宇佐見信一（うさみ・しんいち）［第2編4］
名古屋市立大学大学院研究員、中小企業診断士／中小企業経営論

岡田　英幸（おかだ・ひでゆき）［第2編5］
名古屋市立大学大学院研究員、自治体勤務／公共経済、地域経済

長尾　哲男（ながお・てつお）［第４編１］
名古屋市立大学大学院研究員、ＮＰＯ住宅長期保証支援センター企画推進委員／都市住宅学

黒田　和博（くろだ・かずひろ）［第４編２］
公益財団法人勤務、三重県在宅医療推進懇話会委員／社会保障論

堀尾　博樹（ほりお・ひろき）［第４編３］
名古屋学院大学非常勤講師、堀尾博樹税理士事務所代表／地方財政、非営利会計

長谷川洋二（はせがわ・ようじ）［第４編４］
東海自治体問題研究所事務局長、岩倉市環境審議会委員／地方自治論

［コラム］

杉本　和夫（すぎもと・かずお）［第４編５］
椙山女学園大学非常勤講師、一般社団法人日本産業カウンセラー協会中部支部支部長／キャリア開発、キャリア教育

杉崎伊津子（すぎざき・いつこ）、山本　友子（やまもと・ともこ）、矢野　孝子（やの・たかこ）［第４編６］
北医療生活協同組合員

地域の文化人執筆者

［文学］

亀山　郁夫（かめやま・いくお）［第３編１］　ロシア文学者、名古屋外国語大学学長

竹尾　利夫（たけお・としお）［第３編２］　万葉集研究者、名古屋女子大学教授

三嶋　寛（みしま・ひろし）［第３編３］　作家、文芸同人誌『遊民』同人

［音楽］
都築　正道（つづき・まさみち）［第3編4］音楽評論家、中部大学名誉教授
西村　尚登（にしむら・なおと）［第3編5］NPO法人名古屋音楽の友理事長
佐藤　悦雄（さとう・えつお）［第3編6］愛知祝祭管弦楽団団長、スタジオフォンテーヌ主宰
宗次　徳二（むねつぐ・とくじ）［第3編7］宗次ホール主宰、CoCo壱番屋創業
［美術］
青木　幹晴（あおき・みきはる）［第3編8］あいちトリエンナーレ実行委員会事務局長
井上　隆生（いのうえ・たかお）［第3編9］陶芸ジャーナリスト、「朝日陶芸展」審査委員
田村　哲（たむら・さとる）［第3編10］陶芸研究家、愛知県陶芸美術館学芸課
［生活］
鶴本　花織（つるもと・かおり）［第3編11］カルチュラル・スタディーズ研究者、名古屋外国語大学准教授
中村　俶子（なかむら・よしこ）［第3編12］NPO法人コンソーシアム有松鳴海絞理事長
土井ゆき子（どい・ゆきこ）［第3編13］フェアトレード・ショップ風〝s（ふ〜ず）主宰
鈴木　甚八（すずき・じんぱち）［第3編14］日間賀島観光協会会長を経て、南知多町観光協会副会長
長谷川孝一（はせがわ・たかかず）［第3編15］運動薬・気持薬研究所所長、元長久手市会議員
石井三枝子（いしい・みえこ）［第3編16］瑞穂鯱城会（名古屋市高年大学鯱城学園鯱城会）
柴田　高伸（しばた・たかのぶ）［第3編17］塩見ゼミ卒業生、愛知県議会議員

■索　引■

さ

し

す

ま

み

む

も

ゆ

よ

ら

り

ろ

わ

希望の名古屋圏は可能か　**危機から出発した将来像**

2018年6月1日　第1刷発行　（定価はカバーに表示してあります）

編　者　塩見治人　井上泰夫
　　　　向井清史　梅原浩次郎

発行者　山口　章

発行所　名古屋市中区大須 1-16-29
振替 00880-5-5616 電話 052-218-7808
http://www.fubaisha.com/
風媒社

＊印刷・製本／モリモト印刷
乱丁本・落丁本はお取り替えいたします。

ISBN978-4-8331-1124-9